AF748375

Ivo T. Gico Jr.

Ph.D. en Economía (UnB), Doctor en Derecho (USP)
Maestro con el más alto honor (*James Kent Scholar – Columbia University*)
Especialista en Proceso Civil (IBEP/IBDP)
Profesor y abogado

ANÁLISIS ECONÓMICO DEL PROCESO CIVIL

EDITORA FOCO

2021 © Ivo Teixeira Gico Junior
Corrección de estilo: Eduardo Guerrero del Río
Diseño gráfico e infografías: Tiago Taborda
Creación de portada: Leonardo Hermano
Diagramación: Ladislau Lima

Datos de catalogación internacional de publicaciones (CIP) según ISBD

Gico Junior, Ivo T.

Análisis económico del proceso civil / Ivo T. Gico Junior [prefacio del Min. Rodrigo Delaveau; postfacio del Prof. Hugo A. Acciarri] -- 1. ed. -- Indaiatuba, SP: Editora Foco, 2021.

308 p.; 17cm x 24cm.

Bibliografía.

ISBN: 978-65-00-11617-5

1. Derecho. 2. Economía. 3. Proceso civil. 4. Teoría económica I. Delaveau, Rodrigo. II. Acciarri, Hugo A. III. Título.

20-48221 CDD 347.33

Preparado por Maria Alice Ferreira - Bibliotecaria - CRB-8/7964

Índices para catálogo sistemático:

1. Derecho y economía: Derecho civil 347:33 2. Proceso civil 347.9

A mi familia, por mostrarme la más eficiente asignación de mi afecto.

In the dark, see past our eyes.
Pursuit of truth no matter where it lies.
Metallica, *Through the Never*, Metallica, 1991.

Quem quer manter a ordem?
Quem quer criar desordem?
Não sei se existe mais justiça
Nem quando é pelas próprias mãos
[...]
É seu dever manter a ordem?
É seu dever de cidadão?
Mas o que é criar desordem,
Quem é que diz o que é ou não?
Titãs, Desordem, Jesus não Tem Dentes
no País dos Banguelas, 1987.

Lista de acrónimos

Acrónimo	Descripción
ABC	Análisis Costo-Beneficio
AEC	Análisis Económico Conductual del Derecho
AED	Análisis Económico del Derecho
ANEEL	Agencia Nacional de Energía Eléctrica
Art.	Artículo
CADE	Consejo Administrativo de Defensa Económica
CC	Código Civil
CF	Constitución Federal
CNJ	Consejo Nacional de Justicia
CNR	Consejo Nacional de Investigación de Italia
CP	Código Penal
CPC	Código de Proceso Civil de 2015
CPC/39	Código de Proceso Civil de 1939
CPC/73	Código de Proceso Civil de 1973
CTN	Código Fiscal Nacional
EC	Enmienda Constitucional
INSS	Instituto Nacional de Seguridad Social
LAA	Ley sobre el Abuso de Autoridad
LINDB	Ley de Introducción a las Normas del Derecho Brasileño
OAB	Orden de Abogados de Brasil
PJe	Proceso Judicial Electrónico
RE	Recurso Extraordinario
Rel	Relator
REsp	Recurso Especial
S.A.	Sociedad Anónima
STF	Supremo Tribunal Federal
STJ	Superior Tribunal de Justicia
TER	Teoría de la Elección Racional
TGP	Teoría General del Proceso
TJDFT	Tribunal de Justicia del Distrito Federal y los Territorios
TPP	Teoría Positiva del Proceso
TST	Tribunal Superior del Trabajo
VEN	Valor Esperado Negativo
VEP	Valor Esperado Positivo

Índices

Índice de figuras

Índice de ecuaciones e inecuaciones

Índice

Prefacio

Cualquier similitud con situaciones de la vida real no es coincidencia: es el propósito deliberado del autor. Ese es precisamente el valor fundamental de la obra que prologamos. Y es que la sola mención de la palabra "procesal" dentro de la taxonomía jurídica, suele aterrar –o incluso peor, bostezar– a los más humanistas dentro del mundo del Derecho, por un lado; o bien generar endorfinas jurídicas a los amantes de plazos, recursos, estrategias litigiosas y otras construcciones abstractas que no escapan del gran universo mental y procedimental, nostálgico quizá de uno que otro procesalista italiano o alemán.

En consecuencia, quienes busquen ambos extremos en la presente obra, se encontrarán gratamente desilusionados y entusiastamente sorprendidos.

En lo constituye la primera aproximación real y holística de un estudio acabado, llevadero, serio, profundo –pero accesible– el destacado profesor Ivo Gico nos trae "Análisis Económico del Proceso Civil", sumada la delicadeza –y el valor– de haber traducido su obra original del portugués al castellano. En una tarea no asumida a cabalidad hasta ahora por el mundo hispano parlante latinoamericano, este trabajo marca claramente un antes y un después: dejamos atrás el formalismo –a veces incomprendido– del derecho procesal, para entrar a una dimensión, igualmente rigurosa, pero totalmente nueva entre nosotros del estudio del proceso y el sistema judicial.

He aquí la materialización que da cuenta de la transformación del Derecho, desde la introducción de la metodología jurídica del análisis económico a aquella disciplina. Este paso, que significó avanzar desde un estadio donde la preocupación estaba puesta en la norma, sin poner atención a los efectos, incentivos, y externalidades que produce, o peor, sin capacidad de medir sus componentes, su interacción y sus resultados, hacia otro dónde se ha transformado –ahora sí– al Derecho en una verdadera ciencia: "química procesal" y no más "alquimia procesal". Si no experimentamos, analizamos y proponemos con evidencia empírica, el resto es voluntarismo, lírica y conjuros jurídicos, lamentablemente tan presentes a veces en nuestros sistemas procesales. En efecto, el Derecho en Latinoamérica ha querido ser renuente –quizá mucho más que en otras latitudes– a una aproximación realista, basada en hechos y resultados medibles de la disciplina jurídica.

Bastaría un ejemplo para ilustrar el punto: De las 20 constituciones que garantizan mayor número de derechos en el mundo, la mitad son latinoamericanas, encabezando el ranking Ecuador (99 derechos) y Bolivia (88 derechos), agregándose Venezuela, México, Brasil, Nicaragua, Colombia, República Dominicana y Paraguay. Sin embargo, estos países –no sólo los latinoamericanos– no se encuentran entre las naciones de mejor desarrollo humano, ni mejor ingreso per cápita, ni menos entre los que presentan mejores niveles de igualdad. En el otro lado del espectro, los países que garantizan menor cantidad de Derechos en sus Cartas Fundamentales, entre los que se encuentra Tailandia (2 derechos), Australia (11), Francia (13), Austria (15), Singapur (18), Dinamarca (21) y Holanda (26) por nombrar los principales, presentan en promedio un índice muy superior de desarrollo humano y menor índices de desigualdad. ¿Quiere decir esto que garantizar derechos en la Constitución no tiene ninguna importancia y perjudica a la hora de mejorar las condiciones de vida de las personas? No necesariamente, pero sí pone en evidencia que no basta su sola inclusión en una Ley Fundamental para que, por arte de magia, las normas jurídicas transformen la vida de las personas y las leyes sean justas, eficientes o eficaces. A esto nos referimos con que la aproximación al Derecho en Latinoamérica ha sido ingenua y desacoplada de los efectos que produce, y eso es precisamente lo que la obra del profesor Gico se encarga de pulverizar con reflexión asertiva y rigor empírico.

Quizá alguien podría caer en la tentación de soslayar que el ejemplo anterior se trata únicamente de una aproximación cuantitativa. Siguiendo dicho razonamiento, qué importaría el número de derechos que tiene una constitución, si lo relevante es el goce efectivo del mismo. Ciertamente, en políticas públicas, la correlación no es causalidad. Entonces, ¿Cómo poder hacer un análisis cualitativo de las normas jurídicas? Las herramientas de la economía aplicada al Derecho nos facilitan este proceso.

Tomemos como ejemplo uno de los derechos más en boga en Cartas Fundamentales modernas, como el Derecho a vivir en un medioambiente libre de contaminación. Si atendemos al índice más serio de cumplimiento medioambiental disponible, el EPI (*Enviromental Performance Index*) que año a año elabora la ONU a partir de cientos de variables, nos encontramos que, de los 25 países con mejor desempeño medioambiental, es decir, los que menos contaminan en términos relativos, la mitad de ellos no tiene incorporado este derecho en su Constitución (Dinamarca, Inglaterra, Japón, Australia, Irlanda, Nueva Zelandia, Canadá, por nombrar algunos). En consecuencia, no habría una correlación directa entre el derecho reconocido constitucionalmente y el efectivo goce de ese derecho en la práctica. Ahora bien, la paradoja aparece cuando revisamos, el polo opuesto del índice: los 25 países con peor desempeño medioambiental, todos –menos cuatro– tienen un amplio y sólido reconocimiento constitucional a este derecho, sin que éste sea cumplido en lo más mínimo, como es el caso de Myanmar, Afganistán, Sierra Leona, Costa de Marfil, e India, entre otros.

En este orden de ideas, el lector ya puede haber adelantado que el libro del profesor Gico nos lleva un paso más allá, aplicando un análisis –ciertamente más profundo y acucioso que el anterior– para cada una de las más relevantes instituciones procesales. Como se ha dicho, esto resulta particularmente novedoso entre nosotros. Hasta ahora, sólo contábamos con selectas publicaciones que abordaban de manera particular algunos de los aspectos incluidos en el presente trabajo, en concreto, en determinados pasajes de la clásica obra del profesor peruano Alfredo Bullard en "Análisis Económico del Derecho" y con artículos académicos del profesor chileno Rafael Mery vinculados a la Teoría de la Litigación, entre otros. De ahí que la aparición de este libro sea muy bienvenida por la comunidad jurídica.

Nos encontramos ahora con una nueva y gratificante paradoja: el destinatario del presente libro. Si bien el análisis económico del Derecho ha sido a veces fustigado como "excesivamente académico" por tener su origen en los estudios seminales de

Ronald Coase en la Universidad de Chicago, o de Guido Calabresi en la Universidad de Yale, los grandes beneficiarios de esta revolución jurídica han sido, para sorpresa de muchos, los jueces.

Son ellos los que día a día deben lidiar con conflictos complejos o simples, con normas procesales, recursos, pruebas, alegaciones y, sobre todo, el ingenio –o la falta de él– por parte de los litigantes. La articulación de todos estos factores implica un juego de malabarismo jurídico de proporciones donde, una vez más, las necesidades son múltiples y los recursos escasos. En ese escenario, no debiera extrañarnos que fueron los primeros en interesarse por soluciones más eficientes en la resolución de conflictos jurídicos. Es en este ecosistema, donde aparece la fórmula de Hand, o la extendida obra de uno de los exponentes más connotados del análisis económico del Derecho: Richard Posner, juez de profesión, y prolífico autor de variadas obras que incorporan esta aproximación metodológica. Ésta, lejos de "deshumanizar el derecho" –como han llegado a afirmar algunos– nos hace comprenderlo muchísimo mejor que antes. Y entender las causes y efectos de los institutos procesales nos ayuda a tener una mejor justicia, porque el Derecho Procesal está al servicio de las personas y no al revés. Si no medimos, no sabemos dónde estamos, y quien no sabe dónde está, no puede ayudar a otros.

Así, "Análisis Económico del Proceso Civil" se inserta precisamente en esta tradición jurídica, pero también docente, forense, económica, judicial y profesional. Efectivamente, si jueces y académicos serían los primeros interesados en este tipo de obras, con mayor razón –y por lo mismos argumentos– debiera ser lectura necesaria e indispensable para estudiantes, abogados, economistas, legisladores y todo aquel involucrado en políticas públicas que, de algún modo u otro, involucren temas procedimentales, jurisdiccionales o de solución de conflictos. Hay aquí –probablemente– más respuestas que en muchos tratados de Derecho Procesal "convencionales" pero, por sobre todo, su valor se hace más patente al no quedar sujeto a las constantes modificaciones y enmiendas legales a que están expuestas las normas procesales, que suelen desactualizar rápidamente manuales y tratados de Derecho Procesal.

No pretendo aburrir al potencial lector con una extensa presentación del libro, que desplegará por sí solo sus virtudes, contenidos y amenas reflexiones. Sólo dejaré una advertencia: si al terminar su lectura queda con más preguntas e inquietudes de las que tenía antes de leerlo, entonces el autor habrá cumplido su tarea: hacer nacer el pensamiento crítico en disciplinas que –a veces– nos puedan parecer áridas o irreflexivas. Esa es, precisamente la aproximación, tan novedosa como necesaria, que nos trae esta excelente obra del profesor Ivo Gico, felizmente condenada a convertirse en un clásico latinoamericano.

Rodrigo Delaveau Swett

Doctor y Master en Derecho, Universidad de Chicago
Magister en Derecho Público y Abogado, P. Universidad Católica de Chile

Introducción

El derecho es un elemento esencial en el ordenamiento de cualquier sociedad moderna. De una u otra forma, impregna, estructura y limita la acción de los miembros de una determinada comunidad y, al hacerlo, aporta a sus miembros previsibilidad y cierto nivel de seguridad sobre el futuro. Sin embargo, la mera presencia del derecho no es suficiente para que cumpla su función de coordinación. Todo ordenamiento jurídico debe estar preparado para hacer frente a las posibles violaciones de las normas planteadas, con la aparición de dudas ante situaciones concretas y con casos aún no regulados, ya que ningún ordenamiento jurídico es perfecto. Esas posibilidades requieren, además de las normas de conducta, que el ordenamiento jurídico vaya acompañado de un mecanismo de imposición de las normas (coacción), *i.e.*, que adjudique el bien litigioso a quien tenga derecho. Este mecanismo de resolución de controversias es, por regla general, el sistema adjudicatorio.

Aunque hay una gran variación en el tiempo y en el espacio, el sistema tradicional de adjudicación es el Judicial. El Poder Judicial está compuesto por jueces, que son agentes contratados por el Estado para resolver las controversias imponiendo el derecho. Pero como todo lo demás, esta actividad pública también necesita ser regulada y eso es lo que convencionalmente se llama derecho procesal. En este sentido, el derecho procesal puede entenderse como el conjunto de normas creadas para organizar y limitar la actuación de los agentes que forman parte del sistema adjudicatorio y las partes que participan durante la relación procesal. El derecho procesal es, por tanto, una regulación de la prestación del servicio adjudicatorio en sus diversas ramas: Derecho Civil, Derecho Penal, Derecho Administrativo, etcétera.

Este libro trata del derecho procesal aplicado a su ámbito civil, por tanto, al llamado proceso civil, y está dirigido a los procesalistas en general y a los interesados en el estudio del fenómeno social llamado proceso. El objetivo es presentar este fenómeno tan conocido e importante desde una nueva perspectiva, tanto al lector principiante, que ahora está aprendiendo sobre el proceso, como al interlocutor más experimentado, que ya lo conoce profundamente para ampliar el alcance de lo que convencionalmente se denomina la Teoría General del Proceso (TGP) y nuestra comprensión de la importancia y la dinámica inherentes a cualquier sistema judicial. Por lo tanto, como veremos con más detalle en el Capítulo 1, el presente libro puede considerarse como la presentación de los fundamentos de una Teoría Positiva del Proceso (TPP), como complemento de la TGP.

Una teoría positiva se centra en la comprensión y explicación del mundo tal como es (hechos) y no en la determinación de lo que debería ser (valores). Para el jurista tradicional, esta distinción puede ser difícil, pero el científico social, en general, reconocerá que es necesaria para una verdadera comprensión del mundo fenomenológico y para la adquisición de los conocimientos e instrumentos necesarios para cambiarlo. Y solo entonces el mundo se acercará más de lo que deseamos, de nuestro mundo ideal.

Precisamente porque el objetivo es presentar una teoría positiva sobre cómo se comportan los agentes, y no sobre cómo deberían comportarse (teoría normativa), es que la metodología tradicional del derecho, la hermenéutica y la dogmática no son suficientes. Necesitamos una herramienta que nos ayude a investigar el comportamiento de los involucrados en el juego procesal, y esta otra cosa es el Análisis Económico del Derecho (AED). Muchos creen que el AED es algo diferente, fuera del derecho tradicional, y que uno debe elegir un enfoque u otro. Sin embargo, esta impresión no se corresponde con la realidad y la propuesta de este libro es precisamente demostrar cómo el Análisis Económico del Derecho puede utilizarse en el contexto de la dogmática tradicional del proceso civil no solo para explicarlo, sino también para ampliarlo.

Parte de la concepción de que el AED no se aplica a los debates jurídicos tradicionales se deriva de la dificultad de comprender gran parte de la producción de los iuseconomistas, especialmente la realizada por los economistas de formación. Aunque la literatura del AED sobre el proceso civil es extremadamente voluminosa e interesante, una parte sustancial está demasiado cargada en la matemática para el lector legal medio y, por lo tanto, es inaccesible. Por si esto fuera poco, parece haber un sesgo deliberado hacia la incorporación de técnicas matemáticas cada vez más complejas, pero poco esfuerzo por integrar los conocimientos iuseconómicos acumulados con los conocimientos jurídicos tradicionales. Añádase a esto el hecho de que la mayor parte de la literatura iuseconómica se centra en el derecho consuetudinario norteamericano, muy diferente de la tradición romano-germánica brasileña y de los demás países latinos, y tendremos razones suficientes para la poca integración entre estos dos enfoques hasta ahora.

Una de las propuestas de este libro es mitigar un poco este desapego al tratar temas que tradicionalmente se utilizan en los libros jurídicos de proceso, como los principios y la hermenéutica, pero sobre los que la literatura iuseconómica dice poco. En este sentido, si por un lado el libro empleará el todavía innovador enfoque del AED al proceso civil, por otro, lo hará de una manera inusual en la propia literatura del AED. Se espera que el resultado sea un libro cuya estructura se asemeje a la de un curso tradicional de proceso civil, lo suficiente como para demostrar la amplitud del método y para que el lector se sienta cómodo, pero con discusiones y contenidos suficientemente nuevos para que se sienta estimulado.

Además, a pesar de la intención deliberada de dar a este libro un alto rigor teórico, es eminentemente un libro de proceso civil práctico. Práctico no en el sentido habitual de los libros de casos como una colección de jurisprudencia, sino para ser aplicable de manera obvia e inmediata a la vida práctica de aquellos que viven y manejan el proceso en su vida diaria, ya sea como juez, abogado o parte. Las ideas presentadas aquí, algunas nuevas, otras antiguas, han sido pulidas y desarrolladas en más de dos décadas de abogacía y enseñanza para abogados de todas las cepas. Algunas se considerarán obvias, otras controvertidas y tal vez una o dos, incluso heréticas, pero todas se han presentado para llevar a una mayor reflexión sobre el proceso civil.

El libro está organizado de la siguiente manera: teniendo en cuenta que una parte sustancial de los lectores puede no dominar lo que será el Análisis Económico del Derecho, el Capítulo 1 hace una presentación de lo que es el AED, sus métodos y supuestos, y explica la relación complementaria entre la Teoría General del Proceso y el Análisis Económico del Derecho. El Capítulo 2 comienza con un examen de la relación entre el Derecho, el Estado y la jurisdicción, y la forma en que el proceso encaja en ese contexto. Además del hecho de que el proceso se presenta como una consecuencia natural de la aparición del Derecho y el Estado, se explora el problema fundamental del proceso: la gestión de la relación agente-principal entre el juez y el Estado. El capítulo concluye con la presentación del problema de la función y del costo social del proceso, las dos cuestiones centrales que impregnan todo el debate procesual.

Después de esta parte más amplia y teórica, en el Capítulo 3 se examinarán los principios tradicionalmente asociados con el proceso y la forma en que el AED puede ayudar a construir racionalmente el contenido de cada uno de ellos. La relación entre el principio de eficiencia y el principio de legalidad es especialmente interesante, y puede sorprender a muchos lectores. El capítulo se cierra con una discusión provocativa sobre la relación entre legalidad, eficiencia y justicia, relacionada con lo que se discutió en el Capítulo 2. Una vez superada la discusión principiológica, el Capítulo 4 presenta la Teoría Positiva del Proceso en su versión básica y sus fundamentos, *i.e.*, lo que se denomina Análisis Económico del Litigio. El modelo económico de disputa se presenta y se analiza en detalle, con muchos ejemplos prácticos. Además, se estudiará la lógica de la autocomposición, de la judicialización de la litis y de la decisión de contestar o concluir un acuerdo. En otras palabras, exploraremos cómo se forma una pretensión; cuándo esta pretensión es resistida; de las pretensiones resistidas, las que se judicializan y, de estas, las que se contestan.

En el Capítulo 5, utilizamos los conceptos y modelos examinados anteriormente para explorar temas más avanzados del AED Procesual, como: la insuficiencia del espacio de acuerdo para la autocomposición; la función del doble grado de jurisdicción; la decisión de apelar una decisión judicial; la aplicación del modelo agente-principal a la relación entre cliente (parte) y abogado; y sus repercusiones en algunas de las principales decisiones procesales. Al final, hay una breve reseña de lo que convencionalmente se llama Análisis Económico Conductual y su impacto en el proceso.

El libro concluye en el Capítulo 6 con un estudio en profundidad de una de las cuestiones más interesantes y probablemente una de las más importantes desde el punto de vista procesal, que es la naturaleza económica del derecho y de los tribunales, y su íntima relación con la congestión de los tribunales no solo en el Brasil, sino también en otras jurisdicciones del mundo. Se presenta la tragedia del Poder Judicial y el problema de la selección adversa de los litigantes en el sistema judicial y, además, se explica cómo se relacionan esos fenómenos con las políticas de libre acceso al sistema judicial.

Una vez dominadas las teorías y los modelos examinados, el lector podrá analizar cualquier regla jurídica procesal y examinar las posibles repercusiones en la estructura de incentivos de las partes litigantes y, por consiguiente, las probables consecuencias sociales de una u otra regla o de las interpretaciones que puedan adoptar los tribunales. Las posibilidades de aplicación son casi ilimitadas. En este sentido, se espera que este libro sea una pequeña contribución a la integración del enfoque del iuseconómico en el derecho tradicional, especialmente en el campo del proceso civil y, quién sabe, un paso hacia la jurisprudencia basada en la evidencia, *i.e.*, la creación, interpretación y articulación de reglas jurídicas basadas en juicios políticos –*i.e.*, valores–, pero basadas en hechos y ciencia. El camino hacia un derecho más sensible y efectivo es a través de su comprensión objetiva y, en la medida de lo posible, científica. Que este libro sea un paso en esa dirección.

Sería imposible agradecer a todas las personas que me ayudaron, de una forma u otra, en la elaboración de este libro, con las que tuve la oportunidad de debatir las ideas aquí presentadas o que me influyeron en esta trayectoria. Por lo tanto, quisiera agradecer a mis amigos de la Asociación Brasileña de Derecho y Economía (ABDE), por sus años de convivencia y por las oportunidades de discutir en los congresos anuales y en animadas conversaciones privadas. A los estudiantes de la Maestría y Doctorado del UniCeuB, así como a los jueces y otros juristas que participaron en numerosos cursos de formación o perfeccionamiento; sin saberlo, me ayudaron a desarrollar y perfeccionar las ideas que más tarde se convertirían en este libro. A los amigos del AED Luciana "Luk Tai" Yeung, Henrique Arake y Bruno Bodart, por sus continuas conversaciones procesales, y a mi querido amigo Fabrício Lunardi, quien, además de discrepar de la manera más amable posible, siempre vuelve para otro debate. Si es posible, acompañado de buena carne.

También quisiera agradecer especialmente a mis amigos Rodrigo Delaveau de Chile y Hugo Acciarri de Argentina por los comentarios al libro y, respectivamente, por el prefacio y el postfacio que contextualizan el libro para el público latinoamericano e ibérico. Muchas veces, la opinión del otro suele ser más reveladora que la tuya.

Por último, tengo una deuda especial con mi amada esposa, Danielle Cristina Lanius, que leyó el manuscrito e hizo comentarios y sugerencias de todo tipo, incluso para eliminar las pocas expresiones de *animus jocandi* que sobrevivieron en el texto final. ¡Gracias!

Brasília, noviembre de 2020.

Ivo T. Gico Jr.

1

Teoría General del Proceso y Análisis Económico del Derecho

1.1 La TGP: en busca de una teoría del comportamiento

El término *ciencia* deriva de la palabra latina *scire*, que significa conocer o entender. La ciencia es una forma de conocimiento, pero diferente de otras formas de conocimiento como la intuición, la autoridad o la experiencia personal. Cuando le preguntas a alguien sobre algo, normalmente te dice *lo que* sabe. Cuando se les pregunta *cómo saben lo que saben, i.e.*, por qué creen lo que dicen, su respuesta suele indicar el método de conocimiento utilizado por la persona para adquirir o corroborar esa información o creencia.

La palabra *teoría* viene del griego *theoria*, que significa contemplar, reflexionar sobre algo. No es raro que alguien asuma que la teoría está desconectada de la práctica o que se refiera a algo que no existe. Sin embargo, este tipo de postura se debe a la ignorancia de lo que es una teoría, ya que todos usamos teorías en nuestra vida cotidiana. Una teoría no es más que la comprensión de alguien de cómo funciona algo. Cuando tales teorías provienen de la práctica social o de la cultura y tienen una connotación positiva, suelen denominarse conocimiento común[1], sentido común[2], aforismos[3] o máximas[4]. Ya cuando se desacreditan, se les llama leyendas, folclore o supersticiones, como golpear la madera tres veces para evitar la mala suerte o comprar una planta de pimienta para evitar el mal de ojo.

El objetivo de la ciencia es elaborar teorías y ponerlas a prueba, y la principal diferencia entre la ciencia y otras fuentes de conocimiento es que (i) para ser científica, una declaración tiene que ser refutable, al menos en teoría[5]; y (ii) la ciencia se cuestiona constantemente a sí misma. En este sentido, un enfoque científico de cualquier tema requiere que expongamos expresamente las teorías utilizadas, de la manera más precisa posible, para que quede muy claro *qué se*

1. El **conocimiento común** consiste en el conocimiento que generalmente es común a todos los miembros de un grupo determinado, sin necesidad de una formación especializada.

2. El **sentido común** es la forma en que la mayoría de las personas de un cierto grupo piensa, son nociones comúnmente admitidas por los individuos de ese grupo como verdaderas, sin necesidad de un método o investigación más profundo. El sentido común describe las creencias y proposiciones adoptadas como "normales" en un grupo determinado. Significa el conocimiento adquirido por el hombre a partir de experiencias, vivencias y observaciones del mundo.

3. El **aforismo** es una máxima o una declaración que, en pocas palabras, hace explícita una regla o un principio, generalmente de carácter práctico o de alcance moral.

4. La **máxima** es una frase que traduce la expresión de una verdad o principio general, especialmente un dicho con un tono moral o aforístico.

5. A modo de ejemplo, hace más de cien años, la Teoría General de la Relatividad de Einstein predijo un fenómeno muy extraño llamado "onda gravitatoria", que sería una perturbación del espacio-tiempo causada por la aceleración de cuerpos de enorme masa, que se propaga en forma de onda. Cf. Einstein (1918). El fenómeno excéntrico fue finalmente observado directamente en 2016 por experimentos en los interferómetros Virgo y LIGO, cuando el choque de dos agujeros negros ocurrió hace miles de millones de años. Cf. Castelvecchi y Witze (2016).

está afirmando y *por qué*. La claridad de la afirmación y la razón de la misma son esenciales para que sea posible identificar, probar, confirmar, refutar o modificar y, en el límite, descartar o mantener la afirmación. La ciencia es la actividad continua de plantear nuevas ideas y desafiarlas para ver si se mantienen o no. Es este ciclo interminable de verificaciones y revisiones ininterrumpidas lo que separa las teorías científicas de otras formas de conocimiento.

Además de nuestra curiosidad humana innata, queremos entender cómo funciona el mundo en todos sus aspectos para poder planear, para poder construir expectativas razonables sobre el futuro, es decir, sobre cómo se comportará el mundo o algo específico en él, para tener por fin algún control sobre nuestro propio destino. Como dijo Auguste Comte[6], necesitamos ver para prever, a fin de proveer. Si es cierto que muchas ciencias se preocupan por explicar los fenómenos del pasado sin ninguna intención de saber si el mismo fenómeno existe en el presente o si es probable que exista en el futuro, gran parte del esfuerzo científico va en la dirección de comprender lo que está sucediendo ahora y lo que probablemente sucederá en el futuro. En este sentido, el objetivo de las teorías científicas es describir, explicar y predecir los fenómenos del mundo.

El vínculo entre la ciencia y el derecho es innegable. Como veremos con más detalle en el Capítulo 2, el derecho[7] es el mecanismo formal por el cual la humanidad estructura las interacciones sociales para hacer viable la vida en sociedades complejas. Al hacerlo, crea reglas –leyes– que nos permiten comprender por qué suceden ciertas cosas en el presente y construir expectativas racionales sobre cómo se comportará el Estado y la gente, en general, en el futuro (seguridad jurídica), permitiendo precisamente la comprensión, el control y la predicción de nuestros destinos en el ámbito social. Si, por un lado, en el mundo natural las leyes no pueden ser violadas[8], por otro lado, en el mundo jurídico sí pueden. Por lo tanto, si algún agente –sea una persona, una empresa o el propio Estado– no se comporta de acuerdo con las leyes, creamos el mecanismo judicial para hacer cumplir las leyes (el Poder Judicial), para obligar al mundo social a volver o adherirse al orden jurídico preestablecido. En el derecho, a diferencia del mundo natural, si el comportamiento

6. Adaptación de Comte (N/A, p. 16).

7. Además del derecho, también tenemos la cultura y la religión como instrumentos informales de estructuración y control social. En este sentido, cf. North (1990).

8. Si algún comportamiento "viola" una ley de la naturaleza, no es el comportamiento lo que está mal, sino probablemente la ley o nuestra comprensión del fenómeno. En un enfoque científico, la discrepancia entre ley y realidad requerirá más investigación y, tras una nueva observación del fenómeno, si los resultados siguen debilitando la ley, esta se modificará o se abandonará. De una forma u otra, sabremos un poco más sobre el mundo y el conocimiento científico avanzará.

viola la ley, es el comportamiento el que debe ser cambiado, no la ley[9]. Y este cambio proviene del ejercicio de la fuerza por parte del Estado. El derecho procesal es la parte del derecho que estudia cómo se desarrolla esta actividad de adjudicación.

El derecho procesal trata de describir y explicar la actividad jurisdiccional, siendo la Teoría General del Proceso (TGP) su parte destinada a describir y explicar los elementos o características comunes a todas las ramas del derecho procesal (*i.e.*, civil, laboral, electoral, penal, etcétera). En este sentido, Calamandrei entendió que el proceso judicial podía ser sistematizado a partir de tres nociones fundamentales[10]: la jurisdicción, la acción y el proceso. Y, en esta tradición, Theodoro Jr.[11] explica que: "[...] la jurisdicción se caracteriza por la facultad del Estado, entre sus actividades soberanas, de formular y aplicar en la práctica la regla jurídica concreta que, en virtud del derecho vigente, disciplina una determinada situación jurídica conflictiva. El proceso es el método, *i.e.*, el sistema de composición de la litis en los tribunales mediante una relación jurídica vinculante de derecho público. Por último, la acción es el derecho público abstracto subjetivo, ejercitable por la parte que exige al Estado la obligación de prestar servicios judiciales".

En el mismo sentido, Didier Jr.[12] reconoce la existencia de "conceptos jurídicos procesales fundamentales (lógico-jurídicos)" con pretensión universal, y he aquí que se extienden a las demás ramas procesales que pueden ser comprendidas por una Teoría General: "La Teoría General del Proceso [...] es una disciplina jurídica dedicada a la elaboración, organización y articulación de los conceptos jurídicos procesales fundamentales (lógico-jurídicos). [...] La Teoría General del Proceso puede entenderse como una teoría general, ya que los conceptos jurídicos procesales fundamentales (lógico-jurídicos), que constituyen su contenido, tienen una pretensión universal. Es conveniente adjetivarlo como 'general' precisamente para poder distinguirlo de las teorías individuales del proceso, que tienen la pretensión de servir a la comprensión de ciertas realidades normativas, como el derecho brasileño o italiano".

Como puede verse, el enfoque de la TGP tradicional es la identificación y el establecimiento de los conceptos fundamentales que permiten la comprensión de cualquier sistema procesual, un intento de explicar y describir los elementos del proceso que serían comunes a todas las ramas. Sin embargo, la actual TGP no tiene una teoría sobre el comportamiento humano ni ningún mecanismo para informar

9. Obviamente, esta conclusión es también una regla jurídica, que se llama el principio de (o derecho fundamental a la) legalidad. Para saber por qué llamamos al principio una regla, ver la Sección 3.2.

10. Cf. Calamandrei (1999[1940], p. 93).

11. Cf. Theodoro Jr. (2018, p. 102).

12. Cf. Didier Jr. (2017, pp. 40-41).

 sobre cuál será la consecuencia probable de una determinada regla jurídica procesal o una posible alteración. Se discute mucho sobre los conceptos fundamentales (descripción), lo que dice cada regla o principio (hermenéutica) y qué debería decir o cómo debería aplicarse cada regla o principio (teoría normativa), pero se dice poco o nada sobre la estructura de incentivos creada por las reglas procesales y las probables consecuencias sociales de tal o cual regla jurídica en el mundo real (previsión). En resumen, hasta ahora, los procesalistas se han centrado mucho en el diagnóstico y poco en el pronóstico.

En otras palabras, la TGP, tal como se ha construido tradicionalmente, explica y describe muy bien, por ejemplo, que una litis se presenta cuando se resiste una pretensión, pero no explica por qué se resistió esa pretensión, ni por qué la parte agraviada optó por proponer la acción en lugar de renunciar a la pretensión. Asimismo, la TGP conceptualiza las hipótesis en las que se permite el doble grado de jurisdicción[13], pero no explica en qué condiciones una parte decidirá apelar una sentencia desfavorable o simplemente dejar producir cosa juzgada, ni el impacto del doble grado de jurisdicción en la previsibilidad del sistema. Esas cuestiones son importantes no solo para la comprensión de los efectos del Derecho en el mundo de los hechos, sino también para la interpretación y la redacción de la legislación.

Por ejemplo, el §1º del art. 542 del CPC brasileño de 1973[14], disponía expresamente que, antes de proceder a un recurso extraordinario o especial[15], el presidente o vicepresidente del tribunal en que se hubiera presentado el recurso (juez *a quo*) debía pronunciarse sobre la admisibilidad del propio recurso –*i.e.*, un análisis de la presencia o no de las premisas procesales intrínsecas y extrínsecas– para dejar avanzar o no el recurso. Si es admitido, seguirá su curso normal ante el tribunal superior (juez *ad quem*), que emitirá entonces un nuevo juicio de

13. Sobre la doble función del doble grado de jurisdicción, véase la Sección 5.2.

14. Art. 541. El recurso extraordinario y el recurso especial, en los casos previstos en la Constitución Federal, se presentarán al presidente o al vicepresidente del tribunal recurrido, en peticiones separadas, que contendrán: [...].

Art. 542. Una vez recibida la petición por la secretaría del tribunal, se convocará al demandado para que presente la absolución.

§1º. Después de este plazo, **los autos serán expedidos para admisión o no del recurso**, en un plazo de quince (15) días, en una decisión motivada. [...].

15. En el derecho brasileño, el **recurso extraordinario** es el mecanismo procesal que permite impugnar las sentencias colegiadas pronunciadas en el nivel de apelación o en una sola instancia, pero solo para el control de constitucionalidad ante lo Supremo Tribunal Federal, es decir, su función es verificar la constitucionalidad de la ley (control difuso de constitucionalidad). Así como el *ricorso per cassazione* italiano, el **recurso especial** es el mecanismo procesal que permite impugnar las sentencias colegiadas pronunciadas en el grado de apelación o en una sola instancia, pero solo por errores de derecho, ya que no es posible reevaluar el mérito de la controversia ante el Superior Tribunal de Justicia, como ocurre en la sentencia de apelación (control de legalidad y uniformización de la jurisprudencia).

admisibilidad. Solo después de este doble juicio de admisibilidad se examinarán los méritos del recurso extraordinario o especial. Por otra parte, si el seguimiento del recurso fue negado por el juicio de admisibilidad *a quo,* entonces el art. 544 del CPC/73[16] preveía la posibilidad de presentar un recurso interlocutorio (agravo) para hacer seguir el recurso original, por el mismo procedimiento.

No había duda sobre lo que significaba el comando de los artículos 542 y 544 del CPC/73, y la teoría procesal era lo suficientemente clara como para describir y explicar el significado de los conceptos utilizados en cada una de las reglas, *i.e.*, no había ninguna cuestión hermenéutica que resolver. Sin embargo, el legislador entendió que este sistema no era eficiente y generaba un re-trabajo innecesario, dado que el juicio de admisibilidad se realizaba dos veces, por dos instancias, e incluso en el caso de juicio de admisibilidad *a quo* negativo, el recurso original seguiría a través del recurso interlocutorio, haciendo aún más innecesario el doble juicio de admisibilidad. Como resultado de esta suposición, en 2015 el CPC eliminó el juicio de admisibilidad *a quo* (art. 1.030[17] original), y el párrafo único expresamente afirmaba que: "Lo envío [del recurso] de que trata este artigo tendrá lugar independientemente de juicio de admisibilidad". Curiosamente, incluso antes de que el nuevo CPC entrase en vigor, la Ley N.º 13.256, de 4/2/2016, modificó el art. 1.030[18] para reinstalar el doble juicio de admisibilidad[19].

Tomando la redacción original del CPC, los autores del Código entendieron que la eliminación del doble juicio de admisibilidad traería eficiencia al proceso civil. Sin embargo, el STJ entendió que los tribunales superiores estarían sobrecargados y presionó el Senado federal para que se volviera al sistema originario del CPC/73. ¿Quién tiene razón? ¿Qué sucedería en la práctica si se adoptase una u otra regla jurídica? ¿Cómo podría la tradicional Teoría General del Proceso o el mismo derecho procesal responder a estas preguntas? La respuesta es sencilla: no podrían, porque las preguntas no se refieren a conceptos o interpretaciones de disposiciones legales (hermenéutica), sino a las probables consecuencias fácticas que se derivan de una

16. Art. 544. Si el seguimiento del recurso extraordinario o del recurso especial es negado, se podrá presentar un recurso interlocutorio en el mismo proceso, en un plazo de 10 (diez) días.

17. Art. 1.030. Una vez recibida la petición de apelación en el registro del tribunal, se citará al demandado para que presente sus argumentos en un plazo de 15 (quince) días, tras lo cual se remitirá el expediente al tribunal superior correspondiente.

    Párrafo único. El envío a que se refiere el encabezado tendrá lugar independientemente del juicio de admisibilidad.

18. Art. 1.030. Recibida la petición de recurso por la secretaría del tribunal, el recurrido será intimado para presentar la absolución del recurso en el plazo de 15 (quince) días, finalizado el cual los autos estarán expeditos para el presidente o vicepresidente del tribunal recurrido, quien deberá: [...].

19. Cf. Gico Jr. (2016) sobre la estructura de incentivos creada por el sistema de doble juicio de admisibilidad de los recursos especiales y extraordinarios.

u otra regla jurídica, y la estructura de incentivos que se deriva de ellas. En otras palabras, para responder a estas preguntas relevantes sobre el proceso, para saber quién tiene razón, necesitamos una teoría sobre cómo se comportan las partes en una disputa, *i.e.*, necesitamos una teoría sobre el comportamiento humano.

Obviamente, cualquiera puede tener una opinión sobre el tema, pero sin una teoría del comportamiento humano que apoye tales opiniones o evidencia que respalda a uno u otro lado del debate, tales opiniones son en realidad meras hipótesis. Y aquí vale la pena aclarar la diferencia entre ley, teoría e hipótesis en la investigación científica.

El criterio distintivo entre ley, teoría e hipótesis se basa en la naturaleza y la cantidad de evidencias que apoyan cada tipo de declaración, es decir, su grado de fiabilidad. Los científicos difícilmente se refieren a una declaración como **ley**, ya que tal clasificación implica que se hicieron muchas observaciones sobre el mismo fenómeno, con resultados uniformes, *i.e.*, la declaración se mantiene repetidamente como verdadera[20]. Como la ciencia siempre se cuestiona a sí misma e incluso las leyes básicas de la ciencia son cuestionadas de vez en cuando, uno debería ser muy cuidadoso antes de llamar a algo una ley científica. A diferencia de la ley, una **teoría científica** es una afirmación asociada a una cantidad considerable de evidencias que la respaldan, pero no necesariamente a la uniformidad de evidencias. Por eso, la gran mayoría del conocimiento científico se clasifica como teoría y no como ley. Por último, una **hipótesis** es simplemente una declaración sin evidencias que la apoyen[21]. En este sentido, una hipótesis (cuando es refutable) es una declaración científica que necesita ser verificada; por lo tanto, carece de evidencias.

De hecho, en el debate sobre la doble admisibilidad, ambas partes ofrecen poco más que simple sentido común, *i.e.*, hipótesis para fundamentar sus posiciones. Por lo que sé, no se ha realizado ningún experimento empírico, ni nadie ha propuesto teoría alguna que nos ayude a comprender cómo funciona el juicio de admisibilidad en el mundo fenomenológico (*de facto*, no *de jure*) como para permitirnos identificar qué regla debemos adoptar. Con el regreso al sistema del CPC/73, sin la aplicación del sistema originalmente propuesto por el nuevo CPC, Brasil perdió una enorme oportunidad de testar empíricamente tales afirmaciones y así descubrir un poco más acerca de cómo funciona el mundo del proceso.

En cualquier caso, es posible analizar reglas jurídicas (diagnóstico) y previsiones (pronóstico) sobre cuáles serán los efectos probables de una determinada regla en

20. Un ejemplo de ley científica es la proposición de que nada puede viajar más rápido que la luz en el vacío o la ley de la oferta y la demanda en la economía.

21. No es raro leer en los diccionarios u otras fuentes que la hipótesis es una teoría aún no probada, pero, como nada es probado en la ciencia, solo que no se ha podido falsificar, tal definición no es correcta.

el mundo fáctico, *i.e.*, cuál será el comportamiento probable de los agentes como resultado de tal o cual regla jurídica. Basta tener una teoría suficientemente sólida sobre el comportamiento humano, y el AED es el candidato más adecuado para desempeñar ese papel.

1.2 El AED: una teoría sobre el comportamiento

Como ya he tenido la oportunidad de decir[22]: "El derecho es, desde una perspectiva más objetiva, el arte de regular el comportamiento humano. La economía, a su vez, es la ciencia que estudia tanto el comportamiento y la toma de decisiones del ser humano en un mundo de recursos escasos como las consecuencias de esas decisiones. Por lo tanto, el Análisis Económico del Derecho (AED) es el campo del conocimiento humano cuyo objetivo es, mediante el empleo de las variadas herramientas teóricas y empíricas de la economía y de las ciencias afines, expandir la comprensión y el alcance del derecho y perfeccionar el desarrollo, la aplicación, y la evaluación de las reglas jurídicas, en especial en relación con sus consecuencias".

Como se ha visto anteriormente, el derecho, en general, y la TGP, en particular, no tienen una teoría sobre el comportamiento humano. Es precisamente en este sentido que el AED es más útil para los juristas, ya que ofrece un instrumento teórico maduro para ayudar a comprender los hechos sociales e investigar cómo responderán los agentes sociales a los posibles cambios en sus estructuras de incentivos. En este sentido, así como la ciencia supera al sentido común, esta comprensión superior a la intuición permite un ejercicio informado de diagnóstico y pronóstico que, a su vez, es fundamental para cualquier ejercicio evaluativo que tenga en cuenta las consecuencias individuales y colectivas de una determinada decisión o regla jurídica.

Normalmente, cuando hablamos de economía, nuestra precomprensión nos lleva automáticamente a pensar en el dinero, los mercados, el empleo, la inflación, el interés, etcétera. Así, por ejemplo, preguntas como: ¿cuál es el efecto del tipo de interés en el nivel de empleo? ¿Por qué las empresas nacionales predican la creación de barreras arancelarias para sus productos? ¿Son estas barreras buenas para los consumidores? ¿Cuánto cuesta construir un puente que una Brasil y Argentina sobre el río Uruguay?

Por otro lado, no se consideran tradicionalmente económicas preguntas como: ¿por qué los violadores suelen atacar de madrugada o de noche? ¿Por qué los patios traseros de los locales comerciales están generalmente sucios, mientras que las fachadas están limpias? ¿Por qué es cada vez más difícil convencer a los tribunales superiores de que una cuestión determinada ha sido efectivamente pre-

22. Cf. Gico Jr. (2019, p. 38).

 cuestionada? ¿Por qué en Brasília los conductores se detienen para que un peatón cruce el carril, pero en otros lugares de Brasil no es así? ¿Por qué los abogados comenzaron a adjuntar una copia completa del expediente para instruir un agravo cuando la ley solo pedía algunas piezas específicas (art. 1.017/CPC)? ¿Por qué el Gobierno suele soltar medidas fiscales o tributarias impopulares durante los recesos y las fiestas, como la Navidad? ¿Por qué ha aumentado considerablemente el número de divorcios en los últimos decenios? ¿Por qué hay varios idiomas?

Para sorpresa de algunos, estas preguntas son tan económicas como las primeras y muchas de ellas han sido estudiadas por economistas. Si nos detenemos a pensar, de una manera u otra, cada una de las preguntas anteriores se refiere a las decisiones de los agentes involucrados. Si implican elecciones, entonces son conductas que pueden ser analizadas por el método económico, ya que el objeto de la ciencia económica moderna abarca toda forma de comportamiento humano que requiera la toma de decisiones.

La razón principal de esta amplitud es que, antes que nada, la economía se caracteriza por un método de investigación y no por un objeto específico en sí mismo. Para nuestros propósitos[23], la definición que mejor traduce esta idea es la de Lionel Robbins[24], según la cual la economía es "la ciencia que estudia el comportamiento humano como una relación entre fines y medios escasos que tienen usos alternativos" o, como dijo Alfred Marshall[25], "[l]a economía es un estudio de la humanidad en el curso ordinario de la vida". Así, pues, el enfoque económico sirve para comprender todas y cada una de las decisiones individuales o colectivas sobre recursos escasos, se tomen o no en el contexto de un mercado. Toda actividad humana relevante, en esta concepción, es susceptible de análisis económico.

El enfoque económico al que me refiero y que utilizo en este libro es, en primer lugar, un método de investigación sobre el comportamiento humano, un conjunto de herramientas analíticas. Este punto es de tal importancia que tomo prestadas las palabras de John Maynard Keynes para afirmar que "[l]a teoría económica no proporciona un conjunto de conclusiones inmediatamente aplicables a la

23. Hay otras perspectivas económicas que suelen denominarse genéricamente heterodoxas, entre ellas, el institucionalismo, la economía poskeynesiana, feminista y austriaca. Estas corrientes, incluso cuando estudian el derecho, no suelen denominarse Análisis Económico del Derecho. Los programas de investigación más recientes, influidos por otras ciencias (por ejemplo, la neuroeconomía, la economía evolutiva, la economía del comportamiento, la economía experimental), están hoy en día integrados en gran medida en el paradigma ortodoxo y, por lo tanto, en el AED, que abarca estas nuevas áreas en subáreas específicas como el AED Conductual (psicología). Sobre la heterodoxia en general, cf. Lawson (2006).

24. Cf. Robbins (1984, p. 16).

25. Cf. Marshall (2013 [1920], p. 1).

política. Es un método más que una doctrina, un aparato de la mente, una técnica de razonamiento, que ayuda a su poseedor a llegar a conclusiones correctas"[26].

En este sentido, la ciencia económica, que antes solo se asociaba a la parte de la actividad humana que normalmente llamamos economía o mercado, hoy en día investiga un amplio espectro de actividades humanas, muchas de las cuales también son estudiadas por otras ciencias sociales, como la ciencia política, la sociología, la antropología, la psicología y, por supuesto, el derecho. Esta interacción entre el derecho y la economía es lo que se ha llamado el Análisis Económico del Derecho o AED.

1.2.1 ¿Qué es el Análisis Económico del Derecho?

El AED no es más que la aplicación de los instrumentos analíticos y empíricos de la economía, especialmente la microeconomía y la economía del bienestar, para tratar de comprender, explicar y predecir las implicaciones fácticas del sistema jurídico, así como la lógica (racionalidad) del propio sistema jurídico. En otras palabras, "el AED es la utilización del enfoque económico para obtener mejor comprensión del derecho en el mundo y el mundo en el derecho"[27]. Nótese que el uso del método económico para analizar el derecho no presupone que sean los economistas quienes practiquen el AED. Por el contrario, en la mayoría de los casos, los investigadores que la ejercen son juristas o tienen una doble formación. En cualquier caso, son **iuseconomistas.**

La característica del AED es la aplicación de la metodología económica en todos los ámbitos del derecho, desde los contratos hasta los constitucionales, desde la reglamentación hasta el proceso civil, desde el medio ambiente hasta la familia, y precisamente esta amplitud de aplicación es la que califica a un enfoque del AED frente a la simple aplicación de los conocimientos económicos en ámbitos tradicionalmente asociados a la economía.

Es obvio que, cuando un juez necesita estimar las pérdidas de beneficios y daños derivados de la destrucción del coche de un taxista o motorista de Uber por un conductor ebrio, tendrá que recurrir a la teoría económica para realizar tales cálculos. Aquí se recurrirá al economista como experto, como a un médico en caso de error médico, a un contable en caso de compensación irregular de impuestos, o a un ingeniero en caso de responsabilidad por adicción a la construcción. También es evidente que no es posible debatir o aplicar el derecho de la competencia y derecho regulatorio sin un conocimiento razonable de los instrumentos económicos. Así,

26. Cf. Keynes (1922, p. V). Idea similar está presente en Robinson (1933, p. 1).

27. Cf. Gico Jr. (2019, p. 51).

por ejemplo, el debate sobre lo que constituye una infracción del orden económico es un debate eminentemente económico[28]; del mismo modo, la decisión sobre la aplicación o no de un plan de subvenciones cruzadas o la idoneidad de un determinado plan de control de precios para un sector regulado, es eminentemente económica. Sin embargo, el AED va más allá de estas interrelaciones más directas entre el derecho y la economía.

Por lo tanto, cuando utilizo el término Análisis Económico del Derecho, me refiero a la aplicación de los instrumentos económicos precisamente a circunstancias que normalmente no se asocian con cuestiones económicas. Por ejemplo, la iuseconomía puede ayudar a reducir la ocurrencia de violaciones, puede ayudar a reducir el número de apelaciones para retrasar, puede ayudar a entender por qué algunas leyes funcionan y otras no, por qué a menudo se adopta una legislación y otras veces el Parlamento adopta una legislación que se sabe será vetada por el presidente, pero lo hace de la misma manera, o por qué es tan difícil alquilar una propiedad en Brasil. El AED puede incluso ayudar a la concretización de los derechos fundamentales, ya que estos requieren decisiones sobre recursos escasos.

En general, los iuseconomistas se preocupan por tratar de responder a dos preguntas básicas: i) cuáles son las consecuencias de un marco jurídico determinado, *i.e.*, de una determinada regla; y ii) qué regla jurídica debe adoptarse. La mayoría de nosotros estaría de acuerdo en que la respuesta a la primera pregunta es independiente de la respuesta a la segunda, pero que lo contrario no es cierto, *i.e.*, para saber cuál sería la regla ideal, necesitamos saber cuáles serían las consecuencias de la misma. La primera parte de la investigación se refiere al AED positivo (lo que es), mientras que la segunda al AED normativo (lo que debería ser). Como esta distinción tiene importantes implicaciones epistemológicas/metodológicas y, a veces, es fuente de incomprensión, invertiremos un poco de tiempo aquí antes de pasar a la metodología del AED.

1.2.2 AED positivo y normativo

Como cualquier otra ciencia, el AED reconoce como válida y útil, desde un punto de vista epistemológico y pragmático, la distinción entre lo que *es* (positivo) y lo que *debiera ser* (normativo)[29]. La primera proposición está relacionada con un criterio de verdad y la segunda, con un criterio de valor.

28. Para un claro ejemplo de la esencialidad de la teoría económica para el debate de las cuestiones de competencia, véase Gico Jr. (2007).

29. Sobre la discusión y las implicaciones de esta distinción para la ciencia económica, ver Keynes (1999 [1917], pp. 7-20) y Friedman (1953, pp. 3-43).

La idea aquí es que hay una diferencia entre el mundo de los hechos, que puede ser investigado y verificado por métodos científicos, cuyos resultados son susceptibles de falsificación -lo que llamamos análisis positivo-, y el mundo de los valores, que no es susceptible de investigación empírica ni de prueba o falsificación y, por lo tanto, no es científico -lo que llamaré análisis normativo-. En este sentido, cuando alguien investiga si A mató a B, está haciendo un análisis positivo (investigando un hecho). Por otra parte, cuando el legislador se pregunta si en esas circunstancias esa conducta debe ser sancionada o no, está realizando un análisis normativo (investiga un valor), aunque los hechos sean relevantes para la decisión.

Esta postura está fuertemente ligada a la proposición que se hizo famosa como la guillotina de Hume[30], según la cual no es posible deducir el deber-ser solo del ser, *i.e.*, las proposiciones puramente fácticas solo pueden implicar o llevar a otras proposiciones puramente fácticas y jamás pueden implicar o llevar a juicios de valor. En otras palabras, los hechos no llevan a proposiciones éticas ni viceversa. Esta posición implica asumir que hay una clara distinción entre el mundo de los hechos y el de los valores, que podría resumirse con el siguiente cuadro:

La guillotina de Hume

Figura 1-1

Positivo	Normativo
Es	Debe ser
Hechos	Valores
Objetivo	Subjetivo
Descriptivo	Prescriptivo
Ciencia	Arte
Verdadero/falso	Bueno/malo

Como resulta obvio, al extender al derecho esta distinción, comienzan a surgir diversos problemas culturales. He observado que, muchas veces, los juristas están tan acostumbrados a pensar en términos normativos y discutir cuestiones valorativas, que sus argumentos en debates públicos o privados sobre cuestiones relativamente simples, se desplazan con extrema facilidad entre un campo y otro, hasta el punto que —en muchas ocasiones— se toma un argumento normativo como positivo y viceversa. En este sentido, la plena aceptación y comprensión de la distinción entre el análisis positivo y el normativo representan un pequeño desafío para el jurista sin una formación rigurosa.

30. También conocida como la ley de Hume o el problema del ser y el deber ser, y que fue discutida por David Hume en el Libro III, Parte I, Sección I (1888 [1736], p. 469).

Por otro lado, es importante resaltar que la distinción entre el ser y el deber-ser no es tan pacífica como nos hace creer la guillotina de Hume. El contexto cultural, la ideología, la visión política y la trayectoria del investigador, pueden influir de diversas maneras tanto en el objeto de estudio como en la metodología aplicada, lo que puede afectar los resultados de la propia investigación. Además, aunque sea relativamente simple percibir la diferencia entre proposiciones de ser *versus* deber-ser, para aceptar cierta proposición como ser, se debe realizar un ejercicio cognitivo que, a su vez, presupone la existencia de un consenso social previo sobre cuáles son los criterios que "deben" ser aceptados como capaces de establecer lo que es.

Independientemente de la cuestión clásica, y que no debe olvidarse, acerca de la posibilidad de que la ciencia sea o no neutra, me parece relativamente simple reconocer que la aplicación de la guillotina de Hume representa una gran ganancia en claridad de comunicación y establecimiento de puntos de vista (aunque sean divergentes), pese a que esta ganancia no sea solo en términos pragmáticos, sino epistemológicos. Esta ganancia hay que valorarla en comparación con el grado de mestizaje que existe en el derecho entre el hecho y el valor. Es de gran utilidad poder reducir eventuales desacuerdos a puntos normativos o positivos. Por este motivo, aunque por argumentos puramente pragmáticos, la distinción me parece útil e importante para la ciencia y, por tanto, para el AED.

En este sentido, decimos que un iuseconomista está practicando la ciencia económica aplicada al derecho cuando utiliza su instrumental para realizar un análisis positivo (un ejercicio de pronóstico, una evaluación de eficiencia). En este caso, el iuseconomista *qua* iuseconomista no es capaz de ofrecer cualquier sugerencia de políticas públicas o acerca de cómo cierta decisión debe ser tomada. Lo máximo que puede hacer es identificar las posibles alternativas normativas (si es necesario, aplicando técnicas hermenéuticas)[31] e investigar las probables consecuencias de cada opción (aplicándose el AED), así como comparar la eficiencia de cada solución posible, ayudando en la elaboración de un análisis costo-beneficio.

Ya en el caso de que el iuseconomista esté utilizando su instrumental para realizar un análisis normativo (por ejemplo, que una política pública X debe ser adoptada en detrimento de otra política Y, o que un caso A debe ser resuelto de forma W), será apto para hacerlo como iuseconomista **si y solo si** hay una estipulación previa respecto al criterio normativo en el que se basa la ponderación de dichas alternativas (por ejemplo, por una elección política previa consustanciada en una ley). Por ejemplo, si el objetivo es reducir la cantidad de secuestros "relámpagos", el AED normativo puede ayudarnos a identificar cuál es la mejor política de punición, cuál es la mejor estructura procesal para prevenir y juzgar este tipo de delito, etcétera.

31. Cf. la discusión sobre el diagrama hermenéutico y la hermenéutica de las elecciones en la Sección 3.1.4.

En esta línea, cualquier objetivo puede servir de guía para el AED normativo, desde una mayor preocupación acerca de la distribución de la riqueza hasta la forma más eficiente de incentivar la conciliación entre parejas en crisis.

Ahora bien, si lo que se busca es asesoramiento no solo acerca del medio para alcanzar cierta política pública, sino también sobre cuál es el objetivo a lograr, entonces el análisis iuseconómico no necesariamente conllevará ganancias sustanciales en relación con el análisis ofrecido por otras áreas del conocimiento o ciencias. Será necesario tomar en consideración el AED en conjunto con las demás ciencias y dentro de sus limitaciones. En resumen, el AED positivo nos ayudará a comprender lo que es la regla jurídica, cuál es su racionalidad, y las diferentes consecuencias probables derivadas de la adopción de esa regla. Es decir, el abordaje del AED positivo es eminentemente descriptivo/explicativo y tiene resultados predictivos. Por su parte, el AED normativo nos ayudará a escoger, entre las alternativas posibles, la más eficiente, es decir, elegir el mejor arreglo institucional, dado un valor (vector normativo) previamente definido. Como veremos en el Capítulo 3, en el caso del derecho procesal, los vectores normativos ya están establecidos en la ley y en la Constitución y, entre ellos, tenemos la búsqueda de eficiencia guiada por la legalidad.

1.3 Supuestos del AED: preferencias, escasez y racionalidad

Tradicionalmente, los integrantes de la academia jurídica inician sus análisis partiendo del supuesto de que el derecho está compuesto por normas y entendiendo que su objeto prioritario de investigación es identificar el contenido y el alcance de esas normas. La normatividad de las reglas jurídicas se presupone y el instrumental de investigación utilizado con mayor frecuencia es la hermenéutica. De este modo, un jurista tradicional, preocupado por la conservación del patrimonio histórico-cultural, podría discutir si el concepto de *cultura* integra el conjunto de significados asociados a la expresión *medio ambiente*. En el caso de que la respuesta sea positiva, pueden plantearse la cuestión de si los edificios históricos gozan de la misma protección y limitaciones jurídicas que, por ejemplo, las leyes ambientales imponen a las áreas verdes.

Por otro lado, la principal característica de los iuseconomistas es considerar el derecho como un conjunto de reglas que establece costos y beneficios para los agentes que pautarán sus comportamientos en función de tales incentivos. De esta manera, el abordaje iuseconómico investiga las causas y las consecuencias de las reglas jurídicas y de sus estructuras en el intento de prever cómo los ciudadanos y agentes públicos se comportarán ante una determinada regla y cómo podría alterarse su comportamiento en el caso de que esa regla fuera modificada. En este sentido, la normatividad del derecho no solo no se presupone, sino que a menudo se niega. Esto significa que se admite que tanto las reglas jurídicas como sus incentivos pueden —en algún caso concreto— ser simplemente ignorados por los agentes involucrados.

En el ejemplo anterior, un iuseconomista se preguntaría: (i) cómo los agentes efectivamente se han comportado ante la regla actual (diagnóstico), que no incide sobre el patrimonio histórico-cultural, y (ii) cómo un cambio de la regla jurídica alteraría esa estructura de incentivos —ya sea mediante una modificación legislativa o por una modificación de la interpretación que los tribunales hacen de la norma—, en el intento de prever cómo pasarían los agentes a comportarse (pronóstico). Es muy probable que, solo después de ser capaz de responder mínimamente a estas dos preguntas, un iuseconomista se aventuraría a opinar acerca de las cuestiones normativas. Esta es la distinción fundamental entre el enfoque iuseconómico y los enfoques tradicionales del derecho.

Como es obvio, para ser capaz de comprender cómo se comporta el agente e intentar predecir sus reacciones a los cambios en su estructura de incentivos, es necesario que tengamos a nuestra disposición una teoría sobre el comportamiento humano, de la que el derecho carece. Los iuseconomistas toman prestada esta teoría de la economía, cuyo objeto es precisamente investigar cómo actúa el ser humano medio en el proceso de toma de decisiones ante las distintas elecciones disponibles, por lo que tiene sentido que examinemos un poco las características de esa teoría.

Así como la Teoría General del Proceso se basa en los conceptos de jurisdicción, acción y proceso, el método económico se basa en tres supuestos básicos: **preferencias, escasez** y **racionalidad**[32]. En primer lugar, el Análisis Económico del Derecho supone que los agentes tienen preferencias, *i.e.*, que las personas en general son capaces de ordenar las alternativas que se les ofrecen o están disponibles, según la **utilidad**[33] que cada alternativa les genera. En otras palabras, decir que los agentes tienen preferencias solo significa que, al enfrentarse a las opciones, las personas pueden ordenar qué alternativas generan más interés, valor o placer

---

32. Si el lector desea profundizar en los supuestos del método económico, sugiero comenzar con una lectura introductoria, como la de Mankiw (2013), que enseña más que suficiente para entender mucho de la literatura del AED y ciertamente ofrece más de lo necesario para este libro. Si el lector tiene un dominio de las matemáticas a nivel de graduado, sugiero Jehle y Reny (2011). Si el lector está interesado en cuestiones filosóficas sobre el método, sugiero Blaug (1992).

33. La utilidad es una forma simplificada que tienen los economistas para referirse a los beneficios que un individuo obtiene del consumo de un bien o servicio, o incluso de un determinado estado social. Nótese que la utilidad aquí es un término técnico: significa cualquier satisfacción que el individuo extrae de una elección dada, no estando restringida a cuestiones materiales, y mucho menos monetarias. Un individuo puede extraer utilidad ya sea consumiendo una pizza, disfrutando de una foto de Portinari, haciendo trabajo voluntario o tocando en una banda de aficionados.

(utilidad) o son indiferentes a las mismas. Así, pues, cuando se enfrente a una opción entre A y B, A será preferible a B (A > B) si la persona elige A en lugar de B; pero B será preferible a A (A < B) si la persona elige B sobre A; y A será indiferente a B (A ~ B) si no hay diferencia para la persona entre elegir A o B.

Y aquí vale un ejemplo para ilustrar cómo el concepto de utilidad se refiere a las preferencias y no se confunde con los valores monetarios o con el dinero. Piensa en una pareja divorciada que solo tiene dos bienes para compartir: un perro de raza y un sofá. Ambos están de acuerdo en que, si se ofrece en el mercado, tanto el perro como el sofá podrían venderse por $1.000 cada uno. Por lo tanto, el valor de mercado de cada una de estas mercancías es de $1.000. Si el análisis económico se limitara a las cuestiones monetarias, podríamos afirmar que, en este ejemplo, la repartición de los bienes no importa, porque en cualquier reparto que se haga, cada uno recibirá un bien por el valor de $1.000 y, por lo tanto, desde el punto de vista monetario, cada uno habrá recibido exactamente la misma cantidad. Sin embargo, desde el punto de vista económico, esta afirmación no es necesariamente correcta.

Suponga que el marido tiene recuerdos afectivos del sofá, que era de su abuela, y que prefiere el sofá al perro (sofá > perro), mientras que la esposa prefiere el perro al sofá (sofá < perro). En ese caso, un reparto que atribuyera el perro al marido y el sofá a la esposa habría distribuido los bienes de la vida equitativamente (cada uno recibió $1.000), pero no sería la distribución que las partes preferirían y, por lo tanto, no es la asignación la que les genera más utilidad. Dadas las preferencias de la pareja, estarían en mejor situación, *i.e.*, extraerían más utilidad, si la distribución fuera de marido/sofá y esposa/perro, que, si fuera de marido/perro y esposa/sofá, incluso si estuvieran financieramente en la misma situación. En esta línea, para saber qué es lo que aumenta la utilidad y, por tanto, el bienestar de una persona, no basta con conocer el precio de mercado de un bien, sino que hay que saber cuáles son sus preferencias, luego, su función de utilidad.

Las preferencias varían de una persona a otra, *i.e.*, son subjetivas e idiosincrásicas. Debido a que las preferencias de alguien son el resultado de sus opiniones y gustos personales, no pueden ser correctas o incorrectas. Simplemente lo son. Por lo tanto, uno no hace juicios de valor sobre sus preferencias (*de gustibus non est disputandum*) ni trata de entender por qué a cada persona le gusta una cosa u otra[34]. En este sentido, como ya he dicho, "la teoría económica versa sobre los medios que las personas emplean para alcanzar sus fines (comportamientos) y no sobre los fines que buscan (motivaciones)"[35]. La existencia de preferencias es un dato de la

34. La investigación sobre la formación de las preferencias individuales y sociales suele ser objeto de estudio en psicología, sociología y neurociencia. Cfr. Sección 5.4.

35. Cf. Gico Jr. (2019, p. 62).

realidad y las causas individuales de esas preferencias normalmente no suelen ser pertinentes para la teoría económica.

Además, las preferencias se consideran completas, transitivas y estables. El hecho de tener preferencias **completas** significa que, independientemente de las opciones de que dispongan las personas, estas podrán decidir; *i.e.*, entre la opción A y la opción B, el agente podrá elegir A, B, o ser indiferente a cualquiera de ellas. En el extremo, esto significa que el agente debe ser capaz de decidir incluso entre opciones en momentos diferentes (por ejemplo, recibir el dinero de un *precatório*[36] hoy, con un 20% de descuento, o recibir el 100% en dos años) y entre resultados ciertos e inciertos (por ejemplo, llegar a un acuerdo hoy, en los términos propuestos, o continuar con el proceso hasta una sentencia). En cuanto a que las preferencias sean **transitorias**, es una cuestión de coherencia y significa que, si el agente prefiere A a B y B a C, entonces debe preferir A a C, de lo contrario nunca podría hacer una elección, estaría intercambiando opciones para siempre.

Por último, las preferencias se consideran estables a corto plazo para que la teoría no se convierta en una tautología. La estabilidad de las preferencias dicta que si la gente ha cambiado su comportamiento es porque algo a su alrededor ha variado y no sus preferencias. Si las preferencias no fueran estables, todo el comportamiento observado sería explicable modificando las preferencias y la teoría perdería su poder explicativo. Explicaría cualquier cosa y, por lo tanto, no explicaría nada.

Cabe señalar que la comparación de utilidades intersubjetivas no es factible, *i.e.*, no es posible comparar utilidades entre dos individuos. Si existe una disputa por una manzana entre el sujeto A y el sujeto B, no es posible afirmar *ex ante* que la manzana es más útil para A que para B y viceversa. La única forma de medir esto sería asignar la manzana a uno de los agentes y dejar que negocien libremente (*ex post*). Si A ha recibido la manzana, por ejemplo, y acepta intercambiarla por otra cosa ofrecida por B (por ejemplo, una silla, una pera, dinero), entonces es porque B valora la manzana más que A. De lo contrario, o bien A valora más la manzana que B y, por lo tanto, se niega a intercambiarla, o la valora tanto como B, o bien B es incapaz de ofrecer algo de interés para A que lo motive a intercambiarla espontáneamente (*i.e.*, no puede expresar sus preferencias por el sistema de precios, dada su restricción presupuestaria). En este sentido, la utilidad será siempre una medida ordinal subjetiva y no una medida cardinal objetiva.

36. En el derecho brasileño, *precatório* es un requerimiento de pago expedido por el juez para que el ejecutante victorioso, que cuenta con una sentencia firme, pueda cobrar una suma a la Hacienda Pública. A diferencia de un cheque o un título ejecutivo ordinario, el pago de un *precatório* depende de la ley presupuestaria y, por lo tanto, de la autorización del propio deudor. Sí, no tiene sentido, lo sabemos.

El segundo supuesto del análisis económico es que los recursos son escasos. La suposición de **escasez** puede dividirse en dos ideas básicas: la gente quiere muchas cosas y hay un límite de lo que se puede proporcionar con los recursos disponibles. Si la gente quisiera menos de lo que los recursos disponibles pueden generar, no habría escasez, sino abundancia. Si los recursos no fueran escasos, tampoco habría problemas económicos, porque todos satisfarían plenamente sus necesidades, sean cuales sean. Para simplificar esta idea, solo decimos que las necesidades humanas son infinitas y los recursos son escasos, *i.e.*, no es posible satisfacer todos los deseos de la humanidad.

Curiosamente, la misma idea de escasez, en una forma diferente, motiva al derecho: si los recursos no fueran escasos, no habría conflicto; sin conflicto, no habría necesidad del derecho o del Poder Judicial. La escasez de recursos impone a los agentes y a la sociedad elegir entre alternativas posibles y excluyentes (de lo contrario, no sería una elección). La idea de escasez también puede identificarse como implícita en el derecho procesal, en uno de sus conceptos fundamentales: la litis. Como veremos en el Capítulo 4, la litis no es más que una pretensión resistida, por lo que alguien quiere algo (pretensión) y alguien no quiere ceder o hacer algo (resistencia). Para los procesalistas, la idea de escasez es relativamente simple y casi una obviedad, porque es precisamente el hecho de que no se pueda atribuir el mismo bien de la vida a dos personas al mismo tiempo lo que genera el conflicto que, a su vez, hace necesario un mecanismo de adjudicación y, por lo tanto, el proceso. Si no hubiera escasez, no habría resistencia; sin resistencia no habría litis; sin litis no habría Poder Judiciario; sin Poder Judiciario no habría necesidad de un proceso. *Ergo,* la escasez es también una presunción del derecho procesal.

Si hay escasez, entonces la satisfacción de una necesidad humana conducirá a la no satisfacción de otra necesidad humana, *i.e.*, la escasez conduce inexorablemente a una elección. Como veremos con más detalle en la Sección 3.1.2 sobre el concepto de eficiencia, cada elección presupone un costo, un ***trade-off***, que es exactamente la segunda asignación factible más interesante para el recurso, pero que se ha pasado por alto. A este costo lo llamamos el **costo de oportunidad**. Así, por ejemplo, si decidíamos comprar cazas para reforzar nuestra aeronáutica, renunciamos a otra asignación que estos recursos tendrían (por ejemplo, la construcción de escuelas). Si decides leer este libro, dejarás de hacer otras actividades como ver a tus amigos, caminar con tu ser querido o ver una buena película[37]. La utilidad que cada persona disfrutaría con una de estas actividades, que no se pueden hacer

37. No se preocupe, el autor garantiza que la lectura de este libro es eficiente y aumenta sustancialmente su bienestar. Puedes continuar hasta el final.

(*trade-off*), es su costo de oportunidad, *i.e.*, el precio implícito o explícito que se paga por la alternativa elegida[38].

El tercer supuesto es que las personas son **racionales**, lo que se ha llamado convencionalmente en las ciencias sociales, incluyendo la sociología, la psicología y la ciencia política, la Teoría de la Elección Racional (TER) o simplemente Teoría de la Elección. Según la TER, los individuos están motivados por sus deseos y metas personales (preferencias). Sin embargo, como no es posible satisfacer todos los deseos (escasez)[39], los individuos deben elegir qué objetivos perseguirán y qué medios utilizarán para alcanzarlos. Precisamente por ello, los individuos tratan de estimar, según la información disponible, los resultados probables de cada actuación disponible (retorno esperado) y adoptan la conducta que, en su opinión, les acercará a sus objetivos, *i.e.*, que les dará más satisfacción (utilidad). Como hay que elegir, las personas se comportan como si sopesaran los costos y beneficios de cada alternativa, adoptando la conducta que, dadas sus condiciones y circunstancias, les parece que aporta más bienestar. Decimos, entonces, que la conducta de los agentes es racional-maximizadora.

Es importante subrayar que la suposición es que los individuos se comportan como si fueran racionales y no que sean realmente racionales. Asumir que las personas son racionales no presupone que internamente el agente esté haciendo conscientemente cálculos todo el tiempo y sopesando los costos y beneficios de cada uno de sus actos, solo que –en promedio– se comporta como si lo fuera. Recordando siempre que, como no es posible saber exactamente lo que pasa por la cabeza de cada persona, al menos por ahora, necesitamos una teoría que, en promedio, sea una buena aproximación del comportamiento general de la gente. Esa teoría es la TER. Por eso, nos basamos en el comportamiento del individuo (variable observable) y no en su estado mental (variable inobservable).

Para una proporción sustancial de los problemas, estas suposiciones no solo son apropiadas, sino extremadamente útiles. La racionalidad en la vida cotidiana está en todas partes. Sin embargo, en algunas situaciones, especialmente las que implican riesgo[40] e incertidumbre[41], a veces, los agentes no se comportan de la

38. Recordando siempre que, desde el punto de vista económico, el precio no es necesariamente el valor monetario de algo, sino su costo de oportunidad.

39. Además de la escasez, otros factores que limitan las opciones de los agentes son las instituciones sociales, como la cultura, la religión, el derecho y la moral.

40. El **riesgo** es cuando podemos asignar probabilidades a un evento cuya posibilidad de ocurrencia es menor del 100% (certeza matemática). Por lo general, la palabra riesgo o peligro se utiliza para los resultados negativos (por ejemplo, el riesgo o peligro de chocar con el coche) y la palabra **oportunidad** para los resultados positivos (por ejemplo, la oportunidad de ganar la lotería), pero en ambos casos solo hay probabilidades de que ocurra cada evento.

41. La **incertidumbre** es un término que se utiliza normalmente cuando no conocemos la probabilidad de un acontecimiento, es decir, si el riesgo se refiere a acontecimientos posibles conocidos, la incertidumbre

manera prevista por la TER, *i.e.*, ella no es una buena aproximación. Como veremos con más detalle en la Sección 5.4, esta línea de investigación comenzó con Herbert Simon –ganador del Premio Nobel en 1978, que investigaba lo que él llamaba racionalidad limitada[42]– y se amplió a las desviaciones de comportamiento de Daniel Kahneman y Amos Tversky[43] con su Teoría Prospectiva, que le valió a Kahneman el Premio Nobel en 2002 (Tversky ya había fallecido). Más recientemente, en 2017, Richard H. Thaler también ganó el Premio Nobel por su investigación relacionada con ciertas desviaciones del comportamiento y su propuesta de una teoría más precisa del comportamiento que incorporara tales desviaciones[44]. La mala noticia es que la economía conductual ha demostrado que el comportamiento humano puede diferir sustancialmente del predicho por la TER en algunas circunstancias. La buena noticia es que se trata de una divergencia sistemática, *i.e.*, no es aleatoria. Como esta divergencia tiene un patrón, el comportamiento humano sigue siendo predecible; basta con que adaptemos los modelos para incorporar las limitaciones cognitivas, cuando este sea el caso.

Además, es importante destacar algunos puntos. En primer lugar, para afirmar lo obvio, la economía conductual sigue siendo parte de la economía porque, como ya mencioné, el enfoque económico también utiliza conocimientos de áreas relacionadas. En segundo lugar, la economía conductual no propone ni justifica el abandono del análisis económico, y mucho menos de la TER, solo indica que –en algunas circunstancias determinadas empíricamente– es necesario relajar el supuesto de la racionalidad[45]. Esto significa que: i) la TER sigue siendo válida como teoría aplicable a la mayoría de los casos; ii) no es posible asumir que la TER no se aplica a un caso específico sin evidencias empíricas; y iii) la economía conductual no es una teoría del comportamiento aparte de la TER, sino un complemento de esta para situaciones específicas. En el futuro, con el avance del conocimiento científico, podemos tener una única teoría que abarque sistemáticamente ambos fenómenos[46]: el comportamiento regular, descrito adecuadamente por la TER, y las eventuales anomalías de comportamiento detectadas por la economía conductual. Por ahora, trabajamos con el conocimiento más avanzado disponible y, por lo tanto,

se referiría a acontecimientos desconocidos (no sabemos que puedan ocurrir) o cuya probabilidad de ocurrencia no podemos establecer. Todavía, a veces, la expresión **decisión bajo incertidumbre** se utiliza en referencia a la elección de alternativas asociadas a las probabilidades.

42. Cf. Simon (1997 [1945]; 1955; 1979).

43. Cf. Kahneman y Tversky (1979).

44. Por ejemplo, cf. Thaler (1980).

45. Cf. Jolls, Sunstein y Thaler (1998). Obsérvese que relajar una suposición puede equivaler solo a debilitarla, no necesariamente a abandonarla.

46. En física, la tan soñada teoría capaz de unir la mecánica cuántica con la teoría de la relatividad general y, por lo tanto, explicar todos los fenómenos físicos, se llama la Teoría del Todo, que aún no existe.

usamos la TER como regla general, relajando sus suposiciones para incorporar los *insights* conductuales cuando hay evidencia empírica que indica la conveniencia o necesidad de hacerlo.

La relevancia de los hallazgos de la economía conductual en la existencia de anomalías de comportamiento, es innegable. Sin embargo, su utilidad para la comprensión de un caso determinado requiere evidencias empíricas que justifiquen la adaptación o incluso la mitigación del supuesto de racionalidad. Esta advertencia exacta nos la hizo el ministro Luiz Fux, al juzgar la orden preliminar en la ADI N.º 6298 MC/DF[47], cuando declaró: "[...] Observo que este debate también inspira cautela para evitar generalizaciones inadecuadas. La base de las ciencias del comportamiento es el carácter empírico de sus argumentos. La existencia de estudios empíricos que afirman que los seres humanos desarrollan sesgos en sus procesos de toma de decisiones, no permite la presunción generalizada de que ningún juez penal del país tiene tendencias conductuales típicas para favorecer el enjuiciamiento, además que la estrategia institucional más eficaz para reducir al mínimo los posibles sesgos cognitivos de los jueces penales sea dividir las funciones entre el juez de garantía y el juez de instrucción. Los defensores de este argumento ni siquiera ventilan los posibles efectos secundarios que este arreglo propuesto pueda producir, incluso en detrimento de la defensa". Como ya he dicho, uno de los objetivos del AED es precisamente ayudar a identificar estas consecuencias no deseadas.

En cualquier caso, la investigación de las circunstancias en las que la conducta del individuo difiere del comportamiento racional, es una de las áreas más interesantes de la frontera del conocimiento económico, una mezcla de economía, psicología y neurología llamada neuroeconomía. Cuando incluimos el derecho en esta gran ensalada de conocimiento, tenemos el Análisis Económico Conductual del Derecho (AEC), cuya bibliografía ha incorporado los *insights* proporcionados por estos descubrimientos a medida que crece día a día. Ciertamente, esta es una de las esferas que más promete contribuir al desarrollo del derecho[48], especialmente en las que se necesitan decisiones a largo plazo.

La gran implicación del supuesto de racionalidad para la iuseconomía y que no se ve afectada por la economía conductual, es que si los agentes consideran –en la medida de lo posible– los costos y los beneficios al decidir, entonces un cambio en su estructura de incentivos puede llevarlos a adoptar otra conducta, a hacer otra elección. En resumen, **la gente responde a los incentivos.** Esta es también

47. Medida cautelar en la ADI N.º 6.298 del Distrito Federal, Relator: Min. Luiz Fux, Reqte.: Asociación de Magistrados Brasileños - AMB y otros, Intdo.: Presidencia de la República y Congreso Nacional, p. 28. El documento puede consultarse en http://www.stf.jus.br/portal/autenticacao/autenticarDocumento.asp con el código 0B51-E6AA-BE3E-5E1E y la contraseña 9FDC-5704-5DA0-DAA6.

48. Solo a modo de ejemplo, cf. Sunstein (2000), Thaler y Sunstein (2009) y Zamir y Teichman (2014; 2018).

una idea central en el derecho. Todo derecho se basa en la premisa implícita de que las personas responderán a los incentivos, por lo que las leyes podrán –en cierta medida– dar forma a las relaciones sociales. Los delincuentes cometerán más o menos delitos si las sentencias son más o menos indulgentes, si las posibilidades de ser condenados son mayores o menores, si hay más o menos oportunidades en otras actividades más atractivas. Las personas tendrán más o menos cuidado si son o no responsables de los daños que causan a los demás. Los jueces serán más o menos cautelosos en sus juicios si tienen que motivar más o menos sus decisiones. Los funcionarios públicos trabajarán de forma más o menos corrupta si sus acciones son públicas. Los proveedores harán contratos más o menos adecuados si las cláusulas abusivas son anuladas o no por el Poder Judicial. La racionalidad está siempre presente en el derecho[49].

Por otra parte, si las personas no respondieran a los incentivos, el derecho serviría de poco o nada. Todos seguirían comportándose de la misma manera y la creación de reglas sería una pérdida de tiempo. Sin embargo, la experiencia nos muestra que esto no sucede normalmente. Si las personas responden a los incentivos, entonces, desde el punto de vista de una ética consecuencialista, las reglas de nuestra sociedad deben tener en cuenta la estructura de incentivos de los agentes afectados y la posibilidad de que cambien de conducta si se modifican esas reglas (comportamiento estratégico). En particular, debe tenerse en cuenta que este cambio de conducta puede generar efectos indeseables o imprevistos. Una de las funciones de la iuseconomía es ayudar a identificar estos posibles efectos.

Para explicar el comportamiento de los agentes y así poder hacer juicios pronósticos, la iuseconomía adopta como unidad básica de análisis la elección individual de cada agente o pequeños grupos involucrados en el problema. Esta postura es lo que convencionalmente se llama, en las ciencias sociales, **individualismo metodológico**. Según esta metodología, para explicar y comprender los comportamientos colectivos, hay que entender primero los comportamientos individuales de los agentes que componen la colectividad estudiada (ya sea el Poder Judicial, la sociedad o el Estado) y que, en última instancia, serán los responsables del resultado macro que deseamos comprender. Cabe señalar que el análisis del

49. Piense en el concepto de capacidad en el derecho civil y de imputabilidad en el derecho penal. A partir de cierta edad, el derecho presupone que las personas son racionales y podrán realizar actos de la vida civil y ser consideradas penalmente responsables. Si son considerados irracionales, serán declarados incapaces o incompetentes y se les aplicarán reglas especiales. Por ejemplo, el Art. 1.860/CC brasileño dice: "Además de los incapacitados, no pueden probar a los que, en el acto de hacerlo, no tienen **pleno juicio**". Sobre el *law & economics* del comportamiento irracional, cf. Parisi y Smith (2005).

comportamiento individual debe considerar la dinámica de la interacción entre los agentes y no solo la conducta aislada de un agente[50].

Así, pues, si queremos entender por qué el Poder Judicial funciona de la manera en que lo hace, debemos ser capaces de explicar y comprender la estructura de incentivos de cada magistrado, la dinámica entre jueces de primer grado y jueces de segundo grado, entre estos y los jueces de tercer grado (ministros), etcétera. Si queremos entender cómo funciona el Congreso, debemos ser capaces de explicar la estructura de incentivos de los diputados, senadores, asesores y consultores. Comprender la estructura de incentivos de estos agentes es investigar cómo actúan realmente y no asumir que actuarán en el interés público pura y simplemente porque deberían hacerlo. Del mismo modo, si queremos saber cómo se comportarán los consumidores y los oferentes frente a los cambios legislativos, debemos comprender la estructura de incentivos de cada grupo.

Cabe recordar que el individualismo metodológico es solo un instrumento analítico, sin implicaciones éticas en el sentido de representar una postura según la cual se deben maximizar los intereses individuales o los agentes deben comportarse de tal o cual manera. El AED es una teoría sobre el comportamiento, no un parámetro para evaluar la conducta. Es un gran error pensar que un método de análisis individualista debe implicar necesariamente alguna forma de sistema individualista de valores.

Además, el precepto del individualismo metodológico no debe confundirse con el individualismo político. Aunque surgiera un régimen comunista en el mundo, también debería entenderse sociológicamente sobre la base de los principios del individualismo metodológico, *i.e.*, para entenderlo y explicarlo habría que comprender la estructura de incentivos de sus componentes. No obstante, la confusión del individualismo metodológico con el individualismo político (*i.e.*, liberalismo en la versión laissez-faire) es muy común entre los economistas y los iuseconomistas, así como entre los críticos del método iuseconómico.

La adopción de un individualismo metodológico tampoco significa que el AED presuponga necesariamente que los individuos no son altruistas en la toma de decisiones, sin tener en cuenta el bienestar de los demás. Aunque este supuesto simplificador se adopta en la mayoría de los análisis, nada impide que se modifique en consecuencia, sin que se pierda la validez del análisis. En el estudio iuseconómico

50. Cf. Weber (2014 [1922], Cap. 1). Evidentemente, esta postura entra en conflicto directo con algunas posturas comunes a la doctrina jurídica tradicional, como la referencia incondicional al Estado como entidad autónoma, sin mencionar los agentes que lo componen, o la referencia al interés público, sin mencionar qué mecanismo de agregación de preferencias se habría adoptado para revelar dicho interés. Estas nociones se utilizan a menudo como verdaderos *dei ex machina* para enmascarar las preferencias personales del interlocutor.

de la familia, por ejemplo, se suele suponer que los padres y madres son altruistas con sus hijos; o en la administración pública, cuando se habla de nepotismo, se asume la misma conducta, con diferentes implicaciones éticas y jurídicas. Asimismo, el individualismo metodológico no implica necesariamente que los individuos tomen decisiones aisladas de sus pares. La idea de que los individuos toman decisiones dentro de su contexto social, teniendo en cuenta la reacción potencial de otros agentes (decisiones interdependientes), por ejemplo, se explicita a menudo en los modelos que utilizan la teoría de juegos[51].

Por último, el enfoque iuseconómico no requiere que se asuma que los individuos son egoístas, codiciosos o que están motivados solo por el beneficio material[52], por lo que solo se asume que los agentes son racionales y maximizan su utilidad, sea lo que sea que eso signifique para ellos. En esta línea, por ejemplo, las situaciones en las que el comportamiento humano tiene como motivación central elementos inmateriales o psicológicos, como el prestigio (p. ej., en el mundo académico), el poder (p. ej., en la política) o incluso el altruismo (p. ej., la familia), son plenamente susceptibles de análisis económico. Aun así, es el individuo quien actúa y desde él se inicia la búsqueda de la comprensión de lo colectivo y, por tanto, de lo social.

1.4 Sobre el uso de modelos y el reduccionismo

Otro punto relevante es la cuestión de usar modelos para explicar el comportamiento humano. La ciencia busca entender y explicar el mundo. Los modelos científicos son el instrumento mediante el cual el científico reduce la compleja realidad para estudiarla. Un modelo científico es como un mapa. Puede ser más o menos realista, dependiendo de las necesidades del usuario. Obviamente, cuanto más realista sea un mapa, más grande y difícil será de tratar. Así, un mapa perfecto de la ciudad de São Paulo tendrá el mismo tamaño que la ciudad misma, lo que lo hará prácticamente inútil. Del mismo modo, cuanto más se acerca el modelo científico a la realidad, más complejo se vuelve, hasta el punto de que deja de ser un modelo y se convierte en la realidad misma, cuando entonces se vuelve inútil como mecanismo para facilitar la comprensión. Por eso se dice que para entender el mundo es necesario reducirlo.

51. La teoría de juegos es el estudio de modelos de interacción estratégica entre agentes racionales, con aplicaciones no solo en las ciencias sociales en general, sino también en la biología, la lógica y la informática.

52. Por otra parte, en ciertos contextos, la adopción de tales supuestos puede simplificar sustancialmente el análisis y, por lo tanto, ser útil, al igual que puede ser útil ignorar la fricción en ciertos contextos en la física.

Los iuseconomistas reconocen la inmensa complejidad del mundo real y la gran dificultad –o imposibilidad– de tratar todas las variables simultáneamente. Por lo tanto, al igual que los economistas, los profesionales del AED elaboran modelos teóricos de los problemas que desean investigar, en los que solo se consideran las variables pertinentes. Este procedimiento se lleva a cabo en un intento de simplificar el problema y obtener perspectivas que, de otra manera, permanecerían ocultas al investigador. En este desiderátum, se adoptan supuestos simplificados para que sea posible centrarse solo en el corazón del problema. La dificultad del arte del modelado radica precisamente en elegir qué variables considerar y cuáles despreciar. La teoría económica ayuda en esta elección para que el problema sea comprensible y tratable, sin que el modelo sea irrelevante.

Y aquí es conveniente hacer algunas digresiones sobre lo que entendemos por **modelos** y su relación con la teoría. Como se dijo al principio de este capítulo, una teoría es la comprensión de cómo funciona algo, mientras que una teoría científica es una que, además, puede ser falsificada. El modelo, por otro lado, es una representación simplificada de algo. El modelo puede ser concreto o abstracto, en el sentido de que puede ser una representación física del objeto o proceso modelado (por ejemplo, el modelo de un edificio o la miniatura de un tren) o una representación conceptual del mismo objeto o proceso (por ejemplo, un plano arquitectónico, un mapa o el diseño del proceso de conocimiento).

Para tomar el ejemplo utilizado anteriormente del proceso civil brasileño, el doble juicio de admisibilidad en recurso extraordinario y especial puede modelarse de la siguiente manera:

DOBLE JUICIO DE ADMISIBILIDAD
Figura 1-2

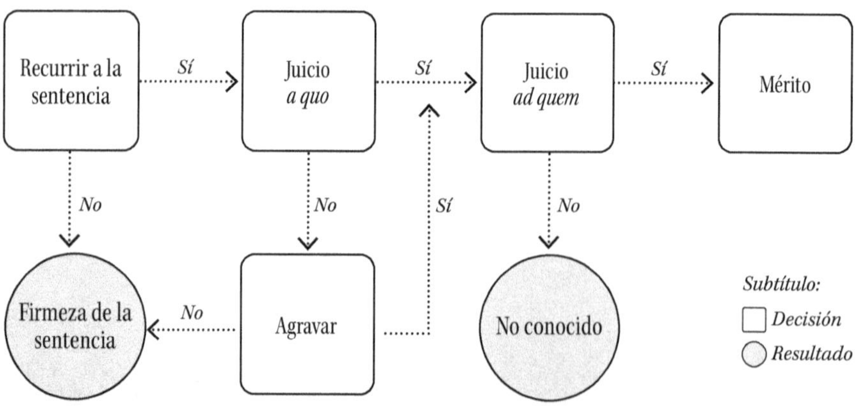

Fuente: Gico Jr. (2016, p. 13).

Obsérvese que el modelo anterior es la representación del procedimiento de juicio de admisibilidad, y varios de sus aspectos –como los requisitos intrínsecos o extrínsecos del propio recurso, o quiénes son las partes o los magistrados implicados–, se ignoran precisamente porque, para la comprensión de este procedimiento en abstracto, esa información, aunque presente en el mundo real, no es relevante. De hecho, es la eliminación de todos estos elementos del modelo lo que lo hace útil, permitiendo centrarnos en los aspectos que importan para el debate. Obsérvese que el modelo anterior, por sí mismo, no constituye una teoría, solo describe el procedimiento previsto en el CPC. Sin embargo, a partir de ella, *i.e.*, de una descripción abstracta de la realidad, podemos empezar a construir una teoría sobre el doble juicio de admisibilidad.

Así, pues, los modelos representan solo una parte de la realidad, ya sea un objeto o un proceso, a fin de informar o poner de relieve los aspectos o partes que se consideran esenciales y la relación entre ellos. Es esta simplificación, esta reducción y el claro establecimiento de la relación entre las partes o aspectos considerados, lo que nos permite comprender el objeto o proceso modelizado. Por definición, un modelo no es ni puede ser una réplica perfecta de la realidad, solo pone de relieve los aspectos más relevantes para la comprensión del objeto o proceso estudiado. Esta simplificación permite concentrarnos en los elementos y conexiones que nos interesan, mientras ignoramos otras partes y otras conexiones. Y esto es precisamente lo que hace que el uso de modelos sea tan valioso para la construcción de teorías.

Una teoría científica es un conjunto de generalizaciones sistemáticamente relacionadas, que sugieren nuevas observaciones que, a su vez, pueden ser verificadas empíricamente. Como tal, la función de la teoría es explicar o predecir. Un modelo, por otro lado, tradicionalmente no explica o predice nada[53]. El modelo solo describe. Aunque los modelos no son teorías, pueden utilizarse para representar teorías y facilitar así la comunicación. Los modelos pueden describir y simular procesos físicos, lógicos y conceptuales que, de otro modo, no serían observables o presentables. Como afirman Shoemaker, Tankard Jr. y Lasorsa[54], los modelos permiten a los teóricos ilustrar, delinear y describir características y partes estructurales (*i.e.*, cómo es) y funcionales (*i.e.*, cómo funciona o el propósito) de sus teorías, con diversos niveles de abstracción y detalle. Sin embargo, no importa cuán detallado sea un modelo, siempre será solo una descripción de un objeto o proceso. Si queremos entender cómo funciona el objeto o proceso retratado en el

53. Nótese que los modelos computacionales son dinámicos y pueden generar previsiones, como es el caso de los modelos de agentes autónomos o *agent-based model* (ABM). En este caso, como regla, solo una parte de la teoría será codificada en el modelo.

54. Cf. Shoemaker, Tankard Jr. y Lasorsa (2004, p. 112).

modelo, necesitaremos algo más: una teoría. En este sentido, una gran parte de la llamada doctrina jurídica no es más que la presentación verbal de modelos sobre el funcionamiento de una determinada legislación, *i.e.*, su simple descripción, no siempre acompañada de una verdadera teoría.

Por otra parte, la construcción de un modelo requiere el juicio de qué elementos entrarán y cuáles serán ignorados, lo que exige la existencia de una teoría que informe, al menos inicialmente, qué elementos son relevantes o no. Por lo tanto, la teoría y el modelo son complementarios y uno alimenta al otro. Las teorías nos ayudan a construir modelos, y la construcción de modelos trae consigo implicancias o expone las condiciones necesarias que pueden informar aspectos de la teoría previamente ignorados.

Es importante recordar que, si bien el AED está estructurado sobre algunos supuestos básicos, nada impide que estos se modifiquen libremente si el investigador se da cuenta de que un determinado problema lo requiere. En el enfoque neoinstitucionalista, por ejemplo, los costos de transacción y las instituciones se vuelven fundamentales en los modelos empleados. En el AED Conductual, la teoría de la racionalidad se complementa con una serie de desviaciones conductuales identificadas en los estudios neuroeconómicos (limitaciones cognitivas), como el efecto dotación, el sesgo retrospectivo, el desprecio sistemático de las pequeñas probabilidades, etcétera. Además, el AED sociológico incorpora la posibilidad de que las normas sociales (informales) afecten a la estructura de incentivos de los agentes tanto como las normas formales, como el derecho. Siempre que el aplicador sea consciente de la utilidad y las limitaciones de las suposiciones y el método, el uso de la modelización para comprender, explicar y describir el comportamiento humano promete ser de gran utilidad.

Una vez presentados los supuestos básicos del AED y, al menos epistemológicamente, su función complementaria de la Teoría General del Proceso, podemos avanzar hasta los fundamentos del proceso y de la propia TGP, pero ahora desde una perspectiva iuseconómica. Esto es lo que haremos en el próximo capítulo.

2

Derecho, jurisdicción y Estado

2.1 El Derecho como requisito para la vida en sociedad

La sociedad brasileña es extremadamente sofisticada. Con una población que supera los 200 millones de habitantes, sus grandes centros urbanos agrupan a miles y a veces millones de personas, organizadas para proporcionar todo tipo de bienes y servicios para satisfacer las necesidades de sus habitantes y de las personas en el extranjero. Sus miembros pueden viajar en avión, ver televisión por satélite, acceder a Internet, sazonar sus ensaladas con aceite de oliva español, comer trufas italianas y comprar juguetes chinos para sus hijos. Para alguien que nació, creció y vive en este contexto, es relativamente fácil entender esta forma de organización sociopolítica como ubicua e incluso natural. Sin embargo, nuestra forma actual de organización social y política es el resultado de miles de años de evolución y es el resultado de muchos experimentos sociales, no todos los cuales han tenido éxito o han llevado a los mismos resultados[55]. Por ninguna otra razón, hasta el día de hoy, hay grupos humanos que viven en lo que llamaríamos condiciones prehistóricas, como los *fayu* de Indonesia.

En la década de 1980, los *fayu* eran unos 400 cazadores-recolectores divididos en cuatro clanes en Nueva Guinea, que vagaban por unos pocos cientos de kilómetros en busca de alimento y refugio. Según sus propios registros[56], su población ya ha alcanzado unos 2.000 habitantes, pero se habría reducido drásticamente a los 400 miembros antes mencionados, debido a los asesinatos entre ellos. Los *fayu* no tenían un mecanismo de resolución pacífica de conflictos, lo que la mayoría de los habitantes de los Estados modernos da por sentado. En la misma situación que los *fayu*, hay otros grupos humanos, como los *pirahã* en el Amazonas, los bosquimanos *khoisan*[57] en el desierto de Kalahari en Sudáfrica, y los centinelas de la Isla Centinela del Norte en el Golfo de Bengala.

Los *fayu*, los *pirahã*, los *khoisan* y los centinelas, por un lado, y los habitantes de los Estados modernos, por el otro, son los extremos de un continuo que representa el grado de sofisticación y organización que las sociedades humanas ya han alcanzado. De un extremo a otro, según la evolución humana, se han ido sumando instituciones y tecnologías sociales que han cambiado profundamente la forma de organización y, en última instancia, la calidad de vida de sus miembros. Los antropólogos culturales utilizan muchas clasificaciones para tratar de organizar las diversas etapas y formas de organización sociopolítica, siendo la clasificación

55. Para una presentación de varios sistemas jurídicos bastante diferentes de los nuestros, sugiero leer Friedman, Leeson y Skarbek (2019).

56. Cf. Diamond (1999, p. 254).

57. Hay algunas evidencias genéticas de que los *khoisan* son una de las comunidades humanas más antiguas, cf. Schlebusch *et allii* (2012).

más simple y apropiada para nuestros propósitos la que organiza las sociedades humanas en cuatro etapas[58]: (i) las bandas, (ii) las tribus, (iii) las jefaturas, y (iv) los Estados. La diferencia entre bandas, tribus, jefaturas y Estados es en gran medida arbitraria y, como una etapa se construye sobre la otra, es inevitable que los límites entre una y otra se vuelvan borrosos. Sin embargo, la separación de las sociedades en estos arquetipos de diversos niveles de organización y sofisticación nos ayuda a comprender el papel del derecho y, para los efectos de este libro, el papel del derecho procesal.

Las **bandas** están compuestas por pequeños grupos de personas (de 25 a 50), basados en el parentesco, que se organizan de forma nómada (cazadores-recolectores). No tienen burocracia ni jerarquía, no hay monopolio en el uso de la fuerza y, lo que es más importante, no existe un mecanismo formal para la resolución de conflictos. Puede haber jefes temporales de caza o recolección e incluso líderes religiosos como los chamanes, pero no son expertos y realizan las mismas funciones de caza y recolección. Las **tribus** están compuestas por un número mayor de personas (de 100 a 1.000), organizadas en linajes o clanes por identidad de parentesco, fijadas en aldeas o pueblos semipermanentes[59]. Tampoco existe burocracia, jerarquía o un mecanismo formal para resolver controversias. Tanto en las bandas como en las tribus, la forma de decisión social está generalmente descentralizada. Sin embargo, mientras que en las bandas no hay producción de alimentos, en algunos casos tribales se produce una migración gradual de los cazadores-recolectores hacia la producción de alimentos a través de la agricultura y el ganado. Es precisamente esta migración la que permitirá la producción de un excedente de alimentos capaz de sostener la especialización del trabajo y, por lo tanto, la creación de jerarquías y burocracias especializadas, características clave de las jefaturas.

Las **jefaturas**[60] están compuestas por miles de personas, organizadas en una o más aldeas, estructuradas en base no solo al parentesco, sino también a las clases, con uno o dos niveles de jerarquía. Por lo general, un grupo de personas ocupa puestos políticos o religiosos de forma permanente, estando libres de trabajos de subsistencia, lo que acentúa la estratificación social. Es en las direcciones donde, por primera vez, se establece el monopolio del uso de la fuerza y se centraliza la

58. Cf. Service (1962). Para el lector ya familiarizado con la antropología, siempre es importante recordar que el libro de Service es "solo un comienzo en bruto, poco más que argumentos a favor de las hipótesis, porque tenemos mucho trabajo por delante". Service (1962, p. 182).

59. La tribu debe migrar cuando la tierra y sus alrededores se agotan o ya no pueden sostener la población del grupo.

60. Las jefaturas surgieron hace unos 7.500 años, es decir, algo así como 2.500 años después del descubrimiento de la agricultura. Cf. Diamond (1999, p. 262).

resolución de los conflictos para hacer posible la convivencia de tantas personas que ya no se conocen íntimamente, que ya no son parientes y que, aun así, necesitan vivir intensamente en sociedad. La necesidad de crear instituciones formales, centralizar el sistema de solución de controversias e imponer el monopolio del uso de la fuerza, son elementos esenciales para la vida en sociedad a gran escala y, por supuesto, son actividades que se llevan a cabo por la burocracia permanente, ahora libre de trabajo de subsistencia. Para sostener esta estructura, la jefatura invariablemente establece impuestos o cuotas de trabajo que deben ser pagados o realizados por los miembros. Por otro lado, la especialización de la mano de obra y la gran aglomeración humana permiten el inicio de la creación de obras públicas.

En resumen, lo que hace imposible la vida en sociedades de miles de personas sin un mecanismo formal de resolución de controversias y sin el monopolio del uso de la fuerza, es el límite cognoscitivo del número de personas con las que alguien es capaz de mantener relaciones sociales estables, *i.e.*, relaciones en las que cada individuo sabe quién es el otro y cómo se relaciona esa persona con los demás miembros del grupo. Esta limitación cognitiva es de aproximadamente 150 personas y fue propuesta originalmente por el antropólogo Robin Dunbar, por lo que se le conoció como el **número de Dunbar**[61]. Esta limitación cognitiva es el resultado directo de la relación del tamaño del neocórtex en relación con el resto del cerebro humano. En los primates, en general, a medida que el tamaño del cerebro crece, también lo hace el tamaño viable del grupo. Sin tecnologías culturales e instituciones formales, *i.e.*, sin la creación de jerarquías, sistemas de resolución de controversias y el monopolio del uso de la fuerza, se estima que el número viable de grupos humanos es de unas 150 personas, algo cercano al tamaño medio de las tribus que se encuentran en los registros de los paleontólogos. Más allá de este umbral, los brotes de violencia se hacen frecuentes y pueden hacer inviable la vida en sociedad, como ocurrió con los *fayu* del ejemplo anterior. En este sentido, el cambio de sociedades tribales a jefaturas parece ser un resultado directo de la dificultad de resolver los conflictos internos entre los extraños que componen la misma sociedad, a medida que crece el tamaño de la agrupación.

Una vez que las jefaturas están en su lugar, su evolución hacia los llamados **Estados** parece ser solo una cuestión de tiempo o incluso de supervivencia, dado que los Estados son más fuertes y tienden a absorber, alejar o extinguir los asentamientos humanos cercanos más débiles[62]. Los Estados están formados por asentamientos humanos de más de 50.000 personas, organizados en muchas ciudades y pueblos fijos (que en varias ocasiones comprenden más de un grupo étnico y un idioma),

61. Esta explicación también se conoce como la hipótesis del cerebro social. Cf. Dunbar (1992).

62. Cf. North y Thomas (2009 [1973]), Acemoglu y Robinson (2006) y North, Wallis y Weingast (2009).

estructurados no solo sobre la base del parentesco, sino también sobre la base de las clases, con varios niveles de jerarquía, siendo una de las ciudades claramente la capital. Hay una producción intensiva de alimentos para apoyar a un grupo de personas que ocupan puestos políticos o religiosos de forma permanente, con una fuerte especialización y división del trabajo. La construcción de grandes obras públicas se hace factible y, lo que es más importante para los propósitos de este libro, los Estados se caracterizan por la existencia del derecho, a menudo escrito[63], y de los jueces como mecanismo para resolver controversias. Por ninguna otra razón, el Estado es hoy la forma dominante de organización social en todo el mundo. Según la famosa definición de Weber, "el Estado es la comunidad humana que, dentro de un determinado territorio –este, el 'territorio', forma parte de sus características– reclama (con éxito) el monopolio de la coacción física legítima"[64].

El prólogo del Código de Ur-Nammu de Sumeria (alrededor del 2.100 AEC), el registro más antiguo de una ley escrita[65], relata los logros políticos y económicos del rey Ur-Nammu, especialmente el establecimiento de la paz necesaria para el desarrollo del comercio (marítimo, fluvial y terrestre) y la estandarización de los pesos y medidas, vitales para el comercio y los intercambios en general, y termina con el rey declarando que: "No he impuesto órdenes. He eliminado la enemistad, la violencia y los gritos de justicia. He establecido la justicia en la tierra"[66]. En la misma línea, el Código de Hammurabi, escrito trescientos años después en Babilonia (alrededor de 1.750 AEC), hace una conexión directa entre Hammurabi y sus reglas jurídicas y el dios-sol Shamash, dios de la justicia[67], al afirmar que "los dioses Anu y Enlil, para el aumento del bienestar de su pueblo, me nombran por mi nombre:

63. El desarrollo de la escritura, uno de los mayores logros de la humanidad, parece estar correlacionado con el surgimiento de los Estados, porque, por regla general, se crean en ellos. Cuando se crean en jefaturas, estos suelen estar en proceso de evolución hacia la forma de Estado.

64. En el original: "*Staat ist diejenige menschliche Gemeinschaft, welche innerhalb eines bestimmten Gebietes –dies: das 'Gebiet' gehört zum Merkmal– das Monopol legitimer physischer Gewaltsamkeit für sich* (*mit Erfolg*) *beansprucht*". Cf. Weber (1921).

65. Incluso, los códigos anteriores al Código de Ur-Nammu, de los que solo tenemos fragmentos, como el Código de Urukagina, ya registraban la necesidad de establecer la justicia en la tierra, y en este Código el propio rey se presenta como un juez justo cuando declara: "[Yo] establecí la justicia en Nippur, hice lo correcto aparecer. [...] He hecho una persona con una queja una excepción. Soy un juez que ama el correcto. He abolido el mal y la violencia. He rehabilitado al hombre justo". Cf. Foster (1995, p. 172). Para un amplio debate sobre la justicia y el orden social en las civilizaciones antiguas, véanse Irani y Silver (1995) y Harle (1998).

66. Cf. Roth (1997, pp. 15-17).

67. Si el lector tiene la oportunidad de visitar la versión del Código de Hammurabi en el Museo del Louvre de París, Francia, o consultar su imagen en Internet, notará que la escena inicial ocupa casi un tercio del monolito y es ambigua, ya que no es posible decir si el dios de la justicia dicta las reglas a Hammurabi o si el rey las ofrece al dios. En cualquier caso, como el monolito se exhibía en una plaza pública, el mensaje era muy claro, incluso para la población analfabeta: las reglas jurídicas expuestas allí eran las reglas divinas de la justicia.

Hamurabi, el príncipe piadoso, que adora a los dioses, para hacer prevalecer la justicia sobre la tierra, para abolir el pervertido y el mal, para evitar que el fuerte oprima al débil, para levantarse como el dios-sol Shamash sobre la humanidad, para iluminar la tierra. Cuando el dios Marduk me ordenó que proporcionara caminos justos a la gente de la tierra (para lograr) un comportamiento apropiado, establecí la verdad y la justicia como declaraciones de la tierra, aumenté el bienestar de la gente"[68].

Es interesante señalar que, además de las constantes referencias al fin de la violencia, el trato justo y el consiguiente aumento del bienestar de la sociedad, en el prólogo del Código de Hammurabi también se destacan las obras públicas realizadas por el rey, como la renovación del templo de Ebabbar, la revitalización de la ciudad de Ur, el aumento de la superficie cultivada en la ciudad de Dilbat y el plan urbanístico de la ciudad de Kesh[69]. Todas estas son características que distinguen al Estado de la jefatura y están claramente incluidas en el Código para legitimar la existencia del Estado ante la población[70].

Como se puede ver, es inequívoco que, desde la antigüedad, la existencia de un mecanismo para la solución pacífica de las controversias y el monopolio del uso legítimo de la fuerza han sido elementos esenciales en la estructuración de la vida en sociedad a gran escala, y que el derecho es un elemento esencial de esa estructuración. Ciertamente, es un requisito previo para lo que llamamos la sociedad moderna. Esta conclusión no es un juicio de valor, un deber ser, sino un hallazgo histórico de cómo todos los pueblos que han logrado superar la etapa del mero tribalismo y organizarse como Estado, han instalado un monopolio del uso de la fuerza y lo han estructurado por medio del derecho, debidamente aplicado por burócratas especializados –los jueces–. En todos los casos, la conclusión es siempre la misma: sin la creación del derecho y la instalación de un mecanismo pacífico de resolución de controversias, no es posible mantener la estabilidad de la vida en la sociedad[71].

68. Cf. Roth (1997, pp. 76-77, 80-81).

69. Para información del entusiasta del proceso, el derecho babilónico es tan sofisticado que incluso hay un libro enteramente dedicado al proceso civil babilónico. Cf. Holtz (2009).

70. Compara el prólogo de la Constitución brasileña y mira lo similar que es al prólogo del Código de Hammurabi, incluyendo la invocación de un dios para bendecir las reglas adoptadas: "Nosotros, representantes del pueblo brasileño, reunidos en Asamblea Nacional Constituyente para instituir un Estado Democrático, destinado a asegurar el ejercicio de los derechos sociales e individuales, la libertad, la seguridad, el bienestar, el desarrollo, la igualdad y la justicia como valores supremos de una sociedad fraterna, pluralista y sin prejuicios, fundada en la armonía social y comprometida, en el orden interno e internacional, en la solución pacífica de las controversias, promulgamos bajo la protección de Dios, la siguiente Constitución: [...]".

71. Sin embargo, para una discusión de la viabilidad de las sociedades anarquistas, véase, por ejemplo, Buchanan (2000 [1975]), Friedmann (1979), Cowen (1992) y Benson (2011 [1990]). Y, para un recuento de los contextos sociales de conflicto en los que el derecho puede ser irrelevante, véase Ellickson (1991).

2.2 La función social del proceso: el problema principal-agente Estado-juez

En el contexto de la evolución de las formas de organización sociopolítica de la humanidad, es relativamente sencillo comprender que lo que solemos llamar derecho no es más que el conjunto de reglas aplicadas por el Estado[72], mediante el uso de la fuerza (coacción). En esta línea, para Carnelutti[73], el derecho es el "conjunto de preceptos legales (preceptos sancionados) que se constituyen para garantizar, dentro de un grupo social (Estado), la paz amenazada por conflictos de intereses entre sus miembros". Como se puede ver, esta definición clásica refuerza claramente que el derecho está relacionado con el monopolio del uso de la fuerza (sanción) por parte del Estado, para mantener la estructura social frente a los conflictos internos.

Así, pues, puede decirse que el derecho es una tecnología social desarrollada para hacer viable la vida en sociedades complejas, en las que el parentesco y otros medios de control no son suficientes para garantizar la cohesión social. Esto no significa que no se hayan desarrollado y utilizado otras instituciones[74], incluso de manera simultánea y complementaria, como la cultura y la religión, sino que el derecho desempeña claramente una función de "escalabilidad" en el control social. De esa forma, es razonable afirmar que las reglas jurídicas "son elaboradas por la humanidad para proporcionar una estructura mínima para la interacción humana en un mundo marcado por la incertidumbre. Las instituciones reducen la incertidumbre y el riesgo haciendo más previsibles las acciones de otros agentes"[75].

Al establecer las reglas del juego, el derecho proporciona un entorno social en el que los agentes pueden orientar sus relaciones e interacciones de acuerdo con lo que les está jurídicamente permitido (deber-ser), conociendo (o debiendo conocer) las consecuencias jurídicas asociadas a las acciones que infringen las reglas (sanciones). En resumen, el derecho regula y normatiza las relaciones humanas, mitigando la incertidumbre en cuanto al resultado de sus acciones al dejar claro lo que está permitido y las consecuencias de la práctica de lo que está prohibido (acto ilícito). Así, pues, en su concepción más simple, "el derecho no es más que la información sobre el comportamiento probable de cómo los sistemas de adjudicación se comportarán ante una controversia (coacción – *enforcement*),

72. A partir de ahora nos referiremos solo al Estado, porque es la forma dominante de organización sociopolítica, pero eso no significa que no haya habido la creación del derecho dentro de la jefatura.

73. Cf. Carnelutti (2000 [1953], p. 71).

74. Para una interesante discusión sobre los medios de control social sin el uso del derecho, por ejemplo, por la mafia, cf. Dixit (2007).

75. Cf. Gico Jr. (2017, p. 115).

así como la información sobre el comportamiento probable de las personas en general (conformidad – *compliance*)"[76].

Sin embargo, decir que la función social del derecho es estructurar y limitar las relaciones humanas de manera que se les atribuya previsibilidad es como decir que si algún miembro de la comunidad –por cualquier razón– no actúa de acuerdo con las reglas jurídicas, debe existir un mecanismo externo capaz de imponer la conducta esperada (deber-ser), *i.e.*, la coacción. Invariablemente, cuando hablamos de derecho, este mecanismo es el juez[77]. El juez es uno de los burócratas especializados que ejerce parte del poder del Estado y hace cumplir (*enforces*), ante un conflicto, la regla jurídica elaborada por el Estado[78]. Por lo tanto, el juez es un agente del Estado, encargado de aplicar el derecho en un caso concreto, *i.e.*, de adjudicar.

Suponiendo que, al principio del procedimiento, solo los litigantes tuvieron acceso a los hechos objeto del litigio, existe una **asimetría de información**[79] entre los litigantes (demandante y demandado) y el juez, y el proceso puede interpretarse como un conjunto de procedimientos que estructura el mecanismo de descubrimiento de los hechos por el magistrado, de modo que este pueda aplicar las reglas jurídicas y resolver el conflicto. Así, en el curso del proceso, una vez que el juez esté suficientemente convencido de los hechos pertinentes, podrá adjudicar, *i.e.*, decir quién tiene derecho según las reglas preestablecidas[80]. Por consiguiente, el proceso es un canal de comunicación entre las partes y el Estado-juez para reducir la asimetría de información y, en última instancia, para adjudicar el derecho. Sin el establecimiento de ese canal, el Estado-juez no tendría forma de conocer los hechos pertinentes, *ergo*, no podría resolver la controversia entre las partes de conformidad con las reglas jurídicas.

76. Cf. Gico Jr. (2019, pp. 20-21) y para una discusión de las implicaciones del argumento, véase Capítulo 6.

77. En otras formas de composición de conflictos, podemos referirnos a diferentes figuras, como el mediador, pero cuando hablamos de derecho, el que lo adjudica actúa como juez. Para el lector interesado en otros mecanismos de resolución de controversias, véanse Gulliver (1963), Nader (1969), Fallers (1969) y Nader y Todd Jr. (1978).

78. Considerando que el objeto de este libro es el proceso civil, ya no exploramos el papel de la policía como el principal medio de ejercicio interno de la coerción estatal, mientras que las Fuerzas Armadas son el principal medio de ejercicio externo de la coerción.

79. Existe una asimetría de información en una relación entre dos o más agentes cuando uno de los agentes tiene información en mayor cantidad o calidad que la otra parte, es decir, uno de los agentes tiene información privada.

80. Como se ha visto en las Secciones 3.1.4 y 3.2, el principio de la libre convicción o persuasión racional del juez se limita única y exclusivamente a convencerse de qué hechos se han probado o no después de la instrucción procesal. Nunca sería o podría ser un permiso para que el juez decida si aplica o no el derecho incidente. Si el juez y su decisión (adjudicación) no están sujetos a las reglas jurídicas, la ley, ya no tendría sentido hablar de democracia o del Estado de Derecho. El juez tendría la facultad arbitraria y discrecional de legislar en cada caso. Los ciudadanos serían súbditos de la persona del juez y no del Estado. Sería la muerte del derecho.

Dada la importancia de la función de un magistrado en el seno de una comunidad, es de esperar que, en sociedades menos complejas, el juez sea el propio legislador, *i.e.*, la persona o entidad que establece las reglas jurídicas[81] o un funcionario superior. Así, pues, a medida de que las comunidades evolucionaron de las tribus (decisiones colectivas descentralizadas) a las jefaturas o Estados (decisiones colectivas centralizadas), es razonable suponer que –al menos inicialmente– la misma entidad que elaboró las reglas decidiría los conflictos derivados de ellas. Sin embargo, nada determina que esto sea necesariamente así, ya que cada civilización tiene su propia historia[82]. Para demostrarlo, podemos invocar de nuevo, a modo de ilustración, a la civilización babilónica que, tan sofisticada, tenía carreras públicas no solo para los jueces, sino también para los notarios y escribanos, y hay registros de que quien ejercía directamente la función jurisdiccional no era el rey[83]. Por otra parte, en Portugal, en el siglo XVII, el rey desempeñó claramente el papel de revisor de la última instancia de las decisiones judiciales, incluso en caso de duda hermenéutica[84]. En todo caso, para nuestros propósitos, no importa quién ejerza la función jurisdiccional, lo que importa es que quien la ejerza estará adjudicando, *i.e.*, ejerciendo **jurisdicción**[85].

Dado que el derecho es el resultado del monopolio del Estado sobre el uso legítimo de la fuerza, la entidad encargada de la función judicial –sea cual fuere– actuará como juez y, de este modo, prestará el **servicio público adjudicatorio**. La prestación del servicio adjudicatorio es tan importante que el derecho suele establecer no solo normas de derecho sustantivo para regular la relación entre los miembros de la comunidad, sino también normas de derecho procesal para regular la relación entre las partes litigantes y el juez en el ejercicio de su función.

El derecho procesal debe considerarse, pues, no solo como el ordenamiento de los pasos que deben seguir los litigantes en el curso del procedimiento para reducir la asimetría de información y recibir la adjudicación, sino también como el conjunto de reglas jurídicas que informan, limitan y estructuran el ejercicio del poder adjudicatorio por parte del juez. Así como el juez está obligado a aplicar el derecho sustantivo en la resolución de la controversia, y no puede adoptar

81. *Jurídico* significa aquí acompañado de la amenaza del uso de la fuerza (sanción) en un contexto de monopolio del uso legítimo de la fuerza.

82. A este respecto, véase Friedman, Leeson y Skarbek (2019).

83. Cf. Johns (1904, pp. 80 y ss.) y Holtz (2008).

84. Cf. Telles (1865), Almeida (1870) y Gico Jr. (2018).

85. En este sentido, incluso cuando las partes llevan su conflicto al arbitraje, la actividad que realizan los árbitros es de jurisdicción, ya que se les contrata para decir el derecho (*iurisdictio*). Aunque los árbitros no puedan coaccionar a las partes, es decir, ejecutar sus decisiones, el laudo arbitral está protegido por el Estado y se ejecutará mediante la coacción estatal; por lo tanto, es jurídica.

decisiones *contra legem*, también debe comportarse de acuerdo con el derecho procesal durante el curso del proceso. De esa manera, el derecho procesal es tanto la organización como el límite de la actividad jurisdiccional. Si entendemos que la relación procesal es una relación tripartita en la que participan las partes y el juez[86], entonces podemos decir simplemente que el derecho procesal es el conjunto de reglas jurídicas que estructuran la interacción de las partes, todas ellas, en el curso de un proceso.

La perspectiva del derecho procesal no solo como organización del procedimiento, sino también como instrumento de control del Estado (principal) sobre el magistrado (agente), es importante por dos razones. En primer lugar, el magistrado puede, por cualquier razón, desviar su comportamiento y no seguir las reglas jurídicas. En segundo lugar, aunque el magistrado intente seguir las reglas jurídicas, puede equivocarse en el ejercicio de su función. En el primer caso, nos encontramos ante un error voluntario (dolo) y, por lo tanto, un problema del agente-principal y, en el segundo, un error involuntario (culpa). De una u otra forma, desde el punto de vista del Estado, ambas decisiones son simplemente erróneas.

Un **problema principal-agente** o un dilema de agencia surge cuando alguien (el principal) contrata a un tercero (el agente) para que realice una actividad en su nombre y obviamente en su interés, pero dependiendo de la existencia de una asimetría de información (riesgo moral[87] y selección adversa)[88], el agente puede actuar de manera diferente a la deseada por el principal (conflicto de intereses). En este contexto, el derecho procesal puede interpretarse como una consecuencia del hecho de que el juez es un agente del Estado, que fue contratado para hacer cumplir las reglas jurídicas y no su propia opinión, valores o ideología[89].

86. Cf. Bülow (1964, pp. 1-2).

87. Tradicionalmente, un **riesgo moral** surge cuando alguien aumenta su exposición al riesgo al estar asegurado, pero también puede surgir cuando alguien asume riesgos porque otra persona asumirá las consecuencias, los costos, de los riesgos asumidos si se manifiestan. El problema del riesgo moral en la actividad judicial es sumamente importante, porque el juez coacciona a las partes a su decisión y, por lo tanto, tiene la facultad de imponer sus preferencias a los demás, sin tener que soportar nunca él mismo los costos de esa decisión. En este sentido, el juez irresponsable es un riesgo moral.

88. Se produce un problema de **selección adversa** cuando alguien (el principal) selecciona a un tercero (el agente) para que desempeñe una función sobre la base de la información disponible, pero el agente dispone de información privada que, de estar a disposición del principal, alteraría su decisión de contratar o retener el vínculo de representación. En este sentido, el Estado puede contratar a un juez para hacer cumplir el derecho y el juez, una vez contratado, puede dejar de aplicar las reglas jurídicas e imponer reglas más adecuadas a sus propias preferencias (comportamiento divergente), frustrando el objetivo inicial del principal (el Estado), que era hacer cumplir las reglas jurídicas.

89. Nunca está de más recordar que, mientras que los políticos son elegidos de tiempos en tiempos para legislar y, por lo tanto, para llevar a cabo la voluntad de los votantes a través de la legislación, en Brasil los jueces son funcionarios públicos contratados de forma permanente para desempeñar una función, la judicial, es decir, para hacer cumplir las reglas jurídicas creadas por los políticos, en nombre del pueblo. Sin embargo,

40 En cierto modo, la elección política de los miembros de los tribunales superiores y la posibilidad de apelar a estos tribunales especiales para revisar las decisiones de los tribunales inferiores, pueden interpretarse como características del sistema judicial destinadas a mantener a los propios jueces bajo control, aunque su grado de éxito sea discutible[90]. Por otra parte, incluso cuando el juez trata de funcionar como miembro de un equipo[91] y aplicar el derecho correctamente[92], puede cometer un error tanto en el juicio mismo (*error in iudicando*) como en la conducción del proceso (*error in procedendo*). Por lo tanto, es imperativo que el proceso judicial garantice la seguridad de las partes para que no se vean sorprendidas por ninguna arbitrariedad y favoritismo por parte del juez, tengan igualdad de oportunidades para presentar su punto de vista sobre el caso y tengan una forma de protestar contra cualquier error.

Por consiguiente, el proceso judicial debe limitar la acción de las partes en litigio, que deben aportar sus pruebas y presentar sus reclamaciones de conformidad con la ley, y también limitar la acción del juez, que debe juzgar la litis dentro de los límites de la ley. Esta seguridad viene dada por la observancia de la ley procesal y de un conjunto de principios en el transcurso del proceso, como el derecho a una amplia defensa y contradictorio (art. 5, inc. LV, de CF/88)[93], la no utilización de pruebas ilícitas (art. 5, inc. LVI, de CF/88)[94], la publicidad y la motivación de las decisiones judiciales, entre otros principios que, interpretados conjuntamente, componen lo que se denomina el debido proceso legal (cf. Sección 3.3).

Por lo tanto, como nos recuerda Chiovenda, el proceso judicial es la "sucesión de actos vinculados por el objetivo común de actuar la voluntad de la ley y proceder de manera ordenada para lograr ese objetivo [...]"[95] y permite no solo al juez del caso conocer los hechos relevantes y adjudicar el derecho a quien tiene razón (resolver la controversia), sino también a las partes estar seguras de que su caso ha sido

muchos creen hoy en día que el Poder Judicial debe legislar libremente (activismo judicial) y que, en algunos casos, su función sería violar el derecho, aunque se establezca democráticamente por la mayoría (función contramayoritaria). A modo de ejemplo, cf. Barroso (2016; 2018).

90. Para un análisis de la estructura del Poder Judicial en el contexto de un problema principal-agente, cuando los intereses de los propios jueces de diferentes niveles no coinciden, véase Gico Jr. (2015).

91. Aquí la expresión **equipo** se utiliza solo para reforzar que todos los jueces, incluso de instancias diferentes, tendrían el mismo objetivo (función utilidad), al igual que los miembros de un equipo. Si el objetivo es seguir la ley, todos quieren seguir la ley; si es hacer justicia, todos quieren hacer justicia.

92. Para un análisis de la estructura del Poder Judicial en un contexto de equipo, cuando los intereses de los propios jueces de las diferentes instancias coinciden, véase Gico Jr. (2013).

93. Art. 5º. [...] LV - Se garantiza a los litigantes, en el proceso judicial o administrativo, y a los demandados en general, el contradictorio y la amplia defensa con los medios y recursos inherentes a la misma; [...].

94. Art. 5º. [...] LVI - Son inadmisibles en el proceso las pruebas obtenidas por medios ilícitos; [...].

95. Cf. Chiovenda (2009[1933], pp. 91-92).

juzgado legalmente y libre de arbitrariedad por el juez[96]. Obsérvese que la posición de Chiovenda es totalmente compatible con lo que digo aquí, *i.e.*, que el proceso es un acto vinculante, no discrecional, y que la función del proceso es hacer cumplir la voluntad de la ley en el caso concreto y no la voluntad del propio magistrado. En la misma línea, desde una perspectiva institucional, Couture entiende que el proceso judicial es "una institución sometida al régimen de la ley, que [regula] la condición de las personas, la situación de las cosas y el ordenamiento de los actos que tienden a obtener los fines de la jurisdicción"[97]. De una u otra forma, el proceso judicial no es más que una tecnología del derecho que permite la resolución segura de una controversia[98] entre las partes litigantes, mediante la emisión de una decisión judicial.

Entonces digo que el proceso tiene dos funciones principales: i) organizar la prestación del servicio público adjudicatorio directamente por el juez, en nombre del Estado (administración); y ii) proteger a las partes litigantes de los errores del propio juez (protección), incluidos los errores voluntarios e involuntarios. La cuestión es, por lo tanto, cómo lograr y optimizar estos dos objetivos simultáneamente, dado que a veces entran en conflicto. La función social del proceso es equilibrar los objetivos de administración y protección. Necesitamos que el servicio público adjudicatorio esté lo más libre posible de errores, pero cuantas más garantías y procedimientos se pongan en el sistema para evitar tales errores, más compleja y costosa será su administración. En otras palabras, existe un claro *trade-off* entre la protección y la administración y, en ese sentido, las reglas procesales y, por lo tanto, el propio proceso judicial, son el resultado de la decisión política sobre el arreglo institucional deseable para ese contexto particular, que privilegiará la protección o la administración. En este sentido, es importante advertir que, en cualquier

96. Obviamente, la única manera de proteger a los miembros de la sociedad de la arbitrariedad del derecho, es asegurar que las reglas no sean arbitrarias. Aunque imperfecta, la mejor manera de hacerlo, hasta ahora, es la democracia. Sin embargo, si el derecho es arbitrario, no existe ningún mecanismo jurídico para protegerse contra esa arbitrariedad. La falsa idea de que un juez pueda proteger a un ciudadano de la arbitrariedad de la ley, solo somete a todos los ciudadanos a la arbitrariedad subjetiva del propio juez, mientras que destruye el poder de predicción del derecho –una situación mucho peor–. Sobre los riesgos de la inseguridad jurídica, véase Gico Jr. (2013) y (2014).

97. Cf. Couture (2008, p. 74).

98. Es importante recordar la definición más amplia de Chiovenda (2009 [1933], p. 77), que prescinde de la existencia de la litis para la caracterización del proceso: "El proceso civil es el conjunto de actos coordinados al objetivo de la acción de la voluntad de la ley (con respecto a un bien que se pretende garantizar por ella), por parte de los órganos de la jurisdicción ordinaria". Esta definición no solo valida las conclusiones adoptadas en este capítulo, sino que también refuerza que la función del Poder Judicial es hacer cumplir la ley, y que las actividades no judiciales (por ejemplo, la homologación de acuerdos extrajudiciales, los divorcios consensuales) son meramente actividades administrativas delegadas y no son pertinentes para el examen del proceso en este contexto.

 caso, el proceso siempre generará costos para la sociedad, que agregados son equivalentes al costo social del proceso.

2.3 El costo social del proceso

Como se ha visto anteriormente, el derecho procesal es un mecanismo de aplicación del derecho material que, a su vez, ha sido establecido por el Estado. A cada regla de derecho material *x*, podemos asociar un probable estado de naturaleza *x'*, resultante de la aplicación de dicha regla (regla→ consecuencia). Evidentemente, el Estado elegirá *ex ante* la regla jurídica que, según la información disponible, mejor se adapte a sus preferencias. En una **democracia competitiva**[99], es de esperar que las decisiones del Estado se acerquen lo más posible a las preferencias sociales y, por lo tanto, que la ley represente la voluntad de la mayoría[100]. En este sentido, cada decisión judicial que hace cumplir el derecho aumenta el **bienestar social**[101], y cada decisión que se aparta del derecho disminuye el bienestar social, imponiendo así un costo a la sociedad[102].

En general, los errores de adjudicación distorsionan los incentivos de los agentes y crean situaciones socialmente indeseables. Por ejemplo, suponga que una compañía de automóviles puede reducir el número de accidentes mortales en solo un 10%, invirtiendo en un proyecto de sistema de frenos más costoso. Sin embargo, la utilización de este proyecto más costoso es imperceptible para el consumidor y, por lo tanto, su adopción no atrae necesariamente a más compradores, solo genera más costos para la empresa. En un escenario como este, se espera que la compañía no adopte este proyecto. Sin embargo, las reglas jurídicas de responsabilidad civil hacen que la empresa sea responsable de los daños resultantes de su conducta perjudicial y, por lo tanto, hace que la empresa internalice los costos de su decisión,

99. Una democracia competitiva es aquella en la que no solo tiene lugar el juego democrático, sino que cada grupo tiene una oportunidad real de tratar de afirmar su punto de vista y competir eficazmente por los cargos públicos. En otras palabras, es una democracia en la que hay una competencia política efectiva.

100. El derecho estará tan cerca de las preferencias sociales como lo estará el Estado, y cuanto menos democrático sea el Estado, más distante estará. La investigación de la adecuación efectiva del derecho a las preferencias sociales es un objeto de estudio más adecuado para la ciencia política, la sociología o la Teoría General del Estado. En cualquier caso, desde el punto de vista del derecho procesal, el proceso sirve para hacer cumplir el derecho material en caso de conflicto, y la idoneidad del propio derecho material no es una cuestión que pueda responderse desde el punto de vista procesal.

101. El bienestar aquí se está utilizando en la misma concepción que en la Constitución Federal de Brasil para incluir tanto la calidad de vida de la que disfrutan las personas como el nivel de vida resultante del consumo de bienes y servicios, que son producidos por el mercado y el Estado, mediante el uso de los recursos disponibles. En otras palabras, la utilidad agregada. Cf. Preámbulo, art. 186, inc. IV, art. 193, art. 219, art. 230 y §1° del art. 231, todos de la Constitución brasileña.

102. Más sobre esto en las Secciones 3.1.4 y 3.2.

alentándola a adoptar el sistema de frenado más eficaz, aunque más costoso[103]. Si el juez no aplica las normas de responsabilidad civil y no exige a la empresa que pague la indemnización correspondiente, *i.e.*, si debido a un error de adjudicación la empresa no es considerada responsable cuando debería haberlo sido, entonces probablemente no invertirá en el nivel de precaución socialmente deseado y se producirán más accidentes, lo que representa un costo social. A este tipo de costo resultante del error de adjudicación, llamamos **costos de error** o c(e).

Para tratar de evitar que errores como ese ocurran, nuestra sociedad invierte en el proceso. En caso de litigio en situaciones como la descrita, las partes tendrán derecho a un proceso judicial completo, con amplia presentación de pruebas, celebración de audiencias y peritajes, presencia de abogados para ambas partes, probablemente la presencia de un miembro del Ministerio Público que actúe como inspector de justicia (*custos legis*)[104], etcétera. Todas estas garantías y procedimientos se crean y se ponen a disposición para tratar de minimizar la posibilidad de un error de adjudicación por parte del juez.

En realidad, retomando el hecho de que existe una asimetría de información entre las partes y el juez, las inversiones en el proceso y los procedimientos de investigación son un mecanismo de descubrimiento de la realidad para que el juez, al reducir esta asimetría de información, pueda resolver adecuadamente el conflicto de acuerdo con el derecho. Cuanta más información tenga el juez, más perfecta será su decisión, siendo que la perfección aquí se refiere al grado de adhesión de la decisión judicial a las reglas jurídicas vigentes (exactitud). Sin tener en cuenta el problema agente-principal, un juez con información perfecta es un juez que puede decidir perfectamente. Sin embargo, como ya se ha dicho, para que el juez adquiera esa información, es necesario que las partes dediquen tiempo a la preparación de sus defensas, la celebración de las audiencias, los peritajes, la presencia de abogados, servidores, computadoras, la remuneración de los jueces, etcétera. Y todo esto representa costos.

Por otra parte, aunque el juez obtenga una información perfecta y, por lo tanto, tenga pleno dominio de los hechos y del derecho, puede ser que, debido a sus preferencias subjetivas, no esté de acuerdo con el resultado x' y se niegue a aplicar la debida regla jurídica x al caso en cuestión. En esta hipótesis, aunque el

103. Sobre el análisis económico de la responsabilidad civil extracontractual, cf. Calabresi (1970), Landes y Posner (1987), Shavell (1987), Acciarri (2009) y Gico Jr. (2019).

104. Dada la presencia de un juez, de abogados para ambas partes y asumiendo la capacidad civil de todos, la presencia adicional del Ministerio Público como *custos legis,* puede generar mucho más costo para la sociedad que beneficio, es decir, es probablemente un exceso de precaución, una medida ineficiente. Sin embargo, que yo sepa, no se intentan medir los eventuales beneficios resultantes de la actuación como *custos legis* o intención de evaluación. Sin medición, sigue abierta la cuestión de la eficiencia de la intervención del Ministerio Público como *custos legis.*

juez es un agente del Estado, adoptará un **comportamiento oportunista**[105] y se desviará del derecho para imponer a las partes y, en consecuencia, a la sociedad, su visión del mundo en detrimento del derecho, de la opción del Estado. El juez actuará *contra legem*.

Por esto, tanto para mitigar el riesgo de error de adjudicación debido a una información imperfecta, como el error de adjudicación debido al comportamiento oportunista del juez, en lugar de contratar a un solo juez y estar satisfecho con su juicio, a menudo también contratamos algunos jueces más (normalmente llamados juez de segundo grado) para revisar la mencionada sentencia, en caso de que la parte derrotada exprese este deseo[106]. La justificación parcial de la existencia de un tribunal de apelación, *i.e.*, una clase de jueces que revisa la labor del juez de primer grado, es la preocupación social por el error en la prestación del servicio público adjudicatorio[107]. No obstante, tanto esta garantía adicional como todas las demás garantías y procedimientos de protección, generan una estructura judicial compleja, que no está exenta de cargas. La gestión de este complejo sistema judicial genera costos, los llamados **costos de administración** o c_A. Cuantas más garantías, procedimientos y procesos de revisión haya, menos probable será que se produzca un error de adjudicación. Por otra parte, cuantas más garantías y procedimientos, *i.e.*, cuanto más complejo sea el sistema judicial para la protección de los litigantes, mayores serán los costos de administración del propio sistema.

En este sentido, tenemos dos variables con comportamientos opuestos que se compensan entre sí: los costos de error y los costos de administración. Cuantas más inversiones se hagan en el proceso, menores serán los costos de errores de adjudicación ($\downarrow c(e)$)[108]. Sin embargo, cuanto más se invierta en el proceso, más complejo y lento será el sistema y, por lo tanto, mayor será el costo de administración ($\uparrow c_A$), y viceversa. En resumen, la inversión en proceso disminuye el costo de error y aumenta el costo de administración, y la disminución del costo de administración aumenta el costo de error. Si entendemos que la función del derecho procesal es

105. Se dice que el comportamiento de un agente es oportunista cuando, aprovechando su situación ventajosa, adopta una posición incompatible con los intereses del principal. En este caso, dado que el juez es un agente del Estado, un comportamiento oportunista sería aquel en el que el juez se aprovecha de su posición para dejar de aplicar el derecho.

106. En el caso de los particulares, la revisión de la sentencia en Brasil se hace si la parte vencida así lo desea y apela (arts. 724 y 994/CPC). En el caso de que el litigante vencido sea el propio Estado, la sentencia se revisa automáticamente, aunque no haya apelación, como caso de remisión necesaria (art. 496/CPC). Sí, el derecho procesal brasileño discrimina entre el ciudadano y el Estado. No están en igualdad de condiciones.

107. La otra explicación es el papel de uniformización de interpretación de las reglas jurídicas por el tribunal, véase la Sección 5.2.2. Sobre el papel de los jueces y los tribunales, véase Gico Jr. (2017; 2018).

108. Aquí asumiendo la ausencia de deseconomías de escala o de rendimientos marginales decrecientes, *i.e.*, sin tener en cuenta la posibilidad de que el exceso de procedimientos y garantías, en un momento dado, ya no reduzca los errores de adjudicación y empiece a generar errores por sí mismo.

proteger a las partes de los errores en la adjudicación (protección) y organizar la actividad de adjudicación (administración), entonces podemos entender el derecho procesal como un intento de minimizar el **costo social del proceso**, dado por *CS*:

Ecuación 2.3-1

$$CS = c_A + c(e)$$

En el ámbito del Análisis Económico del Derecho, el primero en identificar que una función del proceso era minimizar el costo social derivado de los errores y la administración del sistema fue Richard Posner, según el cual, para el AED[109], "el objetivo del proceso jurídico se concibe como la minimización de la suma de dos tipos de costos: los 'costos de errores' (los costos sociales que se generan cuando un sistema judicial deja de cumplir las funciones asignativas u otras funciones sociales que se le atribuyen) y los 'costos directos' (como el tiempo de los abogados, los jueces y los litigantes) del funcionamiento del mecanismo de solución de controversias jurídicas. En este marco, las reglas y otras características del sistema procesal pueden analizarse como esfuerzos para maximizar la eficiencia".

La idea de que el proceso genera un costo social es simple y reveladora. Reúne en una sola expresión la idea de que, aunque la protección de los litigantes contra los errores de adjudicación es algo socialmente deseable, dicha protección no se da sin costo alguno. Si el error de adjudicación genera un costo, los mecanismos de protección contra él (proceso) también generan costos en sí mismos, los costos de administración. Por lo tanto, en la estructuración del sistema judicial y en la elección de las normas procesales que regirán el sistema, es necesario considerar ambas para minimizar el costo social del proceso, y esto es lo que todas las sociedades hacen –conscientemente o no– al elegir sus normas procesales.

Por ningún otro motivo, en casos más sencillos y menos valiosos, como los del tribunal especial de pequeñas demandas, la sociedad brasileña, como muchas otras, acepta invertir menos en los procedimientos para tener más acceso y rapidez, con la esperanza de que los posibles costos de errores en el tribunal sean menores que los beneficios obtenidos con la simplificación. En otras palabras, la creación de tribunales especiales de pequeñas demandas puede interpretarse como el resultado de un análisis costo-beneficio, en el que el legislador entendió que, en este contexto, era más eficiente reducir los costos de administración del sistema, porque los beneficios resultantes deberían superar el daño causado por posibles errores de adjudicación. En la misma línea, en los casos de ejecución de un título

109. Cf. Posner (1973, pp. 399-400).

ejecutivo, las garantías procesales se reducen sustancialmente en comparación con los procedimientos ordinarios, ya que se aplicaría el mismo análisis: en presencia de un título ejecutivo, la pequeña probabilidad de error no compensa los mayores costos de administración con una mayor protección. En ambos casos, lo que se busca es la minimización del costo social del proceso.

En este sentido, minimizar los costos sociales del proceso es solo otra forma de decir que las normas de proceso civil deben ser eficientes (reglas) y que el proceso debe ser conducido por el magistrado de manera eficiente (gestión), *i.e.*, la prestación del servicio público adjudicatorio debe ser eficiente. La búsqueda de eficiencia en el proceso civil no solo es deseable, sino verdaderamente esencial, ya que el pleno uso y disfrute de cualquier derecho depende estrechamente del acceso a los medios para reclamarlo, en caso de que alguien los viole o amenace con violarlos. Pero para que todos puedan acceder de manera oportuna y adecuada al servicio público adjudicatorio, que es un recurso común[110] y, por tanto, "congestionable", debe lograrse el equilibrio adecuado entre los costos administrativos y los costos de errores, es decir, debe reducirse al mínimo el costo social del proceso. En mi opinión, la búsqueda de eficiencia en el proceso civil es la piedra angular del Código de Proceso Civil brasileño, como de muchos otros, y la comprensión de este hecho nos permitirá mirar con nuevos ojos los principios generales del proceso. Esto es lo que haremos en el próximo capítulo, cuando discutamos algunos de los principios informadores del proceso civil.

110. Un **recurso común** es un bien o servicio que es, a la vez, no exclusivo (acceso libre) y rival (el uso por una persona impide o reduce sustancialmente la utilidad del recurso para otra). Discutiremos la naturaleza económica del derecho y de los tribunales en el Capítulo 6.

3

Principios del proceso civil

3.1 El principio de eficiencia

La eficiencia es un valor jurídico que debe perseguirse en el ordenamiento jurídico brasileño. Así lo ordena la Constitución Federal, al establecer que la Administración pública, en todos sus niveles, incluidos los estatales y municipales, obedecerá al principio de eficiencia: "Art. 37. La Administración pública, directa, indirecta o institucional de cualquiera de los Poderes de la Unión, de los Estados, del Distrito Federal y de los Municipios obedecerá a los principios de legalidad, impersonalidad, moralidad y eficiencia [...]". El mandato constitucional de búsqueda de eficiencia aparece todavía otras veces en el texto constitucional, por ejemplo, cuando establece la eficiencia como un fin a perseguir por los órganos de control interno de los Poderes[111]; como un criterio para que el juez esté personalmente presente en los litigios agrarios[112]; como un criterio de organización y funcionamiento de los órganos de seguridad pública[113]; y como un criterio para el ejercicio de la seguridad vial[114].

En principio, se podría suponer que la búsqueda de eficiencia en la Administración pública es algo moderno, reciente, pero esto no es cierto. Después de una extensa encuesta sobre el origen histórico de la búsqueda de eficiencia en el sistema jurídico brasileño, Danielle Lanius[115] llegó a la conclusión de que, aunque las primeras referencias expresas al término "eficiencia" solo aparecieron en el sistema jurídico brasileño en el siglo XIX[116], la demanda de eficiencia en la Administración pública existió a lo largo de toda la historia administrativa brasileña. En este sentido,

111. Art. 74. Los Poderes Legislativo, Ejecutivo y Judicial mantendrán, en forma integrada, un sistema de control interno a los efectos de: [...] II - comprobar la legalidad y evaluar los resultados, en términos de eficacia y eficiencia, de la gestión presupuestaria, financiera y patrimonial en los órganos y entidades de la administración federal, así como la aplicación de los recursos públicos por parte de las entidades de derecho privado.

112. Art. 126. [...] Párrafo Único: Siempre que sea necesario para la eficiencia de la actuación judicial, el juez estará presente en el lugar del litigio.

113. Art. 144. [...] §7°. La ley disciplinará la organización y el funcionamiento de los órganos encargados de la seguridad pública, a fin de garantizar la eficiencia de sus actividades.

114. Art. 144. [...] §10. La seguridad vial, ejercida para la preservación del orden público y la seguridad de las personas y sus bienes en las vías públicas: I - incluye la educación, la ingeniería y la inspección del tráfico, además de otras actividades previstas por la ley, que garantizan el derecho del ciudadano a una movilidad urbana eficiente; [...].

115. Cf. Lanius (2018, pp. 60-68).

116. Según Lanius, el término "eficiencia "apareció por primera vez en la legislación brasileña en el Decreto del 27 de noviembre de 1812, emitido para instituir una recaudación de impuestos más eficiente sobre las herencias y los legados, ya que lo hacía independiente de la voluntad del contribuyente. Cf. Lanius (2018, p. 22). Simultáneamente, el príncipe regente encargó un estudio para la reorganización político-administrativa del Reino Unido, que contenía elementos de mejora de la eficiencia de la Administración pública para evitar la radicalización de movimientos contrarios a la monarquía absoluta. Cf. Souza (2009).

existen numerosas iniciativas administrativas y legislativas orientadas al uso racional de los recursos disponibles y a la búsqueda de la mejora de los procesos productivos, con el objetivo de obtener una mayor estabilidad, productividad y rendimiento desde la época del Brasil colonial en su origen[117], entonces bajo el gobierno del marqués de Pombal y, también, con la llegada de la Familia Real a Brasil.

En este sentido, la Corona portuguesa ya se preocupaba por una administración eficiente de la actividad extractiva en el Brasil, como las normas para combatir el contrabando y la tala indiscriminada[118], para combatir el abuso de los beneficios fiscales concedidos por la Corona portuguesa a los ingenios azucareros[119], para controlar la calidad del azúcar, entre otras. Con el ascenso del marqués de Pombal, hubo una preocupación más sistemática en la planificación administrativa[120], destinada a hacer más eficiente la explotación colonial[121], que se acentuó después de la disminución de la extracción de metales[122].

Lanius[123] llama la atención sobre la edición del permiso del 30 de enero de 1802, debido al enfoque explícito dado a la eficiencia administrativa en la administración de las minas, principalmente en relación con la logística de la extracción de metales. En el preámbulo de este permiso, el príncipe regente expresa su preocupación por el estado de abandono de las minas y reconoce que fue causado por la falta de establecimiento de una administración eficiente. Para responder a estos problemas, el permiso de minas crea una serie de puestos administrativos centrados en la inspección de las actividades extractivas, la conservación de las minas y fundiciones, los estudios de tierras y vegetación, así como una contabilidad estricta. Además, existe una preocupación explícita por la competencia técnica de los empleados contratados para estas tareas, así como por las sanciones en caso de incumplimiento de los deberes o de contrabando de los bienes extraídos. Al leer el permiso de 1802, es inevitable establecer un paralelo directo de este comando de búsqueda de eficiencia en la Administración pública y lo reproducido en el artículo 37 de la Constitución Federal brasileña de 1988, casi doscientos años después.

Como el comando del artículo 37 de búsqueda de eficiencia se extiende a los tres Poderes, no hay duda de que la Constitución Federal brasileña ordena al Poder Judicial que sea eficiente y que busque la eficiencia en el desempeño de su tarea, *i.e.*, la

117. Cf. Prado Jr. (2004 [1945]), Salgado (1985), Wehling y Wehling (1994), Abreu (1998), Costa (2008) y Queiroz (2008).

118. Cf. Souza (1978, p. 81).

119. Cf. Azevedo (N/A, p. 145).

120. Cf. Wehling y Wehling (1994, p. 304).

121. Cf. Andrade (1999, p. 53).

122. Cf. Salgado (1985, p. 61).

123. Cf. Lanius (2018, pp. 17-19).

Constitución Federal ordena literalmente al Poder Judicial que guíe sus acciones por la eficiencia[124]. Considerando que el Poder Judicial forma parte de la Administración pública y que su función social es "resolver los conflictos mediante la aplicación de las reglas jurídicas"[125], debemos concluir que debe estructurarse, organizarse y administrarse de tal manera que los recursos disponibles (jueces, auxiliares, presupuesto, estructura física, competencias, etcétera), se dirijan/orienten a la maximización de la solución de los conflictos mediante la adjudicación de derechos.

De hecho, esta parece haber sido la línea adoptada por el constituyente derivado al editar la EC N.º 45/04 (Enmienda Constitucional de la Reforma Judicial), que promovió importantes cambios en la estructura del Poder Judicial en su conjunto, además de incluir en la lista de derechos fundamentales del artículo 5º de la CF/88 el derecho a un proceso rápido de duración razonable, con el siguiente texto: "LXXVIII - a todos, en la esfera judicial y administrativa, se les garantiza la duración razonable del proceso y los medios para asegurar la rapidez de su tramitación". En la exposición de motivos de la EC N.º 45/04[126], se deja claro que su objetivo es precisamente llevar a cabo una amplia reforma del Poder Judicial, de modo que la "administración de la justicia" sea más eficiente, porque es un problema que "interesa a todos", concluyendo que: "Las propuestas sugeridas sirven, por lo tanto, cuando nada más, como tema de un fructífero debate sobre una nueva organización de la justicia en el Brasil".

Dado que se trata de un libro sobre derecho procesal y que el principio de eficiencia se aplica plenamente a la judicatura, podemos organizar sus implicaciones en dos categorías: **endoprocesales** y **exoprocesales**[127]. Cuando hablamos de la organización y la administración del Poder Judicial como Administración pública, nos preocupamos por su organización en sí misma, su estructura y su gestión (macrogestión). Así, por ejemplo, los debates sobre la creación de una o dos

124. Aunque la búsqueda de eficiencia genera claramente bienestar social, hay quienes, por razones ideológicas, se rebelan contra el mando constitucional, como Pereira Junior (1999, p. 44); Gabard (2002, p. 17); Coutinho (2003, p. 54); Marcellino Jr. (2009), que efectivamente llama a la resistencia al texto constitucional (2009, pág. 36, 182 y 202); Staffen y Bodnar (2010, p. 15); Rosa (2011, p. 134), que llega incluso a llamar al comando constitucional de una "sinvergüenza 'eficiencia'" [sic] (2011, p. 135); Camargo (2014, p. 166); y Ferreira (2015, p. 91). Sin embargo, ninguno de ellos explica por qué sería socialmente deseable tener una Administración pública o un Poder Judicial ineficiente.

125. "El Poder Judicial es una tecnología institucional desarrollada a lo largo de miles de años de experimentación humana con un único propósito: resolver controversias aplicando las reglas jurídicas. Se debate el hecho de que el sistema judicial se presta también a otras funciones, como el control social (aplicación local de las reglas formuladas por un gobierno central) o la creación de las propias reglas. Sin embargo, en mi opinión, la función de control social no es una característica de los tribunales en sí, sino del sistema jurídico en su conjunto –del cual los tribunales son solo un elemento– y la idea de control social se inscribe en la condición de 'aplicación de las reglas jurídicas'". Gico Jr. (2019, p. 14). En el mismo sentido, Gico Jr. (2013).

126. Cf. Cámara de Diputados (2004, p. n/d).

127. La doctrina ya había reconocido que el principio de eficiencia reflejaría estas dos dimensiones: a) la administración judicial y b) la gestión de un determinado proceso, como en el caso de Didier Jr. (2013, p. 434).

oficinas judiciales sobre el mismo tema, la creación de tribunales especializados, el número de asesores que debe tener cada juez y la unificación o separación de las secretarías de los juzgados, son todas cuestiones de organización judicial que afectan sustancialmente a la actuación del Poder Judicial en la prestación del servicio público adjudicatorio y, por consiguiente, a su eficiencia. La evaluación y la adecuación de la estructura administrativa/organizativa del Poder Judicial y sus repercusiones en la productividad de los jueces son preocupaciones pertinentes para el proceso judicial, ya que una estructura adecuada (eficiente) permitirá juzgar más casos y, por consiguiente, resolver más conflictos y otorgar más derechos.

Sin embargo, estas preocupaciones organizativas y estructurales son exógenas al proceso judicial, *i.e.*, son preocupaciones organizativas que no se prestan a abordar los problemas inherentes al proceso judicial individual. No se trata de la gestión individual del proceso por el magistrado (microgestión). La conducción del caso por el juez forma parte de la estructura del Poder Judicial y está influenciada por ella, pero las normas que organizan y estructuran la conducción del caso individual son las normas del derecho procesal, que también deben ser interpretadas y aplicadas eficientemente. Cuando se trata de interpretar y aplicar eficientemente las normas del derecho procesal en la conducción de un proceso, nos preocupan las cuestiones endoprocesales.

Así, por ejemplo, el número de asesores en cada oficina y la unión o no de las secretarías tienen claramente un impacto en la eficiencia judicial, pero son decididos y organizados por el Poder Judicial (macrogestión). Ya la decisión de: (i) limitar o no el número de litigantes que se incluirán en litisconsorcio facultativo (art. 113, §1º/CPC[128]); (ii) aumentar o no los honorarios de derrota arbitrados en un determinado caso (art. 85, §11/CPC[129]); (iii) invertir o no la carga de la prueba (art. 373, §§1º y 2º/CPC[130]); (iv) o, aun así, designar o no una audiencia de instrucción y

---

128. Art. 113. [...] §1º. El juez podrá limitar el litisconsorcio facultativo en cuanto al número de litigantes en la fase de conocimiento, en la liquidación de sentencia o en ejecución, cuando este comprometa la rápida solución del litigio o dificulte la defensa o el cumplimiento de la sentencia.

129. Art. 85. [...] §11. El tribunal, al juzgar el recurso, aumentará los honorarios fijados anteriormente teniendo en cuenta el trabajo adicional realizado en grado de recurso, observando, según el caso, lo dispuesto en los §§2° a 6°, estando prohibido al tribunal, en el cómputo general de la fijación de honorarios debidos al abogado del vencedor, sobrepasar los respectivos límites establecidos en los §§2° y 3° para la fase de conocimiento.

130. Art. 373. [...] §1°. En los casos previstos en la ley o frente a peculiaridades de la causa relacionadas a la imposibilidad o a la excesiva dificultad de cumplir el encargo en los términos del encabezado o a la mayor facilidad de obtención de la prueba del hecho contrario, el juez podrá atribuir la carga de la prueba de modo diverso, siempre que lo haga mediante decisión fundamentada, en cuyo caso deberá dar a la parte la oportunidad de liberarse de la carga que le fue atribuida.
§2°. La decisión prevista en el §1° de este artículo no puede generar una situación en que la liberación del encargo por la parte sea imposible o excesivamente difícil.

juzgamiento después de la decisión de saneamiento (art. 357, inc. V/CPC[131]) son cuestiones de gestión interna del proceso, que se rigen por las reglas del derecho procesal, de competencia del juez competente y, por lo tanto, son cuestiones endoprocesales. Teniendo en cuenta que este libro trata sobre el derecho procesal, nuestro enfoque prioritario, a partir de ahora, será la discusión de cuestiones endoprocesales, aunque no exclusivamente.

3.1.1 El principio de eficiencia procesal[132]

La búsqueda de eficiencia en la esfera procesal es tan importante que el propio Código de Proceso Civil brasileño de 2015 se diseñó para aportar más eficiencia a la prestación del servicio público adjudicatorio y, por tanto, resolver más conflictos sociales mediante la adjudicación de los derechos. Según la exposición de motivos del CPC, los cambios e innovaciones promovidos por el Código tenían el objetivo expreso de hacer más eficiente el proceso judicial[133]: "Sin perjuicio del mantenimiento y mejoramiento de los institutos introducidos en el sistema por las reformas ocurridas en los años de 1992 a la fecha, se creó un nuevo Código que no significa, sin embargo, una ruptura con el pasado, sino un paso adelante. Así, pues, además de mantener los institutos cuyos resultados han sido positivos, han incluido en el sistema varios otros que tienen por objeto hacerlo altamente eficiente. [...] El nuevo Código de Proceso Civil tiene el potencial de generar un proceso más rápido y justo, porque responde mejor a las necesidades sociales y es mucho menos complejo. La simplificación del sistema, además de darle una cohesión más visible, permite al juez centrar su atención más intensamente en el fondo del asunto".

Obsérvese que, como se ha expuesto en la Sección 2.3 y puede deducirse de la exposición de motivos del CPC, la expectativa del legislador es que la reducción de los costos de administración del sistema judicial con la simplificación del proceso permitirá al juez centrar su atención en su actividad última, que es la resolución de conflictos mediante la aplicación de las reglas jurídicas (adjudicación). Como puede verse, lo que el legislador entendía como eficiente en el CPC/73 se mantuvo, y lo que entendía como mejorable fue cambiado por el nuevo CPC. En este sentido, puede decirse que la razón de ser del nuevo Código, *i.e.*, la piedra angular que lo inspiró, fue la necesidad de hacer más eficiente el proceso civil. El *mens legislatoris*

131. Art. 357. Si no ocurre ninguna de las hipótesis de este capítulo, el juez deberá, mediante decisión de saneamiento y de organización del proceso: [...]
V - programar, si fuese necesario, audiencia de instrucción y juzgamiento.

132. El principio de eficiencia procesal no es un principio diferente del principio de eficiencia general, sino su aplicación al contexto específico al derecho procesal.

133. Cfr. Senado Federal (2010, pp. 22-23).

es inequívoco, por lo tanto, en el sentido de que la eficiencia es uno de los vectores lógicos e interpretativos de todo el sistema procesal.

No obstante, el legislador no se conformó solo con la simplificación del derecho procesal (reducción de los costos de administración) y la probable productividad que resultaría de ello. Fue más allá, creando un deber legal específico para el magistrado, que lo obliga a ser eficiente en el ejercicio del Poder Judicial, *i.e.*, el legislador creó expresamente la obligación de que el juez sea eficiente, tanto en la interpretación del derecho procesal como en la aplicación del derecho material y en la conducción del propio proceso: "Art. 8º. *Al aplicar el ordenamiento jurídico, el juez atenderá a los fines sociales y* a las exigencias del bien común, resguardando y promoviendo la dignidad de la persona humana y observando la proporcionalidad, razonabilidad, legalidad, publicidad y *eficiencia*".

En este sentido, el CPC determinó que el magistrado debía ser eficiente no solo en la gestión del proceso en sí, sino también en el resultado de la aplicación de las reglas jurídicas en la resolución de conflictos. La afirmación del deber de eficiencia del magistrado en el Código de Proceso Civil puede interpretarse como una especificación del deber general de eficiencia del artículo 37 de la Constitución Federal, para dejar claro que la búsqueda de eficiencia en la esfera judicial es una obligación no solo exoprocesal y, por lo tanto, del Poder Judicial en su conjunto (como organización), sino también una obligación legal del propio juez en la prestación del servicio público adjudicatorio, *i.e.*, en el ejercicio de la magistratura. Así, el artículo 8º del CPC creó una obligación legal para el magistrado[134], agente del Estado, que debe informar de todos y cada uno de los actos realizados por él, incluyendo las interpretaciones adoptadas. Según el CPC, el juez tiene la obligación legal de ser eficiente en el ejercicio de la magistratura y, más que eso, de garantizar que el resultado de su actividad jurisdiccional sea eficiente. ¿Pero qué significa ser eficiente?

3.1.2 El concepto de eficiencia: eficiencia productiva y asignativa

Existe mucha literatura que discute la definición de eficiencia[135] y sus implicaciones morales y éticas. Sin embargo, como dije antes[136]: "Una de las razones por las que la doctrina jurídica ha encontrado dificultades para tratar el concepto de eficiencia es que es plurisignificativo, *i.e.*, no hay un único tipo

134. En el sentido aquí expuesto, el artículo 4º del CPC reafirma la obligación de ser eficiente cuando establece que "Las partes tienen el derecho de obtener en un plazo razonable la solución integral del mérito, incluida la actividad satisfactiva". Cf. Sección 3.4.

135. Para una revisión crítica de la literatura sobre el principio de eficiencia en la esfera administrativa, cf. Lanius (2018) y, específicamente sobre el proceso civil, véase Campos (2018) y Arake (2019).

136. Cf. Gico Jr. (2020, pp. 4 y ss.).

o concepto de eficiencia, sino varios. Cada concepto tiene su propia utilidad, contexto y limitaciones y esos conceptos se utilizan en las más diversas esferas del conocimiento humano". Como la discusión de la eficiencia de las normas de derecho procesal influirá el resto del libro, presento a continuación los principales conceptos de eficiencia y sus criterios de medición.

En general, la eficiencia se logra cuando se maximiza el bienestar social o el bienestar del agente o grupo de agentes considerados, es decir, aumentar la eficiencia significa aumentar el bienestar del grupo analizado. En una democracia competitiva, se espera que, en promedio, las políticas públicas y las reglas jurídicas tengan como objetivo precisamente el aumento del bienestar social y, por lo tanto, las políticas y el derecho son indisociables del concepto de eficiencia, tal como se prevé en la Constitución brasileña. En este sentido, la eficiencia se puede discutir en dos aspectos: la eficiencia productiva y la eficiencia asignativa[137]. Comencemos con la primera.

Desde el punto de vista conceptual, la **eficiencia productiva** es la más fácil de definir, ya que para que un proceso o entidad se considere eficiente desde el punto de vista productivo, basta con que el bien o servicio se produzca al menor costo posible. Si no es posible mantener el nivel de producción disminuyendo el costo o aumentar la producción mientras se mantiene el costo, entonces estaremos en un nivel de producción eficiente. Al igual que en otras ciencias, la eficiencia productiva puede considerarse una medida de la cantidad de los insumos que se convierten en el producto, ambos medidos por su precio. La eficiencia de la producción es precisamente la tasa de conversión de la entrada (*input*) en la salida (*output*)[138].

Si la eficiencia productiva se entiende de esta manera, es posible relacionarla con dos conceptos comúnmente utilizados en la jurisprudencia y la doctrina jurídica, pero sin especificar su contenido, que son la productividad y la economicidad. La **productividad** puede entenderse como la producción de más cantidad con los mismos recursos, y la **economicidad** como la producción de la misma cantidad con menos recursos, y estos serían los dos elementos inseparables de la eficiencia productiva. Así, pues, al examinar la productividad de una unidad de análisis determinada (p. ej., un magistrado), se suele suponer que la cantidad de recursos disponibles se mantendrá constante y, aun así, se trata de aumentar la cantidad final producida (*output*). Por otra parte, cuando se examinan las formas de reducir los costos de una determinada entidad productiva, pero se supone que se mantiene el nivel anterior de producción, existe una preocupación por su economicidad

137. Hay también una tercera perspectiva que es la eficiencia dinámica, que no es más que la eficiencia productiva y asignativa en el tiempo, pero que no es útil para nuestras discusiones de proceso aquí.

138. En economía, se considera que un proceso o entidad es eficiente desde el punto de vista productivo si produce al nivel en que su costo marginal (el costo de producir una unidad adicional) es igual a su costo medio (es decir, al nivel más bajo de su curva de costo medio a corto plazo).

(*input*). Por ejemplo, si la unificación del archivo de tres juzgados de ejecución aumenta el número de actos procesales realizados sin afectar a ninguna otra variable (*ceteris paribus*), puede decirse que esta unificación es productivamente eficiente (productividad). Asimismo, si la mencionada unificación de los archivos permite reducir en un 30% el personal empleado, manteniendo el número de actos procesales realizados (*ceteris paribus),* entonces este cambio también será productivamente eficiente (economicidad).

Es importante señalar que, si bien es común encontrar en la doctrina diversas ideas asociadas a la eficiencia, como la rapidez, la perfección, la universalización, la desburocratización y la calidad, entre otras, ninguna de ellas puede considerarse un elemento de la eficiencia en sí misma. Actuar con mayor calidad, rapidez o perfección puede o no ser eficiente, dependiendo de la situación[139]. Como se ha visto, solo hay dos elementos esenciales en la idea de eficiencia productiva, que siempre estarán presentes: la productividad y la economicidad. El proceso o la entidad productora será eficiente cuando produzca más gastando lo mismo (productividad) o cuando produzca lo mismo gastando menos (economicidad). Cabe señalar que no basta producir más gastando más, o ahorrando sin producir el nivel deseado de bienes y servicios. Estos dos elementos deben combinarse para formar la esencia de la eficiencia productiva.

Es fácil ver que el concepto de eficiencia productiva es útil cuando el objetivo a alcanzar es bastante claro y predefinido (el objetivo o el producto ya ha sido elegido). La cuestión a resolver se refiere, entonces, en cómo organizar la producción de manera eficiente, entendiendo que eficiencia aquí significa producir más del bien o servicio deseado, con los mismos recursos, o producir lo mismo con menos recursos. En este sentido, por ejemplo, se puede hablar de eficiencia tanto en la organización del Poder Judicial como en la conducción de un proceso, como lo exige el CPC. Dado que el objetivo del servicio público adjudicatorio es resolver los conflictos aplicando las reglas jurídicas, cada vez que el magistrado haga un cambio en la gestión del proceso que permita, *ceteris paribus*, resolver más conflictos de acuerdo con el derecho (adjudicación), será productivamente más eficiente.

La **eficiencia asignativa** se refiere a la preocupación por el retorno o la utilidad que se extrae de la cesta de bienes y servicios producidos[140], *i.e.*, la eficiencia asignativa trata de la utilidad que se extrae del producto resultante del proceso de producción y, por lo tanto, del grado de preferencia de la sociedad o los agentes considerados para cada cesta de bienes o servicios. Así, pues, mientras que en la

139. Véase el análisis de la duración razonable del proceso en la Sección 3.4.

140. En economía, hay eficiencia asignativa cuando el precio (beneficio marginal) de un bien o servicio es igual a su costo marginal, es decir, mientras alguien siga aceptando pagar (disposición a pagar) el costo de producir la unidad adicional, esa unidad adicional se producirá.

eficiencia productiva la atención se centra en el proceso productivo y en la tasa de *input/output* resultante, suponiendo que la elección del producto ya se ha hecho, en la eficiencia asignativa se analiza el bienestar extraído de cada producto y, por lo tanto, la adecuación de la elección realizada. Habrá eficiencia asignativa cuando haya una asignación óptima de los bienes y servicios, teniendo en cuenta las preferencias de la sociedad, *i.e.*, cuando el resultado del proceso productivo, el producto, sea el que genere la mayor utilidad o bienestar social posible. Si hay otra asignación de recursos que genera más bienestar, entonces este estado social es ineficiente desde el punto de vista asignativo.

Piense en el siguiente ejemplo. Suponga que un tribunal tiene dinero extra para la creación de un nuevo juzgado, pero solo uno. Ante la limitación de recursos, ¿qué tipo de juzgado debe crear el tribunal: criminal, de la hacienda pública, civil o general? Desde el punto de vista productivo, no importa qué juzgado se cree; puede ser creado, organizado y llevado a cabo de la manera más eficiente (eficiencia productiva), pero esto no responde a la primera pregunta que se refiere a qué tipo de tribunal debe ser creado. La respuesta a esta pregunta requiere el uso del concepto de eficiencia asignativa, ya que, en realidad, la pregunta puede reformularse así desde el punto de vista iuseconómico: ¿qué tipo de juzgado generará el mayor bienestar social, *i.e.*, qué tipo de juzgado será más útil para la sociedad en ese momento? Solo respondiendo a esta pregunta, podremos asignar eficientemente los recursos sociales disponibles.

En este sentido, la idea de eficiencia asignativa nos lleva directamente al hecho de que los recursos sociales son escasos y, a menudo, para obtener algo tenemos que renunciar a otra cosa, *i.e.*, hay siempre una contrapartida (*trade-off*). En el ejemplo anterior, para tener un nuevo juzgado criminal, la contrapartida será un juzgado civil, de la hacienda pública o general. Por lo tanto, el costo de oportunidad de crear un juzgado es, como mínimo, no crear otro tipo de juzgado, independientemente del costo financiero de la creación de cualquiera de ellos[141]. Como se ha dicho, lo que subyace a este tipo de razonamiento es que los recursos de la sociedad son escasos y pueden emplearse para diversos fines (usos concurrentes), pero excluyentes, que no necesariamente generarán el mismo nivel de bienestar social. Así, pues, la eficiencia asignativa se refiere a la elección que genere el mayor nivel posible de bienestar. Una elección será asignablemente eficiente si no hay otra asignación posible que genere un más alto nivel de bienestar para la sociedad.

En general, cuando un iuseconomista se refiere a la eficiencia, se está refiriendo a uno de estos dos tipos de eficiencia: productiva o asignativa[142], y esto a menudo

141. Una vez más se demuestra que el análisis económico no se confunde con el análisis financiero. Cf. Sección 1.3.

142. Además de la eficiencia dinámica, desde el punto de vista interno de la organización, todavía sería posible discutir la ineficiencia-X, que es la tendencia natural de las organizaciones a no buscar plenamente la

 está implícito en el tipo de discusión. En cualquier caso, es necesario algún tipo de medición de estos tipos de eficiencia, aunque sea teórico, para afirmar si un estado social es superior a otro o no. Las dos técnicas principales para medir la eficiencia son los criterios de Pareto y de Kaldor-Hicks, explorados a continuación.

3.1.3 Evaluación de la eficiencia: los criterios de Pareto y de Kaldor-Hicks

Para discutir el bienestar social en una sociedad con diversos tipos de personas y entidades, necesitamos un criterio para juzgar si un determinado estado social es mejor o peor que otro. En pos de este objetivo, el ingeniero italiano Vilfredo Pareto, que más tarde se convirtió en economista y sociólogo, propuso el criterio que probablemente se transformaría en el más famoso de las ciencias sociales[143]: un estado social se considerará **óptimo de Pareto** si no es posible mejorar la situación de al menos una persona sin perjudicar la situación de otra, *i.e.*, una asignación de recursos en una sociedad se considera óptima de Pareto si cualquier otra asignación reduce el bienestar de al menos una persona.

Es importante recordar que Pareto trataba de resolver el problema del utilitarismo clásico de Bentham[144], que asumía la posibilidad de agregación y de comparabilidad intersubjetiva de utilidad. El criterio de Pareto es, por lo tanto, una estrategia de comparación de estados sociales que no incurre en la comparabilidad intersubjetiva de utilidad. En este contexto, un cambio en el statu quo se considerará **Pareto superior** si mejora la situación de por lo menos una persona sin perjudicar la situación de otra, mientras que una situación que empeora la situación de una persona sin mejorar la situación de otra se considerará **Pareto inferior**. Una situación será un óptimo de Pareto si no hay una mejora de Pareto posible. Óptimos de Pareto, a veces, también se llaman estados Pareto eficientes. Cuando se discute si una política pública es Pareto eficiente, dependiendo del contexto, es posible

eficiencia productiva. A este respecto, cf. Leibenstein (1978). Este tipo de discusión es especialmente recurrente en los sectores regulados en los que se adopta el tope de precios (*price cap*) con descuento de un Factor X. Por ejemplo, el inc. IX del art. 2º de la Resolución Normativa N.º 234, del 31/10/06, de la Agencia Nacional de Energía Eléctrica (ANEEL), establece que el Factor X es el "porcentaje a restar del Indicador de Variación de la Inflación - IVI, cuando los ajustes tarifarios anuales se realizan entre revisiones periódicas, con el fin de compartir con los consumidores las ganancias de productividad estimadas para el período", y el Factor X "es el instrumento regulador para estimular la eficiencia y la modicidad tarifaria". Una vez más, un ejemplo de eficiencia como elemento central del derecho.

143. Presentado originalmente por Pareto en su *Cours d'Economie Politique* (1896, p. 256, §385) y (1897, p. 91, §721), como evolución de un artículo anterior, la versión definitiva de lo que se convertiría en el criterio de Pareto se presentó en su *Manuale di Economia Politica* (1919) y, un siglo después, todavía se usa.

144. Así como Pareto tenía doble formación, Jeremy Bentham fue abogado y economista, siendo el primer defensor del utilitarismo. Cf. Bentham (1907 [1823]).

que se esté diciendo que la situación de nadie más puede mejorarse sin empeorar la situación de alguien más (Pareto óptimo) o que el cambio causado por la política pública mejora la situación de alguien más, sin perjudicar la situación de nadie más (Pareto superior).

En este sentido, nótese que existe un fuerte paralelismo entre el criterio de eficiencia productiva discutido anteriormente y el criterio de Pareto, ya que un estado que no esté dominado por ningún otro, *i.e.*, en el que no sea posible aumentar la producción sin aumentar los costos o no sea posible disminuir los costos sin afectar la producción, será eficiente desde el punto de vista productivo. En ambos casos, en las hipótesis en que no haya una clara dominación, el criterio será indefinido.

El criterio de Pareto nos permite juzgar los cambios en el estado social de manera objetiva, siempre y cuando sean eficientes o ineficientes. Dado que la idea es evitar comparaciones intersubjetivas de utilidad, el criterio de Pareto se utiliza normalmente en contextos de intercambios voluntarios[145], ya que si los agentes racionales han decidido libremente participar en un intercambio espontáneo es porque, en su percepción[146], el intercambio realizado aumenta su bienestar. En este sentido, es fácil entender por qué los iuseconomistas dicen que las transacciones realizadas por el mercado aumentan el bienestar social y por qué las personas deberían ser tan libres como sea posible para adquirir y/u ofrecer lo que quieran en los mercados. En resumen, la libertad como falta de coerción, por regla general, aumenta el bienestar social. Desde el punto de vista del proceso, esta afirmación equivale a decir que un acuerdo judicial suele ser Pareto eficiente (libertad), mientras que una decisión judicial (coacción) no lo es.

Obsérvese que el propio criterio de Pareto es indiferente a los efectos distributivos resultantes de un cambio de estado social. Ello parte del estado social actual (realidad), en contraposición a cierta idealización de la realidad, y nos ayuda a evaluar los posibles cambios del mundo tal como es (statu quo). Si los cambios subsiguientes aumentan el bienestar social a partir de la realidad, serán Pareto eficientes. Afirmar que el criterio de Pareto es indiferente a la distribución final de los recursos no es lo mismo que afirmar que la cuestión distributiva es o no importante desde el punto de vista moral, sino solo un reconocimiento de que el concepto de Pareto no se ocupa de este tipo de discusión, lo que requeriría un juicio de valor del evaluador, *ergo* subjetivo.

145. Más adelante en la Sección 4.1.2, discutiremos con más detalle cómo esta información nos ayuda a entender los intercambios y, en última instancia, los acuerdos judiciales.

146. Obviamente, se excluyen los casos de coacción, malicia, error y todos los casos tradicionales de voluntad defectuosa.

60 Además, aunque es sumamente útil, el criterio de Pareto es muy difícil de aplicar en diversos escenarios analíticos, especialmente cuando no involucran transacciones voluntarias en contextos mercadológicos. En este sentido, el criterio de Pareto lleva implícita la idea de la unanimidad, porque si todos los afectados no estén de acuerdo con el cambio, no tenemos forma de confirmar que su resultado aumentará el bienestar social[147]. No es que el cambio sin unanimidad reduzca necesariamente el bienestar social; simplemente no podemos garantizar que un cierto cambio, sin unanimidad, aumente el bienestar social según el criterio de Pareto, porque no tenemos forma de comparar las utilidades. En consecuencia, toda persona o grupo que resulte perjudicado por la medida debe ser compensado para que el cambio sea Pareto eficiente. En esta línea, el concepto –generalmente– tiene su utilidad restringida a las transacciones de mercado o similares, como un acuerdo judicial, siempre que no generen externalidades negativas[148].

Otra consecuencia de esta limitación es que cuando nos encontramos en un contexto jerárquico, como en la mayoría de las decisiones políticas y judiciales, no tenemos *prima facie* forma de medir la utilidad de los agentes afectados, de manera que permita una evaluación objetiva del resultado final del cambio en el bienestar social. Además, desde el punto de vista político, la eficiencia de Pareto requeriría decisiones unánimes, lo que permitiría a los individuos comportarse de manera oportunista y negarse a aceptar un cambio hasta que extraigan para sí mismos todos los ingresos de él, convirtiéndose en un verdadero problema de coordinación (*hold-up problem*).

Las limitaciones del criterio de Pareto y la valla contra la comparación intersubjetiva de utilidad generaron un importante debate académico en la década de 1930, que animó a dos profesores, Nicholas Kaldor y John Richard Hicks, a ofrecer dos alternativas que juntas se convertirían en uno de los criterios más utilizados para discutir la política pública hoy en día: la **eficiencia de Kaldor-Hicks**.

147. El criterio de Pareto es aún más restrictivo que el propio criterio propuesto por John Rawls, en su *Teoría de la Justicia* (1997 [1971]) y que curiosamente muchos juristas se adhieren, ignorando si se trata de un ejemplo clásico de análisis económico, incluso discutido en el *American Economic Review* (1974). Según el criterio de Rawls, el cálculo del bienestar debe ignorar a toda la sociedad y tener en cuenta solo las condiciones de sus miembros menos favorecidos (enfoque maxmin). En este caso, Rawls acepta que toda la sociedad tenga prejuicios en favor de sus miembros menos favorecidos, siempre que la decisión se tome tras un hipotético velo de ignorancia, mientras que el criterio de Pareto impediría tal cambio.

148. Una **externalidad negativa** se produce cuando dos o más personas interactúan espontáneamente y esta interacción genera un costo para un tercero que no participó en la interacción; por lo tanto, es externo a esa relación. En este sentido, cuando tu vecino contrata un grupo de *pagode* para tocar a las 11 de la noche de un viernes, tu vecino y la banda han aumentado su bienestar con la transacción (voluntaria), pero los vecinos que son molestados por el ruido (involuntario), no lo hacen. En este ejemplo, el ruido generado por la banda es una externalidad negativa.

El objetivo de Kaldor era desarrollar un criterio de bienestar que fuera más amplio que el de Pareto y, aun así, evitar la comparación intersubjetiva de utilidad. Le preocupaba que "la economía, como ciencia, pudiera decir algo en forma de prescripción"[149] (declaración normativa). Para él la respuesta sería positiva, ya que no habría necesidad de realizar ninguna comparación intersubjetiva de utilidad en tales ejercicios; bastaría demostrar que los beneficiarios de un cambio en el statu quo podrían compensar a los perjudicados y seguir obteniendo algún beneficio neto, para que la medida fuera eficiente. Obsérvese que el hecho de que los desfavorecidos recibieran o no dicha compensación era "una cuestión política sobre la que el economista, *qua* economista, difícilmente podía emitir una opinión"[150]. La idea sería diferenciar el debate sobre la generación de bienestar (análisis positivo) de la cuestión distributiva (análisis normativo).

El criterio de Kaldor se puede resumir de la siguiente manera: un estado social B es preferible al estado social A (B > A) si, después de trasladarse al estado social B, los beneficiarios del traslado pueden compensar financieramente a los que han sufrido y siguen beneficiándose del traslado. En otras palabras, un cambio es **Kaldor eficiente** si, después del cambio de statu quo, es hipotéticamente posible una redistribución de recursos capaz de crear un estado Pareto superior al estado original. Obsérvese que el criterio solo requiere la posibilidad de compensación y no la compensación en sí misma, por lo que también se ha conocido como el **Principio de compensación** o **Pareto potencial**.

Por ejemplo, supongamos que el gobierno de Brasília decida construir un cuarto puente sobre el lago Paranoá. La construcción de este puente requiere la expropiación de veinte casas, que se encuentran en el punto donde el puente llegaría a la orilla opuesta del lago y por donde pasaría la futura carretera. Por el criterio de Pareto, esta política pública solo sería eficiente si los veinte propietarios acordasen espontáneamente transferir sus propiedades al gobierno, aunque sea por medio de una compraventa (mercado). Si todos aceptaran transferir las casas al gobierno, pero un solo residente se negara, entonces ya no podríamos decir que la política pública sería Pareto eficiente. Obsérvese que es relativamente sencillo darse cuenta de que ese cambio beneficiaría a miles de personas que cruzarían el puente cada año, pero debido al límite de la comparación intersubjetiva de utilidad, aun así, el cambio de statu quo no sería Pareto eficiente. Para resolver este problema, Kaldor propuso que se reconociera que esa política pública sería eficiente si, tras el cambio de statu quo (la construcción del puente), los beneficiarios del cambio pudieran indemnizar a los perjudicados (el individuo

149. Cf. Kaldor (1939, p. 549).

150. Cf. Kaldor (1939, pp. 550-551).

que no quería vender la casa) y seguir obteniendo algún beneficio (beneficio neto positivo). Para el criterio de Kaldor, la compensación no es un requisito, sino solo su potencialidad (Pareto potencial).

La eficiencia de Kaldor es compatible con la solución encontrada por el derecho brasileño, que, en los términos del inc. XXIV del art. 5º de la Constitución Federal, permite la expropiación por necesidad, utilidad pública o interés social, siempre que se pague una compensación previa[151]. Y aquí vale la pena llamar la atención sobre dos puntos. En primer lugar, al igual que en la eficiencia de Kaldor, la sociedad solo expropiará a alguien de algo si el beneficio que la sociedad obtiene del bien expropiado es mayor que los costos de indemnización; de lo contrario, la expropiación no será racional, excepto en casos de error o fraude. En segundo lugar, la indemnización debida no será equivalente al valor subjetivo que el expropiado determinar (utilidad), sino por el valor de mercado del bien, *i.e.*, de acuerdo con la propuesta de Kaldor. El análisis debería centrarse en el precio de mercado del bien y no en la valoración subjetiva de lo expropiado o del Gobierno, lo que requeriría una comparación intersubjetiva de utilidad. Así, pues, en un enfoque Pareto potencial, puede ser que el precio de mercado sea suficiente para compensar perfectamente la expropiación, en cuyo caso la expropiación habrá sido Pareto eficiente, pero puede no serlo; sin embargo, mientras los beneficiarios ganen más que el perdedor, será Kaldor eficiente.

Basándose en el criterio de Kaldor, Hicks propuso una verificación similar, pero no se centró en la posibilidad de una compensación *ex post* por parte de los beneficiarios del cambio, sino en la posibilidad de una compensación *ex ante* por los potenciales perjudicados. Según Hicks, un estado social B es preferible al estado social A (B > A) si, antes del paso al estado social B, *i.e.*, todavía en el estado social A, es imposible redistribuir la renta de los posibles desfavorecidos a los posibles beneficiarios del cambio, de modo que todos estén en la misma situación de que si se produjera el paso al estado social B. En resumen, para que el cambio sea **Hicks eficiente**, los potenciales desfavorecidos deben ser incapaces, hipotéticamente, de compensar a los potenciales beneficiarios por abandonar el cambio en el estado social[152].

151. Art. 5º. Todos son iguales ante la ley, sin distinción alguna, garantizando a los brasileños y a los extranjeros residentes en el país la inviolabilidad del derecho a la vida, a la libertad, a la igualdad, a la seguridad y a la propiedad, en los términos siguientes [...]

XXIV - la ley establecerá el procedimiento para la expropiación por necesidad o utilidad pública, o por interés social, mediante justa y previa indemnización en dinero, salvo en los casos previstos en esta Constitución; [...].

152. Cf. Hicks (1939, pp. 706 y ss.). Según Hicks, para que las medidas de eficiencia tengan alguna posibilidad, es sumamente deseable que estén tan libres de complicaciones distributivas como sea posible. Cf. Hicks (1939, p. 712).

Combinando los dos criterios tenemos que un cambio de estado social será Kaldor-Hicks eficiente y, por lo tanto, aumentará el bienestar social si, y solo si, (a) *ex post,* los beneficiarios de la política pública son capaces de compensar a los desfavorecidos, permaneciendo ellos mismos con un beneficio neto positivo (eficiencia de Kaldor), y (b) *ex ante,* los potenciales desfavorecidos no son capaces de compensar a los potenciales beneficiarios de renunciar a las ganancias del cambio de statu quo, sin que ellos mismos estén en una situación peor de la que estarían si el cambio se produjera (eficiencia de Hicks)[153]. En resumen, un cambio social es una **mejora Kaldor-Hicks** si los que se benefician del cambio son capaces de compensar a los que se ven perjudicados por él o los que se ven perjudicados son capaces de compensar a los beneficiarios por no cambiar, aunque no lo hagan (Pareto potencial). A diferencia de Pareto, el criterio Kaldor-Hicks es que algunas personas pueden estar en desventaja por el cambio de estado social y, sin embargo, se reconoce que ha habido un aumento en el bienestar social.

En ese sentido, todo cambio Pareto eficiente también será Kaldor-Hicks eficiente, pero lo contrario no es cierto. Un cambio Kaldor-Hicks no tiene por qué ser ni Pareto superior ni Pareto óptimo, y puede ser ninguno de los dos o ambos. Esta es precisamente la flexibilidad que buscaban sus proponentes, y nos da la posibilidad de decir algo mínimamente objetivo sobre el cambio de los estados sociales en que alguien resulta perjudicado y otro se beneficia, *i.e.*, prácticamente toda política pública y ciertamente toda actividad jurisdiccional.

En los procesos civiles, esta conclusión es aún más obvia. Dado que la función del Poder Judicial es resolver una controversia[154], es casi seguro que hay una pretensión resistida y que, por lo tanto, la parte derrotada se verá perjudicada por la decisión. En este sentido, la esencia del servicio público adjudicatorio, de la adjudicación, es beneficiar a alguien (el ganador) y perjudicar a otra persona (el perdedor). Nuestra única garantía de que esta decisión, que no será Pareto eficiente, sea Kaldor-Hicks eficiente, *i.e.*, aumente el bienestar social, es si ha sido el resultado de la aplicación de las reglas jurídicas preestablecidas, *i.e.*, del derecho, ya que representa en lo posible las preferencias de la sociedad y, por lo tanto, la sociedad probablemente está de acuerdo con el resultado de la aplicación de la regla jurídica. En este sentido, cualquier decisión judicial *contra legem* no solo será Pareto ineficiente, sino que también será Kaldor-Hicks ineficiente, *ergo*, disminuirá el bienestar social. Y esta idea revela la profunda conexión entre el

153. La necesidad de combinar los dos criterios fue demostrada por el búlgaro De Scitovzsky (1941), un abogado entrenado que se convirtió en economista, como lo hizo Bentham.

154. Recuerde que aquí estamos excluyendo de nuestro análisis la jurisdicción voluntaria, en la que no hay litis.

 principio de eficiencia y el principio de legalidad en una democracia. Exploremos esa idea.

3.1.4 Eficiencia asignativa y legalidad

Ahora que tenemos claridad sobre los conceptos de eficiencia, podemos explorar con mayor certeza su relación lógica y jurídica con el proceso judicial. Si el objetivo del servicio público adjudicatorio es resolver el conflicto y asignar el bien en disputa al titular del derecho, entonces un cierto proceso se habrá resuelto de una manera *asignativamente eficiente* si el bien litigioso es adjudicado correctamente al titular del derecho, y será *productivamente eficiente* si la adjudicación se hace al menor costo posible. En esta línea, la búsqueda de eficiencia asignativa es la búsqueda de la mayor adhesión posible del resultado del proceso al derecho (adjudicación) y la búsqueda de eficiencia productiva es la adjudicación al menor costo posible (productividad y economicidad).

Desde el punto de vista de la eficiencia productiva, es relativamente sencillo comprender cómo debe actuar el magistrado para lograrla. El proceso es el resultado de un conjunto de procedimientos y pasos, y en cada momento procesal al menos una de las partes debe tomar una decisión o realizar un acto. A veces, el agente decisivo será el demandante (p. ej., para proponer la acción o no), a veces el demandado (p. ej., para contestar o no contestar) y a menudo será el magistrado (p. ej., para juzgar anticipadamente el mérito o para abrir una instrucción suplementaria). Por lo general, cada decisión necesita la mediación o incluso la autorización del juez para ser ejecutada, ya que él es el gestor del proceso. En este sentido, un magistrado, al llevar el proceso, debe tratar de ser eficiente en términos productivos, *i.e.*, debe llevar el proceso de manera que resuelva el mayor número posible de controversias, con los recursos disponibles (productividad), y debe realizar solo el mínimo de actos procesales necesarios para garantizar la resolución del conflicto de conformidad con las reglas jurídicas (economicidad). Si en un solo acto procesal puede resolver tres o cuatro cuestiones, entonces debe resolverlas en un solo acto procesal. Si el acto procesal no es necesario para la sentencia o es inútil, no debe practicarse.

En este sentido, como ejemplifica Lunardi[155], "el magistrado debe, siempre que sea posible, tomar algunas medidas prácticas, destinadas a salvar los actos procesales, tales como: en los despachos, siempre que sea posible, el juez debe prever y determinar la práctica de los actos procesales que se producirán con certeza, evitando pasos procesales innecesarios (*v.g.*: 'Cita al demandado. Reunida

155. Cf. Lunardi (2019, p. 94).

la defensa y si hay preliminares, defensa indirecta o documentos adjuntos, pedir al autor que responda'); si la audiencia es reprogramada, el juez designará una nueva fecha en la propia audiencia e intimará a todos los presentes, salvando la emisión de intimaciones por parte de la secretaría; el juez debe rechazar las pruebas inútiles o innecesarias (p. ej., cuando el hecho que la parte pretende probar es incontrovertible); cuando el juez no pronuncie la sentencia en la audiencia, debe, siempre que sea posible, designar una fecha para la su publicación, evitando actos de la secretaría para hacerlo, etcétera".

En este sentido, si no ha habido ni extinción del proceso (art. 354/CPC) ni juzgamiento anticipado del mérito (arts. 355 y 356/CPC), después de la manifestación inicial de las partes, el juez debe sanear y organizar la causa (art. 357/CPC). Sanear es resolver las cuestiones procesales pendientes (inc. I), mientras que organizar es: "delimitar las cuestiones de hecho sobre las cuales recaerá la actividad probatoria, especificando los medios de prueba admitidos" (inc. II), "definir la distribución de la carga de la prueba" (inc. III), "delimitar las cuestiones de derecho relevantes para la decisión de mérito" (inc. IV) y "programar, si fuese necesario, audiencia de instrucción y juzgamiento" (inc. V). Con esta información, el juez habrá reducido la asimetría de información –esta vez de las partes[156]– sobre cuáles son los hechos que aún deben probarse y cuáles son las reglas jurídicas que se aplicarán para resolver la controversia. Con esta información, las partes pueden: (i) actualizar sus creencias sobre sus probabilidades de éxito; (ii) evaluar si es aconsejable o no un acuerdo; y, en caso contrario, (iii) indicar qué pruebas adicionales se proponen presentar.

Sin embargo, es muy común que el magistrado, en el momento del saneamiento y organización del caso, se limite a emitir la orden tradicional: "A las partes para especificar las pruebas que desean presentar". Tal orden no reduce la asimetría de información y, por lo tanto, no permite a las partes actualizar sus creencias; por consiguiente, no posibilita una reevaluación adecuada de las posibilidades de éxito, disminuyendo así la probabilidad de acuerdo en esta etapa del proceso y, finalmente, hace que las partes racionales, reacias al riesgo, pidan la producción de pruebas que serían innecesarias, porque simplemente no saben qué hechos entiende el juez como debidamente probados o no controvertidos. El resultado previsto será la continuación de los litigios que podrían haberse cerrado por acuerdo y la práctica de actos procesales que son innecesarios para lograr el mismo resultado. En resumen: el uso incorrecto de la orden de saneamiento es productivamente ineficiente, ya que sería posible lograr el mismo resultado con un menor gasto de recursos.

156. Para una discusión de este tema y la eficiencia del orden de saneamiento, véase Gico Jr. y Arake (2018).

Si el logro de la eficiencia productiva en el proceso está mucho más relacionado con la eficiencia en la gestión de los actos procesales por el magistrado, la cuestión de la eficiencia asignativa es un poco más compleja. Como se ha explicado en la sección anterior, la maximización del bienestar social que ordena la Constitución Federal requiere, simultáneamente, que: (a) seamos eficientes desde el punto de vista productivo, y (b) destinemos los recursos sociales a los fines que la sociedad más valora. Si el problema de la eficiencia productiva es una cuestión de gestión, el problema de la eficiencia asignativa es una cuestión de (i) saber lo que la sociedad quiere (preferencias sociales), y (ii) adjudicar el bien de la vida según las preferencias reveladas. Por lo tanto, como la identificación de la mayor eficiencia asignativa depende necesariamente de las preferencias de los agentes considerados, es necesario que dispongamos de un mecanismo para revelar y agregar las preferencias.

Como ya se ha explicado[157], la sociedad dispone básicamente de dos mecanismos de revelación y agregación de preferencias sociales: el mercado, en el que cada agente vota con su dinero, limitado por su disposición a pagar, y el Estado, en que cada agente tiene normalmente derecho a un voto y vota en su representante (*proxy*) para que lo represente durante un determinado período. De manera simplificada, las preferencias reveladas por el mercado se plasman en un instrumento jurídico denominado contrato, y las preferencias reveladas por el Estado se plasman en un instrumento jurídico denominado ley (*lato sensu*). Los primeros son el resultado de la negociación entre agentes privados y los segundos son el resultado de la negociación entre grupos políticos. No es una mera coincidencia que estas sean precisamente las dos fuentes tradicionales de obligación en el derecho: la ley y el contrato[158]. En esta línea, otra forma de ver la función social del Poder Judicial es precisamente hacer cumplir la voluntad plasmada en la ley o en el contrato:

157. Cf. Gico Jr. (2018).

158. Para los civilistas presentes, técnicamente hablando, sería más correcto hablar de voluntad, debido a los actos unilaterales de voluntad, que no son contratos, pero la idea de contrato expresa mejor el origen de la negociación, de la transacción.

La función social del Poder Judicial
Figura 3-1

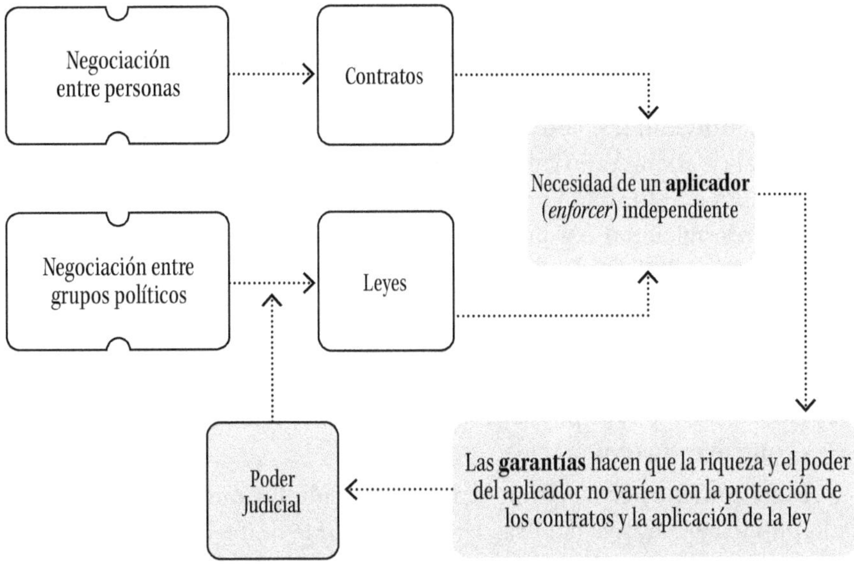

Fuente: Gico Jr. (2013, p. 443).

Cada mecanismo de agregación de preferencias tiene sus ventajas y desventajas, y ninguno de los dos es perfecto. Ambos son meras aproximaciones a las preferencias sociales. En el caso del mercado, los precios desempeñarán el papel de mecanismo de asignación, mientras que en el Estado la asignación será llevada a cabo por representantes políticos (agentes). Desde el punto de vista del AED procesal, lo que importa es el reconocimiento de que, suponiendo un Estado productivamente eficiente, la elección de la alternativa más eficiente del punto de vista asignativo depende estrechamente de las preferencias de la sociedad y, en gran medida, del mecanismo de agregación de preferencias elegido.

Obsérvese que, de una forma u otra, el derecho refleja las preferencias del Estado. Si se trata de alguna forma de gobierno autocrático, el Estado no funcionará como un mecanismo de agregación de las preferencias sociales, sino solo las preferencias de los grupos en el poder. Si se trata de una democracia, el Estado funcionará como un mecanismo de agregación de las preferencias del pueblo. En este sentido, cuanto más competitiva y funcional sea una democracia, mayor será la proximidad entre las opciones públicas y las preferencias sociales, y cuanto menos competitiva sea, mayor será la distancia entre ellas. En todo caso, es el Estado el que puede o no estar sujeto a las preferencias sociales y no el derecho, ya que este (derecho) será siempre un instrumento de eso (Estado). Así, pues, a partir de ahora asumiremos que el

Estado brasileño es una democracia y, por lo tanto, funciona como un mecanismo de agregación de las preferencias sociales, porque eso es lo que dice la Constitución.

Según el preámbulo de la Constitución Federal, los representantes del pueblo brasileño se reunieron "en una Asamblea Nacional Constituyente para instituir un Estado Democrático, destinado a garantizar el ejercicio de los derechos sociales e individuales, la libertad, la seguridad, el bienestar, el desarrollo, la igualdad y la justicia como valores supremos de una sociedad fraterna, pluralista y desprejuiciada, fundada en la armonía social y comprometida, en el orden interno e internacional, con la resolución pacífica de las controversias [...]". Como vemos, el preámbulo de la Constitución brasileña no está lejos del preámbulo de los códigos ancestrales, como el Código de Ur-Nammu o el de Hamurabi –los anhelos son muy similares[159]–, y a los efectos de nuestra discusión, lo que más nos interesa en este momento es el objetivo declarado de ser un Estado democrático, por lo tanto, comandado por la voluntad popular, y de buscar la solución pacífica de las controversias como regla.

Precisamente por eso, ya en su primer artículo, la Constitución establece que: "La República Federativa del Brasil, formada por la unión indisoluble de Estados, Municipios y el Distrito Federal, se constituye en Estado Democrático de Derecho [...]". Una vez más tenemos el compromiso del Estado brasileño de ser democrático y, por lo tanto, sometido a la voluntad popular, y de regirse por el derecho. La conjugación de estos dos elementos es esencial, ya que el derecho es el resultado de la acción del Estado (monopolio del uso legítimo de la fuerza); es la sumisión del Estado a la voluntad popular lo que lo hace democrático y garantiza que el derecho es el resultado de la voluntad popular, dado que este –el derecho– es el instrumento de aquel –el Estado–. En otras palabras, en una democracia, es el uso del derecho como mecanismo de estructuración, organización y coerción social lo que garantiza la realización de la voluntad popular.

En este sentido, es relativamente claro que, en Brasil, el mecanismo político para agregar las preferencias de la sociedad es el Poder Legislativo[160]. Según la Constitución Federal, la estructura sociopolítica del Estado brasileño se construyó para ser una democracia, en la que cada ciudadano tiene derecho a elegir a sus representantes mediante el voto y ellos (los políticos) funcionarán como agentes del pueblo en la elaboración de leyes y en la asignación anual de recursos públicos dentro

159. Es curioso observar que los antiguos invocaban a sus dioses para bendecir sus leyes, y la Constitución brasileña, aunque el Estado moderno sea laico, hace lo mismo, solo que no dice a qué dios estaría invocando, permitiendo que cada ciudadano lo interprete como su propio dios.

160. En sentido estricto, el Ejecutivo también participa en el proceso legislativo, pero, en aras de la simplificación, me refiero únicamente al Legislativo.

del presupuesto nacional. Quien representa al pueblo y su voluntad es el Congreso Nacional, y su voluntad es el mejor acercamiento posible a la voluntad popular.

Si los Poderes Legislativo y Ejecutivo funcionan como *proxies* de la sociedad, *i.e.*, como sus agentes, entonces, al menos desde un punto de vista lógico y jurídico, las opciones legislativas y ejecutivas reflejan, aunque aproximadamente, los valores sociales y sus preferencias. Así como el juez es un agente del Estado, los políticos son agentes del pueblo. Existe, por tanto, una **doble relación de agencia** en la que el pueblo (principal) elige a sus representantes (agentes) para redactar las leyes y el presupuesto (asignación de recursos públicos), y los políticos (principal) establecen los criterios de selección de los jueces (agentes) para aplicar las leyes que han creado.

RELACIÓN DE DOBLE AGENCIA
Figura 3-2

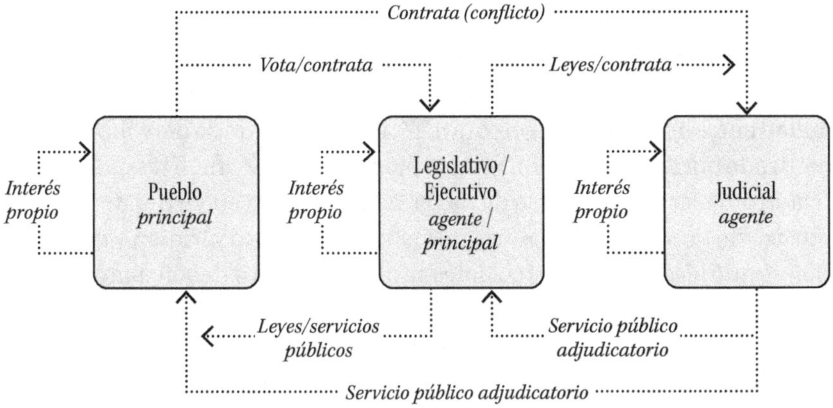

En esta línea, si la eficiencia asignativa, desde el punto de vista social, se observa cuando los recursos de la sociedad se dirigen (asignados) a la producción de los bienes y servicios más valorados por la sociedad –los que generan el mayor bienestar social– y si las elecciones del Poder Legislativo representan lo que la sociedad más valora, entonces debemos concluir que las leyes originadas en el proceso legislativo ordinario representan los valores y las elecciones que la sociedad haría por sí misma y, por lo tanto, serán asignablemente eficientes. Consecuentemente, el juez será asignablemente eficiente cuando adjudica el bien de la vida de acuerdo con el derecho, *i.e.*, con las reglas jurídicas.

Es importante señalar que la comprensión y aceptación de que el Poder Legislativo es el mecanismo de agregación de las preferencias sociales en una democracia no requiere, ni depende, de si el proceso legislativo es perfecto o si la legislación está perfectamente alineada con las preferencias sociales, y mucho menos de la ausencia de problemas de acción colectiva[161]. Asumir que las leyes reflejan las preferencias sociales y que, por lo tanto, son eficientes desde el punto de vista asignativo, no implica que el legislador no se equivoque o que las preferencias sociales no puedan cambiar con el tiempo. Sin embargo, el único mecanismo seguro para saber si realmente ha habido un error o si las preferencias sociales han cambiado es el propio proceso legislativo, que puede modificar las leyes. Esta es una de las razones por las que los políticos cambian de vez en cuando y los jueces son casi de por vida[162]. Los primeros sirven para captar las preferencias sociales y legislar; los segundos, para hacer cumplir esas leyes en caso de conflicto (adjudicar). Es precisamente por esta razón que es necesario reevaluar constantemente a los políticos, los que pueden ser reelegidos, mientras que los jueces no son evaluados popularmente y necesitan ser estables.

Si este argumento sociopolítico no fuera suficiente, desde un punto de vista estrictamente jurídico, también es un hecho que, dentro del paradigma del Estado Democrático de Derecho, el Poder Legislativo es la institución constitucionalmente elegida y legitimada para decidir las reglas que ordenan nuestra vida en sociedad y la asignación de los recursos públicos. Por ningún otro motivo, después de la igualdad entre hombres y mujeres (art. 5º, inc. I), el segundo derecho fundamental garantizado por la Constitución Federal brasileña (art. 5º, inc. II) es que "nadie estará obligado a hacer o abstenerse de hacer nada excepto en virtud de **ley**"[163]. Como puede verse, tanto desde el punto de vista lógico como jurídico y económico, se entiende que las preferencias sociales se materializan o deben materializarse por ley para que se conviertan en derecho. En resumen, solo el resultado debidamente estructurado por el proceso político y plasmado en forma de ley puede considerarse razonablemente como el verdadero reflejo de las preferencias sociales.

Así, pues, dado que la ley definida *ex ante* por el legislador se acerca lo más posible a las preferencias de la sociedad, entonces, desde el punto de vista del proceso civil, basta con que el juez adjudique el bien litigioso al titular del derecho, para que su decisión sea eficiente desde el punto de vista asignativo. En otras palabras, el principio de eficiencia procesal en su aspecto asignativo se satisface

161. Reconozco que el proceso legislativo puede ser cooptado por grupos de interés que lo dirijan a intereses particulares a expensas del interés público. Véase, por ejemplo, la dificultad de la reforma de las pensiones de los funcionarios públicos o la dificultad de contener el gasto en tiempos de crisis económica. En general, sobre el problema de la acción colectiva y la Teoría de la Elección Pública, véase Buchanam y Tullock (1999 [1962]), Arrow (1963) y Olson (1971 [1965]).

162. Cf. Gico Jr. (2018, p. 11).

163. Curiosamente, quienes defienden los derechos fundamentales o principios como base para la violación de la ley (o su "mitigación") suelen olvidar mencionar el derecho fundamental de no estar obligado a nada más que a la propria ley. Y la ley solo puede ser aprobada por el Congreso Nacional.

cuando el juez aplica la ley, "porque ya representa el juicio de valor de la sociedad sobre el estado de naturaleza que prefiere"[164].

Podemos reiterar que un determinado proceso se habrá resuelto de manera eficiente, desde el punto de vista asignativo, si el bien litigioso se adjudica correctamente a la parte que tiene derecho a ello y será eficiente, desde el punto de vista productivo, si la adjudicación se hace al menor costo posible. Sin embargo, ¿cómo puede un juez ser asignativamente eficiente si no existe una regla jurídica para adjudicar (laguna jurídica) o si la ley es ambigua? En esos casos, la legislación brasileña también ofrece una solución jurídica muy similar a la de otros países que, una vez más, pasa por el derecho procesal.

3.1.5 El principio de eficiencia y la hermenéutica de las elecciones

En el período del proceso *formulare* del derecho romano, *non liquet* (no está claro) es el pronunciamiento con que el juez, en lugar de decidir, debido a una laguna o incertidumbre en el derecho o en la reconstrucción de los hechos, no juzgaba la controversia. En la mayoría de los ordenamientos jurídicos actuales se prohíbe que el juez se niegue a dar solución al caso que se le plantea. Por ejemplo, el art. 1.7 del Código Civil español prescribe que: "Los Jueces y Tribunales tienen el deber inexcusable de resolver en todo caso los asuntos de que conozcan, ateniéndose al sistema de fuentes establecido". Ya el art. 15 del Código Civil argentino afirma que: "Los jueces no pueden dejar de juzgar bajo el pretexto de silencio, oscuridad o insuficiencia de las leyes". La prohibición de la *déni de justice* (denegación de justicia) también se encuentra en el Código Civil francés, en su art. 4º, que dice: "El juez que se niegue a juzgar, con el pretexto del silencio, la oscuridad o la insuficiencia de la ley, podrá ser procesado como culpable de denegación de justicia". Como casi todos los sistemas romano-germánicos modernos tienen un dispositivo similar a estos, discutiré el problema de la eficiencia e de la laguna jurídica con base en el caso brasileño, del que tengo más familiaridad, pero la lógica de todos es muy similar.

En el ordenamiento brasileño, en cuanto a las facultades, deberes y responsabilidades del juez, el Código de Proceso Civil establece expresamente que el magistrado no puede dejar de adjudicar el bien litigioso, *i.e.*, de prestar el

164. Cf. Gico Jr. (2018, p. 17). En el caso del control de constitucionalidad, el razonamiento sigue siendo válido siempre y cuando sea para la protección de reglas constitucionales y, por lo tanto, de preferencias sociales de primer orden. Sin embargo, el control de constitucionalidad ha perdido gran parte de su fuerza lógica y jurídica en Brasil y otros países europeos y latinoamericanos, ahora que muchos magistrados están convencidos de que pueden dejar de lado las leyes para aplicar los principios y, por lo tanto, no necesitan someterse a las reglas del control constitucional. Por acá, especialmente el art. 97 de la Constitución brasileña que establece: "Solo con el voto de la mayoría absoluta de sus miembros o de los miembros del respectivo órgano especial podrán los tribunales declarar la inconstitucionalidad de una ley o un acto normativo del Poder Público".

servicio público adjudicatorio, aunque no exista una regla jurídica que resuelva el conflicto o cuando la norma existente sea ambigua: "Art. 140. El juez no se exime de decidir bajo la alegación de laguna u oscuridad del ordenamiento jurídico". En la misma línea y reforzando lo que he dicho, el párrafo único del mismo artículo reitera que el juez debe decidir de acuerdo con la ley y que solo puede utilizar su sentido de justicia, *i.e.*, la equidad, cuando la propia ley lo autorice: "El juez solo decidirá por equidad en los casos previstos en ley".

Y aquí el principio de eficiencia asignativa vuelve a ser relevante. En caso de lagunas jurídicas u "oscuridad del ordenamiento jurídico", como prefiere el CPC brasileño, el juez no es libre de decidir como desee. Hay reglas a seguir que estructuran cada etapa. De acuerdo con la Ley de Introducción a las Normas del Derecho Brasileño (LINDB): "Art. 4º. Cuando se omite la ley, el juez decidirá el caso de acuerdo con la analogía, las costumbres y los principios generales del derecho". Así, pues, el juez debe determinar primero si existe una regla jurídica preexistente, aprobada por el Legislativo y, por lo tanto, un reflejo de las preferencias sociales, que sea aplicable a un caso similar, aunque no idéntico. Si existe una regla análoga, el juez debe aplicarla, ya que probablemente es lo que el Legislativo decidiría para el caso *sub judice*, *ergo*, es una aproximación razonable de lo que probablemente querría el legislador. El caso se resolverá, por tanto, por analogía, que privilegia a los representantes elegidos del pueblo (mecanismo de agregación de preferencias) y tiende a ser eficiente desde el punto de vista asignativo.

Sin embargo, si no existe una regla jurídica lo suficientemente cercana para extender su aplicación, el juez debe investigar si, en el contexto social en que se produjo el conflicto, existe alguna práctica social repetida y prolongada que pueda ser interpretada como una norma de conducta social y así resolver el conflicto según ella (expectativa racional). Si la hay, el juez habrá identificado una costumbre y, a falta de una regla jurídica análoga, deberá aplicarla para resolver la controversia. Al hacerlo, se habrá acercado una vez más a las preferencias sociales –cuando ya no se hayan revelado por ley– y tenderá a ser asignativamente eficiente.

Por último, puede darse el caso de que no exista una ley análoga ni una costumbre que pueda indicar al magistrado cuáles serían las preferencias sociales para dictar el resultado del litigio *sub judice*, *i.e.*, que no haya un parámetro para la adjudicación. En esta hipótesis –y solo en esta hipótesis–, cuando es sencillamente imposible que el magistrado identifique claramente cuáles son las preferencias sociales que dictan la solución del conflicto que tiene ante sí y, por lo tanto, no tiene forma de saber cuál es la asignación más eficiente del derecho, el juez-agente está autorizado a juzgar de acuerdo con los principios generales del derecho, porque, en este caso, estará privilegiando su propio sentido de justicia, ya que tendrá en sus manos solo conceptos muy generales y abstractos, y no reglas de conducta. Sin embargo, en esta hipótesis concreta y solo en ella, el legislador entiende que el costo social de un *non liquet* es mayor que el riesgo asignativo resultante de la decisión judicial por principios generales[165]. Este mecanismo gradual de integración jurídica puede ilustrarse analíticamente de la siguiente manera:

MARCO ANALÍTICO DE LA INTEGRACIÓN

Figura 3-3

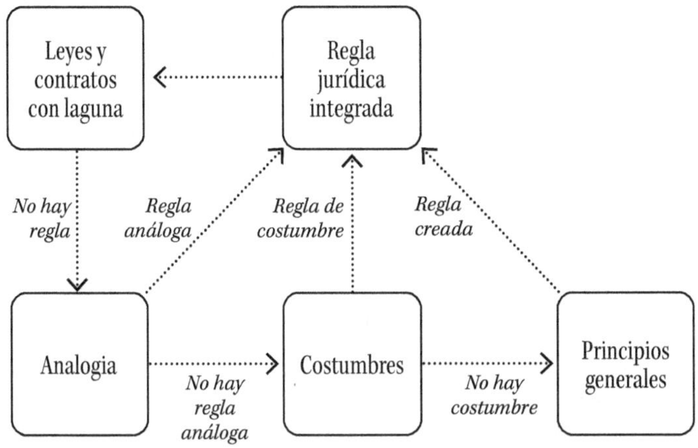

Fonte: Gico Jr. (2018, p. 63).

Para los casos en que no existe una regla jurídica aplicable al caso concreto (laguna jurídica), el derecho en muchas jurisdicciones ha creado este sistema analítico de aproximación gradual a las preferencias sociales. Sin embargo, no hay nada similar en el sistema jurídico brasileño para el caso de la ambigüedad en la ley, *i.e.*, si para la integración jurídica también hay reglas jurídicas, en la resolución de la ambigüedad del sistema jurídico el magistrado es libre de elegir, siempre y cuando dentro del campo semántico de la ley, por supuesto. La necesidad de que el juez se adhiera al sentido regular de las palabras empleadas en la ley, en el momento de su interpretación, se deriva del principio de legalidad y está expresamente prevista en el art. 12 de la *preleggi* italiana, que establece: "en la aplicación de la ley, no se puede atribuir ningún otro significado más allá de lo que queda claro por el significado mismo de las palabras de acuerdo con su conexión y por la intención del legislador." Pero la pregunta aquí es, ¿qué sucede cuando el texto es ambiguo?

Como dije antes: "Además de los casos de lagunas jurídicas, la ley será oscura cuando su texto (significante) pueda ser interpretado de más de una manera

165. Además, si el legislador entiende que el Poder Judicial está errando en la resolución del conflicto por principios en caso de laguna, podría promulgar por sí mismo una ley sobre la materia y ya no habría una laguna que permitiera al Poder Judicial actuar de manera creativa. Sobre esta cuestión y su impacto en el ciclo del litigio, cf. Gico Jr. (2013) y el análisis en la Sección 3.5.

(pluralidad de significados). Cada vez que un texto jurídico pueda ser leído de más de una manera, diremos que existe una duda hermenéutica y, por lo tanto, que el texto debe ser interpretado"[166]. Sin embargo, en este contexto jurídico, interpretar no es solo asignar un significado. Es también, y sobre todo, la elección de una regla jurídica para aplicación, *ergo*, constituye una actividad legislativa en esencia. Ante un texto legal (significante) que contiene más de una interpretación (significado), según la valla al *non liquet*, el juez no puede evitar elegir uno de los posibles significados y negarse a decidir. Está obligado por ley a elegir uno de los significados y aplicarlo al caso concreto (adjudicación). Precisamente porque el magistrado está obligado a elegir entre las posibles reglas jurídicas, llamo a este ejercicio interpretativo la **hermenéutica de las elecciones.**

En este sentido, contrariamente a lo que algunos sostienen que la hermenéutica sería una ciencia, como Maximiliano[167], Bevilaqua[168] y França[169], no hay nada de científico en la hermenéutica, especialmente en la hermenéutica jurídica. En mi opinión, esta afirmación no es más que retórica, para ocultar a otros interlocutores la verdad inaprensible de que quienes pretenden practicar la ciencia al interpretar un texto jurídico tratan de hecho de esconderse detrás del "ordenamiento jurídico", para legitimar u ocultar una elección subjetiva que, por definición, podría ser diferente.

En el caso de ambigüedad de la ley, la interpretación del derecho es un ejercicio político que tendrá un impacto en la vida de los demás y no el resultado objetivo de un ejercicio técnico o científico, como si el juez no estuviera, en realidad, tomando una decisión. Por eso, ya he tenido la oportunidad de decirlo: "No se descubre el derecho. Uno de tres: (i) el derecho preexiste al caso concreto y es aplicado por el juez (subsunción); (ii) él no existe y es creado por el juez (integración); o (iii) la regla jurídica es ambigua y el juez elegirá, subjetivamente, qué regla aplicar, aunque sea dentro de unos límites (interpretación). Por ninguna otra razón, no hay ninguna regla hermenéutica que responda qué regla hermenéutica debe prevalecer en el

166. Cf. Gico Jr. (2018, p. 73). Es obvio que incluso los textos claros deben ser interpretados, en el sentido de extraer el significado del significante. Sin embargo, el error lógico más común es extraer de la necesidad ubicua de interpretación la ambigüedad u oscuridad de cualquier texto. En otras palabras, la duda hermenéutica no se confunde con la necesidad de interpretación y, por lo tanto, no es porque todo texto deba ser interpretado, que todo texto sea ambiguo u oscuro o permita más de una interpretación. Este es el tipo de falacia más utilizado por aquellos que no quieren seguir la ley, como los neoconstitucionalistas. Si todos los textos fueran ambiguos, la comunicación humana sería imposible. Por el contrario, cf. Marinoni, Arenhart y Mitidiero (2015, pp. 50 y ss.).

167. Cf. Maximiliano (2011 [1924], p. 8).

168. Cf. Bevilaqua (1929, pp. 48 y ss.).

169. Cf. França (1988, p. 21).

caso concreto, como se vio en Ferrara[170]. Es una elección del juez (o del intérprete) que se determina por sus preferencias idiosincráticas subjetivas"[171]. En esta línea, toda la actividad jurisdiccional del juez puede estructurarse dentro del siguiente diagrama:

DIAGRAMA HERMENÉUTICO
Figura 3-4

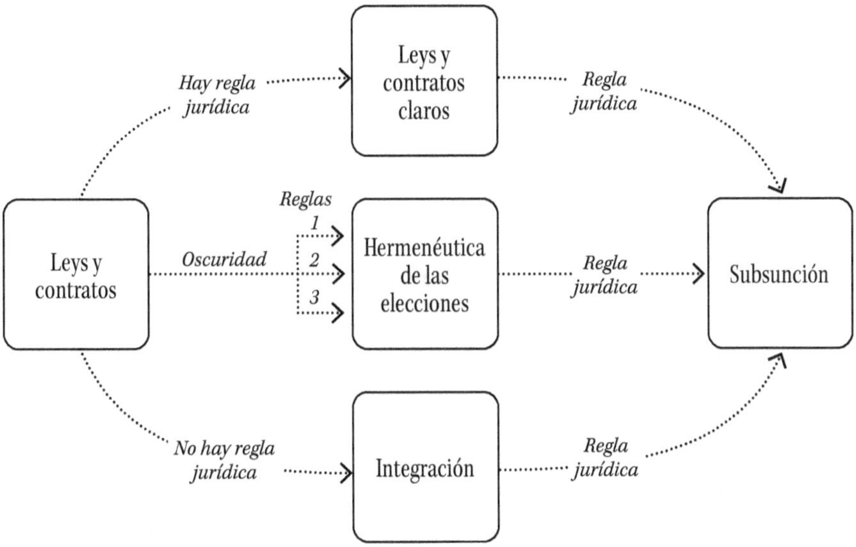

Fuente: Gico Jr. (2018, p. 80).

Obsérvese que las tres figuras centrales representan el eje de la actividad judicial en un Estado Democrático de Derecho, en el que se prohíbe el *non liquet*: identificar, elegir o inventar la regla jurídica, según el caso, y luego aplicar la regla jurídica resultante al caso concreto (subsunción), resolviendo la controversia. En la primera hipótesis, como ya se ha visto, cuando las leyes y los contratos son claros, el magistrado protege al Estado Democrático de Derecho y se somete al principio de eficiencia en el sesgo asignativo aplicando la regla jurídica, independientemente de su opinión idiosincrásica sobre la propia regla. El magistrado es un sirviente de la ley y no su amo (suposición general).

En la segunda hipótesis, frente a una oscuridad (indeterminación de la regla), por la hermenéutica de las elecciones, el magistrado reducirá la incertidumbre del ordenamiento jurídico al optar por una de las reglas jurídicas viables, adoptando

170. Cf. Ferrara (2005 [1921], p. 42).

171. Cf. Gico Jr. (2018, p. 74).

la regla elegida en este y en otros casos similares en el futuro (seguridad jurídica). El ejercicio de la discreción judicial, en este caso, está limitado por las posibles interpretaciones (significados) de la ley y del contrato (significante); el magistrado no es completamente libre y, una vez elegida la regla jurídica, se convertirá en la regla aplicable (precedente, *jurisprudence constante* o *ständige Rechtsprechung*). Se eliminará la inseguridad jurídica y la regla jurídica elegida pasará a formar parte de la lista de reglas que se aplicarán a casos similares en el futuro, integrando así el sistema jurídico.

Por último, en la tercera hipótesis, ante un caso de que no siga ninguna regla jurídica previa, el magistrado resolverá la laguna jurídica por integración, creando una regla jurídica por analogía, por costumbre o de conformidad con los principios generales del derecho. Aquí la discreción judicial es más amplia que en la hermenéutica de las elecciones, estando limitada únicamente por otras reglas del sistema jurídico. Por eso, en el caso de la hermenéutica de las elecciones, el magistrado interpreta la ley o el contrato y luego elige una regla jurídica compatible, mientras que en la hipótesis de una laguna se limita a inventar una regla jurídica. Así, pues, el magistrado es libre de elegir la regla, pero una vez elegida la regla jurídica aplicable, esta pasará a formar parte del arsenal de reglas vigentes en una sociedad (precedente) y se eliminará la oscuridad jurídica. Aquí, por supuesto, se supone que habrá una jurisprudencia consolidada sobre el tema (ausencia de anarquismo judicial)[172].

De una u otra forma, *ceteris paribus*, el subproducto final de cualquier y toda actividad judicial –ya sea en el caso de la mera aplicación de la ley o del contrato, o en el caso de la oscuridad o la integración– es el refuerzo o la determinación de una única regla jurídica que, a su vez, permanecerá en el ordenamiento jurídico o lo integrará. En este sentido, si el Poder Judicial sigue la ley y su propia jurisprudencia, el sistema jurídico tiende a avanzar gradual y naturalmente hacia la estabilidad y la exhaustividad de las reglas y, por lo tanto, hacia una mayor seguridad jurídica. El límite de este razonamiento es solo el comportamiento de la propia judicatura y su capacidad organizativa para comunicarse internamente y normalizar sus decisiones[173].

Volviendo a la discusión del principio de eficiencia en el contexto del diagrama hermenéutico, tendremos que, cuando la regla jurídica sea clara, *i.e.*, las preferencias sociales sean claras, el único mandato del magistrado será realizar la subsunción y adjudicar el bien de la vida según dicha regla jurídica al menor costo posible (eficiencia productiva), porque la asignación eficiente resultará automáticamente

172. Sobre la distinción entre el activismo y el anarquismo judicial, véase la Sección 4.2.3.

173. Sobre esa cuestión, cf. Gico Jr. (2012), (2013), (2013), (2014) y (2015).

del cumplimiento del derecho. Seguir la regla jurídica por sí solo conducirá a un resultado asignablemente eficiente o, al menos, lo más cercano posible a él.

A su vez, en los casos en que no exista una regla jurídica establecida en el sistema jurídico (laguna jurídica) y, por lo tanto, las preferencias de la sociedad no hayan sido agregadas y previamente asignadas por el Poder Legislativo, el magistrado deberá integrar el sistema mediante técnicas de integración. Cada etapa del proceso de integración es una aproximación, cada vez más distante, de las preferencias sociales, pero que siempre aportará una solución al conflicto llevado a los tribunales, aunque se trate de una regla totalmente inventada por el propio magistrado. En este caso, el juez debe ser, a la vez, eficiente en la asignación (*i.e.*, tratando de acercarse lo más posible a las preferencias sociales) y eficiente en la producción (*i.e.*, otorgando el bien de la vida según la regla elegida al menor costo posible).

Por último, en caso de ambigüedad de la regla jurídica, el magistrado debe elegir la que más se aproxime a las preferencias sociales (hermenéutica de las elecciones) y, una vez elegida la regla jurídica aplicable, debe conceder el bien de la vida al menor costo posible.

Nunca está de más recordar que, cuando el magistrado no ejerce su actividad jurisdiccional aplicando simplemente la regla jurídica (subsunción), *i.e.*, cuando lleva a cabo la hermenéutica de las elecciones o integra el derecho, su elección debe buscar siempre la maximización del bienestar social y, por lo tanto, debe tener necesariamente en cuenta las consecuencias sociales de su elección. Este es otro mandato de la LINDB, cuando establece en su artículo 20 que: "En los ámbitos administrativo, de control y judicial, no se decidirá sobre la base de valores jurídicos abstractos sin considerar las consecuencias prácticas de la decisión". En otras palabras, aunque el magistrado tenga más libertad, tiene el deber jurídico de ser eficiente y tener en cuenta las consecuencias de su decisión (consecuencialismo). El AED es justamente el instrumento teórico que permite al magistrado cumplir con este mandato constitucional y legal.

En este sentido, podemos resumir las preocupaciones de adjudicación del magistrado de acuerdo con el principio de eficiencia en solo dos casos: (i) cuando la regla jurídica aplicable es clara, su única preocupación es adjudicar al menor costo posible (eficiencia productiva); y (ii) cuando la regla jurídica aplicable es ambigua o inexistente, debe tanto elegir la regla que considere más cercana a las preferencias sociales (eficiencia asignativa) cuanto debe adjudicar el bien de la vida al menor costo posible (eficiencia productiva). Usando una vez más el diagrama hermenéutico, tenemos la siguiente situación:

DIAGRAMA HERMENÉUTICO Y EFICIENCIA

Figura 3-5

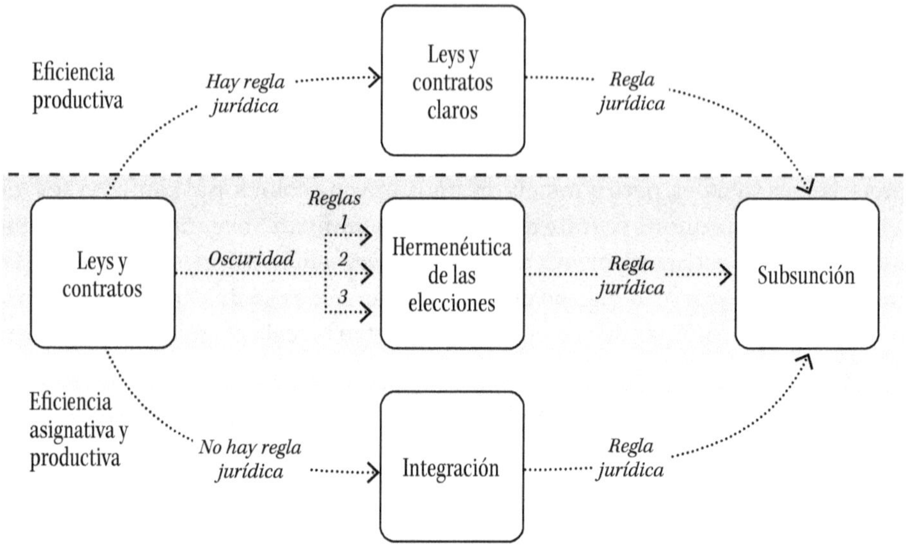

Fuente: Adaptado de Gico Jr. (2018, p. 80).

Como puede verse, toda actividad de adjudicación estará siempre sujeta al principio de eficiencia tanto en sus aspectos productivos como en los asignativos. Si el derecho es claro, la eficiencia asignativa será el resultado de la simple aplicación de la ley, restringiendo el desafío judicial a la prestación del servicio público adjudicatorio, *i.e.*, a la adjudicación al menor costo posible. Cuando la regla es ambigua o inexistente, el desafío del magistrado será más complejo, ya que además de adjudicar al menor costo posible, deberá elegir o crear la regla jurídica más eficiente posible desde el punto de vista de asignación, *i.e.*, la más cercana a las preferencias sociales. Con ello se logra el objetivo de que cada proceso se resuelva de manera eficiente en cuanto a la asignación, con el bien litigioso correctamente adjudicado a quien es titular del derecho y productivamente eficiente con la adjudicación realizada al menor costo posible. Una vez establecido claramente el contenido del principio de eficiencia, podemos pasar a los demás principios del proceso civil para demostrar cómo se integran y complementan entre sí de manera coherente y útil.

3.2 El principio de legalidad (o el derecho fundamental a la legalidad)

3.2.1 El principio de legalidad: aspecto material

Según el artículo 1º de la Constitución Federal, Brasil está organizado en la forma política de un Estado Democrático de Derecho, *i.e.*, la constitución del Estado brasileño tiene dos fundamentos: la democracia y la adopción del derecho como mecanismo para el uso legítimo de la fuerza. Para que no haya dudas de que el Estado brasileño se somete a la voluntad popular, el párrafo único dice claramente que: "Todo el poder emana del pueblo, que lo ejerce a través de representantes elegidos o directamente, de acuerdo con esta Constitución". En este sentido, y como ya se ha dicho antes, el derecho es el instrumento de acción de la voluntad del Estado (coacción) y es la sumisión del Estado al pueblo (democracia), a través de sus representantes electos o mediante el ejercicio directo de su poder (por ejemplo, el referéndum), lo que garantiza que las reglas jurídicas, el derecho, serán un reflejo de la voluntad popular.

En este sentido, si entendemos que el Estado es un mecanismo de revelación y agregación de preferencias sociales –exactamente lo que se propone ser cuando se estructura en forma de democracia (voluntad popular)– y que la forma de expresión y acción de esta voluntad es el derecho, entonces la consecuencia lógica es que su aplicación materializa las preferencias sociales y, por lo tanto, aumenta el bienestar social. En otras palabras, en un Estado democrático, la eficiencia y la legalidad van de la mano, porque la aplicación de la ley será asignativamente eficiente y la conducta eficiente desde el punto de vista de la asignación es la que resulta de la ley (preferencias sociales).

Más que una fundación del Estado, la sumisión del pueblo brasileño única y exclusivamente a la ley es un derecho fundamental previsto en el inc. II del art. 5º de la Constitución, según el cual "nadie estará obligado a hacer o dejar de hacer nada excepto en virtud de la ley". Como se puede ver, según la Constitución Federal, el Estado brasileño se somete al pueblo a través de sus representantes elegidos (democracia) y solo el resultado de su actividad democrática (la ley) puede obligar a un ciudadano brasileño. Solo la voluntad popular plasmada en la ley (derecho) puede generar una obligación capaz de legitimar el uso de la fuerza del Estado (obligación).

En la misma línea, para que no haya duda de que el juez está obligado individualmente por el principio de legalidad, el Código de Proceso Civil discute los deberes del juez, declarando expresamente en su artículo 8° que "Al aplicar el ordenamiento jurídico, el juez atenderá a los fines sociales y a las exigencias del bien común, resguardando y promoviendo la dignidad de la persona humana y **observando** la proporcionalidad, razonabilidad, **legalidad**, publicidad y **eficiencia**". Como puede verse, el sistema jurídico brasileño, tanto en el ámbito constitucional como en el ámbito legal, establece y reitera que el juez está plenamente vinculado a la ley.

Partiendo del supuesto constitucional de que es la ley la que sustenta la voluntad popular y, por lo tanto, las preferencias sociales, cuando llevamos esta discusión al ámbito procesal, tenemos que el principio de legalidad genera consecuencias de dos órdenes complementarios: uno de derecho material (fin) y otro de derecho estrictamente procesal (medios).

El aspecto de derecho sustantivo del principio de legalidad nos dice que el servicio público adjudicatorio se ha estructurado de manera tal que, al final del proceso, el bien litigioso sea adjudicado al titular del derecho. Esa es la finalidad del proceso. Volviendo a nuestro análisis del Capítulo 2, tenemos que el derecho regula y normatiza las relaciones humanas, mitigando la incertidumbre en cuanto al resultado de sus acciones al dejar claro lo que está permitido y las consecuencias de la práctica de lo que está prohibido (acto ilícito). Además, al asegurar que las relaciones sociales se ordenen y estructuren de conformidad con el derecho, se garantiza el aumento del bienestar social resultante de la aplicación de la soberanía popular (preferencias). Sin embargo, decir que la función social del derecho es estructurar y limitar las relaciones humanas de manera que se les atribuya previsibilidad, es lo mismo que decir que, en caso de que algún miembro de la comunidad –por cualquier razón– no actúe de acuerdo con las reglas jurídicas, debe existir un mecanismo externo capaz de imponer la conducta esperada (deber-ser), *i.e.*, la coacción. Según el derecho procesal, ese mecanismo es el juez. Como ya se ha dicho, el juez es uno de los burócratas especializados que ejerce parte del poder del Estado y hace cumplir (*enforces*), ante un conflicto, la regla jurídica elaborada por el Estado. El juez es, por lo tanto, un agente del Estado, encargado de aplicar el derecho en un caso concreto, *i.e.*, de adjudicar.

Sin embargo, como se discutió en la Sección 2.2, en esta relación principal-agente entre el Estado (principal) y el juez (agente), puede ser que el juez-agente actúe de manera oportunista y decida conceder el bien de la vida no según las preferencias sociales, *i.e.*, según el derecho, sino según sus propias preferencias personales. Al hacerlo, el magistrado viola la democracia, viola el derecho fundamental de las partes y frustra la función social del proceso.

Es tan importante para la sociedad que los conflictos se resuelvan pacíficamente y que el bien litigioso se conceda a quienes tienen derecho a ello, que, si una decisión judicial viola una ley o le niega validez, la propia Constitución Federal crea un mecanismo procesal de corrección: el recurso especial ante el Superior Tribunal de Justicia (STJ). Según la letra "a" del art. 105, inc. III de la CF: "El Superior Tribunal de Justicia es responsable de: [...] pronunciarse, en recurso especial, sobre los casos resueltos, en única o última instancia, por los Tribunales Regionales Federales o por los tribunales de los Estados, del Distrito Federal y de los Territorios, cuando la decisión recorrida [...] contradiga un tratado o una ley federal, o les niegue validez". Como puede verse, la Constitución Federal establece claramente que una decisión judicial no puede contravenir una ley ni negar su efecto y, si lo hace, habrá un recurso especial para deshacer la ilegalidad cometida por el tribunal.

El problema del comportamiento oportunista de los magistrados[174] que se niegan a aplicar la ley, es tan grave en la sociedad brasileña actual que el legislador ha considerado oportuno penalizar esa conducta, con la esperanza de hacer valer el derecho fundamental previsto en la Constitución Federal. En este sentido, la Ley N.º 13.869, del 5 de septiembre de 2019, más conocida como Ley de Abuso de Autoridad (LAA), instituyó "los delitos de abuso de autoridad, cometidos por un agente público, funcionario o no, que, en el ejercicio de sus funciones o con el pretexto de ejercerlas, abuse del poder que le ha sido atribuido" (art. 1º). Constituye un abuso de autoridad "[e]xigir información o imponer una obligación, incluido el deber de hacer o no hacer, sin amparo legal expreso" (art. 33). Como se puede ver, el artículo 33 de la LAA tipifica como delito la violación del derecho fundamental consagrado en el principio de legalidad, *i.e.*, el comportamiento oportunista de un magistrado en el ejercicio de la magistratura.

La LAA es clara en el sentido de que el abuso de autoridad se produce con la simple violación de la ley por parte del magistrado, independientemente de sus razones para violarla, porque, según el §1º del art. 1º: "La conducta descrita en la presente Ley constituye un delito de abuso de autoridad cuando es cometida por el agente con el propósito específico de perjudicar a otros o de beneficiar a sí mismo o a otros, o por mero capricho o satisfacción personal". Como puede verse, el juez que se niega a aplicar la ley, aunque sea para hacer valer sus preferencias personales de justicia, incurre en el delito de abuso de autoridad. Y para que no haya dudas de que la LAA se aplica a los magistrados en el ejercicio de sus funciones, el artículo 2º, inc. IV, dice: "Es sujeto activo del delito de abuso de autoridad todo agente público, servidor o no, de la administración directa, indirecta o fundacional de cualquiera de los Poderes de la Unión, de los Estados, del Distrito Federal, de los Municipios y del Territorio, incluidos, pero no limitándose a ellos: [...] los miembros de la magistratura".

174. Recordando siempre que el *comportamiento oportunista* es el término técnico del AED para denotar cuando un agente no se comporta en el mejor interés del principal en un escenario de problema principal-agente.

Nótese que en ningún momento la Constitución Federal, el Código de Proceso Civil o la Ley de Abuso de Autoridad prohíben, impiden o penalizan la hermenéutica de las elecciones o la integración, que, en realidad, son obligaciones legales derivadas de la prohibición del *non liquet*. Precisamente por esta razón, la propia LAA establece que la interpretación jurídica no constituye un delito: "La divergencia en la interpretación de la ley o en la evaluación de los hechos y las pruebas no constituye un abuso de autoridad" (art. 1º, §2º). Como puede verse, no es la actividad de adjudicación o la duda interpretativa en sí misma lo que es ilícito, sino más bien la pura y simple violación de la ley por parte del magistrado en la prestación del servicio público adjudicatorio, *i.e.*, su comportamiento oportunista.

Aunque es relativamente obvio que un magistrado está vinculado a la ley en el ejercicio de su cargo, hay un gran número de doctrinadores y jueces que creen en la posibilidad de quitar cualquier regla jurídica invocando algún principio abstracto –y, lamentablemente, actúa de acuerdo con esta creencia–; además, cuando no encuentran un principio escrito que les satisfaga, inventan cualquier principio y dicen que estaría implícito en el ordenamiento, aunque no se derive lógicamente de alguna regla legal o constitucional. No me refiero aquí al control de constitucionalidad difuso, que, según el art. 97 de la CF, solo puede ser realizado por los tribunales o sus órganos especiales[175], sino al uso abusivo de los principios por parte de cualquier magistrado para quitar la ley, sin declararla inconstitucional en el ejercicio regular de su competencia. Me refiero al **constitucionalismo abusivo** que asola a América Latina y a otras regiones.

En la misma línea, la dotrina del derecho procesal es sumamente rentable para crear y discutir principios jurídicos aplicables al proceso, muchos de los cuales ni siquiera aparecen en la Constitución Federal o en el propio Código de Proceso Civil. Sin embargo, hoy en día no es raro que las obras doctrinales del proceso civil simplemente no incluyan el principio de legalidad entre los que se aplican a la actividad jurisdiccional[176], aunque es claramente uno de los derechos

175. Art. 97. Solo con el voto de la mayoría absoluta de sus miembros o de los miembros del respectivo órgano especial, los tribunales podrán declarar la inconstitucionalidad de una ley o de un acto normativo del Poder Público.

176. Cf., por ejemplo, Ovídio Baptista (1996), Cintra, Grinover y Dinamarco (2013), Nery Jr. (2016) y Lunardi (2019), que incluso discute 21 principios supuestamente aplicables al proceso civil, pero no el principio de legalidad. Ya Marinoni, Arenhart y Mitidiero (2015, pp. 50 y ss.) niegan expresamente la posibilidad de legalidad al afirmar que la ley solo existe después de la interpretación y no antes, por lo que lo legal es lo que el intérprete piensa que es. Sin embargo, no se dan cuenta de que, si su posición fuese cierta, el Estado de Derecho y el derecho mismo serían imposibles.

fundamentales más importantes y está expresamente previsto tanto en la CF como en el propio CPC[177].

Alguien podría creer que este movimiento de falta de respeto a la ley por parte de los magistrados y por la doctrina es un fenómeno moderno (incluso bueno), que se deriva directamente de los hechos ocurridos durante y después de la Segunda Guerra Mundial y de las limitaciones naturales del positivismo jurídico ante el Estado malo, pero esto no es cierto. Lamentablemente, el Poder Judicial como mecanismo de coordinación es incapaz de prevenir el abuso de la fuerza por parte del Estado, si se trata de una política generalizada y no de un caso aislado. Por el contrario, la historia nos muestra que el Poder Judicial y los jueces se convierten[178] rápidamente en un mecanismo de injusticias y atrocidades, como el resto del aparato estatal. En todo caso, es importante señalar que el comportamiento oportunista de los jueces que se niegan a cumplir la ley es un problema cíclico, que se repite de vez en cuando, teniendo el Estado que volver su arsenal coercitivo contra los propios agentes, en un intento de hacer que actúen de acuerdo con las instrucciones del principal (ley) en lugar de imponer sus propias preferencias personales y subjetivas a la sociedad (decisiones *contra legem*).

A modo de ejemplo, me refiero a la Ley de la Buena Razón de agosto de 1769, que reafirmó la (obvia) necesidad de que los magistrados se ajusten a la ley y cambió la estrategia institucional para tratar los casos de lagunas jurídicas y de oscuridad, motivada por la preocupación con las "as interpretações abusivas (d), que offendem a Magestade das Leis, desauctorizam a reputação dos Magistrados, e teem perplexa a justiça dos litigantes, de sorte que no direito, e dominio dos bens dos Vassallos não possa haver aquella provavel certeza, que só póde conservar entre elles o publico socego"[179]. Como puede verse, la Ley de la Buena Razón se creó expresamente para mejorar las Ordenanzas Filipinas, aportando una mayor seguridad jurídica al establecer límites para los jueces[180].

177. Es curioso observar que los defensores de este tipo de postura son unánimes en afirmar que tanto la policía como el ejército, mecanismos estatales para el uso interno y externo de la fuerza, deben ser controlados y vigilados, pero el Poder Judicial, que también es un mecanismo para el uso de la fuerza estatal, no lo debe ser. Sin embargo, como la historia y la lógica nos muestran, solo el poder controla el poder, y no es creíble que estos agentes estatales llamados jueces se autocontrolen en ningún aspecto significativo, de ahí la necesidad de mecanismos jurídicos como el recurso especial y la LAA.

178. Para refutar el mito tan acríticamente repetido en la doctrina jurídica del Poder Judicial como bastión de la justicia, sugiero que se estudie cómo funcionaba el Poder Judicial nazi; en particular, llamo la atención no solo sobre su incapacidad para prevenir el Holocausto, sino también sobre su participación expresa y activa en la violación directa de los derechos de los judíos y otras minorías, así como el abuso de conceptos abiertos del Código Civil. Cf. Müller (1991), Miller (1995) y Stolleis (1998).

179. Cf. Telles (1865, p. 5).

180. También hay una disposición en el Ítem 5(e) para castigar a un abogado "*que com dolosos sophismas tractar de illudir umas, como outras Leis*". Cf. Telles (1865, p. 8).

En la búsqueda de la seguridad jurídica y la aplicación uniforme de la ley en el reino, la Ley de la Buena Razón deja claro que las decisiones judiciales *contra legem* y contra el derecho expreso no eran aceptables (§1º). Además, asigna a la Casa de la Suplicación la función de unificar las interpretaciones de las leyes (§2º)[181] y asigna expresamente fuerza de ley a sus Asientos (§§4º y 5º), estando todos los magistrados obligados a seguir tanto la ley como los Asientos mismos (§6º). Finalmente, y aquí está una de sus contribuciones más revolucionarias, la Ley de la Buena Razón restringió las fuentes del derecho a las leyes del reino (§9º), a los Asientos y costumbres (§14), excluyendo el derecho romano (§10), el derecho canónico (§12) y las enseñanzas de los glosadores (§13). La buena razón se usaría solo en casos de laguna (§9). Los paralelismos de la Ley de la Buena Razón con la Constitución Federal, la Ley de Introducción a las Normas del Derecho Brasileño y el actual Código de Proceso Civil son simplemente innegables, lo que no es sorprendente, dado que el problema institucional del pasado es el mismo que ahora: asegurar que el juez-agente cumpla con la ley[182].

Basta una simple lectura de la Constitución Federal y del Código de Proceso Civil para llegar a la conclusión ineludible de que, en el ejercicio del Poder Judicial, *i.e.*, en la prestación del servicio público adjudicatorio, el juez está obligado por la ley, por la voluntad popular. Ese es el precio de vivir en un Estado Democrático de Derecho. Esa es la consecuencia del principio de legalidad en su aspecto material. Sin embargo, cuando discutimos esta misma cuestión desde el punto de vista del derecho procesal, se vuelve un poco más compleja.

3.2.2 El principio de legalidad: la instrumentalidad de las formas

Como se discutió en la Sección 2.2, el proceso tiene dos funciones primarias: (i) organizar la prestación del servicio público adjudicatorio directamente por el juez, en nombre del Estado (administración); y (ii) proteger a las partes litigantes de los errores del propio juez (protección), incluidos los errores voluntarios e involuntarios. Si la función última del servicio público adjudicatorio es asignar el bien litigioso de acuerdo con el derecho (principio de legalidad material), la función del proceso es equilibrar los objetivos de administración y protección. Necesitamos que el servicio público adjudicatorio esté tan libre de errores como sea posible, pero

181. Obsérvese que la decisión de la Casa de la Suplicación sería aplicable a todos en general, no solo a los particulares y, por lo tanto, tendría la misma lógica que la "interpretación vinculante" (*súmula vinculante*) de hoy: "*E ordeno que a esta glosa, e Assento sobre ella tomado neste caso, em que se não julga o direito das partes no particular de cada uma d'ellas, mas sim a intelligencia geral, e perpetua da Lei em commum beneficio, não possa haver embargos, nem outro algum recurso, que não seja aquelle immediato à Minha Real Pessoa, de que nunca é visto serem privados os Vassallos*". Portugal, Ley de agosto de 1769, §2º.

182. Cf. Gico Jr. (2018).

mientras más garantías y procedimientos se inserten en el sistema para evitar tales errores, más compleja y costosa será su administración. En otras palabras, existe un claro *trade-off* entre la protección y la administración; en ese sentido, las reglas procesales y, por lo tanto, el propio proceso judicial, son el resultado de la decisión política sobre el arreglo institucional deseable para ese contexto particular, que privilegiará a uno u otro.

En este sentido, si desde el punto de vista del derecho material no hay relativización posible dentro del principio de legalidad –el resultado final del proceso debe ser siempre la asignación del bien litigioso según el derecho (fin)–, no se puede decir lo mismo desde el punto de vista del derecho procesal, ya que las normas del derecho procesal son solo un medio para alcanzar el fin (hacer cumplir el derecho), luego, siempre será un equilibrio entre los costos de administración y los costos de error, *i.e.*, un intento de minimizar el costo social del proceso. En el derecho procesal, esto se denomina **instrumentalidad de las formas**, es decir, el derecho procesal se presta a un fin, no es un fin en sí mismo, a diferencia del derecho material.

Así, en un lenguaje iuseconómico, aunque la errónea adjudicación de derechos (*error in iudicando*) es ineficiente desde el punto de vista asignativo (dado que la decisión judicial se desvía de las preferencias de la sociedad), no puede decirse lo mismo necesariamente del *error in procedendo*. Como el proceso es solo el medio por el cual el juez adjudica el bien litigioso al titular del derecho, sin constituir un derecho material en sí mismo, aunque se produzca alguna violación del derecho procesal en el caso concreto, dicha violación no afectará necesariamente ninguna de las partes si el fin pretendido por esa regla violada (protección) puede alcanzarse de otra manera. Esto significa que, aunque nadie esté autorizado a violar deliberadamente las reglas de proceso civil, es posible que un eventual incumplimiento de alguna regla procesal se subsane en el curso del proceso si tal violación no importa en perjuicio de ninguna de las partes o, al menos, en perjuicio de la parte que no dio lugar a la nulidad[183]. Esta conclusión no se deriva de la interpretación de algún principio abstracto, sino de la literalidad de la ley y, por lo tanto, de la voluntad popular.

Esto es lo que prevé el art. 277/CPC[184] al ordenar al juez que considere válido un acto que, a pesar de ser practicado de manera diferente al previsto por la ley, logra el mismo propósito. Dado que las normas procesales no determinan, por sí mismas, la asignación de derechos materiales, sino que prescriben normas para

183. En el mismo sentido, a modo de ejemplo, véase a Montenegro Filho (2016, p. 106), Câmara (2018, p. 147), Theodoro Jr. (2019, p. 81) e, invocando expresamente el principio de eficiencia, véase Arake (2019, p. 78).

184. Art. 277. Cuando la ley prescriba determinada forma, el juez considerará válido el acto si, en el caso de que haya sido realizado de otro modo, alcance su finalidad.

 la organización de los actos procesales y para la protección de las partes durante el curso del proceso, si la finalidad de la regla procesal se logró de otra manera, siempre que no se perjudique a ninguna de las partes, no es necesario anular el acto problemático y repetirlo para lograr el mismo resultado. Sería productivamente ineficiente hacerlo y no habría ganancia en la eficiencia asignativa, ya que el resultado de la adjudicación no cambiaría.

Asimismo, el §1º del art. 282/CPC[185] prohíbe la repetición de un acto anulado si su ausencia no perjudica a la parte inocente. De hecho, si la práctica del acto nulo no perjudicó a la parte inocente, no hay razón para retrasar la conclusión del proceso con la repetición del referido acto. En el mismo sentido, el art. 283, encabezado y párrafo único, del CPC[186], ordena explícitamente el aprovechamiento de los actos nulos siempre que no causen daños a la defensa de ninguna de las partes. Así, pues, a pesar de que el proceso es una "sucesión de actos vinculados por el objetivo común de la acción de la voluntad de la ley y de proceder de manera ordenada para lograr este objetivo [...]"[187], no todos los actos dependen unos de otros. Aunque un acto sufra de nulidad y deba repetirse, no hay razón para que se repitan también los actos posteriores e independientes, como, por cierto, se prevé en el artículo 281 del CPC: "Anulado el acto, se consideran ineficaces todos los subsecuentes que dependan de este; sin embargo, la nulidad de una parte del acto no perjudicará a las otras que sean independientes de esta".

Este uso se observa incluso en el caso de nulidad de la citación del demandado o ejecutado. De conformidad con el artículo 280/CPC[188], las citaciones hechas sin observar la forma jurídica son nulas y sin valor. Sin embargo, el art. 239, encabezado y párrafo único del CPC[189], prescribe que la comparecencia espontánea del demandado o del ejecutado en el proceso sustituye toda eventual nulidad de la citación. Así, si el propósito de la citación es dar ciencia al demandado de una acción para que pueda defenderse adecuadamente, su aparición espontánea sustituye la necesidad de promover su citación. Por lo tanto, aunque haya habido alguna nulidad

185. Art. 282. [...] §1º. El acto no será repetido ni su falta será suplida cuando no perjudique a la parte.

186. Art. 283. El error de forma del proceso acarrea únicamente la anulación de los actos que no puedan ser aprovechados, debiendo ser practicados lo que sean necesarios a fin de observarse las prescripciones legales. Párrafo único. Se dará aprovechamiento a los actos practicados siempre que no genere perjuicio a la defensa de cualquier parte.

187. Cf. Chiovenda (2009[1933], pp. 91-92).

188. Art. 280. Las citaciones y las intimaciones serán nulas cuando sean realizadas sin observancia de las prescripciones legales.

189. Art. 239. Para la validez del proceso es indispensable la citación del demandado o del ejecutado, exceptuadas las hipótesis de rechazo de la petición inicial o de infundabilidad liminar del pedido.
§1º. La comparecencia espontánea del demandado o del ejecutado subsana la falta o la nulidad de la citación, corriendo desde esta fecha el plazo para la presentación de contestación o de oposición a la ejecución.

en la citación, no hay razón para anular este acto y ordenar una nueva citación si el demandado ya tiene conocimiento de la existencia de la acción. El mismo razonamiento, por cierto, puede ser usado en el caso de las intimaciones. El §2º del art. 272/CPC[190] impone pena de nulidad a las intimaciones hechas mediante la publicación en los boletines oficiales que no contengan los nombres de los abogados de las partes. Sin embargo, si el abogado, por otros medios, tiene conocimiento de la intimación y la cumple sin perjuicio de ninguna de las partes, el propósito de la publicación se habrá logrado y no será necesario repetirla.

Por último, es importante señalar que el juez está autorizado a decidir el mérito a favor de la parte inocente, incluso en caso de nulidad que le obligue a extinguir el proceso sin juicio de mérito (art. 282, §2º/CPC)[191]. La idea aquí es aprovechar al máximo los actos procesales ya desarrollados. Ahora bien, si la función del proceso civil es permitir que el juez asigne el bien litigioso a quien tiene derecho, siendo posible que el juez verifique que la parte inocente de una posible nulidad procesal tiene derecho al bien litigioso y decida así el mérito del asunto, es absolutamente ineficiente extinguir el proceso sin juzgar el mérito, cuando ya se podría adjudicar ese derecho y resolver el litigio. Cabe decir que, si el caso se extingue sin juicio de mérito por esta cierta nulidad irreconciliable, las partes tendrán que repetir todos los actos que han realizado hasta el presente momento del caso, actos que tenían por objeto, precisamente, instruir al juez sobre los hechos pertinentes al asunto para poder llegar a una conclusión sobre quién tiene razón en el caso: la misma conclusión a la que ya habría llegado el juez. Así, en lugar de declarar la nulidad del proceso, el sistema jurídico determina que el juez juzgue el mérito del litigio desde ya. Este comando es, a la vez, eficiente asignativamente, porque otorga el bien a quien tiene derecho, y eficiente productivamente, porque evita el desperdicio de los actos de procedimiento realizados hasta entonces.

En este sentido, es evidente que la instrumentalidad de las formas en el derecho procesal es eficiente y, al mismo tiempo, que no se deriva de algún principio abstracto, sino de mandatos legales expresos. En realidad, la instrumentalidad de las formas es el resultado conjunto de la aplicación del principio de legalidad (el uso de actos nulos está legalmente autorizado) y del principio de eficiencia, ya que el aprovechamiento de los actos, cuando jurídicamente autorizado, es

190. Art. 272. Cuando no sean realizadas por medio electrónico, se consideran realizadas las intimaciones mediante la publicación de los actos en el órgano oficial. [...]

§2º. Bajo pena de nulidad, es indispensable que en la publicación figuren los nombres de las partes y sus abogados, con el respectivo número de registro en la Orden de Abogados de Brasil o, si así se requiere, del bufete de abogados.

191. Art. 282. [...] §2º. Cuando pueda decidir el mérito a favor de la parte a la que beneficie la decretación de nulidad, el juez no la pronunciará ni mandará a repetir el acto o suplir su falta.

productivamente eficiente, siempre y cuando no afecte a la adjudicación final (eficiencia asignativa).

Tanto la instrumentalidad de las formas es el resultado de la legalidad y la eficiencia que el criterio normativo básico para el juicio de superación de cualquier nulidad procesal no es nunca la adhesión del acto a la formalidad, sino si alguna de las partes se vio perjudicada. Esta idea se resume en el adagio: *pas de nullité sans grief*, *i.e.*, no hay nulidad sin prejuicio. Así, pues, el formalismo procesal, construido para dar seguridad a las partes contra la arbitrariedad del juez y para organizar el flujo procesal, no se reconoce como un fin en sí mismo, y puede relajarse en el caso específico si no se perjudica a ninguna de las partes.

En este punto debe quedar claro que el criterio de nulidad utilizado en el proceso civil es el criterio de eficiencia de Pareto cuando ninguna de las partes es culpable, *i.e.*, el acto procesal será aprovechado o superado si su aprovechamiento o superación (estado social B) no perjudica a alguien. Si el aprovechamiento o superación del acto no perjudica a nadie, este estado social B se mantendrá por derecho, porque es Pareto eficiente. Si perjudica a una de las partes, será anulado el acto y sus actos consecuentes tendrán que ser rehechos, *i.e.*, vuelve al estado social A (statu quo ante).

Obsérvese cómo el criterio normativo de la instrumentalidad de las formas implica necesariamente la presencia de una reducción del costo de administración del proceso (aprovechamiento de actos procesales), sin un aumento del costo de error (no se puede perjudicar a una de las partes), por lo que en ningún caso un juez puede realizar la ponderación de los beneficios y perjuicios del acto nulo y utilizar el criterio de eficiencia Kaldor-Hicks. En otras palabras, un juez no puede entender que, aunque una de las partes se vea perjudicada por el acto nulo, ya que el juez o la otra parte se benefician enormemente de él, el acto puede mantenerse en nombre de la eficiencia, porque el beneficio neto sería positivo. Por otro lado, cuando fue una de las partes la que causó la nulidad, el propio derecho procesal permite aprovechar el acto, siempre que no se perjudique a la parte inocente. Según los numerosos ejemplos citados, solo si la parte inocente no resulta perjudicada se puede mantener el acto, *i.e.*, si su mantenimiento es eficiente. El uso de un criterio más restrictivo en este caso se deriva del hecho de que aceptamos la reducción de la protección procesal en un contexto específico, siempre que esté claro que –en el caso concreto– no hubo daño. Aquí, *en dubio pro parte*.

En esta línea, como se ha expuesto en la Sección 3.2.1, considero que no tiene ningún mérito la posición de estudiosos como Campos[192] y Pontes[193], para quienes el

192. Cf. Campos (2018, p. 70).

193. Cf. Puentes (2015, p. 314).

principio de eficiencia autorizaría la violación de la ley o del principio de legalidad, o incluso la posición de Barroso, para quien el juez tendría un papel iluminista, *i.e.*, de un déspota iluminista al que competiría "impulsar la historia" en "momentos cruciales del proceso civilizatorio"[194]. La ley es el resultado más próximo de las preferencias agregadas de la sociedad; es la forma en que la sociedad ha elegido distribuir los derechos entre sí. La violación de las preferencias sociales es ineficiente desde cualquier punto de vista. Sin embargo, ninguna de las hipótesis presentadas en el presente capítulo implica validar la violación del principio de legalidad en su aspecto material, entre otras cosas, porque es el propio CPC el que establece las hipótesis en las que se puede exceptuar el formalismo procesal en favor de la búsqueda de la decisión de mérito (instrumentalidad de las formas). En todos ellos, el criterio ha sido siempre eficiente y se ha respetado la eficiencia asignativa.

Como se puede ver, es la estricta obediencia al principio de legalidad en la esfera material, *i.e.*, la adjudicación del bien litigioso de acuerdo con el derecho, lo que garantiza el cumplimiento de la voluntad popular y, por lo tanto, de la eficiencia asignativa. El principio de legalidad en la esfera procesal debe seguirse por las mismas razones, y puede mitigarse única y exclusivamente cuando sea Pareto eficiente en ello, *i.e.*, cuando no perjudique a la parte inocente y siempre que el bien de la vida se adjudique de acuerdo con el derecho (instrumentalidad de las formas). De esta manera, el magistrado actuará de manera eficiente, minimizando el costo social del proceso y aumentando el bienestar social.

3.3 El principio del debido proceso

En el sistema jurídico brasileño, la llamada cláusula del debido proceso está prevista en el art. 5º, inc. LIV de la CF, según el cual "nadie será privado de su libertad o de su propiedad sin el debido proceso". Como puede verse, sin el uso de ningún argumento metafísico o esotérico, la referida disposición constitucional simplemente reafirma que la libertad y la propiedad de una persona, dos derechos fundamentales, solo pueden ser restringidos si se sigue el debido proceso legal. En palabras de Lunardi[195], "[...] la opción política por el Estado de Derecho significa, entre otras cosas, que el Estado debe obedecer sus propias leyes. [...] Esto implica garantías por parte del ciudadano contra el Estado y contra otros ciudadanos".

194. Cf. Barroso (2018). Esta posición plantea la cuestión de qué sucede cuando el juzgador en lugar de ser un "iluminista" sea, en realidad, un retrógrado que impide los avances que la sociedad ha adoptado. ¿Cómo, según Barroso, un ministro de la Corte Suprema no necesita seguir la ley o la Constitución, qué defensa tiene la sociedad civil contra este (in)constitucional dictador? Además, si el juez no es la voz de la ley, ¿es la voz de quién?

195. Cf. Lunardi (2019, p. 76).

En esta línea, el debido proceso legal puede tener una doble interpretación: (i) como garantía del ciudadano frente al propio Estado, que también debe someterse a la ley para poder restringir cualquier derecho de propiedad o de libertad de alguien, y (ii) como garantía frente al juez-Estado, que debe someterse al derecho procesal en la conducción del proceso y al derecho material en el momento de la adjudicación. En este contexto, el debido proceso es una reafirmación tanto del principio de eficiencia como de legalidad y retoma los debates de las secciones anteriores. No obstante, ¿cuánto proceso se debe cumplir para que se tenga el debido proceso?

Si entendemos que el debido proceso es, en realidad, un superprincipio[196], que sirve de restricción a la acción discrecional del juez en la conducción del proceso al imponer la observancia obligatoria de un conjunto de otros principios y derechos durante su transcurso –como el derecho a la amplia defensa y contradictorio (art. 5º, LV, del CF/88)[197], la no utilización de pruebas ilícitas (art. 5º, LVI, del CF/88)[198], la publicidad y motivación de las decisiones judiciales, entre otras que, interpretadas conjuntamente, compondrían la cláusula del debido proceso–, entonces todas esas garantías específicas podrían simplemente ser excluidas del texto constitucional, ya que serían consecuencias lógicas del art. 5º, inc. LIV/CF. Sin embargo, en aras de la verdad, no hay un solo elemento en la Constitución Federal o un argumento lógico coherente que autorice tal interpretación. Esta construcción doctrinal es mucho más una consecuencia de las tradiciones inglesa y americana, que necesitan de la cláusula genérica de *due process of law* en el contexto de la *common law*, y fue simplemente importada a varios países latinoamericanos, sin mayor explicación de por qué aquí sería lo mismo o por qué habría tal necesidad.

En este sentido, si estuviéramos en la Inglaterra de la Edad Media, en un régimen monárquico de *common law*, en el que no existiera una codificación del derecho y menos aún un Código de Proceso Civil, yo diría que la cláusula general del debido proceso legal sería lo que la casuística y los precedentes determinen así. Sin embargo, estamos en el Brasil del siglo XXI, en un Estado Democrático de Derecho, en un país industrializado, bajo un régimen romano-germánico, en el que no solo está escrita la Constitución, sino que también tenemos una codificación del proceso civil, una codificación del proceso penal, leyes con normas procesales para asuntos

196. Algunos sostienen que una simple declaración del principio de debido proceso legal sería suficiente para derivar las demás normas y garantías procesales, como Mariotti (2008, p. 119), Gonçalves Filho (2010, pp. 19-21) y Nery Jr. (2016, p. 79), como si el proceso fuera una demostración lógica de un axioma y no una opción política entre protección y administración plasmada en la ley.

197. Art. 5º. [...] LV - Se garantiza a los litigantes, en el procedimiento judicial o administrativo, y a los acusados en general, un proceso contradictorio y amplia defensa con los medios y recursos inherentes a la misma.

198. Art. 5º. [...] LVI - Son inadmisibles en el proceso las pruebas obtenidas por medios ilícitos.

fiscales e incluso una ley de proceso administrativo[199], por lo que la lógica solo me permite concluir que el "debido proceso legal", previsto en el artículo 5º, inc. LIV/CF, es precisamente el proceso previsto en la ley y en la propia Constitución y nada más.

Precisamente porque la importación a nuestro sistema jurídico de la idea del debido proceso del derecho consuetudinario inglés y americano bordea la obviedad en el derecho codificado, Gonçalves Filho, con una franqueza poco común entre los juristas, lo reconoce[200]: "En realidad, en el derecho brasileño, el debido proceso terminó siendo un depósito de garantías procesales implícitas, porque no era necesario aplicarlo cuando había otras normas o principios positivados. Hay quienes sostienen que, aunque no existieran los demás principios y normas que positivizaban las garantías fundamentales en el proceso, ellos serían el resultado del debido proceso legal. Además de esta función de integrar las lagunas, el debido proceso podría justificar soluciones que no tuvieran la estricta letra de la ley, o incluso en contra de ella, siempre y cuando se pudieran violar las garantías fundamentales de la justicia o la aplicación del derecho material".

Como se ha expuesto en la Sección 3.1.4, estoy de acuerdo en que, en caso de integración, si no existe una norma análoga o de costumbre aplicable al caso, entonces, por ley, el juez estaría autorizado a decidir sobre la base de los principios generales del derecho, entre los que podríamos enumerar el debido proceso legal, la idea de que, cualquiera que sea la restricción de la libertad y la propiedad de alguien, debe estar equilibrada de acuerdo con el propósito de la restricción y que debe seguir un procedimiento mínimo que garantice al ciudadano el ejercicio de una amplia defensa y contradictorio. Sin embargo, como se ha visto en las Secciones 3.1 y 3.2, nada en la Constitución Federal autoriza a un juez a violar el derecho fundamental de no estar obligado a hacer o abstenerse de hacer algo, excepto por ley. En este sentido, no puedo encontrar ninguna base legal o lógica para la violación del principio de legalidad sobre la base del debido proceso legal. Después de todo, y perdonen el juego de palabras, la Constitución garantiza el debido proceso legal y no el debido proceso ideal.

En todo caso, para los efectos de nuestra discusión en este libro, el principio del debido proceso puede entenderse como una reafirmación de que, en los casos de restricción a la libertad y la propiedad de alguien, el juez-Estado debe someterse a la ley y, por lo tanto, debe conducir el proceso de acuerdo con las reglas procesales (debido proceso), limitando su flexibilidad a los casos en los que el cambio o uso de los actos procesales esté legalmente autorizado o sea Pareto eficiente.

199. Cf. Brasil, Ley N.º 9.784, de 29 de enero de 1999.

200. Cf. Gonçalves Filho (2010, pp. 19-20).

3.4 El principio de la duración razonable del proceso

Los procesos deben decidirse de manera oportuna. Casi nadie se opondría a esa propuesta. La lentitud judicial se considera un problema tan grave en Brasil que el constituyente, en el ámbito de la Enmienda Constitucional de la Reforma Judicial (EC N.º 45/04), decidió incluir en la lista de derechos y garantías fundamentales el punto LXXVIII, según el cual "a toda persona, en el ámbito judicial y administrativo, se le asegura la duración razonable del proceso y los medios que garanticen la rapidez de su tramitación". Como ya se ha examinado en la Sección 3.1 sobre el principio de eficiencia, la exposición de motivos de la EC N.º 45/04[201] revela claramente que el objetivo era modificar la estructura del Poder Judicial para que la "administración de justicia" pudiera ser más eficiente. Como puede verse, existe un vínculo reconocido entre la duración razonable del proceso, la celeridad y la eficiencia.

Los propios Poderes constituidos reconocen estos problemas, como puede verse en el llamado Pacto por la Justicia, firmado en diciembre de 2004, cuyo objetivo declarado era organizar las instituciones públicas en favor de un Poder Judicial más rápido y republicano: "Pocos problemas nacionales tienen tanto consenso en cuanto a los diagnósticos como la cuestión judicial. La lentitud de los procesos judiciales y la escasa eficacia de sus decisiones retrasan el desarrollo nacional, desalientan la inversión, fomentan el incumplimiento, generan impunidad y socavan la confianza de los ciudadanos en el régimen democrático"[202].

Sin embargo, la existencia de una crisis del Poder Judicial, debida a su excesiva lentitud y notoria ineficiencia, no es un problema nuevo[203] o exclusivo de Brasil. Desde los años 1970, el ministro del Supremo Tribunal y autor del antiguo CPC/73, Alfredo Buzaid, ya había señalado este problema, derivado del desajuste entre la oferta y la demanda de servicios públicos adjudicatorios que hacía imposible el cumplimiento de los plazos judiciales[204].

Como señala Araken de Assis, los efectos del retraso judicial son perversos, porque la excesiva demora procesal[205] "acentúa en primer lugar la desigualdad, porque la resistencia del pobre es menor que la de la persona dotada de abundantes recursos financieros. Y, en cada proceso, una de las partes siempre será más capaz de soportar la demora que la otra, por lo que la lentitud constituye un factor de

201. Cf. Cámara de Diputados (2004, p. n/d).

202. Cf. Gico Jr. (2014, p. 167).

203. A modo de ejemplo, cf. Buzaid (1972), Sobrino (1980) y Gomes (1997).

204. Cf. Buzaid (1972, pp. 144 y ss.).

205. Cf. Assis (2016, p. 484).

desigualdad procesal, dando a una parte ventaja sobre la otra. No se puede pasar por alto el impacto psicológico de la lentitud en la parte débil y desfavorecida. El proceso que se mueve durante décadas sirve para 'cansar y moler' al adversario. También desacredita a las instituciones republicanas. Y, finalmente, la lentitud estimula la fuga de la jurisdicción, dejando el litigio sin solución (litigiosidad contenida) o utilizando las partes de mecanismos alternativos de resolución de conflictos –mecanismos ventajosos solo para algunos segmentos sociales (por ejemplo, el arbitraje)".

Precisamente por ello, el actual Código de Proceso Civil mantiene el lema de reducir la lentitud judicial, incluyendo numerosos instrumentos procesales precisamente para acelerar el proceso[206]: "Se ha tenido en cuenta el principio de la duración razonable del proceso. Después de todo, la falta de celeridad, desde cierto ángulo, es una falta de justicia. La simplificación del sistema recursal, que trataremos por separado, conduce a un proceso más ágil. Se ha creado el incidente del juzgamiento conjunto de demandas repetitivas, al que se hará referencia más adelante. Por el momento, es oportuno destacar que las medidas conducen a un proceso más rápido, cuyo objetivo es el juicio conjunto de demandas que gravitan en torno a una misma cuestión de derecho, desde dos ángulos: a) el relativo a aquellos procesos, en sí mismos considerados, que serán decididos conjuntamente; b) el relativo a la atenuación de la excesiva carga de trabajo del Poder Judicial –ya que el tiempo empleado para decidir esos procesos puede ser utilizado más eficazmente en todos los demás, en cuyos procesos los llamados 'tiempos muertos' (= períodos en los que nada ocurre en el proceso) serán evidentemente menores".

Como puede verse, el legislador reconoce claramente la ganancia en eficiencia procesal como medio para lograr una duración razonable del proceso. En este sentido, lo que se denomina duración razonable del proceso puede interpretarse como consecuencia de la aplicación del principio de eficiencia, tanto en sus aspectos productivos como asignativos. La brecha temporal es un fenómeno común de la vida, presente en casi todas las cosas que hacemos. El problema, por lo tanto, no es la demora en sí misma, sino la excesiva demora, porque el proceso debe tener una duración razonable. Pero lo que es excesivo o razonable solo puede determinarse si conocemos los costos y beneficios asociados a los diferentes niveles de demora, *i.e.*, tenemos que considerar las consecuencias de cada arreglo institucional alternativo. "Después de todo, si la lenta justicia es mala, la rápida injusticia no es un buen sustituto[207].

206. Cf. Senado Federal (2010, p. 12).

207. Cf. Gico Jr. (2014, p. 167).

Además, como veremos con más detalle en el Capítulo 6, teniendo en cuenta que el Poder Judicial es un recurso común, *i.e.*, que es simultáneamente rival[208] y no exclusivo, el hecho es que cuanto más se utilice el servicio público adjudicatorio, más se congestionará y, por lo tanto, más lenta será la prestación jurisdiccional: es la tragedia del Poder Judicial[209]. En este sentido, debido a la naturaleza económica propia del derecho y de los tribunales, normalmente habrá cierto grado de congestión del servicio público adjudicatorio, una congestión de equilibrio. Lo que se puede hacer es buscar la mayor eficiencia procesal posible, de modo que la congestión del equilibrio sea la menor posible[210]; en este caso, la duración del proceso puede considerarse razonable, ya que será la menor posible (eficiencia productiva). La duración razonable del proceso es, por lo tanto, la duración óptima, en el sentido de optimizada (no necesariamente ideal).

Por lo tanto, del análisis del comando constitucional, podemos extraer que el ciudadano debe tener acceso a los medios para que su proceso se resuelva de la forma más rápida. Luego, se ha reconocido la celeridad procesal como un valor constitucional que debe perseguirse. Si veloz es lo que se mueve o corre con más velocidad, entonces la celeridad procesal es lo rápido que se conduce el proceso, *i.e.*, la velocidad es una medida de la diferencia de tiempo entre el comienzo del proceso y su final. Sin embargo, si decimos que el proceso duró un año, *i.e.*, si solo conocemos el lapso del proceso, aún no podremos decir si el proceso fue rápido o no, porque la celeridad es una cuestión de velocidad, es una grandeza relativa, que necesita un punto de referencia para tener sentido.

En esa línea, un proceso será o no rápido en relación con algún punto de referencia. Así, si una ejecución fiscal tarda seis meses en llevarse a cabo y otra tarda un año, independientemente de las razones de cada duración, la primera ejecución fiscal fue más rápida que la segunda. Si un caso que podía completarse en dos años se completaba en un año, se resolvía más rápidamente. En ese sentido, hay un reconocimiento constitucional de que –*ceteris paribus*– cuanto más rápido se presta el servicio público adjudicatorio, mejor. Además, el ciudadano tiene el derecho fundamental a un servicio público adjudicatorio rápido. Sin embargo, la búsqueda de la celeridad no puede ser el único criterio, hay que buscar la celeridad con exactitud o **precisión jurídica**[211] (o eficiencia asignativa, que da lo mismo). Expliquémoslo.

---

208. Cf. Sección 6.1.

209. Cf. Gico Jr. (2012; 2014).

210. Obsérvese el claro paralelismo de este razonamiento con lo que dije antes en la Sección 2.2, es decir, que la función social del proceso era minimizar el costo social del mismo.

211. Gran parte de la doctrina habla de la calidad de una decisión judicial, pero entiendo que como la calidad de una decisión judicial es el grado de su adhesión al derecho y la precisión en relación con los hechos, prefiero hablar simplemente de la precisión o exactitud de la decisión judicial.

Supongamos que el único criterio para medir un proceso sea su velocidad. En ese caso, cuantos menos actos procesales, menos proceso. Cuanto menos proceso, mejor. Sin embargo, como se explica en las Secciones 2.2 y 2.3, el proceso es un mecanismo de adquisición de información sobre los hechos pertinentes por parte del juez-Estado para que pueda adjudicar el bien litigioso a quienes tenga derecho, *i.e.*, de acuerdo con las reglas jurídicas vigentes. En este sentido, la inversión en el proceso reduce la asimetría de información y, por consiguiente, los costos derivados del error[212]. Además, el proceso también sirve para proteger a las partes contra la arbitrariedad del magistrado, asegurando que el resultado de la actividad jurisdiccional sea la asignación determinada por el derecho. Por lo tanto, la no inversión en el proceso, *i.e.*, la eliminación del debido proceso, de la defensa amplia y de lo contradictorio, traería gran celeridad al proceso, pero también generaría un gran costo social con decisiones equivocadas, en desacuerdo con el derecho.

Esto ocurriría, por ejemplo, si un juzgado o una oficina, que se ocupa única y exclusivamente de su inventario de procesos, decidiera extinguir, sin juicio de mérito, todas las acciones de su incumbencia de manera indiscriminada (una extinción masiva de causas); o cuando la presidencia de un tribunal decidiera impedir el seguimiento de todos los recursos especiales y extraordinarios aplicando, al azar, enunciados de súmulas de los tribunales superiores. Sin necesidad de preocuparse por la precisión de la decisión, por su calidad, un caso podría resolverse instantáneamente y la celeridad procesal se cumpliría incondicionalmente.

En el límite, "[...] un sistema adjudicatorio que no sigue ninguna regla (tribunal sin derecho) no sería diferente de un sistema ergódigo estocástico[213]. Independientemente del caso presentado, habría una probabilidad aleatoria de éxito para el demandante y, en cualquier disputa, la posibilidad de prevalecer sería independiente del estado inicial del sistema. En este escenario, no sería necesario un juez ni ningún otro mecanismo de decisión alternativo que no sea una computadora con una semilla aleatoria[214] para resolver la controversia. El servicio de resolución de controversias se prestaría casi instantáneamente, pero el resultado sería un completo desperdicio social, ya que los agentes serían incapaces de coordinar el

212. Solo recuerde que el costo social del proceso es la suma de los costos de administración y los costos de error. Y cuanto más se invierte en el proceso, menor es el costo de error, pero mayor el costo de administración. Cf. Sección 2.3.

213. Por ejemplo, incluso en el sistema jurídico busoga en Uganda, que supuestamente no tiene una teoría de precedentes, cuando se discuten los casos y se litiga, los miembros de la comunidad esperan que los casos similares se traten de manera similar y, por lo tanto, esperan que incluso el derecho consuetudinario busoga mantenga cierto grado de coherencia interna. Cf. Fallers (1969, p. 19).

214. Uno podría desesperarse al descubrir que los números aleatorios creados por las computadoras no son realmente aleatorios, ya que utilizan algún tipo de algoritmo para crear tales números. La verdadera aleatoriedad solo se logra si se mide algún fenómeno externo al propio sistema.

comportamiento *ex ante* (no hay forma de saber qué regla se aplicaría) y el resultado sería inútil para coordinar el comportamiento *ex post* (la forma en que se decidió este caso es irrelevante para los casos futuros). En otras palabras, el objetivo de tener un sistema jurídico es coordinar el comportamiento, estableciendo una expectativa racional del comportamiento de los demás, incluyendo el Estado[215]. Si el mecanismo de solución de controversias es aleatorio, se niega esta función básica del derecho, y puede afirmarse que no existe ningún derecho en absoluto, y que los tribunales son inútiles. Por eso he afirmado que el Poder Judicial es una tecnología institucional desarrollada a lo largo de miles de años de experimentación humana con un único objetivo: resolver las disputas imponiendo las reglas. Si no se aplican las reglas, se niega este propósito del derecho y de los tribunales"[216].

Lo que quise decir en el pasaje anterior es que la única manera de lograr la máxima celeridad es renunciar completamente al derecho, *i.e.*, que hay un ineludible *trade-off* entre celeridad y precisión, y optar única y exclusivamente por la celeridad es renunciar al derecho mismo. Esta conclusión está en consonancia con lo que hemos analizado en la Sección 2.3 sobre el costo social del proceso: no invertir en el proceso reduciría drásticamente los costos de administración, que en un sistema aleatorio serían prácticamente nulos, lo que aceleraría el proceso, pero aumentaría sustancialmente los costos de error, ya que los litigios se resolverían en contra del derecho. Este resultado violaría el derecho fundamental a la legalidad, frustraría el propósito democrático del derecho y sería tanto productiva como asignativamente ineficiente.

En este sentido, las medidas de control de la productividad del Poder Judicial son sumamente importantes, porque es necesario adoptar alguna medida para controlar la productividad de los jueces, incluso porque el principio de eficiencia ordena la búsqueda de eficiencia productiva y, por lo tanto, que se resuelva el mayor número posible de controversias con los recursos disponibles (productividad)[217]. Sin embargo, el mismo principio de eficiencia ordena la búsqueda de eficiencia asignativa y, por lo tanto, que los bienes de la vida en litigio se asignen a los titulares del derecho, *i.e.*, que las decisiones judiciales sean precisas. Así, pues, es necesario ir más allá de la simple medición de productividad y medir la precisión de las

215. Para un examen más amplio de la función de la judicatura en la habilitación de la cooperación *ex ante*, véase Gico Jr. (2013).

216. Cf. Gico Jr. (2020).

217. Fauvrelle y Almeida (2018) encontraron evidencias de que la productividad judicial en Brasil ha ido aumentando sin un aumento proporcional de la tasa de reversibilidad de las decisiones de los tribunales, por lo que, a discreción del propio Poder Judicial, podemos decir que ha habido un aumento de productividad judicial sin una disminución de la precisión de la adjudicación.

decisiones judiciales producidas, entendidas aquí como el grado de adhesión de estas decisiones al derecho y su adecuación a los hechos.

Como veremos con más detalle en la Sección 5.2.3, una forma de medir esta precisión (*proxy*) es empezar a registrar la tasa de reversibilidad de las decisiones dictadas individualmente por cada juez y por cada tribunal o gabinete. Un juez poco revertido ha cometido pocos errores, un juez muy revertido ha cometido muchos errores, siempre a la vista del tribunal superior y, por lo tanto, del propio Poder Judicial. La medición de la productividad ponderada por la tasa de reversibilidad nos daría una buena medida no solo de la eficiencia productiva del juez, sino también de su eficiencia asignativa; consecuentemente, un cuadro completo de su eficiencia (productiva y asignativa) en la prestación del servicio público adjudicatorio.

En parte por ello, hay quienes, como Theodoro Jr., a pesar de reconocer la existencia de un *trade-off* entre precisión y celeridad, sostienen que delante de una elección "entre la rapidez de la decisión y la calidad de la solución presentada, el juez debe tener prioridad sobre el segundo, de modo que nunca se sacrifique ella en aras del dinamismo del proceso solamente"[218]. Sin embargo, seguir esta orientación equivale a negar la existencia de lo *trade-off* y los efectos perjudiciales de la lentitud judicial. Dada la relación inversa entre el costo de administración y el costo de error en el proceso, la maximización del bienestar social está estrechamente asociada a la minimización del costo social del proceso en su conjunto, *i.e.*, con alguna solución intermedia.

En el mismo sentido, se posicionó Taruffo cuando explicó que[219] "[...] una elección entre todo o nada es probablemente errónea si alguien considera solo una cara de la moneda y excluye completamente la otra: una solución justa probablemente solo puede obtenerse mediante concesiones o mediante un equilibrio entre las dos ideas de eficiencia. Por otra parte, hay que considerar que entre esas ideas existe una relación inversa y complementaria de proporcionalidad: si un sistema maximiza su eficiencia en términos de velocidad y bajos costos, es probable que minimice su eficiencia en términos de una resolución correcta y justa de la controversia; por otra parte, si se maximiza la eficiencia como una resolución correcta y justa, es probable que se minimice la eficiencia en términos de reducción de tiempo y costos".

Así, el principio de duración razonable del proceso impone la búsqueda de la mejor decisión posible y no la decisión perfecta, porque la búsqueda de la perfección para cada caso, considerado individualmente, significaría una inversión muy alta o casi infinita en proceso, tanto en la investigación de los hechos como en el control de

218. Cf. Theodoro Jr. (2018, p. 94).

219. Cf. Taruffo (2008, p. 3).

los jueces en su actividad jurisdiccional. En el límite, la actividad adjudicativa en sí misma perdería completamente su utilidad. Las circunstancias en que se presenta un caso particular condicionan la utilidad de su resolución para las partes o para la sociedad, siendo primordial que se decida oportunamente. Así, pues, una decisión teóricamente perfecta, aunque no cargue a la sociedad con los costos derivados del error judicial, generará sin duda un enorme costo de administración, por no mencionar la externalidad negativa derivada de la congestión judicial (la tragedia del Poder Judicial) y el hecho de que la adjudicación puede haberse vuelto inútil, ya que el tiempo para producirla ha destruido todo su valor (utilidad)[220].

En diciembre de 2018, el STJ concluyó finalmente un importante juzgamiento para la historia de Brasil: la princesa Isabel no tiene derechos de propiedad sobre el Palacio de Guanabara en Río de Janeiro, que fue tomado con la Proclamación de la República el 15 de noviembre de 1889 y donde actualmente opera el gobierno de Río de Janeiro. Se trata de una antigua demanda, presentada por la princesa Isabel en 1895 para recuperar la posesión de la propiedad donde vivía con su marido, el príncipe Gastão de Orléans, el Conde d'Eu[221]. Independientemente de los méritos, el problema es que la demandante no estaba viva para lamentar la decisión, por lo que el proceso tardó 123 años en concluir[222].

Otro ejemplo menos extremo, pero también relevante, es el caso del ingeniero brasileño Nélio José Nicolai, inventor de un equipo de control de llamadas entrantes y de la terminal telefónica, conocida popularmente como Bina, una tecnología que permite identificar el número de quien llama. Nicolai patentó su invento y, debido a esta carta-patente, presentó demandas por daños y perjuicios contra varios operadores de telecomunicaciones que se beneficiaron del invento, cobrando a sus usuarios decenas de miles de millones de reales por servicios de identificación de llamadas[223]. Nicolai murió en 2017, sin que se le reconociera o disfrutara plenamente de su derecho o, al menos, recibiera un no, como la princesa Isabel.

Precisamente porque el largo proceso genera costos para las partes y para la sociedad, el propio sistema jurídico trata de minimizar el costo social del proceso, poniendo límites a la inversión en el proceso para tratar de lograr un equilibrio entre celeridad y precisión judicial. En este sentido, varias disposiciones legales

220. Además de destruir el valor del derecho, el retraso judicial puede generar un problema de selección adversa, atrayendo a malos litigantes y desalentando a los buenos litigantes (personas que realmente son titulares del derecho). Discutiré este efecto adverso en la Sección 6.6.

221. En 1955, los herederos de la princesa Isabel presentaron una demanda para la restitución de la propiedad y la correspondiente compensación (pérdidas y daños). Cf. REsp N.º 1141490 y REsp N.º 1149487.

222. De los 123 años que llevó cerrar el caso, fueron "solo" diez años en el STJ.

223. Por ejemplo, véase la Acción Compensatoria N.º 2001.01.1.108596-4, Distrito de Brasília, 2º Juzgado Civil, Tribunal de Justicia del Distrito Federal y Territorios (TJDFT).

demuestran que el legislador no ha optado por una decisión perfecta, sino por una decisión óptima[224], *i.e.*, la mejor decisión posible. Por ejemplo, en el caso de rebeldía[225], el juez dejará de invertir más en la reducción de la asimetría de información y tomará los hechos alegados por el autor como verdaderos, aplicando simplemente el derecho al caso concreto[226]. Lo mismo ocurre con la perención o preclusión, que impide la nueva realización de actos ya practicados o incompatibles con los anteriores[227], o con la existencia de la cosa juzgada material, que impide la utilización del servicio público adjudicatorio para volver a tratar la misma cuestión[228]. Como se puede ver, incluso el CPC reconoce que el proceso debe avanzar y debe haber un equilibrio entre celeridad y precisión.

Es este equilibrio el que determinará cuán razonable es la duración de un proceso determinado. Cuando la Constitución garantiza la duración razonable de un proceso, la evaluación del carácter razonable o no de la duración de un determinado proceso, requiere algún criterio normativo que permita juzgar el valor de su carácter razonable. Así, por ejemplo, al comparar una ejecución que duró solo seis meses con otra que duró un año, según el criterio de razonabilidad utilizado, puede ocurrir que la duración de la primera ejecución no se considere razonable, mientras que la duración de la segunda se considera razonable, aunque la primera haya sido más rápida.

En este sentido, la evaluación de la celeridad de un proceso será siempre una evaluación objetiva, aunque relativa, porque un proceso que dura seis meses será siempre más rápido que uno que dura un año. Por otra parte, la evaluación de la razonabilidad de la duración de un proceso será siempre una evaluación subjetiva,

224. En matemáticas, el término optimización se refiere al estudio de problemas en los que se busca minimizar o maximizar una función, eligiendo sistemáticamente valores de variables reales o enteras dentro de un conjunto viable. En el análisis económico del proceso, la **decisión óptima** es aquella que minimiza los costos sociales del proceso, mientras que la **decisión perfecta** es aquella en la que el costo de error es cero.

225. Art. 344. Si el demandado no contestase la acción, será considerado rebelde y se presumirán verdaderas las alegaciones de hecho formuladas por el demandante.

226. Es importante señalar que el propio legislador enumeró las hipótesis en las que la confesión ficticia de los hechos es inadmisible en el artículo 345/CPC:

Art. 345. La rebeldía no produce el efecto mencionado en el art. 344 si:

I – existiendo pluralidad de demandados, alguno de ellos contestase la acción;

II – el litigio versase sobre derechos indisponibles;

III – la petición inicial no estuviese acompañada del instrumento que la ley considere indispensable para la prueba del hecho;

IV – las alegaciones de hecho formuladas por el demandante fuesen inverosímiles o estuviesen en contradicción con la prueba que obra en los autos.

227. Art. 507. Está prohibido a la parte discutir en el curso del proceso las cuestiones ya decididas respecto de las cuales operó preclusión.

228. Art. 502. Se denomina cosa juzgada material a la autoridad que vuelve inmutable e indiscutible la decisión de mérito que ya no está sujeta a recurso. Para un análisis económico de la cosa juzgada, ver Bodart (2018).

ya que depende del criterio normativo que se utilice para hacer el juicio de valor y, por lo tanto, esta evaluación depende del contexto en el que se inserta el proceso analizado. Por ejemplo, en los procedimientos administrativos fiscales, la Oficina de Impuestos Federales de Brasil tiene 360 días para dictar una decisión administrativa, a partir de la presentación de peticiones, defensas o recursos administrativos por parte del contribuyente[229]. Por otra parte, la Administración Pública suele disponer de un plazo de hasta 30 días para adoptar una decisión tras la conclusión del proceso administrativo[230]. En tales casos, dado que existe un criterio para evaluar la duración razonable del proceso, si se decide dentro de los plazos establecidos, su duración habrá sido razonable. Si va más lejos, no. Lamentablemente (o no), en los procesos judiciales civiles no existen tales plazos para la conclusión de los casos o para expedir la decisión y, por lo tanto, nos atenemos al criterio abstracto de duración razonable.

A falta de un criterio objetivo para evaluar la razonabilidad de la duración del proceso, junto con los actos exigidos por la ley (derecho fundamental a la legalidad), *i.e.*, cuando el juez ejerce libremente la dirección del proceso, debe basar su actuación en la eficiencia, *i.e.*, debe realizar o dar autorización solo para aquellos actos que conduzcan efectivamente a una asignación precisa del derecho (eficiencia asignativa) y que no puedan ser sustituidos por otros actos que logren el mismo efecto, pero a menores costos (eficiencia productiva).

Es la minimización del costo social del proceso lo que explica, por ejemplo: (i) el proceso de conocimiento sumario dedicado a casos de poca complejidad y repercusión social (como los que son competencia de los tribunales civiles especiales), (ii) el juicio de las tutelas de urgencia (cuando el costo social de la revocación de un mandamiento judicial liminar es menor que el peligro de daño o el riesgo para el resultado útil del proceso), o (iii) la profundización del debate (a menudo convocando audiencias públicas e invitando a los *amici curiae* a complementar la instrucción) para establecer una tesis de repercusión general por el STF con consecuencia nacional.

Si las ganancias sociales superan el costo del proceso, el análisis costo-beneficio determina que se haga la inversión correspondiente, pero si las ganancias sociales son menores que la inversión, entonces no se debe hacer, aunque no se llegue a una decisión perfecta. En el límite, el juez debe invertir en su actividad cognitiva hasta el momento en que el costo marginal del proceso sea igual al beneficio marginal de perfeccionar la decisión judicial. Actuando de esta manera, el juez minimizará el costo social del proceso y la duración del mismo habrá sido razonable.

229. Según el art. 24 de la Ley N.° 11457, de 16 de marzo de 2007: "La decisión administrativa deberá dictarse en un plazo máximo de 360 (trescientos sesenta) días a partir de la presentación de peticiones, defensas o recursos administrativos por parte del contribuyente".

230. Según el art. 49 de la Ley n° 9.784, de 29 de enero de 1999: "Una vez concluido el procedimiento administrativo, la Administración dispondrá de un plazo máximo de treinta días para resolver, salvo que se justifique expresamente una prórroga por el mismo período".

3.5 Legalidad, eficiencia y justicia

Para concluir el debate de esta parte más general, es interesante examinar la relación entre legalidad, eficiencia y justicia, tanto a modo de conclusión como de aclaración. Un debate completo y productivo de lo que constituye la justicia desde el punto de vista normativo (moral) así como empírico (psicológico, sociológico y económico) requeriría uno o más libros dedicados exclusivamente al tema. Este no es el objetivo aquí, pero puedo hacer algunas notas que facilitarán la comunicación con el lector, aclarando ciertos puntos, premisas y conclusiones. De esta manera, no solo se facilitará la interacción, sino que el lector podrá concentrarse en evaluar mejor las posiciones adoptadas en este libro.

Para empezar, es importante dejar claro que mi posición es que la justicia es una noción totalmente subjetiva y que lo que la gente llama justo varía en el tiempo y en el espacio, incluso para el mismo tema en diferentes momentos. En este sentido, aunque la gran mayoría de las personas se sienten cómodas al afirmar que una situación determinada es justa o injusta, en la práctica creo que esta posición tiende a reflejar la idiosincrasia y las preferencias del propio decisor y no el resultado de un modelo objetivo de justicia. En realidad, mi experiencia dice, y creo que su experiencia es la misma, que incluso los grupos relativamente homogéneos -como los juristas, los abogados, los magistrados o los políticos-, tienen preferencias y visiones del mundo sustancialmente diferentes y, por lo tanto, quieren cosas diferentes para ellos mismos, para los demás y para la sociedad. La diversidad de opiniones y valores hace que no se pueda hablar de un criterio universal de justicia, sino más bien de criterios personales y particulares de justicia.

De hecho, entiendo que no existe una teoría positiva de la justicia, entendida aquí como una teoría que explica la realidad, *i.e.*, una teoría que explica y predice si un hecho dado será considerado justo o injusto por una comunidad determinada. No existe un criterio ético universal. Las teorías que existen, como la Teoría de la Justicia de Rawls[231], son lo que llamamos teorías normativas, construcciones teóricas sobre lo que debería ser la justicia y no lo que realmente es para las personas. No obstante, existe una vasta literatura, tanto en psicología como en sociología y economía experimental, que investiga lo que la gente encuentra moralmente aceptable (justo) o moralmente inaceptable (injusto), pero no existe una teoría positiva de la justicia.

La falta de una teoría positiva de la justicia es lamentable, porque si tuviéramos un mecanismo objetivo para identificar qué situaciones o normas son justas y cuáles son injustas, como el uso de la ciencia para discutir qué sustancias hacen

231. Cf. Rawls (1997 [1971]).

bien o mal a la salud humana, podríamos utilizarlo para determinar qué reglas jurídicas deberían regir nuestra sociedad y cuáles no. En el contexto procesal, podríamos decidir objetivamente, según este criterio ético universal, qué reglas jurídicas debería aplicar el Poder Judicial para resolver los conflictos y cuáles no. Sin embargo, como este criterio ético universal –esta teoría positiva de la justicia– no existe, es necesario utilizar algún otro criterio normativo para las decisiones colectivas. Las decisiones personales, que afectan preponderantemente solo a la persona que toma las decisiones y a nadie más, pueden tomarse según sus criterios individuales e idiosincrásicos de justicia, pero las decisiones colectivas, o las que afectan sustancialmente a la vida de los demás, deben elegirse de manera diferente.

Ante la ausencia de un criterio ético universal para identificar teóricamente lo que el pueblo considera moralmente aceptable o lo que quiere que proporcione el Estado, muchas civilizaciones modernas han adoptado la organización sociopolítica de una democracia, en la que sus miembros votan por representantes del pueblo que, una vez elegidos, se reúnen en asamblea y deciden las normas que regirán la vida en sociedad (derecho) y los bienes y servicios que proporcionará el Estado, *i.e.*, cómo se asignarán los recursos públicos (presupuesto). Estas son las dos funciones más importantes del Poder Legislativo. En resumen, en ausencia de un criterio ético universal, las sociedades modernas han optado por la forma más viable de realizar la voluntad popular: la democracia.

En las sociedades modernas, el derecho reemplaza a la justicia. Si bien la justicia es una noción personal, subjetiva y particular, el derecho es objetivo, puede medirse independientemente de los valores y la visión del mundo de las personas. Solo el derecho hace posible la vida en sociedad y solo el derecho puede proteger a la gente de la tiranía de los demás. Además, como en toda sociedad mínimamente abierta y pluralista hay un gran número de valores e ideales, a menudo divergentes, el derecho no es en realidad algo que se oponga a la noción de justicia, sino más bien la aproximación más cercana posible a lo que una población determinada considera justo. En otras palabras, en ausencia de un mecanismo perfecto para agregar las preferencias sociales, la democracia y el derecho –su producto– es la mejor aproximación posible a la voluntad popular y, por lo tanto, a lo que es moralmente aceptable para esa población[232].

Si no se puede decir que el derecho es siempre justo, porque es el resultado de la voluntad del Estado y el Estado puede no ser justo, como en el caso de un Estado dictatorial, todo cambia cuando se adopta la organización sociopolítica de una democracia. En un Estado democrático, el derecho es lo justo y lo justo es el derecho,

232. Cuanto más competitiva o perfecta sea la democracia, más cerca estarán las leyes de la voluntad popular. Sin embargo, no debemos perder de vista el problema de la acción colectiva, cf. Olson (1971 [1965]).

o al menos lo más justo posible, porque las leyes escritas democráticamente y la asignación de los recursos públicos votados en el presupuesto son literalmente lo más cercano posible a la voluntad popular (promedio) en una sociedad pluralista y abierta[233]. Un individuo o grupo de individuos puede estar en desacuerdo con una ley o asignación presupuestaria determinada, y se espera que esto ocurra en una democracia, ya que el derecho será el resultado de la voluntad media. Sin embargo, el derecho, la ley, se mantendrá lo más cerca posible de la voluntad popular.

En una democracia representativa, el Estado es el único mecanismo de agregación de las preferencias de su población y las leyes que produce son el resultado más cercano posible a estas preferencias sociales. Como la ley es el resultado de la voluntad popular, el bienestar social aumenta o se protege cuando se adoptan y aplican leyes escritas democráticamente. La ley, resultado de la voluntad popular es, por lo tanto, la encarnación de las preferencias sociales, y la aplicación de la voluntad popular es, a la vez, justa y eficiente. Es justo en el sentido de que el resultado es aceptado moralmente por una parte sustancial de la comunidad (y no según alguna teoría normativa) y asigna recursos públicos y adjudica los bienes de la vida, en caso de conflicto, a aquellos a quienes el derecho –y, por lo tanto, la sociedad– así lo determina.

En lugar de la legalidad, la justicia y la eficiencia como ideales que se contradicen entre sí, como a muchos les gusta afirmar, en una democracia competitiva son, de hecho, el requisito o la condición necesaria de cada uno. Si lo justo es lo moralmente aceptable, entonces lo justo depende de lo que la mayoría de la gente entienda como aceptable, *i.e.*, de sus preferencias. El mecanismo de revelación y agregación de las preferencias sociales –aunque sea imperfecto–[234] es el Estado, a través del Poder Legislativo compuesto por los representantes del pueblo, y a través del referéndum popular, cuando el pueblo se manifiesta directamente. El Poder Legislativo, en cambio, este mecanismo de revelación y agregación de preferencias, se manifiesta predominantemente por el derecho, por las leyes. La ley es, por lo tanto, el resultado más cercano posible a la voluntad popular, a las preferencias sociales y, consiguientemente, a lo que es moralmente aceptable. Dado que ser eficiente en la asignación de recursos es asignarlos en la cesta de bienes y servicios que la sociedad más valora, y que la ley refleja la asignación deseada por la sociedad, tenemos que

233. Obviamente, si todas las personas pensaran igual y tuvieran el mismo sentido de justicia, lo cual es imposible, no sería la voluntad promedio, sino la voluntad exacta.

234. Para que no quepa duda, el Estado, como mecanismo de agregación de preferencias, es muy imperfecto, e incluso puede cometer errores, según el diseño institucional, incluso en una democracia. Sin embargo, una sola persona o un grupo de once personas dentro de un Supremo Tribunal es aún más imperfecto. Por lo tanto, el criterio de análisis no es y no podría ser el mundo ideal, sino el mundo real y la opción "menos mala". Desde el punto de vista jurídico, la elección fue hecha por el Estado y por la democracia; el resto es material para el debate.

seguir la ley –en una democracia competitiva–, es lo más justo y eficiente posible desde el punto de vista social (*second best*), aunque puede no serlo desde el punto de vista de un individuo determinado.

Solo como advertencia y curiosidad, en la década de 1970, Richard Posner llegó a proponer que, en ausencia de una teoría de valor operable y consensuada, habría justificaciones éticas para adoptar la maximización de riqueza social como criterio normativo, ya que funcionaría como una forma de aproximación a la búsqueda de eficiencia[235]. No obstante, tras un largo e intenso debate dentro[236] y fuera de[237] la tradición iuseconomista, Posner reconoció que esta posición era insostenible y que no había base moral para limitar el objetivo inmediato del derecho a la maximización de riqueza[238]. En cualquier caso, como se ha visto en la Sección 3.1, no comparto su posición original y, como el propio Posner ha evolucionado desde esta posición, este debate está –desde hace mucho tiempo– cerrado[239].

Dicho esto, llevando la discusión a nuestro contexto procesal, si la ley refleja la voluntad popular y su aplicación es justa y eficiente, entonces el Poder Judicial será justo y asignablemente eficiente al atribuir el bien de la vida a quienes tienen derecho a él, de acuerdo con la ley. Por eso, como hemos visto en la Sección 2.2, la función social del proceso es administración y protección. Administrar significa estructurar y organizar el servicio público adjudicatorio de manera que las partes sepan cómo proceder, y proteger significa reducir los costos de errores del servicio adjudicatorio, tanto los debidos a errores involuntarios del juez como a errores voluntarios (comportamiento oportunista).

El Poder Legislativo está compuesto por representantes elegidos democráticamente por la sociedad, para que actúen como *proxies* de los valores de esa sociedad y creen el derecho a través del proceso legislativo, por lo que el resultado del proceso legislativo (el derecho) es el resumen, el sumario, el agregado legítimo de los valores y preferencias de la sociedad, aunque sea imperfecto. Por lo tanto, cualquiera sea el resultado de este proceso, se supone que es lo más cercano posible a lo que la sociedad entiende como justo y correcto, ya que fue producido por sus representantes elegidos democráticamente. Es lo que la sociedad prefiere.

235. Para la propuesta original, ver el artículo de Posner *Utilitarianism, Economics, and Legal Theory* (1979) o el libro *The Economics of Justice* (1983 [1981]).

236. Por ejemplo, véase Calabresi (1980) y Kronman (1980).

237. Por ejemplo, véase Coleman (1980), Dworkin (1980(a)), (1980(b)), (2001, Cap. IV) y Rizzo (1980).

238. Cf. Posner (1990, pp. 382 y ss.).

239. Es interesante que muchos críticos del AED se refieran a este debate de hace cuarenta años como si todavía existiera, ya sea dentro o fuera de la tradición iuseconomista.

Evidentemente, ante una laguna jurídica, *i.e.*, cuando el juez no puede descubrir las preferencias de la sociedad para un caso concreto mediante el uso de la analogía o la investigación de las costumbres, la propia ley le autoriza a llenar esa laguna jurídica, utilizando los principios generales del derecho. A su vez, cuando las reglas no son claras y es posible más de una interpretación válida para el texto normativo (hermenéutica de las opciones), el juez debe elegir una interpretación y aplicarla. En ambos casos, y dentro de los posibles límites semánticos, el juez revelará sus propias preferencias en cuanto a la forma en que el derecho debe ser adjudicado en el caso particular.

Sin embargo, como ya se ha comentado en otra ocasión, según el **ciclo del litigio**[240], si el Poder Legislativo no está de acuerdo *a posteriori* con la regla creada por el Poder Judicial para casos concretos en hipótesis de integración o hermenéutica de las opciones, le basta crear una ley que establezca una regla jurídica para esa situación previamente no regulada (eliminando la laguna) o hacer más preciso el lenguaje del comando jurídico original (eliminando la ambigüedad).

EL CICLO DEL LITIGIO
Figura 3-6

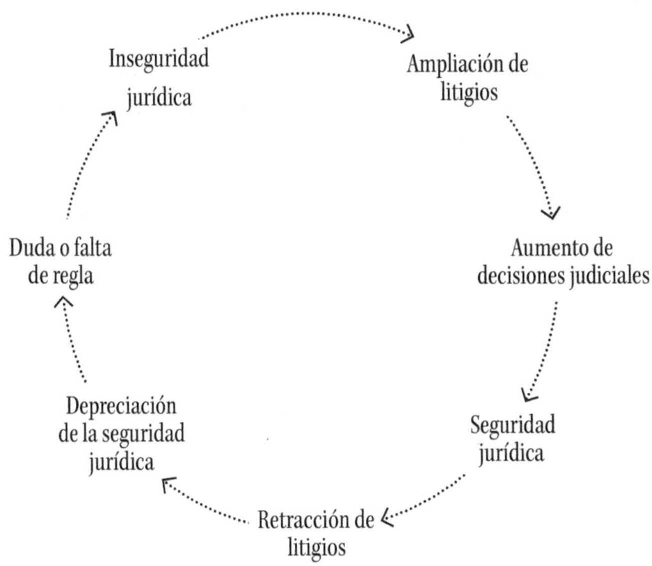

Fuente: Adaptado de Gico Jr. (2013, p. 458).

240. La primera propuesta del ciclo de litigio se hizo en Gico Jr. (2012; 2013).

En ese caso, si el sistema jurídico funciona de manera estructurada, este será estable, lo que dará lugar a una mayor seguridad jurídica, pero también resultará dinámico y adaptable. La adhesión del Poder Judicial a la legalidad proporcionará la seguridad jurídica necesaria para la vida en la sociedad y garantizará que el derecho sea justo y asignativamente eficiente. En los casos en que no exista una regla jurídica o esta sea ambigua, el Poder Judicial irá llenando gradualmente el sistema a medida que surjan nuevos casos concretos. Esas decisiones se consolidarán en la jurisprudencia y los precedentes, y formarán parte del ordenamiento jurídico. Si el Poder Legislativo considera que la solución complementaria adoptada por el Poder Judicial es adecuada o indiferente, puede permanecer inerte. Si no está de acuerdo, puede crear una ley que prevalezca sobre la jurisprudencia anterior. Como el Poder Judicial se somete al derecho (legalidad), prevalecerán las preferencias sociales plasmadas en la ley.

Por otra parte, si el Poder Judicial actúa regularmente *contra legem* y no se somete a la legalidad, se rompe todo este ciclo de litigios y (i) no hay forma de generar seguridad jurídica, ya que cualquier juez puede violar cualquier ley, bajo cualquier pretexto, dado que los principios jurídicos tienen un contenido suficientemente abstracto para ser articulados según las preferencias del propio juez; y (ii) no hay ninguna forma racional de garantizar o sugerir que la decisión judicial *contra legem* está más cerca de las preferencias sociales que la ley. En realidad, todo nos lleva a creer que tales decisiones serán deliberadamente contrarias a la voluntad del pueblo y el resultado único y exclusivo de las preferencias y peculiaridades del propio juez. No es de extrañar que muchos neoconstitucionalistas sostengan hoy que la función de los Tribunales Constitucionales es precisamente violar la democracia y la Constitución para tomar decisiones contra la voluntad del pueblo, *i.e.*, contramayoritarias[241], mientras que otros extrapolan admitiendo abiertamente que sus decisiones judiciales no solo son antidemocráticas (o contramayoritarias), sino que son mejores que la voluntad del pueblo, lo que explicaría su papel de iluminar a los ignorantes[242], *i.e.*, a todos los que están en desacuerdo con ellas. En

241. Mi definición de *neoconstitucionalista* es la de cualquier persona que entienda que una ley puede ser dejada de lado para la aplicación de un principio, sin que se declare su inconstitucionalidad, o que todas y cada una de las cuestiones jurídicas pueden y/o deben ser resueltas principalmente mediante la aplicación de un principio en lugar de la ley, incluso cuando esta existe.

242. Según Barroso: "Finalmente, en situaciones excepcionales, con gran autocontrol y parsimonia, las cortes constitucionales deberían desempeñar un papel iluminista. Deben promover, en nombre de los valores racionales, ciertos avances civilizadores e impulsar la historia. Se trata de **decisiones que no son precisamente contrarias, porque no implican** la invalidación de una ley específica; **tampoco son representativas**, porque no expresan necesariamente los sentimientos de la mayoría de la población". Cf. Barroso (2018, p. 8). Algunas preguntas que el ilustre maestro no responde son: i) ¿cómo puede ser esto compatible con la democracia?; ii) ¿qué sucede si la gente no está de acuerdo con el juez iluminista, incluso después de "iluminado"?; iii) ¿por qué debería alguien creer en la moderación del juez, cuando la historia y la experiencia demuestran exactamente lo contrario? y iv) ¿qué sucede si en lugar de "iluminista" el dictador constitucional es reaccionario?

cualquier caso, tales posiciones al menos dejan bastante claro que una decisión judicial *contra legem* viola la voluntad popular y, por lo tanto, no es justa (al menos no para la sociedad).

Independientemente del debate asignativo, supongo que incluso los neoconstitucionalistas estarán de acuerdo en que, desde un punto de vista productivo, es injustificable que la aplicación de cualquier política o la adjudicación de cualquier derecho no se preocupe con el uso mínimo de recursos necesarios para el cumplimiento de ambas tareas. Dicho de otro modo, una vez que se haya establecido el derecho material, aunque su fuente sea la sabiduría del neoconstitucionalista o un principio *creatio ex nihilo*, no hay justificación moral o ética para aplicar las reglas de manera ineficiente[243]: "En un mundo en el que los recursos son escasos y las necesidades humanas potencialmente ilimitadas, no hay nada más injusto que el derroche. En este sentido, el AED puede contribuir a la identificación de lo que es injusto, ya que toda regla que genera derroches (y, por tanto, es ineficiente) es injusta. Asimismo, es imposible cualquier ejercicio de ponderación si quien lo está realizando no sabe lo que está efectivamente en cada lado de la balanza, es decir, sin la comprensión de las consecuencias reales de si adoptar esa o aquella regla jurídica. [...] No sabemos lo que es justo, pero sabemos que la ineficiencia es siempre injusta, por lo que no consigo vislumbrar ningún conflicto entre eficiencia y justicia, sino que, por el contrario, considero la una como condición de existencia de la otra".

En este paso, si la justicia puede definirse como la reparación de las violaciones de los derechos de cada ciudadano –lo que puede hacerse mediante el proceso judicial–, entonces el proceso judicial se considerará asignativamente eficiente al adjudicar el bien litigioso a quien tenga derecho y será productivamente eficiente al adjudicarlo al menor costo posible. En esta línea, cuanto más impongan los jueces sus valores en el momento de la adjudicación en sustitución de lo que determina la ley (decisiones *contra legem*), más alejados estarán los resultados de la actividad adjudicatorio de las preferencias de la sociedad, se adjudicarán más bienes de la vida a los que no tienen derecho y se promoverá menos justicia.

Por otra parte, cuanto más productivo sea el proceso judicial, *ceteris paribus*, más rápido se concluirá y se concederá el bien de la vida a quien tenga derecho y, por lo tanto, más valioso será este derecho para la parte, he aquí que no se habrá erosionado por el tiempo (mayor valor actual del derecho)[244]. Además, cuantos más casos se concluyan correctamente, mayor será el número de violaciones de derechos que se remedien y se promoverá más justicia. La eficiencia es, por lo tanto,

243. Cf. Gico Jr. (2019, p. 65).

244. Para el impacto del elemento tiempo en el valor del derecho, véase la Sección 6.6 infra.

una condición necesaria para que se haga justicia, y no hay manera de hablar de conflicto de ningún tipo.

Hechas estas consideraciones más filosóficas y una vez establecidos los conceptos y principios fundamentales de la Teoría General del Proceso a la luz de la iuseconomía, debemos pasar ahora a lo más interesante del análisis económico del proceso: sus modelos de comportamiento, que nos ayudarán a comprender mejor las estructuras de incentivos de cada una de las partes en la relación procesal, incluido el juez, y nos permitirán así identificar, discutir y probar las consecuencias de las reglas jurídicas procesales. Eso es lo que haremos a continuación.

4

Teoría Positiva del Proceso: el análisis económico del proceso

La principal razón por la que la gente enjuicia los procesos es la incertidumbre sobre el resultado esperado. Si no hubiera incertidumbre, *i.e.*, en un mundo de derecho y justicia perfectos, el comportamiento esperado de las partes sería casi siempre la celebración de un acuerdo, porque no habría manera de ganar más a través de un litigio. Por ejemplo, supongamos que Antonio es un consumidor que sufrió una pérdida de $100.000 como resultado de un accidente supuestamente causado por la empresa de Roberta. Además, supongamos que no es controvertido que haya habido un daño, que se haya practicado un acto ilícito y que estemos ante una hipótesis de responsabilidad objetiva. Por lo tanto, bastaría que se probase el nexo causal entre el acto ilícito y el daño ante el tribunal, para que su demanda de indemnización se considerase procedente. Los costos de litigar para ambas partes se estiman en $10.000, dada la complejidad del caso.

En este escenario, el costo previsto del litigio para Roberta es de $110.000 (la indemnización más los costos de litigar) y el beneficio previsto del litigio para Antonio es de $90.000 (la indemnización menos los costos de litigar). Como puede verse, hay claramente una ganancia potencial de $20.000 si las partes no litigan, que es exactamente la suma de los costos de litigar, y este es precisamente el espacio en el que las partes podrían llegar a un acuerdo. Cualquier pago hecho por Roberta a Antonio de entre $110.000 y $90.000 mejorará la posición de ambas partes en comparación con el escenario de la proposición de la demanda, *i.e.*, sería Pareto eficiente. En este caso, litigar solo destruiría valor para ambas partes. Pero si el litigio es tan ineficiente, ¿por qué la judicialización en la América Latina y otros países es tan grande?

Según el Informe 2019 del Consejo Nacional de Justicia (CNJ)[245], el índice de conciliación, entendido aquí como el porcentaje de sentencias y decisiones resueltas de homologación de acuerdos en relación con el número total de sentencias y decisiones terminantes dictadas, es del 11,5%, es decir, en promedio, solo una de cada diez acciones termina en acuerdo en Brasil. En la fase de conocimiento, este índice aumenta al 16,7%; en la fase de apelación baja al 0,9% y, en la fase de ejecución, es solo del 6%.

La evolución de los datos de 2015 a 2018 muestra que, al menos por el momento, el nuevo CPC no parece haber tenido ningún impacto en el índice de conciliación en Brasil. Solo para comprender la magnitud del problema, en Estados Unidos, en el año 2018, se estima exactamente lo contrario, *i.e.*, que alrededor del 1% de los casos en la justicia civil han sido finalizados por decisión final, es decir, que el 99% de los casos se cerraron por acuerdo[246]. ¿Qué explicaría una disparidad tan grande?

245. Cf. CNJ (2019, p. 142).

246. Cf. Oficina Administrativa de los Tribunales de los Estados Unidos (2018, Table C-4).

Ya se han ofrecido innumerables razones para explicar el bajo número de acuerdos y la congestión de los tribunales[247], desde la falta de recursos, los procedimientos complejos, los incentivos de los abogados, los incentivos de los jueces, la mala gestión, la cultura del litigio, la baja calidad de las leyes, el número excesivo de leyes, la escasa inversión en seguridad jurídica e incluso la propia naturaleza del derecho y del sistema adjudicatorio público, como veremos en el Capítulo 6. Pero todas las explicaciones pasan –de una forma u otra– por la comprensión del comportamiento de las partes y sus respectivas estructuras de incentivos, *i.e.*, la comprensión de por qué las partes litigan, por qué celebran o no celebran un acuerdo, por qué apelan contra una decisión judicial. Consecuentemente, la comprensión del problema requiere algo más que el simple enfoque dogmático tradicional del derecho procesal. Necesitamos una **Teoría Positiva del Proceso (TPP).**

Una Teoría Positiva del Proceso debe ser capaz no solo de describir los institutos y organizaciones procesales, de interpretar y explicar las reglas jurídicas contenidas en cada comando legal, sino que también debe ayudarnos a comprender cómo se comportan las partes litigantes en el curso del proceso y cómo interactúan con el juez en esta relación tripartita, en cada etapa del proceso. En otras palabras, para entender realmente el proceso, no solo necesitamos saber qué dicen las reglas procesales, *i.e.*, su hermenéutica, sino también saber cómo se comportan las partes antes, durante y después de una disputa. Además, es necesario investigar el impacto de estas reglas procesales en ese comportamiento y el impacto potencial, si se modifica una regla o su interpretación, incluso para discutir posibles cambios, si procede. Solo entonces podemos decir que comprendemos efectivamente el proceso civil. Y eso es precisamente lo que me propongo hacer en los próximos capítulos: presentar los fundamentos de la Teoría Positiva del Proceso.

Nótese que la TPP no es un sustituto de la Teoría General de Proceso (TGP), sino su complemento. La TGP se centra en la identificación de los conceptos y categorías comunes a todas las áreas del proceso, mientras que la TPP se orienta a la comprensión del fenómeno en el mundo de los hechos, la conducta, el comportamiento de las partes durante el curso del litigio de acuerdo con las reglas jurídicas. Mientras que la TGP se pregunta cuáles son los elementos esenciales comunes a todas las áreas del proceso, la TPP se pregunta cómo se comportan los agentes implicados en el proceso y, por tanto, las consecuencias sociales de tal o cual regla jurídica. Combinadas, la TGP y la TPP son una herramienta poderosa para la comprensión y el análisis del derecho procesal y, es de esperar, para la construcción de un sistema jurídico más eficiente y más justo. A continuación, veremos el estudio de cómo se comportan las partes.

247. Cf. Gico Jr. (2012; 2019).

4.1 Fundamentos del modelo iuseconómico del proceso

4.1.1 Decisión con y sin riesgo (certeza e incertidumbre)

Antes de comenzar a discutir cómo surge una disputa, bajo qué condiciones se enjuicia, y para construir el modelo iuseconómico del proceso, necesitamos explorar más a fondo la Teoría de la Elección Racional (TER) presentada en la Sección 1.3 y profundizar en la discusión de cómo las personas deciden sobre las opciones con y sin riesgo.

Solo recordemos que cuando decimos **decisión libre de riesgos** nos referimos a aquellas decisiones en las que cada alternativa disponible es determinística, *i.e.*, si es seleccionada por la persona que toma la decisión, la opción ocurrirá (o al menos así cree el que decide). Por otra parte, una **decisión con riesgo** será aquella en la que al menos una de las alternativas no sea determinística. Por lo tanto, hay al menos una alternativa que el que toma las decisiones cree que tiene una probabilidad de ocurrencia inferior al 100%, *i.e.*, que puede no ocurrir, incluso si se elige. Empecemos con decisiones sin riesgos.

Supongamos que Roberta se enfrenta a dos opciones: puede vender su coche usado al concesionario *A* por $45.000 o al concesionario *B* por $42.000. La elección de Roberta puede representarse de la siguiente manera:

ELECCIÓN SIN RIESGO

Figura 4-1

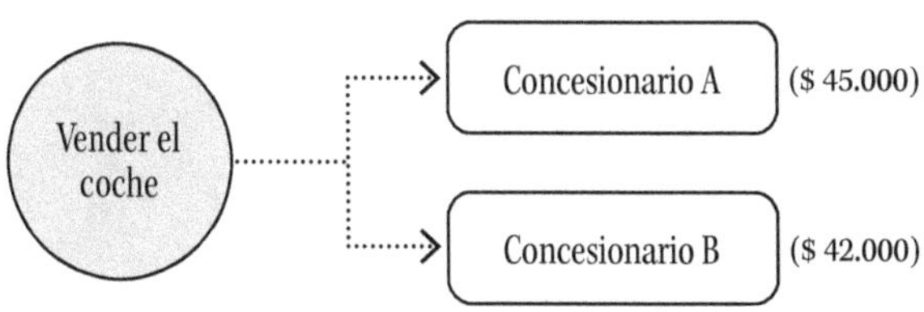

Dado que Roberta es un agente racional, la conducta esperada es que elija vender el coche al concesionario *A*, ya que esta opción generará el mayor retorno. Como este ejemplo no entraña riesgo, la decisión se toma únicamente entre las conductas posibles (alternativas o cursos de acción), y el criterio de elección se basa en los resultados (ciertos) de cada alternativa.

Si suponemos que las personas actúan generalmente de manera racional, podemos decir que cuando alguien se enfrenta a una elección similar, donde los resultados son ciertos (sin riesgo), y una opción es claramente mejor que la otra (A > B), entonces, la opción asociada con el mejor retorno tiende a ser la elegida.

Recuerde: "mejor" se usa en el sentido de generar mayor utilidad para el agente que toma la decisión según sus preferencias subjetivas. Esta conclusión es un resultado directo del supuesto de racionalidad, según el cual si A > B, entonces, dada la elección entre A y B, la elección será para A, a menos que haya un error. Así, ante opciones sin riesgo, el agente preferirá la opción que le aporte el mayor beneficio o el mejor retorno según su opinión, *i.e.*, los agentes son racionales.

Así, si un consumidor busca un determinado aparato de televisión y sabe que este se vende por $3.000 en una tienda y por $2.500 en otra, en el mismo centro comercial, en las mismas condiciones comerciales (*ceteris paribus*), entonces la conducta esperada es que el consumidor adquiera el producto en la tienda de menor precio. El mismo razonamiento se aplica, sin reservas, si el producto que busca es cocaína. Como dije, es la mejor opción según las preferencias del que toma las decisiones, no las nuestras. No estamos discutiendo un criterio objetivo para evaluar la conducta, sino una teoría sobre cómo se comporta la gente.

Además, para los agentes racionales, lo que importa es el resultado neto de su decisión y no el valor bruto ofrecido. Por ejemplo, supongamos que el concesionario *A* queda en São Paulo, y el costo del flete para transportar el coche desde Brasília hasta allí es de $8.000, mientras que el concesionario *B* queda en Goiânia, y el costo del flete es menor, $4.000. Ahora la opción para el concesionario *A* genera solo $37.000 (= 45.000 - 8.000) y la opción para el concesionario *B* genera $38.000 (= 42.000 - 4.000). Por lo tanto, las alternativas de Roberta se convierten:

ELECCIÓN SIN RIESGO CON COSTO
Figura 4-2

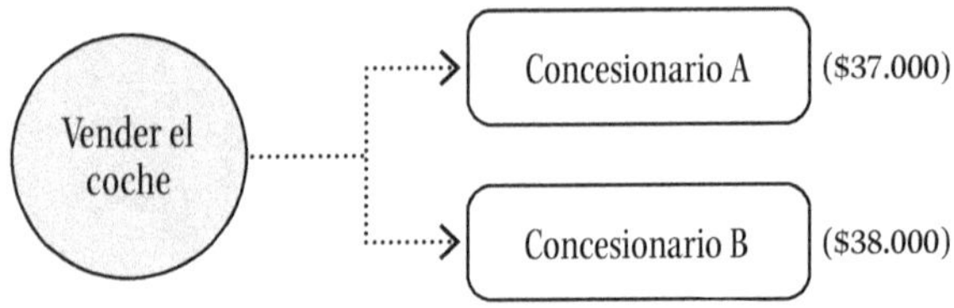

Aunque el precio pagado se mantuvo constante en ambos ejemplos, el análisis anterior cambió con la inclusión del costo del flete, y la alternativa más interesante se convirtió en el concesionario *B*, aunque el concesionario *A* pagase más. Este resultado es obvio, pero relevante para alertarnos de que lo que importa para la decisión del agente racional es el **beneficio neto** obtenido con la opción, el resultado (*outcome* o *payoff*) y no la cantidad bruta pagada o recibida. Por lo tanto, debemos tener en cuenta que no solo las ganancias sino también los costos importan para la decisión final del agente racional.

Insertemos ahora el riesgo en el análisis y veamos cómo puede afectar al comportamiento de los agentes. Supongamos que, con el dinero de la venta de coches, Roberta quiere empezar un negocio. No tiene experiencia como empresaria, pero quiere empezar una nueva carrera. Después de leer muchos libros, hablar con la gente que trabaja en la zona y estudiar el mercado, estima que, si invierte para abrir una heladería cerca del lago, tendrá un 50% de oportunidad[248] de tener éxito y ganar $5.000 y un 50% de oportunidad de no tener éxito y perder $10.000. ¿Crees que Roberta abriría este negocio? ¿Lo harías? Piénsalo antes de continuar.

Obsérvese que, aunque las oportunidades de éxito de Roberta no son malas, el 50% equivale a un juego de cara o cruz, los resultados esperados de la empresa son desproporcionados. Tiene un 50% de probabilidad de ganar $5.000, pero el mismo 50% de probabilidad de perder $10.000, es decir, el doble. En este sentido, aunque las posibilidades sean equivalentes, la desproporción de los resultados parece inclinar la decisión de no invertir en este negocio. Sería interesante tener una forma más estructurada que la mera intuición para pensar en este tipo de decisión, pero antes de presentarla, compliquemos aún más el dilema de Roberta con otro ejemplo.

Ahora supongamos que Roberta investigara más y se diera cuenta de que los quioscos de cerveza y otras bebidas tienen más éxito en el lago que los helados y que, si cambiara su línea de negocio, sus posibilidades de éxito aumentarían del 50% al 75%. Esto equivale a decir que, en lugar de un juego de cara o cruz, se enfrentaría a un dado de cuatro caras (tetraedro): obtendría un beneficio si sacara 1, 2 o 3 del dado. Solo tendría una pérdida si saliera 4[249]. Los resultados siguen siendo desproporcionados, ella perdería el doble de lo que ganaría, si perdiese, pero ahora las posibilidades están de su lado. Es tres veces más probable que gane (1, 2 y 3 en el dado de 4) de que pierda (4 en el dado de 4). ¿Sería suficiente aumentar las posibilidades de éxito para hacerla invertir en el negocio? ¿Cómo actuarías? Si tuvieras que describir el comportamiento de una persona promedio ante una elección como esta, y no de un individuo en particular, ¿cómo lo harías?

En este punto es evidente que la inserción del riesgo hizo que la decisión de abrir o no el negocio fuera mucho menos directa que las decisiones sin riesgo; y ahora hay que considerar no solo los resultados (*payoff*) asociados a cada alternativa, sino también la probabilidad de ocurrencia de cada una de ellas. Es fácil ver que,

248. Recuerde que la gente a menudo usa la palabra *oportunidad* para las probabilidades asociadas con resultados positivos y deseables; y usa la palabra *riesgo* para las probabilidades asociadas con resultados negativos e indeseables. Pero, en realidad, tanto la oportunidad como el riesgo son solo probabilidades.

249. Si el lector se pregunta si hay un dado de cuatro caras, es porque nunca ha participado en un juego de actuación (*role playing game* o RPG). Un juego de RPG estándar tiene dados de varias caras, incluyendo 4, 8, 10, 12 y 20 caras, además de los tradicionales dados de 6 caras. Fin del momento *nerd*.

para cada opción, cuanto mayor sea la probabilidad de que ocurra, mayor será su peso en la decisión final, tanto en el lado positivo como en el negativo.

La forma en que representamos esta intuición es ponderando cada resultado por su probabilidad de ocurrencia (riesgo), a fin de considerar los efectos tanto de las variaciones en el *payoff* como de las variaciones en las probabilidades de ocurrencia. Así, pues, el cambio en el valor del resultado hará que la opción sea más atractiva si es positiva, y menos atractiva si es negativa, mientras que el aumento de la probabilidad hará que esa opción sea más pertinente para una decisión final, y la disminución de la probabilidad la hará menos pertinente.

El **retorno esperado**[250] de una alternativa es el *payoff*, que puede ser positivo o negativo, multiplicado por la probabilidad de que se produzca. En este sentido, el valor esperado de una apuesta de $100 con una probabilidad de éxito del 60% es de $60, *i.e.*, 100·0,60 = 60, mientras que el valor esperado de un accidente que genere una pérdida de $100 con una probabilidad de ocurrencia del 10% es de -$10; *i.e.*, -100·0,1 = -10. Ahora podemos combinar el resultado esperado de cada alternativa para generar el valor esperado de la decisión en su conjunto. Razonar de esta manera nos permitirá evaluar mejor los dos ejemplos anteriores y compararlos.

En el primer ejemplo, Roberta se enfrentó a dos opciones: invertir o no invertir en la heladería. La opción de no invertir en la heladería la mantiene en su estado inicial, en el statu quo; la inversión en la heladería puede llevar a dos resultados diferentes: ganancias o pérdidas[251]. Las opciones de Roberta son las siguientes:

RETORNO ESPERADO DE LA INVERSIÓN EN LA HELADERÍA
Figura 4-3

	Probabilidad (A)	Resultado (B)	Retorno esperado (A . B)
Ganancias	50%	5.000	2.500
Pérdidas	50%	-10.000	-5.000
Retorno esperado			-2.500

Como se puede ver, el retorno esperado de la inversión en la heladería para Roberta es de -$2.500[252], lo que significa que, si este negocio se abriera varias veces,

250. En matemáticas o estadística, el rendimiento esperado también se llama valor esperado, esperanza o expectativa matemática.

251. Desde un punto de vista matemático es relativamente simple hacer que el resultado sea cualquier valor entre el 0% y el 100% de éxito, generando resultados infinitos. Sin embargo, el tratamiento de los modelos requeriría cierto grado de dominio del cálculo matemático, lo cual es innecesario para que nuestro lector capte las intuiciones de los modelos.

252. Retorno esperado (RE) = 0,5·5.000 + 0,5·(-10.000) = -2.500.

el retorno esperado sería una pérdida media de $2.500; o que, considerando todas las heladerías del lago, en promedio, pierden $2.500. Por lo tanto, desde un punto de vista racional, la inversión en la heladería no tiene sentido para Roberta, porque espera un regreso negativo. La decisión de Roberta también puede representarse en el siguiente **árbol de decisiones:**

INVERTIR O NO INVERTIR – HELADERÍA
Figura 4-4

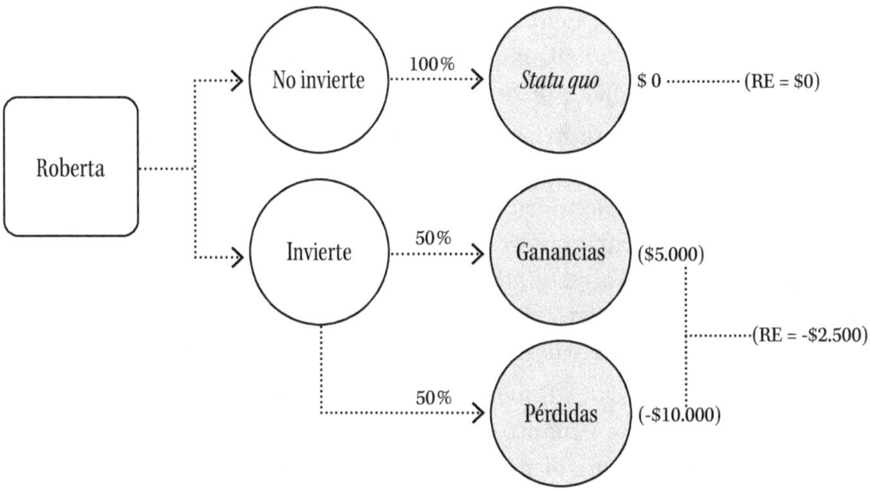

El caso de inversión en el quiosco de bebidas es casi idéntico al caso de la heladería, permaneciendo todas las alternativas iguales, incluyendo los *payoffs* de cada resultado, cambiando solo las probabilidades asociadas a cada resultado. Podemos resumir el caso del quiosco de bebidas así:

RETORNO ESPERADO DE LA INVERSIÓN EN EL BAR
Figura 4-5

	Probabilidad (A)	Resultado (B)	Retorno esperado (A . B)
Ganancias	75%	5.000	3.750
Pérdidas	25%	-10.000	-2.500
Retorno esperado			1.250

Obsérvese que el simple cambio de las probabilidades asociadas a cada resultado fue suficiente para modificar el retorno esperado de la inversión, que pasó de una pérdida media de \$2.500 a una ganancia media de \$1.250[253], aunque todas las demás variables se mantuvieron constantes. Por lo tanto, el cambio de probabilidades a favor fue suficiente para hacer que la inversión en el quiosco fuera una opción racional para Roberta.

Es importante señalar que, en una decisión con riesgo, el valor esperado no representa necesariamente algún de los resultados posibles, ni es el resultado más probable (asociado con una probabilidad más alta); es solo el valor medio que se obtendría si se tomara la misma decisión un gran número de veces. Así, en el caso de la heladería, el retorno esperado es de -\$2.500, pero los resultados posibles son solo de \$5.000 y -\$10.000, mientras que, en el caso del quiosco de bebidas, el retorno esperado es de \$1.250, con los mismos resultados posibles de \$5.000 y -\$10.000.

En este sentido, el retorno esperado no es una medida de los posibles resultados de la decisión con riesgo, sino *una indicación de cuánto vale la apuesta en sí,* considerando todos los posibles resultados y sus respectivas probabilidades de ocurrencia. Como ocurre con cualquier decisión arriesgada, por definición no es posible saber cuál será el resultado de la apuesta, es razonable valorar la decisión bajo incertidumbre como el resultado del promedio de todos los posibles resultados ponderados por sus respectivas probabilidades, *i.e.*, por su retorno esperado.

Ahora, supongamos que Roberta invirtió en el quiosco de bebidas, pero aún no ha empezado a operar. ¿Cuánto crees que vale el quiosco?[254]. Supongamos que usted está interesado en abrir el mismo negocio y Roberta está dispuesta a venderle el quiosco por \$1.250, su retorno esperado. ¿Cuánto estaría dispuesto a pagar por el quiosco? Aquí solo tenemos tres opciones posibles: estarías dispuesto a pagar los \$1.250, más que los \$1.250 o menos. Cada una de estas opciones revela un aspecto de las preferencias del agente decisor.

Si el adquirente valora el negocio hasta \$1.250, su rentabilidad esperada, diremos que el agente es **neutral al riesgo**, *i.e.*, la actitud del agente ante la presencia de riesgo es neutral; no extrae mayor utilidad por el mero hecho de estar en riesgo, ni sufre ninguna desutilidad por estar en riesgo. Si el agente valora la apuesta más que el retorno esperado, diremos que es **propenso al riesgo**, porque extrae más utilidad de la apuesta que el retorno esperado. Por último, si el agente valora la apuesta menos que el retorno esperado, entonces se considera que es **averso al riesgo**. Algunos ejemplos pueden facilitar la comprensión.

253. Retorno esperado (RE) = 0,75·5.000 + 0,25·(-10.000) = 1.250.

254. En general, las empresas se venden por múltiplos de su retorno esperado y no por el retorno esperado en un solo período, para reflejar el hecho de que la operación generará resultados a lo largo del tiempo. Sin embargo, para simplificar, piense en el ejemplo como una apuesta, un billete de lotería, que es válido para un solo sorteo.

Comencemos con los propensos al riesgo. Si te sorprende la idea de que alguien pueda ser propenso al riesgo, repiensa. La Mega-Sena es un juego de 60 números, donde el jugador puede apostar de 6 a 15 números (el costo de la apuesta aumenta si el jugador marca más números). El premio se paga en su totalidad a los que acierten 6 números. Así que, si apostamos 6 números, la posibilidad de ganar es de 1 en 50.063.860[255], aproximadamente 0,000002%, o para un premio de $20 millones, el retorno esperado de la Mega-Sena es de solo $0,40 por apuesta. Y, sin embargo, millones de personas, cada semana, apuestan por lo menos $6,50 para empezar, por lo que están dispuestos a pagar 16,5 veces el retorno esperado de la apuesta por la oportunidad de ganar $20 millones.

Por otro lado, hay circunstancias en las que las personas son extremadamente reacias al riesgo. Por ejemplo, es común que la gente no saque un coche nuevo del concesionario sin antes contratar un seguro, a pesar del alto precio de las pólizas. La compra de seguros de cualquier tipo (p. ej., de automóvil, de vida, de salud) significa que la persona asegurada valora más la transferencia del riesgo a la compañía de seguros (extrae más utilidad) que el precio pagado por la póliza, incluso si el precio de la póliza es más alto que el retorno esperado del accidente, *i.e.*, muchas personas son reacias al riesgo cuando se trata de accidentes (pérdidas). Es la aversión al riesgo de las personas lo que explica la existencia de un mercado de seguros, porque si todas las personas fueran neutrales al riesgo, aceptarían pagar por la póliza de seguros solo el retorno esperado del siniestro, sin ningún premio adicional –entonces, el asegurador no obtendría ningún beneficio–. Pero como muchas personas extraen más utilidad de la transferencia de riesgos que del equivalente en efectivo del retorno esperado[256], existe un mercado de seguros.

No por otra razón, un buen número de personas prefiere un resultado cierto menor a una opción con mayor retorno esperado: cuando se les ofrecen dos billetes de $20 o un billete de lotería para ganar $100 con una probabilidad del 50% (RE = 50 = 100 • 0,5), es común que, en lugar de maximizar el retorno esperado, las personas prefieran minimizar los riesgos y opten por recibir $40, que es un resultado seguro. Además, "más vale pájaro en mano que cien volando", solía decir mi madre. En realidad, las investigaciones demuestran que incluso el género de las personas puede afectar a su propensión al riesgo, siendo los hombres más propensos a ello, mientras que las mujeres son más cautelosas. Lo mismo ocurre con la edad, ya que

255. La probabilidad se calcula simplemente combinando 60 elementos tomados de 6 a 6, es decir, $C_{60.6}$.

256. La gente no suele pensar así, pero en el contrato del seguro, los asegurados son los vendedores y los aseguradores son los compradores. El problema es que los asegurados venden el riesgo, lo cual es malo, por lo que el precio que paga el asegurador es negativo, es decir, el asegurado tiene que pagar al asegurador (póliza) para comprar su riesgo. Por eso, la persona que hace la propuesta de seguro es el asegurado y la aseguradora acepta o no, según el perfil, y no al revés.

 los jóvenes son más propensos al riesgo que los ancianos. Por esta razón, las mujeres pagan primas más bajas que los hombres al contratar un seguro de accidentes de coche (aunque muchos hombres insisten en que conducen mejor), y los jóvenes pagan primas más altas que los viejos, al igual que los solteros pagan más que los casados, y así sucesivamente. Pura estadística.

Cuando discutimos la utilidad de una decisión arriesgada para un agente en particular, estamos tratando con su **utilidad esperada.** Al discutir los posibles resultados, ponderados por sus probabilidades, estamos tratando con el valor o el retorno esperado de la apuesta. Como se ha visto anteriormente, la utilidad esperada es igual al retorno esperado solo cuando el agente es neutral al riesgo. De todos modos, a partir de ahora, adoptaremos el supuesto simplificador de que, en general, las personas son neutrales a los riesgos, aunque esto no siempre es cierto, ya que facilitará nuestras futuras discusiones. Cuando la aversión al riesgo se convierte en algo relevante, podemos relajar esta suposición.

Dicho esto, según la Teoría de la Elección Racional, en las decisiones sin riesgo, el agente siempre elegirá la opción que genere el mayor beneficio, el mejor retorno, mientras que, en las decisiones con riesgo, las personas neutrales al riesgo elegirán la opción que genere el mayor retorno esperado. Al decidir, una persona racional realizará un análisis costo-beneficio (aunque sea intuitivo) de todas las opciones disponibles (que pueda identificar), y asignando una probabilidad subjetiva[257] a cada una, estimará el retorno esperado de cada opción. Una vez que se identifique la opción con el mejor retorno esperado, este será el curso de acción elegido. En esta línea, para saber cuál es la decisión de alguien, todo lo que necesitamos hacer es identificar qué decisión le traerá el mayor retorno esperado.

4.1.2 Teoría de la negociación: o ¿por qué hay intercambios?

En la sección anterior, hemos discutido cómo las personas deciden sobre las opciones con y sin riesgo. Pero el debate se centró en la decisión de un único agente racional frente a las alternativas en competencia. No dijimos nada sobre el proceso de decisión de dos agentes cuando interactúan para hacer un intercambio y cómo deciden los términos de esa interacción. Por lo tanto, antes de pasar al análisis

257. La probabilidad de un acontecimiento incierto puede tener sus valores asignados subjetiva u objetivamente. La **probabilidad subjetiva** es un porcentaje que indica el grado de confianza o la estimación del sujeto de que es probable que ocurra un determinado evento. Por ejemplo, cuando decimos "Creo que hay un 30% de probabilidades de que llueva hoy". La **probabilidad frecuentista** es la proporción de ocurrencia de un evento con respecto al número de posibles eventos asociados con un experimento frecuentista, es decir, la frecuencia relativa de un evento esperada en el largo plazo o luego de una secuencia de ensayos. Como aquí estamos estudiando el comportamiento del agente, lo que importa es la probabilidad subjetiva, ya que es esta la que determinará el retorno esperado percibido y, en última instancia, la conducta esperada.

económico del proceso, necesitamos explicar brevemente por qué y cómo se hacen los intercambios; para ello utilizaremos la teoría de la negociación, *i.e.*, la parte de la teoría de los juegos que investiga los problemas de negociación sobre la división de los activos entre dos o más agentes.

En 1776, Adam Smith[258] dijo: "El hombre, en cambio, está casi permanentemente necesitado de la ayuda de sus semejantes, y le resultará inútil esperarla exclusivamente de su benevolencia. Es más probable que la consiga si puede dirigir en su favor el propio interés de los demás, y mostrarles que el actuar según él demanda redundará en beneficio de ellos. Esto es lo que propone cualquiera que ofrece a otro un trato. *Todo trato es: dame esto que deseo y obtendrás esto otro que deseas tú; y de esta manera conseguimos mutuamente la mayor parte de los bienes que necesitamos.* No es la benevolencia del carnicero, el cervecero o el panadero lo que nos procura nuestra cena, sino el cuidado que ponen ellos en su propio beneficio. No nos dirigimos a su humanidad sino a su propio interés, y jamás les hablamos de nuestras necesidades sino de sus ventajas". Como puede ver, hace tiempo que nos hemos dado cuenta de que para obtener algo de los demás, en general, necesitamos ofrecerles una contraprestación que les interese. Esa es la idea central de la teoría de la negociación.

Consideremos la siguiente situación: Antonio tiene una casa orientada al este, con una vista única y sin obstáculos del valle, y Roberta, que vive en la calle de abajo, siempre ha querido vivir en esa casa. ¿Bajo qué condiciones tendría lugar el intercambio? Si estuviéramos en el *estado de naturaleza* (ausencia de Estado), quizás Roberta podría usar la fuerza para obtener la casa que quiere. Podía entrar en la casa de Antonio por la noche y asesinarlo para quedarse con la casa o, si es demasiado fuerte, podía simplemente amenazarlo y coaccionarlo para que le dejara la casa. Sin embargo, debido a la existencia del derecho de propiedad (*sociedad civil*), Roberta no puede utilizar su propia fuerza para expropiar a Antonio, así es que, como dijo Adam Smith, necesita encontrar algo que le interese más a Antonio que la casa para convencerlo de que la cambie voluntariamente. Es lo que los juristas tradicionales llaman autonomía de la voluntad. Desde el punto de vista de la teoría de la negociación, en presencia del derecho de propiedad (ausencia de violencia), el intercambio tendrá lugar si –y solo si– Roberta es capaz y está dispuesta a pagar por la casa más de lo que Antonio la valora. De lo contrario, el intercambio no se producirá.

Supongamos que Antonio está dispuesto a vender su casa por el **precio mínimo** de $850.000, *i.e.*, valora la casa en $850.000, mientras que Roberta está dispuesta a pagar el **precio máximo** de $1.250.000, *i.e.*, valora la casa en $1.250.000. Si el intercambio ocurre –si Roberta compra la casa de Antonio– por cualquier precio

258. Cf. Smith (2013 [1776], p. 19).

 entre $850.000 y $1.250.000, ambos estarán en una mejor situación que antes del intercambio. En otras palabras, el intercambio voluntario, libre de error y vicios de la voluntad, es Pareto eficiente. Por lo tanto, en esta situación, los dos agentes tienen un *interés convergente* en hacer el intercambio. Al mismo tiempo, sin embargo, tienen un *interés divergente* en el precio para hacer el intercambio. Ambos están de acuerdo en que el intercambio es beneficioso, pero Antonio querría que el precio fuera lo más alto posible, mientras que Roberta querría que el precio fuera lo más bajo posible.

Toda situación de negociación en la que dos o más agentes pueden llevar a cabo un intercambio que sería mutuamente beneficioso, pero en la que difieren en las condiciones del intercambio, es una **situación de negociación.** En términos generales, una situación de negociación es aquella en la que dos o más jugadores[259] tienen un interés convergente en cooperar, pero poseen intereses divergentes en cuanto a la forma exacta en que debe tener lugar la cooperación (conflicto de intereses).

Por lo tanto, el principal problema que enfrentan los jugadores en cualquier situación de negociación es cómo llegar a un acuerdo sobre los términos de cooperación, de intercambio. Cada jugador prefiere llegar a un cierto entendimiento y concluir el acuerdo, en lugar de estar en desacuerdo y, por lo tanto, no concluir ningún acuerdo. Cada jugador, por supuesto, también prefiere que el acuerdo sea lo más favorable posible para él. En este sentido, es posible que los jugadores lleguen a un acuerdo solo después de incurrir en grandes **costos de negociación**[260] (por ejemplo, pasando mucho tiempo) o incluso si no llegan a un acuerdo.

La negociación es el proceso por el cual las partes tratan de llegar a un acuerdo. El proceso de negociación suele ser largo, cada parte hace propuestas y contrapropuestas a la otra, en un proceso continuo de probar la fuerza de la parte contraria y de adquirir más información (reducción de la asimetría de información). La negociación puede ser muy perjudicial para ambos y generar muchos costos, por ejemplo, cuando los empleados y los empleadores celebran un acuerdo colectivo, pero solo después de una larga y costosa huelga que paralizó la producción y suspendió los salarios; o cuando los accionistas de una empresa celebran un acuerdo

259. Jugadores es cómo la teoría de juegos se refiere a los agentes en un contexto estratégico, es decir, en un juego. Pueden ser una persona, una familia, un grupo o una organización, por ejemplo.

260. Los costos de negociación son uno de los **costos de transacción** asociados con el uso del mercado (mecanismo de precios) para realizar una operación, como un intercambio. Los costos de transacción incluyen los *costos de procura* de un socio, los *costos de negociación* de las condiciones transaccionales, los *costos de vigilancia* de la transacción después del acuerdo y los *costos de coerción* para hacer cumplir el acuerdo si el socio no lo cumple. Cf. Coase (1937; 1960) y Williamson (1983 [1975]; 1985; 1999), ambos ganadores del Premio Nobel.

de accionistas, pero solo después de años de disputa corporativa en los tribunales e impidiendo decisiones rentables para la empresa.

Tomando nuestro ejemplo, Antonio valora la casa en $850.000 y, por lo tanto, asumiendo la ausencia de violencia (intercambio voluntario), solo aceptará transferirla si recibe esta cantidad o más. Consecuentemente, este será su precio mínimo, su **valor de reserva** o **valor de amenaza** (V_A = $850.000). La propuesta de cualquier valor por debajo del valor de reserva puede llevar a Antonio a levantarse de la mesa de negociaciones, porque estará en mejor situación si no vende. Por otro lado, Roberta valora la casa en $1.250.000, luego, solo aceptará comprar la casa si tiene que pagar una cantidad igual o inferior a ese valor. Por consiguiente, este será su precio máximo, su valor de reserva o de amenaza (V_R = $1.250.000). Si Antonio pide cualquier cantidad por encima de su precio máximo, Roberta puede dejar la mesa de negociaciones, porque estará mejor si no compra la casa. Ahora supongamos que Roberta tiene $2.000.000 en el banco. ¿Tendrá lugar el negocio jurídico? Si es así, ¿por cuánto?

Si $V_R < V_A$, *i.e.*, si Roberta valorara la casa menos que Antonio, no habría espacio para el intercambio, y la negociación se cerraría casi inmediatamente. No hay ganancia para que las partes continúen. Sin embargo, como en nuestro ejemplo $V_R > V_A$, hay **espacio de acuerdo**[261], ya que hay un valor que puede ser creado por el intercambio. Si Antonio transfiere la casa a Roberta por cualquier valor entre $850.000 y $1.250.000, se creará un valor adicional de $400.000. Este valor adicional, creado al asignar la propiedad a un destino más valioso (de Antonio a Roberta), se denomina **excedente cooperativo.** Todo intercambio voluntario genera bienestar, porque a cada intercambio voluntario se asocia un excedente cooperativo. Para comprender cómo el simple intercambio de un bien puede generar valor para la sociedad y para las partes involucradas, basta recordar que el valor deriva de las preferencias de cada agente; luego, su utilidad no se confunde con el precio. El precio pagado en la operación de compraventa será exactamente el mismo precio recibido en la operación de compraventa, pero el valor extraído del bien intercambiado por las partes, no lo es. El cuadro que figura a continuación puede facilitar la visualización de este concepto simple, pero fundamental:

261. En el análisis económico de los contratos y en la microeconomía, el espacio de acuerdo también se denomina *curva de contrato.* La curva de contrato es el conjunto de puntos que representa todas las asignaciones finales de dos bienes entre dos agentes y que puede producirse como resultado de intercambios voluntarios, dada una asignación inicial de recursos. La curva de contrato puede ser representada por una *caja de Edgeworth.* La idea original fue presentada por Francis Y. Edgeworth en su *Mathematical Psychics: An Essay on the Application of Mathematics to the Moral Sciences*, al discutir la teoría de la negociación (1881, pp. 28 y 113). Su formulación más moderna en formato de caja fue hecha por Pareto, en su ya citado libro *Manuale di Economia Politica* (1919, pp. 187 y ss.).

EXCEDENTE COOPERATIVO RESULTANTE DEL INTERCAMBIO VOLUNTARIO

Figura 4-6

	Antes del intercambio (A)	Después del intercambio (B)	Balance (B – A)
Antonio	$850.000 (casa)	$1.050.000 (banco)	$200.000
Roberta	$2.000.000 (banco)	$1.250.000 (casa) $950.000 (banco)	$200.000
Total	$2.850.0000	$3.250.000	$400.000

En la figura anterior, asumimos que el precio pagado fue la mitad entre el precio mínimo y máximo que cada parte pedía, lo que parece un resultado razonable. Sin embargo, nótese que la creación del excedente cooperativo y su magnitud son independientes del precio que las partes acuerden para el negocio jurídico, siempre que se encuentre entre el precio de reserva de Antonio y Roberta ($V_R \geq P \geq V_A$). Lo que cambia, dependiendo del precio ajustado por las partes, es la *distribución del excedente cooperativo*, pero no su existencia o magnitud. Así, por ejemplo, supongamos que, conociendo el intenso deseo de Roberta por la casa, Antonio adoptó una postura más dura en la negociación hasta que consiguió que ella aceptara pagar $1.250.000. ¿Se daría la creación de un excedente cooperativo? Si es así, ¿cuánto y cómo se distribuiría? La siguiente tabla responde a estas preguntas:

DISTRIBUCIÓN DEL EXCEDENTE COOPERATIVO

Figura 4-7

	Antes del intercambio (A)	Después del intercambio (B)	Balance (B – A)
Antonio	$850.000 (casa)	$1.250.000 (banco)	$400.000
Roberta	$2.000.000 (banco)	$1.250.000 (casa) $750.000 (banco)	$0
Total	$2.850.000	$3.250.000	$400.000

Como puede verse, el excedente cooperativo generado por la transacción siguió siendo exactamente de $400.000. Solo fue capturado completamente por una de las partes (Antonio), pero Roberta recibió al menos su valor de amenaza (precio mínimo). Dado que los agentes son racionales, un intercambio voluntario siempre generará valor para las partes (excedente cooperativo), cuya distribución dependerá de la negociación realizada. Y aunque una de las partes capture todo el excedente cooperativo, la otra parte aún no habrá sido perjudicada, porque se quedará con el bien de la vida que quería y en una situación por lo menos igual a la de antes; por lo tanto, el cambio será Pareto eficiente (la situación de alguien ha mejorado sin perjudicar a otro). Esto ocurre porque, como el intercambio es voluntario, cada jugador debe recibir al menos su precio de reserva, o no cooperará y el intercambio no tendrá lugar. Si se ha llevado a cabo, es porque ha sido ventajoso para ambos.

El proceso de negociación puede entenderse como un mecanismo de reducción de asimetría de información y como una disputa por la distribución del excedente cooperativo. Y todo el proceso de negociación pasará por tres etapas: (i) la identificación de los valores de amenaza (precio máximo y mínimo); (ii) la creación del excedente cooperativo; y (iii) la distribución del excedente cooperativo.

Cuando una persona dice que un trato fue injusto, a menudo se refiere no al hecho de que el negocio jurídico realmente perjudicó a una de las partes (violación del precio máximo o mínimo), sino a su opinión de que la distribución del excedente cooperativo no habría sido adecuada según algún criterio normativo (juicio de valor). Sin embargo, como se ha demostrado, un intercambio voluntario no puede perjudicar a una persona racional, independientemente de la distribución del excedente cooperativo, salvo en caso de error.

Pero, ¿qué determina el resultado de este proceso de negociación? Si no hubiera costos de transacción o, mejor dicho, si la negociación no implicara tiempo, inversión en información, abogados, redacción de contratos, paciencia, etcétera, la negociación probablemente continuaría hasta que las partes llegaran a un resultado que satisficiera a ambos, algo entre los precios de reserva de los negociadores. Por otra parte, podrían quedar estancados, porque el momento del acuerdo no importaría, y las partes no incurrirían en gastos para negociar (mundo sin fricciones). Sin embargo, como toda negociación requiere al menos tiempo y este es un recurso valioso, la negociación es costosa. Hay costos de transacción asociados a cualquier proceso de negociación (mundo con fricciones).

Además de los costos de transacción, que pueden distribuirse asimétricamente entre las partes, hay otros factores que pueden afectar al resultado de la negociación (la distribución del excedente cooperativo), como la existencia de asimetría de información o la impaciencia (o ansiedad) de las partes. Como ya se ha mencionado, existe una asimetría de información cuando, en una relación entre dos o más agentes cualesquiera, uno de ellos tiene información en mayor cantidad o calidad que la otra parte (p. ej., el oferente con el consumidor, en relación a su producto); luego, uno de los agentes tiene información privada (p. ej., el asegurado, en relación con el asegurador). En este caso, el poseedor de información privada puede captar una porción mayor del excedente cooperativo. La ansiedad o la *impaciencia* se producen cuando, por cualquier motivo, una de las partes asigna un valor sustancial a la variable temporal en la negociación (tasa de descuento más elevada)[262].

262. Este tema será muy importante cuando discutamos la selección adversa que surge de la tragedia del Poder Judicial en la Sección 6.6 adelante.

En general, cuanto más paciente sea una parte, mayor será su poder de negociación y, cuanto más impaciente, menor su poder de negociación. La impaciencia es especialmente importante cuando la otra parte se encuentra en una situación financiera desfavorable, ya que suele necesitar mucho dinero a corto plazo; *i.e.*, los que necesitan mucho de dinero ahora aplican una tasa de descuento muy grande sobre el dinero en el futuro y, por lo tanto, están dispuestos a recibir menos hoy o a pagar más en el futuro por la misma cantidad en el presente[263].

Ahora que tenemos una comprensión más profunda de la forma en que los agentes racionales toman decisiones y de cómo y por qué llevan a cabo los intercambios, estamos listos para aplicar este conocimiento dentro del proceso civil y avanzar hacia el modelo iuseconómico del proceso.

4.2 De la litis al proceso: el modelo iuseconómico del litigio

4.2.1 Autocomposición y análisis costo-beneficio

Como se discutió en el Capítulo 2, la función social del Poder Judicial es resolver los conflictos mediante la aplicación de reglas jurídicas. En este sentido, mientras que los Poderes Ejecutivo y Legislativo, compuestos por representantes del pueblo, pueden –*ex officio*– iniciar medidas y/o políticas públicas que sean de interés para la sociedad, el Poder Judicial es un poder pasivo y reactivo. No es su papel, ni puede actuar por sí mismo, y solo debe reaccionar a las demandas que la sociedad trae en forma de conflictos[264] (acciones jurisdiccionales) y, cuando se le provoca, resolver dichos conflictos de acuerdo con el derecho. Así, pues, la prestación del servicio público adjudicatorio está siempre condicionada no solo a la existencia previa de una controversia, sino también a la presentación efectiva de dicha controversia, por una de las partes implicadas, ante el Poder Judicial, para su resolución[265].

En el enfoque tradicional de Carnelutti[266], la litis es un conflicto de intereses calificado por una pretensión resistida, *i.e.,* alguien quiere algo, pero la persona que puede proporcionar el bien de la vida se niega a hacerlo. Hay quienes critican

263. Por ello, las personas impacientes piden préstamos para comprar coches, casas o financiar viajes y, por lo tanto, pagan intereses por el alquiler de dinero de terceros; o bien, los acreedores del Estado acuerdan vender sus *precatórios* (los títulos ejecutivos que no se pueden ejecutar prontamente, cf. nota 35) con importantes descuentos sobre el capital. Todo esto es el resultado de la ansiedad o impaciencia del agente.

264. Según el art. 2°/CPC: "El proceso comienza por iniciativa de las partes y se desarrolla por impulso de oficio, salvo las excepciones previstas en ley".

265. Excepcionalmente, el Ministerio Público puede iniciar una acción en nombre de las partes interesadas (como en las acciones civiles públicas), así como los sindicatos en nombre de sus sustituidos.

266. Cf. Carnelutti (2000 [1953], p. 93).

esta definición de litis, porque también se puede acceder al Poder Judicial en casos en los que no habría ninguna pretensión resistida, como en el caso de una solicitud de cambio de nombre o de un divorcio consensuado. Sin embargo, aunque esta crítica es parcialmente correcta[267], para los efectos de esta discusión, las actividades realizadas por el Poder Judicial que no implican una disputa son residuales y a menudo son o podrían ser transferidas a los registros u otras entidades administrativas, ya que no requieren la prestación de un servicio público adjudicatorio[268] –como es el caso de un divorcio consensual o de un inventario que no involucra a menores–.

En cualquier caso, mi reserva sobre la definición de litis no se debe a que el Poder Judicial también realice una labor no adjudicataria, sino a que no todas las pretensiones se ejercen y, de las que se ejercen, no todas se resisten; y, de las que se resisten, no todas se judicializan. Luego, hay pretensiones que no se convierten en litis, y hay litis que no se convierten en acciones judiciales. Entender por qué ocurre esto es el primer paso para comprender el comportamiento de las partes en el curso de un proceso.

Al principio, es importante destacar que cada día la gente quiere todo tipo de cosas. A veces, alguien quiere conseguir un aumento de sueldo, a veces alguien quiere empezar a salir con otra persona, a veces alguien quiere comprar un coche nuevo, etcétera. El número de pretensiones humanas es casi infinito. Dado que el ser humano es un ser movido por propósitos, es precisamente el agregado de todos estos deseos o pretensiones lo que mueve a la humanidad. Una parte sustancial de estas pretensiones se frustra y nunca va más allá, meros deseos frustrados. A menudo la gente tienta someter a los demás a sus pretensiones y, a veces, el poseedor del bien de la vida se somete a la pretensión del otro espontáneamente, en otros casos no.

Por ejemplo, normalmente cuando se pide permiso en la calle, la persona que bloquea el paso suele soltarlo sin mucha resistencia. Se somete a la pretensión del otro, que es pasar libremente. Cuando usted desea hacer un giro a la izquierda en el tráfico, como el lector puede haber experimentado, el conductor del vehículo siguiente no siempre cede el paso; y a menudo, incluso si hay espacio, el otro conductor puede acelerar para evitar que usted entre. Otra pretensión frustrada. Desde lo más simple a lo más complejo, esta lista de ejemplos podría seguir eternamente.

267. Los casos de jurisdicción voluntaria pueden interpretarse como una reclamación contra el Estado que se resiste *ab initio*, pero pueden ceder si el Poder Judicial está de acuerdo, o como una actividad reguladora en la que el juez está presente para garantizar que la voluntad de la ley y los intereses de una persona vulnerable no se vean perjudicados.

268. En ausencia de una controversia, de una disputa, el Poder Judicial no adjudica el derecho más que una agencia que extiende una licencia de conducir, solo realiza una actividad puramente administrativa o regulatoria.

Como los recursos son escasos y las personas son racionales, es natural que compitan por los recursos existentes. A menudo esa disputa –esa competencia– por los escasos recursos crea oportunidades de cooperación (intercambios voluntarios); otras veces generará conflictos. Un conflicto surge cuando alguien tiene una pretensión a un recurso particular o a un bien de la vida y su poseedor se resiste. Se formará una litis en el sentido clásico.

Sin embargo, la gran mayoría de los conflictos humanos se resuelve entre los propios participantes en el conflicto (*autocomposición*), mediante una solución negociada entre ellos o con una de las partes que renuncia a su pretensión o la otra que se somete. Solo una pequeña proporción de los conflictos humanos se señalan a la atención del Poder Judicial para su resolución (*heterocomposición*). Como dije, para que una litis se convierta en una acción judicial, no basta con que se resista la pretensión, sino que es necesario que se judicialice.

Supongamos, por ejemplo, que Roberta choca con la parte trasera del vehículo de Antonio en alguna carretera concurrida de Brasília. Aunque no hay controversia en cuanto a los hechos descritos anteriormente, es posible que Antonio y Roberta estén en desacuerdo en algunos aspectos del accidente. Roberta puede creer que Antonio fue negligente y se detuvo donde no debía, siendo responsable del accidente. Antonio, a su vez, puede creer que Roberta no mantuvo una distancia razonable de su vehículo y que, si hubiera mantenido esa distancia, el accidente no habría ocurrido. Roberta, sin embargo, puede simplemente no preocuparse por la pérdida de Antonio y no tener interés en asumir el costo de la reparación del coche de otra persona, ya que es suficiente tener que arreglar su propio vehículo. En este contexto, ¿sería posible que Antonio y Roberta se autocompusiesen?

Si Antonio y Roberta viviesen en el estado de naturaleza, *i.e.*, en un país sin derecho, sin un mecanismo pacífico de solución de controversias, sin el monopolio del uso legítimo de la fuerza y, por tanto, sin Estado, tal vez ambos negociasen pacíficamente alguna solución entre ellos (autocomposición). Podrían ser vecinos, miembros de la misma tribu, simplemente por temor a que el conflicto se intensificase[269] o porque son buenas personas (preferencias). Sin embargo, también es posible que el simple incidente de tráfico evolucione hacia la violencia y que uno de los dos trate de someter al otro a su pretensión por el ejercicio de la fuerza. Antonio podría amenazar a Roberta por ser más fuerte, o Roberta podría amenazar a Antonio por provenir de una familia más rica y poderosa. Recuerde los *fayu* del principio del Capítulo 2 y la reducción sustancial de su población, debido a la violencia entre ellos. Precisamente para tratar de mitigar la escalada de violencia, en general, es que el Estado trata de impedir que las personas ejerzan sus propias

269. Sobre la resolución de conflictos entre vecinos sin necesidad del derecho, cf. Ellickson (1991).

razones y utilicen la fuerza para hacer valer sus pretensiones, incluso cuando son titulares del derecho[270].

Aunque el uso de la fuerza privada no es una alternativa viable para la solución del conflicto, si Antonio presiona a Roberta para que arregle su coche (si ejerce su pretensión), esta puede resistir o someterse espontáneamente. Considerando que tanto Antonio como Roberta son agentes racionales, se espera que al tomar sus decisiones sopesen los costos (C) y los beneficios (B), asociados a cada una de sus opciones. Así, Antonio ejercerá su pretensión si entiende que los beneficios de hacerlo compensan con creces los costos de hacerlo ($B > C$). Si cree que vale la pena, ejercerá su derecho, de lo contrario no lo ejercerá.

Por ejemplo, ¿cuántas veces has hecho una compra en la que el cambio o el producto llegó ligeramente equivocado o en desacuerdo con el pedido original y sabía que, si volvía, el vendedor ajustaría espontáneamente el pedido, pero simplemente dejó de hacerlo, porque el costo no se pagaba? Tal vez no queremos perder el tiempo volviendo a la tienda, tal vez no queremos esperar más por el sándwich correcto o tal vez no queremos ir a la oficina de correos para devolver el producto comprado por Internet. No importa. En todos estos casos, el costo de ejercer la pretensión es percibido por el agente como mayor que el beneficio asociado a su ejercicio y, por lo tanto, el agente racional no ejercerá su pretensión. Sin el ejercicio de la pretensión, no se forma la litis.

Por otra parte, si Antonio ejerce su pretensión, Roberta también actuará en consecuencia, *i.e.*, también sopesará los costos y beneficios de resistirse o no a la pretensión de Antonio. Si entiende que resistirse trae más beneficios que costos ($B > C$), Roberta lo hará racionalmente. Si resistirse traerá menos beneficios que costos ($B < C$), entonces Roberta se someterá racionalmente a la pretensión de Antonio. Por regla general, la contraparte exigida se somete a la pretensión cuando el beneficio de resistir es menor que su costo ($B < C$).

Por ejemplo, a veces, un comerciante acepta intercambiar un producto, aunque no sea defectuoso, solo para complacer al cliente y no incurrir en el desgaste de un argumento[271]; o bien, acordamos compartir los costos de un nuevo sistema de vigilancia colectiva de las calles, aunque nuestra casa ya tenga su propio sistema de vigilancia, para no crear un clima adverso en el vecindario. Piense en sus

270. Según el art. 345 del Código Penal brasileño es un delito: "Hacer justicia por mano propia, para satisfacer una pretensión, *aunque sea legítima*, excepto cuando la ley lo permita:
Pena - detención, de quince días a un mes, o multa, además de la pena correspondiente a la violencia.
Párrafo único - si no hay uso de violencia, solo se hace a través de una denuncia".

271. Recuerde la política casi común de las tiendas físicas que, a pesar de no vender a distancia, aceptan intercambiar los productos vendidos en un plazo de treinta días sin ninguna obligación legal de hacerlo.

 reuniones familiares y se dará cuenta de lo mucho que capitulamos en relación a las pretensiones de los demás para evitar conflictos.

Cuando $B < C$, la contraparte racional aceptará someterse espontáneamente a la pretensión, y se logrará la autocomposición. Pero cuando $B > C$, no. En ambos casos, la decisión será el resultado de una ponderación de los costos y de los beneficios por parte de los agentes racionales, *i.e.*, un análisis costo-beneficio. En este sentido, tanto la conducta del agente pretendiente como la del agente pretendido se regirán por el mismo supuesto de racionalidad, *i.e.*, el curso de acción elegido por cada uno será el que genere el mayor beneficio neto esperado[272] según la percepción subjetiva de los costos y beneficios asociados a cada opción. Este razonamiento puede ilustrarse en el siguiente árbol de decisiones[273]:

LITIS SIN ACCIÓN JUDICIAL
Figura 4-8

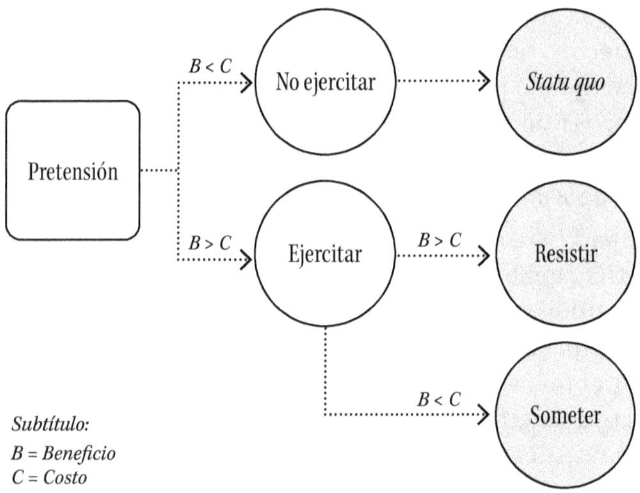

En resumen, considerando que los agentes son racionales, la autocomposición solo se producirá cuando ambos agentes crean que es beneficioso para ellos cooperar, $B > C$. Así, pues, en el análisis de la relación costo-beneficio de la conveniencia y la oportunidad de proponer o resistirse a una acción, cada agente racional estimará

272. Recuerde que, en el análisis económico, tanto el costo como el beneficio se refieren a la utilidad y no solo a cuestiones financieras. Así, pues, se puede extraer utilidad de actuar correctamente, según algún criterio normativo (moral), y se puede incurrir en costos asociados a la actuación en desacuerdo con esos parámetros. Depende de sus preferencias.

273. Tengan en cuenta que B y C no son iguales para Antonio y Roberta, pero no puse suscripciones que identifican a cada uno por simplificación.

los costos y beneficios asociados a la acción judicial. Para entender cómo funciona este razonamiento, necesitamos comprender cómo es la decisión de *judicializar*, es decir, lo que haremos a continuación.

4.2.2 La judicialización como una decisión con riesgo

Suponga que, por cualquier razón, una parte ejerce su pretensión y la contraparte se resiste a esta pretensión, ¿qué sucede? En el estado de naturaleza, el agente pretendiente solo dispone de su fuerza privada o de la buena voluntad de su contraparte para que su pretensión sea atendida. En la sociedad civil, el agente pretendiente puede ejercer su derecho de acción y solicitar la intervención del Estado-juez y, si el pretendiente tiene derecho –de acuerdo con las reglas vigentes–, entonces el juez debe ordenar a la fuerza del Estado para que haga valer este derecho y le entregue el bien de la vida previsto (coacción), en el caso de que el demandado no lo haga espontáneamente. No obstante, aunque toda persona tiene *derecho de acción*, *i.e.*, derecho a solicitar al Estado que se manifieste sobre un determinado pedido (servicio público adjudicatorio), la adjudicación, el efectivo uso de la fuerza estatal para tratar de lograr la entrega del bien que se pretende, depende del juicio de mérito sobre la existencia o no del *derecho material* al bien de la vida. En otras palabras, la manifestación estatal es un derecho, mientras que el uso de la fuerza estatal es una posibilidad.

En este contexto, la decisión de ejercer o no el derecho de acción, *i.e.*, de entablar una acción judicial, es una decisión con riesgo, de la misma manera que se discute en la Sección 4.1.1. Una vez entablada la acción, los resultados para el demandante pueden ser un juicio de procedencia o improcedencia[274], dependiendo de la convicción del juez acerca de la existencia o no del derecho material. El demandante siempre puede proponer una acción, es su derecho subjetivo provocar al Estado, pero el resultado de esa acción es incierto. El primero en modelar a la decisión de litigar como una decisión bajo incertidumbre, fue Alan Friedman, cuando aún era estudiante de derecho[275], en 1969; lo siguieron William Landes, John Gould y Richard Posner[276]. El resultado de ese esfuerzo se conoce hoy en día como el modelo básico de litigio. Empezaremos con él y lo ampliaremos gradualmente.

274. La decisión de procedencia parcial no cambia la discusión que sigue, por lo que, en aras de la simplicidad, solo discutimos las opciones binarias: procedencia o improcedencia.

275. Cf. Friedman (1969).

276. Cf. Landes (1971), Gould (1973) y Posner (1973). Aunque ninguno de los tres autores cita la obra de Friedman, su trabajo ya posee los elementos esenciales del modelo iuseconómico del proceso. Así, pues, aunque el modelo se denomina a menudo en la literatura como el modelo LPG (Landes-Posner-Gould), Friedman fue –de hecho– el primero en proponer un modelo iuseconómico del litigio.

132 Desde el punto de vista del posible demandante, la decisión de presentar o no la demanda es claramente una decisión arriesgada, en el sentido de que no hay garantía de que el resultado sea lo deseado, *i.e.*, puede ser que la demanda sea procedente o improcedente, sea debido a cuestiones probatorias al derecho o a un error en la presentación o la conducción de la acción. Así, la decisión del agente racional seguirá el mismo principio de racionalidad: la acción será propuesta si $B > C$ pero el beneficio es ahora incierto y, por lo tanto, hay una probabilidad p de que lo pedido sea juzgado procedente y una probabilidad $(1-p)$ de ser juzgado improcedente[277].

LA JUDICIALIZACIÓN COMO UNA DECISIÓN CON RIESGO

Figura 4-9

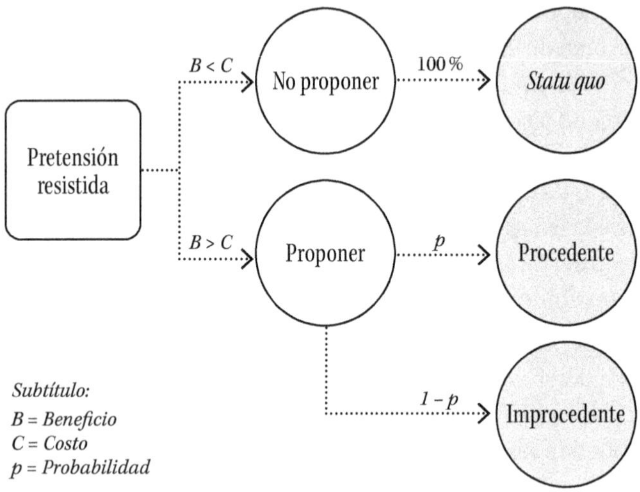

Hasta ahora, hemos discutido en general que la conducta tanto del potencial demandante como del eventual demandado estarán regidas por la racionalidad, *i.e.*, que adoptarán un cierto curso de acción si $B > C$ por lo tanto, si $B - C > 0$ (los beneficios son mayores que los costos). Sin embargo, aunque el valor atribuido al bien de la vida en disputa es el mismo para ambos (B), los costos en que incurra un agente al negociar y proponer la demanda no necesariamente serán. El modelo puede ser cambiado para permitir a las partes asignar también diferentes valores para el mismo bien de la vida, *i.e.*, $B_A \neq B_R$, como haremos en la Sección 4.3.1, pero

277. Recuerde que si en un espacio muestral (Ω) solo hay dos eventos posibles y uno de ellos tiene la probabilidad p de ocurrir, necesariamente la probabilidad de que ocurra el otro evento será de 1-p, es decir, 100% menos la probabilidad del primer evento, ya que la suma de las probabilidades tiene que ser 100%, i.e., 1.

por ahora, en aras de la simplificación, asumiremos que tanto el demandante como el demandado valoran por igual el bien de la vida.

Dicho esto, además de la negociación en la fase de autocomposición, presentar una acción impone costos al demandante[278]. Por regla general, la presentación de una acción requiere la contratación de un abogado, el pago de las costas procesales, el tiempo de preparación de la demanda, la recogida de documentos, la identificación de testigos, los honorarios de eventuales expertos, etcétera. Todos los costos en los que el demandante tendrá que incurrir si presenta una demanda se denotarán por C_A. Así, aunque el demandante tenga su acción juzgada procedente y el juez ordene al demandado que le entregue el bien de la vida B, ya que el autor tuvo que incurrir en el **costo irrecuperable**[279] C_A, el resultado final de la acción para el autor será, a lo sumo, $B - C_A$[280]. Si su acción es improcedente, el resultado final será una pérdida de C_A. Por lo tanto, los posibles resultados de una decisión de litigar para el autor potencial (los *payoffs*) son: $B - C_A$ o $-C_A$.

Además, como el juicio sobre la procedencia o improcedencia de la acción no depende de la decisión del demandante –es un resultado incierto (no determinístico)–, a cada uno de estos *payoffs* asociamos una probabilidad de ocurrencia. Sea p_A la expectativa de éxito que el autor atribuye a su acción, esto significa que el autor cree (probabilidad subjetiva) que existe una probabilidad p_A de obtener B a un costo C_A. Así, pues, el retorno esperado de esta acción para el demandante se da ponderando el valor del bien de la vida (o pedido) por la probabilidad de éxito de su acción, menos los costos de presentación de la acción: $p_A \cdot B - C_A$. En otras palabras, el autor neutral al riesgo cree que el **valor de la acción** para sí es dado por $p_A \cdot B - C_A$.

Obsérvese que, como hemos visto en la Sección 4.1.1, decir que el valor de la acción es dado por la expresión $p_A \cdot B - C_A$ no quiere decir que ese sea el valor de la causa. El **valor de la causa** es el término técnico que se refiere al valor monetario cierto, aunque lo pedido no tenga un contenido económico inmediatamente mensurable, que debe incluirse en la petición inicial y en la reconvención, de conformidad con el art. 291/CPC[281]. El valor de la causa es utilizado por el Poder

278. Sobre los efectos de la mitigación de esos costos, como los tribunales de reclamos menores, los defensores públicos y el beneficio de gratuidad de justicia, véase Gico Jr. (2012; 2014) y Gico Jr. y Arake (2014).

279. Un costo hundido o perdido (*sunk cost*) es un costo que, si se incurre en él, no puede recuperarse posteriormente. Por ejemplo, si compro una propiedad por $45.000 y después puedo venderla por el mismo precio o similar, ese costo es recuperable. Pero si gasto $10 mil en una acción y no me reembolsan, este costo es irrecuperable, por lo tanto, hundido o perdido.

280. Tenga en cuenta que, en caso de victoria, la parte ganadora tendrá de vuelta solo las costas procesales y los honorarios de los expertos. Los honorarios de los abogados, el tiempo y otros gastos incurridos no serán reembolsados al ganador.

281. Art. 291. A toda causa será atribuido valor cierto, aunque no tenga contenido económico inmediatamente verificable.

Judicial para calcular el pago de las multas, las costas procesales y los honorarios de derrota, es decir, los honorarios debidos por la parte vencida al abogado de la parte vencedora[282]. El cálculo del valor de la causa está previsto en el art. 292/CPC[283] y, en resumen, es una estimación monetaria del valor del bien litigioso, *i.e.*, del objeto de la vida pretendido. El **valor de la condena** es el valor que el Poder Judicial atribuye efectivamente al demandante al final del proceso. Si se juzga el pleito plenamente procedente, el valor de la causa será igual al valor de la condena. Si la acción es improcedente o parcialmente procedente, serán diversos.

En este sentido, el valor de la causa puede entenderse como el resultado más alto posible de la acción, *i.e.*, el valor del *payoff* si la acción es juzgada integralmente procedente (perspectiva *ex ante*). Es el valor que debe atribuirse inicialmente al proceso. El valor de la condena es el resultado que realmente se materializó en el cierre de la acción (perspectiva *ex post*), mientras que el valor de la acción es cuánto vale la apuesta en sí, *i.e.*, si el agente fuera neutral al riesgo, cuánto estaría dispuesto a pagar por esa acción antes de su proposición; luego, es la suma de cada resultado posible, incluido el resultado de improcedencia, pero sin limitarse a él, ponderada por las respectivas probabilidades de ocurrencia de cada posibilidad.

Así, pues, el valor esperado de una acción para el autor viene dado por $p_A \cdot B$ (procedente) + $(1 - p_A) \cdot 0$ (improcedente), menos los costos de litigar C_A. Como en el caso de improcedencia el valor esperado será cero, la **condición de proposición** de una demanda puede resumirse de la siguiente manera:

Inecuación 4.2-1

$$p_A . B - C_A > 0$$

282. Art. 85. La sentencia condenará al vencido a pagar los honorarios **al abogado del vencedor**. [...]
§2°. Los honorarios serán fijados entre el mínimo de diez y el máximo de veinte por ciento sobre el valor de la condena, del provecho económico obtenido o, no siendo posible cuantificarlo, sobre el valor actualizado de la causa, teniendo en cuenta: [...].

283. Art. 292. El valor de la causa estará indicado en la petición inicial o en la reconvención y será:
I - en la acción de cobranza de deuda, la suma monetariamente corregida del principal, intereses moratorios vencidos y otras penalidades, si las hubiese, hasta la fecha de proposición de la acción;
II - en la acción que tenga por objeto la existencia, validez, el cumplimiento, la modificación, la resolución, el mutuo disenso o la rescisión de acto jurídico, el valor del acto o de su parte controvertida;
III - en la acción de alimentos, la suma de 12 (doce) prestaciones mensuales pedidas por el demandante;
IV - en la acción de división, de demarcación y de reivindicación, el valor de la tasación del área o del bien objeto del pedido;
V - en la acción indemnizatoria, inclusive aquella que se funde en daño moral, el valor pretendido;
VI - en la acción en donde hay acumulación de pedidos, la cuantía corresponde a la suma de los valores de todos ellos;
VII - en la acción en que los pedidos son alternativos, el de mayor valor;
VIII - en la acción en que haya pedido subsidiario, el valor del pedido principal.

Cuando se cumpla la condición de proposición y, por lo tanto, el valor de la acción es positivo, llamaremos a esta **acción de VEP** (Valor Esperado Positivo). Cuando no se cumple la condición de proposición, *i.e.*, el valor de la acción es negativo ($p_A . B - C_A < 0$), llamaremos a esta **acción de VEN** (Valor Esperado Negativo). Por supuesto, un agente racional neutral al riesgo solo propondría una acción de VEP y no propondría una acción de VEN. Sin embargo, según el modelo y el contexto, es posible que una acción tenga un retorno esperado negativo y que siga siendo propuesta o, al menos, mantenida después de haber sido propuesta, como veremos en la Sección 5.1.2. Esta diferencia también será importante cuando se discuta el papel del abogado en la Sección 5.3[284]. Por el momento, centrémonos en la regla general, *i.e.*, las acciones que satisfacen la condición de proposición.

4.2.3 El derecho de acción y su impacto en la autocomposición

Ahora que tenemos el valor de la acción y conocemos la condición de proposición, podemos volver a la discusión de la autocomposición y explorar cómo la existencia de la posibilidad de presentar una demanda (derecho de acción) afecta a la estructura de incentivos de los agentes en sus decisiones en la fase de autocomposición. Cuando el potencial demandante ejerce su pretensión, el eventual demandado debe decidir si se somete a la pretensión o no. El agente racional se someterá solo si el beneficio asociado a la resistencia es menor que su costo ($B < C$), *i.e.*, en el estado de naturaleza, las partes solo cooperarán si existen mecanismos que convenzan o coaccionan al agente pretendido a cooperar. Si el costo de resistencia es menor que el beneficio de la misma[285], por ejemplo, si no existe un derecho de acción y no hay una amenaza creíble de uso de la fuerza privada, entonces el eventual demandado no cederá a la pretensión y la autocomposición fracasará. La litis se formará.

Sin embargo, desde el momento en que el Estado asume por sí la actividad adjudicataria, el posible demandante puede amenazar al eventual demandado con el ejercicio de su derecho subjetivo de acción y, si se considera que su acción es procedente, el Estado utilizará toda su fuerza para someter al eventual demandado. Pero, ¿cuánto vale esta amenaza de coerción estatal? Precisamente el valor de la acción. Si durante la negociación de acuerdo, el eventual demandado no ofrece al autor potencial al menos $p_A . B - C_A$, *i.e.*, cuánto ganaría si propusiera la acción,

284. Para una discusión más profunda de las acciones de VEN, ver Bone (2003, pp. 40 y ss.) y Fux y Bodart (2019, pp. 85 y ss.).

285. Esto incluye los costos psicológicos o morales de actuar correctamente. Recuerde: no todos tienen en su función utilidad el actuar correctamente y, por lo tanto, la moral no es suficiente para hacer que todos cooperen.

entonces el demandante preferirá proponer la acción y la litis no se compondrá espontáneamente.

En otras palabras, según los términos de la teoría de la negociación, sea A la propuesta de acuerdo ofrecida por el eventual demandado al posible autor durante las negociaciones en la fase de autocomposición. Si $A \geq p_A \cdot B - C_A$, *i.e.*, si el valor ofrecido en acuerdo es mayor o igual al valor esperado de la acción, entonces el agente racional aceptará la propuesta y la litis se compondrá espontáneamente. Por otro lado, si $A < p_A \cdot B - C_A$, la opción más interesante para el autor potencial será proponer la acción, luego, el acuerdo no será concluido y la autocomposición fracasará.

Solo para ilustrar cómo un modelo simple como este puede ser muy interesante, veamos que si no hay posibilidad de una acción judicial ($p_A \cdot B = 0$) o si ella es demasiado cara ($p_A \cdot B - C_A \leq 0$), cualquier cantidad que el eventual demandado ofrezca al posible autor será aceptada, incluso *nada*, porque $A \geq 0 \geq p_A \cdot B - C_A$. Por otra parte, si existe el derecho de acción con un valor esperado positivo ($p_A \cdot B - C_A > 0$) y el eventual demandado no hace ninguna oferta ($A \leq 0$), entonces la demanda será propuesta. Ahora podemos agregar todas las posibilidades en un solo árbol de decisiones para demostrar la dinámica de la autocomposición:

DECISIÓN DE AUTOCOMPOSICIÓN Y DE PROPONER UNA ACCIÓN

Figura 4-10

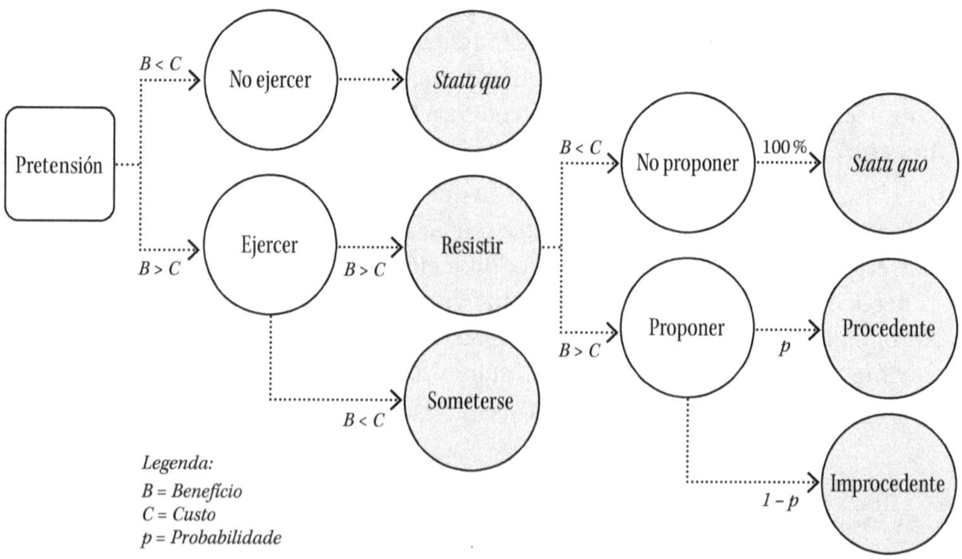

No obstante, como se ha visto anteriormente, incluso la negociación entre las partes en la fase de autocomposición tiene costos (por ejemplo, tiempo, estrés, presupuesto, etcétera). Consiguientemente, tanto la opción de proponer la acción como la opción de negociar generan costos. Para diferenciar los costos de proposición de la acción de los costos de negociación del acuerdo, denotaremos estos de N, siendo N_A el costo de negociación del autor potencial y N_R el costo de negociación del eventual demandado. Así, una autocomposición se logrará si, y solo si, tenemos $A - N_A \geq p_A . B - C_A$, que puede ser reescrito como $A \geq p_A . B - C_A + N_A$.

Si solo se llegara a un acuerdo, si la oferta del eventual demandado es mayor o igual al valor de la acción más los costos de negociación, entonces se instaurará una litis si la oferta es menor que este valor, *i.e.*, si $A < p_A . B - C_A + N_A$. Este límite de la negociación lo llamaremos de **valor de reserva del autor** (V_A), porque es lo mínimo que el autor aceptará para que la litis sea compuesta espontáneamente. En resumen:

Ecuación 4.2-2

$$V_A = p_A . B - C_A + N_A$$

Según la teoría de la negociación, para que haya un intercambio voluntario, debe haber un excedente cooperativo a ser distribuido a las partes, por lo que el valor de reserva de la parte a la que se asignará el bien litigioso debe ser mayor que el valor de reserva de la parte que lo cederá; de lo contrario, las partes no percibirán ningún beneficio en la celebración del acuerdo y el intercambio solo se producirá mediante coacción. En el contexto de una acción judicial, lo que se negocia es la acción en sí, *i.e.*, si el demandante propone una demanda o no. Si el demandado valora más la no proposición de la demanda que el demandante valora su proposición, entonces habrá espacio de acuerdo, porque habrá un excedente cooperativo a ser distribuido. De lo contrario, no habrá acuerdo, ya que el demandado prefiere que se proponga la acción en lugar de someterse voluntariamente a la pretensión. Si es así, entonces tenemos que averiguar cuánto el potencial demandado valora la acción.

En beneficio de la simplificación, comencemos asumiendo que tanto el demandante como el demandado valoran por igual el bien en disputa, *i.e.*, $B_A = B_R$, así que podemos simplemente usar B y asumir que si el demandado pierde por completo en la acción, perderá B. Además, al igual que el autor, el demandado también incurrirá en costos para negociar un acuerdo en la fase preprocesal, que denominaremos como N_R y, si la acción es propuesta, el demandado incurrirá en costos para defenderse, lo que denotaremos C_R. Para empezar, supongamos que, como en los tribunales de menor cuantía (juzgados especiales), cada parte soporta sus propios costos de litigar.[286] Así que, incluso si el demandado gana la acción y no tiene que pagar B para el demandante, habrá incurrido en el costo irrecuperable C_R y, por lo tanto, el resultado de la acción habrá sido negativo. Por otro lado, si el demandado pierde, tendrá que entregar el bien de la vida B y, aun así, habrá incurrido en el costo C_R, *i.e.*, habrás perdido $B + C_R$.

Una vez más, al igual que para el demandante, la decisión judicial es un acontecimiento aleatorio (no determinístico) sobre el que ninguna de las partes litigantes tiene pleno control, y cuyo resultado esperado depende de la probabilidad subjetiva que el demandado atribuye a cada uno de los posibles resultados. Por lo tanto, denotan p_R la probabilidad de que el demandado atribuye al evento procedencia de la acción, que puede o no ser igual a la probabilidad de éxito estimada por el autor para el mismo hecho (p_A). En este contexto, el demandado cree que, si el autor lo acciona, tendrá la probabilidad p_R de ter de pagar B al autor; por consiguiente, su costo esperado es $p_R \cdot B$, adicional al costo de litigar C_R, luego: $p_R \cdot B + C_R$.

En este sentido, si la autocomposición sigue frustrada, el demandado cree que se expondrá a una pérdida máxima esperada de $p_R \cdot B + C_R$ y ese es el valor de la acción para el demandado, porque si gana la acción, solo perderá C_R. Dado que el valor de la acción es el límite de la pérdida esperada del demandado, en caso de fracaso de la autocomposición, no es racional que ofrezca al demandante, en una propuesta de acuerdo, una cantidad superior a ese valor. El demandado neutral al riesgo ofrecerá al demandante, durante las negociaciones, nada más allá del retorno esperado de la acción para sí. Sin embargo, debemos tener en cuenta que el demandado también incurrirá en costos de negociación, por lo que su oferta tendrá esto en cuenta. Así, pues, es racional que el demandado presente una propuesta en la fase preprocesal si su beneficio esperado es mayor que su costo esperado, *i.e.*, si $A + N_R \geq p_R \cdot B + C_R$.

Aislando solo el valor de la oferta de acuerdo, la inecuación anterior puede reescribirse como sigue: $A \geq p_R \cdot B + C_R - N_R$, para reforzar el impacto negativo de los costos de negociación en la autocomposición. Como puede verse, no solo la cantidad A es relevante para hacer una oferta, sino también los costos de transacción asociados con la negociación en sí. Cuanto más costoso es transaccionar, *i.e.*, cuanto más alto es N_R, menor será el valor de la oferta hecha por el demandado y, por lo tanto, mayor debe ser el valor esperado de la acción para que sea racional que el de-

286. En la literatura iuseconómica, esta regla procesal se llama regla americana, porque así es como funciona generalmente en los Estados Unidos. La regla según la cual el perdedor indemniza al vencedor se llama la regla británica o continental. Sin embargo, esta indemnización nunca es integral, por lo que C siempre será mayor que cero. Por lo tanto, en aras de simplificación, adopto la llamada regla americana en la exposición, ya que está más cerca de la realidad.

mandado negocie. En teoría, si los costos de transacción para la transición son muy altos, será más interesante resolver el asunto judicialmente, no por la negociación. En este sentido, la plataforma *consumer.gov.br*, en la que los consumidores pueden registrar sus reclamaciones de consumidores y las empresas registradas pueden hacer ofertas de acuerdo por vía electrónica, puede interpretarse como un intento de reducir los costos de transacción de la negociación, *i.e.*, de N_R. La expectativa es que, con la reducción de los costos de negociación para ambas partes, se hagan más acuerdos. Es la eficiencia al servicio del consumidor.

Como la inecuación $A \geq p_R \cdot B + C_R - N_R$ representa el valor máximo que el eventual demandado estaría dispuesto a ofrecer al potencial autor, antes de que el litigio se convierta en la opción más interesante, podemos decir que se iniciará una litis si $A < p_R \cdot B + C_R - N_R$ y ese es el **valor de reserva del demandado** (V_R). Si el potencial demandante acepta recibir una cantidad igual o inferior a V_R, el eventual demandado preferirá un acuerdo a litigar. Si exige una cantidad superior a V_R, entonces será más interesante para el demandado racional resistirse. El valor de reserva del demandado puede expresarse de la siguiente manera:

Ecuación 4.2-3

$$V_R = p_R . B + C_R - N_R$$

Ahora que tenemos el valor de reserva del demandante y el del demandado, la teoría de la negociación nos enseña que –para que haya un excedente cooperativo y sea posible un intercambio voluntario– el valor de la acción para el demandado debe ser mayor que para el demandante, y ellos deben acordar en algún valor A entre el valor de reserva de ambos, $V_R \geq A \geq V_A$. Por esto, antes de avanzar en esta discusión, es interesante comparar el valor de reserva del autor con el del demandado:

Ecuación 4.*2-2*

$$V_A = p_A . B - C_A + N_A$$

Ecuación 4.2-3

$$V_R = p_R . B + C_R - N_R$$

Observe que en el valor de reserva del autor, se extraen los costos de litigar ($- C_A$) y se añade el coste de negociación ($+ N_A$), porque, al decidir entre el acuerdo y la proposición de la demanda, el demandante ponderará entre incurrir en N_A si negociar –por lo que es un costo que debe ser cubierto por la oferta para ser interesante– y evitar C_A al no litigar. Luego, esa es una ganancia que puede ser reducida de la oferta. Ya en el caso del valor de reserva del demandado, la situación se invierte, porque si el demandado negocia, evita C_R, esto significa que puede añadir este valor ahorrado a la oferta, pero incurre N_R y, por lo tanto, necesita descontar ese valor de lo que está dispuesto a ofrecer. Estas diferencias, además de las diversas expectativas, pueden (o no) hacer posible la autocomposición.

Dicho esto, tendremos un acuerdo cuando lo mínimo que el autor está dispuesto a aceptar, V_A, es menor o igual al máximo que el demandado está dispuesto a pagar V_R, así, cuando $V_A \leq V_R$ y , por lo tanto, hay un excedente cooperativo para ser distribuido. Cuando este no es el caso, no se llegará a un acuerdo y se propondrá una demanda, ya que $V_A > V_R$, y esta condición, que es suficiente para el fracaso de la autocomposición y, por lo tanto, para el surgimiento del proceso, es la **condición de litigio**[287]. Si reemplazamos el precio de reserva del autor (Ecuación 4.2-2) y el precio de reserva del demandado (Ecuación 4.2-3) en la condición de litigio, tenemos que:

Inecuación 4.2-4

$$V_A > V_R$$

$$p_A . B - C_A + N_A > p_R . B + C_R - N_R$$

$$p_A . B - p_R . B > C_R - N_R + C_A - N_A$$

$$(p_A - p_R) . B > (C_A + C_R) - (N_A + N_R)$$

$$(p_A - p_R) > \frac{(C_A + C_R) - (N_A + N_R)}{B}$$

$$\Delta p > \frac{C - N}{B}$$

donde $C = C_R + C_A$, $N = N_R + N_A$ e $\Delta p = p_A - p_R$. A primera vista, la redacción anterior puede parecer demasiado compleja o incluso demasiado simple, según el gusto del lector, para ayudarnos a comprender el comportamiento de las partes en un litigio. Pero si miramos cuidadosamente, veremos que este simple modelo es muy poderoso y tiene importantes implicaciones para nuestra comprensión del comportamiento de las partes.

a) Bien de la vida. En primer lugar, cuanto más importante es el bien de la vida para las partes, *i.e.*, mayor es el valor de *B*, mayor será la probabilidad de un litigio, pues más fácil será satisfacer la condición de litigio. Como en el modelo, el denominador *B* divide el numerador $C - N$, cuanto más grande es *B*, más fácil será

287. Cf. Gico Jr. (2014, pp. 183 y ss.).

que se cumpla la condición, *i.e.*, que $\Delta p > (C - N) / B$. En este sentido, a medida que el valor del bien litigioso *B* crece, menos relevantes se vuelven los costos totales de un eventual litigio (*C*) y el ahorro de los costos de negociación (– *N*). En otras palabras: los costos de la contratación de un abogado o el tiempo que se tardará en resolver el asunto se mitigan en vista de la ganancia obtenida por el autor o la pérdida que el demandado espera evitar. Así, la probabilidad de litigio es una función creciente[288] del valor del bien de la vida *B*: cuanto más valioso el bien de la vida, más probable es un litigio.

b) Costos de litigar. En segundo lugar, la intuición nos dice que cuanto más barato sea litigar, más gente lo hará[289], y esto es exactamente lo que el modelo señala, ya que cuanto menor sea el costo de litigar (*C*), más pequeño será el numerador (*C* – *N*) y, por tanto, más fácil se cumplirá la condición, *i.e.*, que $\Delta p > (C - N) / B$. Y cuanto más grande es *C*, más alto será el numerador y más difícil será que se cumpla la condición de litigio.

Por consiguiente, cuanto menor sea el costo de litigar, más fácil será satisfacer la condición de litigio y más probable será que se presente una disputa. Así, por ejemplo, cuando una parte se beneficia de la justicia gratuita o es asistida por la oficina del defensor público, no tiene que asumir el costo de litigar, ni está expuesta a la carga de la derrota, por lo que es más probable que quiera litigar.

Por otro lado, cuanto más costoso sea negociar (*N*), menores son las posibilidades de llegar a un acuerdo y mayores son las probabilidades de que se convierta en una acción judicial. Por ejemplo, en los casos de divorcio, en los que las partes están involucradas emocionalmente con el proceso en sí y no solo con el resultado, negociar puede ser muy difícil para ellas. En el modelo, la forma en que los costos de negociación se restan del numerador (– *N*), cuanto más altos sean los costos de negociación, más fácil se cumplirá la condición de litigio. Cuanto más barato sea negociar, mayor será la posibilidad de llegar a un acuerdo.

c) Brecha de expectativas. En tercer lugar, el modelo describe y predice claramente que, *ceteris paribus*, cuanto mayor sea la distancia de expectativas entre el autor y el demandado (Δp) en relación con el posible éxito de la acción, mayor será la probabilidad de que se inicie un litigio. Esta diferencia de expectativas entre los agentes, tan importante para la comprensión de su comportamiento, es lo que yo

288. Una función es *creciente* en una variable cuando el incremento de esta variable conduce al aumento del valor asignado por la función. Y *decreciente* cuando el aumento de esta variable conduzca a la disminución del valor asignado por la función.

289. Obsérvese cómo esta intuición es una aplicación pura y simple de la ley de la oferta y la demanda. Si el precio de un servicio cae, la cantidad demandada aumenta. Por lo tanto, si el precio de consumo del servicio público adjudicatorio cae, la cantidad demandada aumenta, es decir, el número de acciones propuestas.

 llamo la **brecha de expectativas**[290], porque la probabilidad de un litigio es también una función creciente de esta diferencia de expectativas. A su vez, considerando que los agentes involucrados son racionales, la brecha de expectativas es una función de dos variables[291]: la inseguridad jurídica y la asimetría de información.

De manera más objetiva, la seguridad jurídica es la capacidad que tiene el agente de prever, con precisión, la forma en que el Poder Judicial juzgará un determinado caso, incluso antes de la sentencia. Cuanto más predecible sea el Poder Judicial, habrá más seguridad jurídica. Cuanto menos predecible, menos seguridad. Obsérvese que la idea de seguridad jurídica está vinculada única y exclusivamente a la previsibilidad del derecho, independientemente de la calidad de la regla jurídica, su justicia o la fuente del derecho. En este sentido, existe una clara distinción[292] entre el problema del **activismo judicial** y el problema del **anarquismo judicial**. Si un Poder Judicial es activista, *i.e.*, toma decisiones *contra legem*, pero lo hace de manera coherente y consistente, por lo tanto, predecible; habrá inseguridad jurídica solo a corto plazo (en las primeras rondas), mientras el ciudadano siga creyendo en la ley. A mediano y largo plazo, después de que el ciudadano (o su abogado) se entere de que el Poder Judicial activista no cumple la ley, ello podrá predecir con exactitud la posición activista adoptada –desde que el Poder Judicial siga su propia jurisprudencia–; así, habrá cierto grado de seguridad jurídica.

Ya el anarquismo judicial, entendido aquí como el alto, persistente y sistemático grado de dispersión de la jurisprudencia sobre el mismo tema, afecta profundamente a la seguridad jurídica y, por tanto, a la brecha de expectativas. El anarquismo judicial es el estado no-cooperativo en el que se pueden aplicar diferentes reglas jurídicas a procesos similares, según las preferencias del magistrado, sin que la jurisprudencia se vuelva uniforme y dominante. Es la falta de seguridad jurídica debido a la falta de cultura y de mecanismos jurídicos para la uniformidad de la jurisprudencia, lo que significa que existe una dificultad de coordinación entre los magistrados de las distintas instancias para la formación y el respeto de la jurisprudencia. Como las partes no saben qué regla jurídica se aplicará a su caso, el sesgo natural de optimismo de la gente tiende a alejar las expectativas del autor y del demandado, aumentando los litigios. Exactamente como el modelo de arriba predice.

La ausencia de inversión en seguridad jurídica puede dar lugar a una mayor divergencia entre las probabilidades subjetivas de éxito atribuidas por el autor (p_A)

290. Cf. Gico Jr. (2014, p. 184).

291. La brecha de expectativas también se ve afectada por ciertas limitaciones cognitivas, como el sesgo de optimismo, pero como no podemos influir en esta variable, dejamos de lado su discusión por el momento. Más sobre esto, ver la Sección 5.4.

292. Cf. Gico Jr. (2015, pp. 483-484).

y el demandado (p_R). El aumento de la brecha de expectativas aumenta el retorno esperado de los litigios y, *ceteris paribus*, el número de controversias. Según el ciclo del litigio[293], si existiesen incentivos adecuados para la inversión en seguridad jurídica por los magistrados, la ampliación inicial del número de controversias llevaría a la formación de jurisprudencia sobre determinada cuestión que, a su vez, informaría a los posibles demandantes y demandados a bajo costo, sobre el conjunto de reglas que se aplicarían en casos similares en el futuro, haciendo converger sus probabilidades subjetivas ($p_A \rightarrow p_R$). En el límite, asumiendo que no hay información privada, tendríamos $p_A = p_R$. Si no hay asimetría de información y la seguridad jurídica es perfecta ($p_A = p_R$), entonces, $\Delta p = 0$. Por lo tanto, en el mundo del derecho y de la justicia perfectos, no habrá acuerdo solo si los costos de transacción asociados a la negociación son mayores que los costos asociados al litigio ($N > C$)[294]. Como negociar, en general, es mucho menos costoso que litigar, en el mundo del derecho y de la justicia perfectos, prácticamente todos los casos terminarían en acuerdo, porque siempre sería racional componer. Una vez más, todo esto puede ser extraído del modelo presentado anteriormente.

Por otra parte, si la regla jurídica aplicada a cada caso varía según las preferencias del magistrado (activismo judicial y anarquismo) y la distribución de los casos entre los juzgados es aleatoria, entonces el autor y el demandado pueden tener grandes dificultades para estimar p_A e p_R. En el límite, tal estimación podría ser imposible, y las partes se enfrentarían a una incertidumbre *stricto sensu*. La dificultad de estimar la probabilidad de éxito de una demanda puede desencadenar en una limitación cognitiva conocida como sesgo de optimismo u optimismo irrealista u optimismo comparativo[295].

El sesgo de optimismo es una limitación cognitiva ya identificada en la literatura en varios contextos, según la cual el cerebro humano está programado para ser optimista, *i.e.*, en promedio, las personas creen que están expuestas a menores riesgos de acontecimientos negativos que otras personas. Precisamente porque son optimistas, las personas pueden, por ejemplo, invertir menos en prevención, usar menos anticonceptivos[296], no usar el cinturón de seguridad o conducir a una velocidad excesiva[297]. En el presente caso, un autor optimista y

293. Cf. Gico Jr. (2013) y la discusión de la Sección 3.5. Para una breve reseña de la literatura sobre el aumento de la tasa de litigios debido al aumento de la incertidumbre por la inseguridad jurídica, véase Dari-Mattiacci y Deffains (2007, pp. 11 y ss.). Y para una demostración empírica de esta relación, ver Rezende y Zylbersztajn (2011).

294. Explícitamente: si $\Delta p = 0$, entonces, $0 > (C - N)/B$, luogo, $0 > C - N$ y, por lo tanto, $N > C$, c.q.d.

295. Por ejemplo, cf. Armor y Taylor (1998). Véase también la Sección 5.4 infra.

296. Cf. Burger y Burns (1988).

297. Cf. McKenna, Stanier y Lewis (1991).

un demandado optimista pueden sobreestimar sus respectivas posibilidades de éxito, aumentando la brecha de expectativas, disminuyendo o simplemente eliminando la posibilidad de si llegar a un acuerdo. Cuanto más difícil sea estimar esas probabilidades, mayor será la probabilidad de que el sesgo de optimismo sea relevante en el caso concreto.

Sin embargo, la inseguridad jurídica no solo afecta a la capacidad de las partes de estimar sus posibilidades de éxito, sino que también afecta a la capacidad de estimar lo que está disponible jurídicamente como resultado del propio litigio, *i.e.*, *B*. Ante la inexistencia de reglas jurídicas o ante su oscuridad, los autores potenciales –optimistas o no– pueden proponer acciones para que los magistrados reduzcan los intereses de un préstamo, aunque sean conformes a la ley y al contrato; pueden pedir a un magistrado que obligue a otra parte a negociar un descuento en los gastos escolares; pueden pedir un millón a un hospital por supuestos daños morales derivados de una atención médica supuestamente con grosería, aunque clínicamente efectiva, y así sucesivamente. Sin un parámetro claro sobre lo que es o no un interés jurídicamente protegido, *i.e.*, lo que es factible pedir al Poder Judicial, la imaginación de los autores (o de sus abogados[298]) es el límite de lo que se puede pedir y, por lo tanto, de *B*.

d) Aversión y propensión al riesgo. En cuarto lugar, es interesante observar que la discusión anterior se llevó a cabo asumiendo la neutralidad del riesgo, *i.e.*, que ambas partes valoran la acción judicial por su retorno esperado. Cuando debilitamos esta suposición, los efectos son interesantes. Por ejemplo, si debilitamos el supuesto de neutralidad al riesgo y suponemos que ambas partes son reacias al riesgo, la probabilidad de un acuerdo aumenta porque el valor de la acción cae para el demandante –que aplica un descuento a su valor mayor que el retorno esperado– y el valor de la acción aumenta para el demandado –que aplica un descuento a su valor menor que el retorno esperado–. La disminución de V_A y el aumento de V_R dificultan la satisfacción de la condición de litigio ($V_R > V_A$) y, por lo tanto, aumenta la probabilidad de autocomposición.

Lo contrario ocurre si las partes son propensas al riesgo, porque, por las mismas razones, pero en sentido contrario, el valor de la acción para el autor aumentará más que su retorno esperado, aumentando V_A y el valor de la acción para el demandado será menor que el retorno esperado, disminuyendo V_R. Entonces, el litigio será más probable. Discutiremos estos efectos más adelante, en la Sección 4.3.1.

298. Sobre el problema agente-principal entre abogado y cliente, véase la Sección 5.3, más adelante.

e) Formación de expectativas. En quinto lugar, aunque el modelo no informa cómo se forman las expectativas[299], señala que cuanto mayor sea la expectativa del autor en cuanto al éxito de su acción (p_A) y cuanto más bajas sean las expectativas del demandado de que esta acción tenga éxito (p_R), cuanto mayor sea la brecha de expectativas y cuanto más fácilmente se cumpla la condición de litigio, más probable será que se convierta en un litigio. Esta conclusión es coherente con la intuición. Si el demandado cree que las posibilidades de que el demandante gane son bajas, su valor de reserva será sin duda igualmente bajo, lo que limitará su oferta durante la fase de autocomposición. Del mismo modo, si el autor cree que sus posibilidades de éxito son altas, su valor de reserva será igualmente alto, lo que limitará sus valores aceptables para la autocomposición.

Lo contrario también es cierto. Si el autor cree que sus posibilidades de éxito son muy bajas, su valor de reserva será igualmente bajo, lo que aumenta la probabilidad de que se logre una autocomposición. De igual modo, si el demandado cree que las posibilidades de éxito del autor son demasiado altas, su valor de reserva también será alto, lo que aumenta la probabilidad de lograr la autocomposición. Como se puede ver, las expectativas de las partes son un elemento fundamental para comprender su conducta, pero ¿cómo se estiman esas probabilidades?

Dado que nos encontramos en el contexto del proceso civil, es razonable suponer que la mayoría de las personas busca la asistencia de un abogado antes de presentar una demanda. Los abogados son profesionales capacitados precisamente para estudiar las leyes y la jurisprudencia, en un intento de predecir el resultado probable de una determinada demanda[300]. Sin saberlo, los abogados son expertos en estimar probabilidades. Así, pues, cuando un abogado evalúa la presentación de una demanda, evalúa la probabilidad de éxito, el valor probable de la condena y los costos de llegar a ella[301]. Cuanto más experimentado sea el abogado, mayor será su experiencia en una determinada esfera del derecho (habrá visto más casos similares) y mayor será su conocimiento de los tribunales que juzgarán el caso, por lo que se espera que su estimación sea más precisa. Obviamente, el ejercicio de la abogacía aporta una buena dosis de intuición, ya que la abogacía es un arte, no una ciencia. Sin embargo, como hemos demostrado anteriormente, el dominio

299. Como el modelo no explica de dónde vienen las expectativas, decimos que su formación es *exógena* al modelo, porque está fuera de él.

300. Sobre la utilidad del derecho como predicción del comportamiento del Poder Judicial, véase la Sección 6.2 infra.

301. Aquí hablaremos del abogado como un agente leal a su cliente. En la Sección 5.3, exploraremos las consecuencias de relajar esta suposición, es decir, de la existencia de un problema agente-principal entre cliente y abogado.

 de un enfoque científico del proceso puede ser de gran ayuda para el ejercicio y la comprensión de esta actividad.

Al estimar la probabilidad de éxito de un proceso (p_A), utilizando su experiencia y la información disponible, incluso sobre las pruebas presentadas, el abogado tratará de identificar no la probabilidad exacta de éxito (lo que aún no es posible), sino un orden de magnitud que dé una idea de p_A. Por lo tanto, si el abogado considera que las posibilidades están a medio camino, *i.e.*, que el caso está equilibrado, puede estimar un 50% de probabilidad de éxito (p_A). Si el éxito es más probable que el fracaso, el abogado puede atribuir una probabilidad del 60% o 70% y, si es muy probable, del 80% o 90%. Por otra parte, si la probabilidad de éxito es menos que probable, puede atribuir una probabilidad del 40% o 30% y, si es muy improbable, del 20% o 10%. Estas estimaciones no son exactas, pero se acercan lo suficiente para fundamentar una decisión.

De hecho, dependiendo del contexto, el abogado está obligado a hacer ese tipo de estimación. Por ejemplo, el Comité de Pronunciamientos Contables –el otro CPC–, responsable de la reglamentación técnica de los procedimientos contables en el Brasil, tiene una resolución específica sobre la cuestión, el CPC 25[302], que regula cómo deben calificarse y registrarse en las cuentas las provisiones, los pasivos contingentes[303] y los activos contingentes. Por esta razón, cada año, los abogados de las empresas deben preparar un informe de auditoría en el que clasifican individualmente cada caso a su cargo como probable, posible o remoto. Una acción es probable si: (i) el derecho invocado está respaldado por las reglas jurídicas vigentes; (ii) el conjunto de pruebas es suficiente para apoyar la demanda; y (iii) existe jurisprudencia sobre casos similares que permita la comparación de decisiones favorables y desfavorables[304]. Además, una acción se considerará un activo contingente si el resultado considerado es el recibimiento de un valor (B) por la persona y será un pasivo contingente si impone a la persona la obligación de entregar B. Así, en una acción de cobro, el cobrador considera la acción como un activo contingente, mientras que el deudor la considera un pasivo contingente[305].

---

302. "El objetivo del Pronunciamiento Técnico CPC 25 es asegurar que se apliquen criterios de reconocimiento y bases de medición apropiados a las provisiones, pasivos contingentes y activos contingentes y que se revele suficiente información en las notas explicativas para permitir a los usuarios comprender su naturaleza, oportunidad y valor". Fíjese que la lógica es la misma que usamos nosotros acá.

303. Aquí se utiliza el término contingente en el sentido de que depende de un resultado futuro incierto, una contingencia, por lo que todos los activos o pasivos contingentes son activos o pasivos con riesgo.

304. Obsérvese cómo incluso las normas de contabilidad han entendido que, hoy en día, no basta el texto de la ley, sino que también hay que considerar cómo los tribunales están aplicando (o no) la ley.

305. Para un ejemplo, véase el art. 195 de la Ley de Sociedades Anónimas brasileña sobre la creación de una reserva de contingencia:

Volviendo a la discusión sobre la decisión de litigar, la estimación hecha por el abogado no se limita a p_A. Se hace el mismo tipo de estimación en relación con la cantidad que se adjudicará (B) y los probables costos de litigar (C_A). En este contexto, se espera que cuanto más experimentado sea el abogado y cuanto mayor sea el grado de certeza jurídica, más exacta será la estimación de cada variable, y que si están expuestos a la misma información (ausencia de asimetría de información), distintos abogados llegarán a estimaciones cercanas, no necesariamente iguales, para cada una de ellas. Así, pues, en los tribunales de causas menores (juzgados especiales), donde las partes tienen capacidad postuladora (no necesitan un abogado), se espera que haya una gran dispersión de expectativas, dado que son legos en estimar sus posibilidades de éxito sin el dominio del derecho y de la jurisprudencia. En los casos de mayor valor, en los que la presencia de un abogado es obligatoria, se espera que la brecha de expectativas sea menor. Además, como veremos más adelante, si las expectativas se estiman en un momento dado, se actualizarán gradualmente (inferencia bayesiana)[306], a medida que la asimetría de información se reduzca por el progreso del proceso.

Como vemos, aunque el modelo iuseconómico del litigio sea relativamente sencillo[307], él se ajusta a la realidad y tiene un enorme potencial explicativo y predictivo, *i.e.*, nos ayuda no solo a explicar diversos comportamientos que observamos efectivamente en el día a día de los foros, sino que también nos ayuda a predecir cómo cualquier cambio en las reglas procesales puede alterar las estructuras de incentivos de las partes y, por tanto, su comportamiento. Ahora, pasemos a la fase procesal e investiguemos lo que sucede después de que se presenta la demanda.

4.3 Contestación o acuerdo: el modelo iuseconómico de la transacción

Una vez concluida la fase de autocomposición, nos encontramos en el momento procesal justo después de la proposición de la acción judicial por parte del demandante y la citación del demandado, en el que este, consciente de la existencia

Art. 195. La Asamblea General puede, a propuesta de los órganos de administración, destinar una parte de las ganancias netas a la constitución de una reserva con el fin de compensar, en el futuro ejercicio, la disminución de la ganancia resultante de una pérdida considerada probable, cuyo valor pueda ser estimado.

§1º. La propuesta de los órganos de administración indicará la causa de la pérdida prevista y justificará, con las razones de prudencia que lo recomienden, la constitución de la reserva.

§2º. La reserva se revertirá en el ejercicio en que dejen de existir los motivos que justificaron su creación o en el que se produzca la pérdida.

306. La **inferencia bayesiana** es el método de inferencia estadística en el que se utiliza el Teorema de Bayes para actualizar las probabilidades de una hipótesis a medida que se dispone de nuevas pruebas o información. Esta actualización de probabilidad se llama *update* bayesiano o actualización bayesiana.

307. Para un interesante modelo de autocomposición, bajo la amenaza de judicialización, como un juego de negociación, cf. Cooter, Marks y Mnookin (1982).

 de la demanda, debe decidir su siguiente paso: contestar o celebrar un acuerdo. El supuesto de racionalidad sigue siendo el mismo, *i.e.*, ambos agentes actuarán de acuerdo a sus propios intereses y adoptarán la conducta que les reporte el mayor beneficio. La pregunta es ¿qué conducta será esta? Además, ahora los costos de negociación preprocesal (N) ya no son relevantes, porque o bien la negociación ya ha tenido lugar y, por lo tanto, ha fracasado, o bien la negociación no ha tenido lugar y no se ha incurrido en estos costos. En ambos casos, no afectarán más a la conducta de los agentes.

En la sección anterior, utilizamos el modelo básico, con algunas discusiones adicionales, para explorar esta cuestión. Este tipo de enfoque se conoce como el modelo de optimismo mutuo[308]. Ahora, además de retomar el modelo de optimismo, presentaremos el modelo de asimetría de información para perfeccionar la discusión y nuestra comprensión de por qué las partes litigantes pueden o no llegar a un acuerdo en el curso de un proceso.

4.3.1 El modelo de optimismo mutuo

Tomemos el ejemplo del principio de este capítulo y supongamos que Antonio es un consumidor que ha sufrido una pérdida de \$100.000 (B), como resultado de un accidente supuestamente causado por la compañía de Roberta. Supongamos, además, que no se discute que hubo un daño y que hubo un acto ilícito y que estamos ante una hipótesis de responsabilidad objetiva, por lo que basta con que Antonio demuestre ante el tribunal el nexo causal entre el acto ilícito y el daño para que su demanda de indemnización sea juzgada procedente. Los costos de litigar para cada parte se estiman en \$10.000 ($C = C_A = C_R$), dada la complejidad del caso.

En este escenario, el costo esperado del litigio o el valor de la acción para Roberta es de \$110.000 (la indemnización más los costos de litigar, *i.e.*, $B + C_R$) y el beneficio esperado del litigio o el valor de la acción para Antonio es de \$90.000 (la indemnización menos los costos de litigar, *i.e.*, $B - C_A$). Como puede verse, hay claramente un excedente cooperativo de \$20.000, que equivale a la suma de los costos de litigar ($C_A + C_R$), y ese es el espacio de acuerdo entre las partes. Cualquier pago realizado entre \$90.000 y \$110.000 mejorará la posición de ambas partes en comparación con la opción de proponer la demanda, *i.e.*, será Pareto eficiente. Por lo tanto, no es racional seguir litigando, ya que los litigios son costosos y solo destruirían el valor para ambas partes. Las partes pueden repartir entre ellas el costo esperado de la continuación del litigio y así ahorrar recursos.

308. Cf. Baird, Gertner y Picker (1994, p. 247).

ESPACIO DE ACUERDO SIN RIESGOS
Figura 4-11

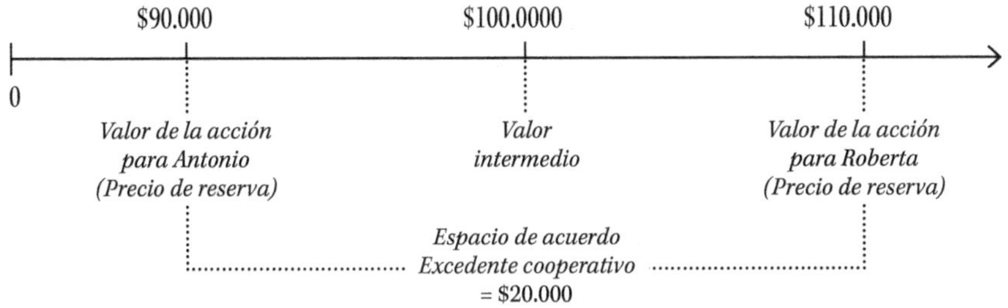

Sin embargo, en el mundo real, las partes difícilmente conocen el tamaño exacto del excedente cooperativo y difícilmente tienen las mismas expectativas. Para que esto suceda, las partes deben acordar no solo la probabilidad de éxito de la acción (p), sino también con el valor a ser adjudicado, *i.e.*, el bien de la vida (B). Aun así, la mera presencia de riesgo no es suficiente para impedir el acuerdo. Si ambas partes tienen las mismas expectativas, *i.e.*, estiman la misma probabilidad de éxito para la acción y el mismo valor del bien de la vida, entonces también podrán identificar el valor de la acción, el tamaño del excedente cooperativo y, por lo tanto, el acuerdo será factible.

Para demostrar cómo la simple inserción de riesgo no es suficiente para cambiar nuestra conclusión, por lo tanto, de que sigue siendo racional concluir un acuerdo, retomemos el ejemplo anterior y supongamos que, ahora, las partes no están seguras de que Roberta sea condenada a pagar la indemnización. Si la probabilidad de éxito es del 75% ($p = p_A = p_R = 0,75$), lo único que cambia es el espacio de acuerdo, *i.e.*, el intervalo dentro cual es racional concluir el acuerdo, pero sigue existiendo. El espacio de acuerdo original, que era de $90.000 a $110.000, se reducirá al intervalo de $65.000 (= 100.000 • 0,75 – 10.000) a $85.000 (= 100.000 • 0,75 + 10.000). Obsérvese que el excedente cooperativo sigue siendo exactamente el mismo, $20.000, porque es la suma de los costos de litigar, que no han cambiado:

ESPACIO DE ACUERDO CON RIESGOS
Figura 4-12

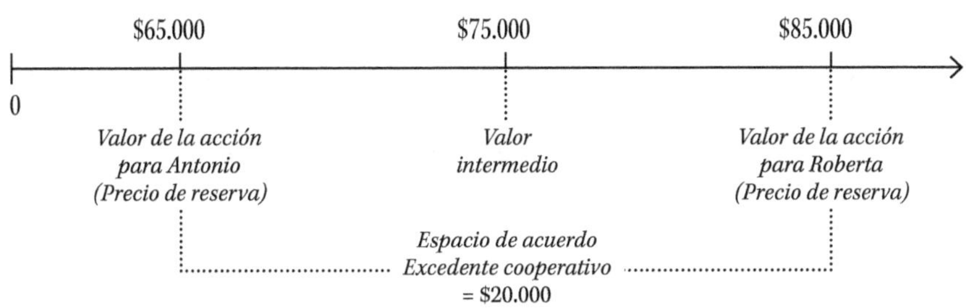

Como la mayoría de los casos no terminan en acuerdo, se debe debilitar alguna suposición para acercar este modelo al resultado observado en el mundo real. En este sentido, hay que asumir que, además de la presencia de incertidumbre sobre el resultado del proceso (que sea una decisión con riesgo), también es necesario que las partes discrepen sobre la magnitud de esta incertidumbre, *i.e.*, que haya un desacuerdo sobre las posibilidades de éxito ($p_A \neq p_R$) y/o sobre el valor del bien litigado ($B_A \neq B_R$)[309]. Por lo tanto, no es el riesgo puro y simple el que impide el acuerdo, sino la existencia de una divergencia de expectativas que es demasiado grande, es decir, *el tamaño de la brecha de expectativas.*

Para demostrarlo, en el ejemplo anterior, podemos variar tanto la expectativa en cuanto a la probabilidad de éxito, en cuanto al valor de la adjudicación y si la brecha de expectativas no es demasiado grande, todavía habrá espacio de acuerdo. Supongamos ahora que p_A = 50% y p_R = 75%, *i.e.*, que tanto Antonio como Roberta son pesimistas. Además, es más costoso litigar para Roberta que para Antonio, por ejemplo, C_A = 10.000 y C_R = 15.000. Ahora ni las expectativas están alineadas ni los costos son simétricos. En este ejemplo, el valor de la acción para Antonio es de $40.000 (=100.000 • 0,5 – 10.000) y para Roberta es de $90.000 (= 100.000 • 0,75 + 15.000). A pesar de estas variaciones, no solo el acuerdo sigue siendo posible, sino que es más probable, como muestra el diagrama siguiente:

ESPACIO DE ACUERDO CON POCA DIVERGENCIA DE EXPECTATIVAS
Figura 4-13

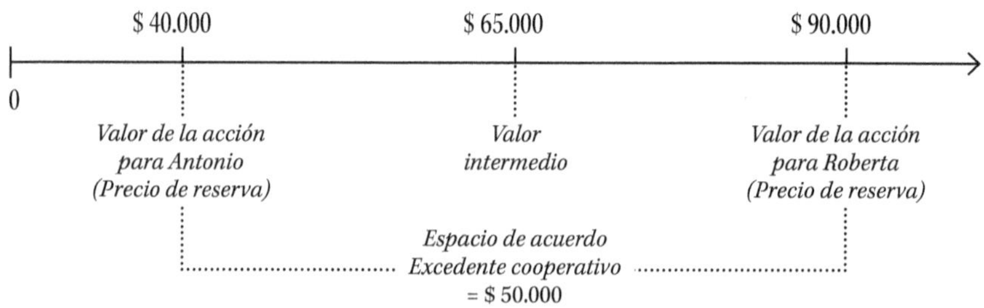

De hecho, como en esta variación el demandado cree que la posibilidad de éxito de la demanda es mayor de lo que espera el autor, aunque es más costoso para el demandado litigar, el espacio de acuerdo aumentará en lugar de disminuir. El excedente cooperativo que se dividirá en este caso es de $50.000. Obsérvese que, aunque existe una divergencia de expectativas, esta divergencia no es suficiente para

309. La flexibilización de la suposición de que las partes están de acuerdo con el valor del bien litigioso no afecta a las conclusiones básicas del modelo. Cf. Cooter y Rubinfeld (1989).

destruir el excedente cooperativo y, dependiendo de su dirección, puede incluso aumentarlo, como en el ejemplo anterior.

Ahora bien, si invertimos algunas variables y aumentamos demasiado la brecha de expectativas, la distancia puede ser suficiente para impedir que se llegue a un acuerdo. Así que, por ejemplo, supongamos que $p_A = 75\%$ y $p_R = 50\%$ y, luego, tanto Antonio como Roberta son optimistas. Además, es tan costoso para Antonio litigar como para Roberta, por ejemplo, $C_A = C_R = 10.000$. En este ejemplo, el valor de la acción para Antonio será de \$65.000 (= 100.000 • 0,75 – 10.000) y para Roberta será solo \$60.000 (= 100.000 • 0,5 + 10.000), *i.e.*, la acción vale más para el autor que para el demandado ($V_A > V_R$), por lo que se cumple la condición de litigio. En ese caso, no hay ningún excedente cooperativo para distribuir y, consiguientemente, no hay espacio de acuerdo, como lo demuestra el diagrama siguiente:

ESPACIO DE ACUERDO CON MUCHA DIVERGENCIA DE EXPECTATIVAS

Figura 4-14

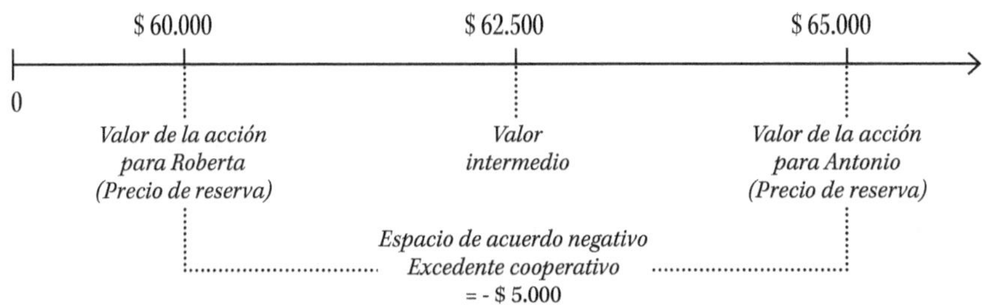

Como puede verse, la existencia o no de un excedente cooperativo depende de la interacción de las expectativas del autor y del demandado, y no solo de una de ellas. Las variaciones en las que se puede llegar a un acuerdo son infinitas, siempre que la divergencia entre las partes no sea demasiado grande. Lo que importa para nuestra discusión es que el lector perciba la dinámica de cada variable en la estructura de incentivos de las partes y su impacto en la probabilidad de composición, y que entienda que, *sin un excedente cooperativo para ser compartido, es racional litigar*. En este contexto, tiene sentido volver al modelo para investigar cuándo esto será cierto.

Retomando el modelo básico, sean p_A y p_R las probabilidades subjetivas del éxito de la acción, B_A y B_R el valor estimado del bien litigado y C_A y C_R los costos de litigar. El valor de la acción para el autor y, por lo tanto, su precio de reserva es $V_A = p_A B_A - C_A$, mientras que el valor de la acción para el demandado y su precio de reserva es $V_R = p_R B_R + C_R$. Usando la condición de litigio, tenemos que un acuerdo es posible solo si el valor de la acción para el autor es menor que el valor de la acción para el demandado, *i.e.*, si $V_A \leq V_R$; luego, habrá un espacio de acuerdo si

$p_R B_R + C_R > p_A B_A - C_A$, es decir, si la pérdida esperada para el demandado es mayor que el retorno esperado para el autor. Así, reorganizando la condición de litigio, tenemos que la **condición de acuerdo** es:

Inecuación 4.3-1

$$C_A + C_R > p_A B_A - p_R B_R$$

El lado izquierdo de la condición de acuerdo representa los costos totales del litigio[310], mientras que el lado derecho, la divergencia entre el valor esperado de la acción para el demandante y el demandado. Por lo tanto, la condición de acuerdo nos enseña que este será posible cada vez que las diferentes expectativas de las partes sobre el valor de la acción ($\Delta p \cdot B$) no sea mayor que los costos totales del litigio (C). En otras palabras, las partes pueden incluso tener expectativas divergentes en cuanto al resultado previsto de la acción judicial, pero mientras esas divergencias no sean mayores que los costos de litigar, sigue siendo posible llegar a un acuerdo. De lo contrario, las partes litigarán. Exploremos brevemente las implicaciones de la condición de acuerdo.

a) Identidad de expectativas. Si las partes se ponen de acuerdo sobre el valor esperado de la acción, *i.e.*, si $p_A = p_R$ y $B_A = B_R$, entonces siempre habrá espacio de acuerdo, porque $C_R + C_A > 0$. Obsérvese que la identidad de expectativas genera un espacio de acuerdo independientemente del valor del bien litigioso (B). Por otro lado, cuando hay una brecha de expectativas ($p_A \neq p_R$), la probabilidad de un litigio se ve afectada por las expectativas divergentes sobre el valor de la potencial condena ($B_A \neq B_R$). En otras palabras, cuanto mayor sea la certeza jurídica, mayor será la probabilidad de acuerdo y, cuanto menor sea la certeza jurídica con respecto a la probabilidad de éxito, más relevante para la probabilidad de litigio será la divergencia sobre el valor del bien litigioso.

b) Condición de litigio. La condición de acuerdo es lo contrario de la condición de litigio, por lo que si la condición de acuerdo no se cumple[311], la condición de litigio sí, $C_A + C_R < p_A B_A - p_R B_R$. En este caso, los costos de litigar serán menores que la brecha en las creencias de las partes sobre el valor esperado de la acción. Obsérvese que, en esta hipótesis, para que se produzca un litigio, el valor de la acción para el demandante debe ser mayor que el valor de la acción para el demandado,

310. Obsérvese que, como estamos estudiando el comportamiento de las partes, solo estoy considerando los costos privados del litigio y, por lo tanto, para las propias partes. De hecho, el litigio puede implicar otros costos, por ejemplo, cuando las costas procesales no cubren todos los costos del proceso (subvención pública), o cuando el litigio genera externalidades negativas, como se examinará en el Capítulo 6. En ambos casos, el costo social del proceso será mayor que la suma de los costos percibidos por las partes privadas.

311. Obviamente, excluyendo el punto de indiferencia, cuando en lugar de desigualdad tendremos igualdad.

y esto puede ser el resultado tanto de una mayor probabilidad subjetiva como de la expectativa de una condena mayor. Como en esta situación $p_A > p_R$ y/o $B_A > B_R$, la literatura a menudo dice que hay un optimismo mutuo, de ahí el nombre de los modelos.

c) Componentes del excedente cooperativo. Es interesante observar que el modelo también nos enseña que el excedente cooperativo se compone de dos partes: los costos de litigar y la divergencia de expectativas sobre el valor de la acción. Son estas dos partes las que, juntas, hacen posible que se cree valor para las partes mediante la conclusión de un acuerdo (excedente cooperativo). Así, pues, cuando se llega a un acuerdo, en la práctica, las partes reparten entre ellas el ahorro de los recursos que gastarían en el litigio y el valor de cambio del derecho de acción.

Además, como se ha visto en la Sección 4.1.2, el excedente cooperativo no es más que la diferencia entre el precio de reserva del demandado y el precio de reserva del autor, *i.e.*, $V_R - V_A = (p_R B_R + C_R) - (p_A B_A - C_A)$, entonces, suponiendo que las partes se pongan de acuerdo sobre el valor del bien litigioso ($B = B_A = B_R$), para simplificar, podemos reescribir esta diferencia para encontrar la expresión que nos dará el *tamaño del excedente cooperativo*[312]:

Ecuación 4.3-2

$$\textit{Excedente cooperativo} = (C_A + C_R) + (p_R - p_A)\,B$$

Expresado de esta manera, está perfectamente claro que el excedente cooperativo se compone de dos términos. El término $(C_A + C_R)$ corresponde a los costos de litigar que las partes se ahorrarán al llegar al acuerdo y que pueden ser compartidas, y el término $(p_R - p_A)\,B$ corresponde a la diferencia de valor que las partes atribuyen a la acción, porque existe una brecha de expectativas entre ellas, y que también puede ser compartida. Nótese que es posible, por ejemplo, que el autor sea más optimista que el demandado ($p_A > p_R$), lo que haría que el término $(p_A - p_R)\,B$ fuese negativo y, aun así, tener espacio para un acuerdo. Basta que los costos del proceso sean lo suficientemente altos como para compensar. Por otra parte, si el demandante y el demandado son pesimistas, incluso si la brecha de expectativas disminuye, si los costos de litigar son muy bajos, como en el caso de la justicia gratuita y el uso de la oficina del defensor público, litigar puede ser todavía racional. Por último, si la brecha de expectativas entre el demandante y el

312. Tenga en cuenta que la única diferencia, si no asumimos que $B = B_A = B_R$, es que los valores esperados de la acción permanecerán separados, pero la lógica sigue siendo la misma, con el excedente cooperativo $= (C_A + C_R) + [(p_R B_R - p_A B_A)]$.

demandado es demasiado grande para superar los costos del proceso, entonces el excedente cooperativo será negativo y no habrá acuerdo.

d) Impacto del costo de negociación. Es interesante observar que, si reinsertamos los costos de negociación en esta etapa del proceso, *i.e.*, si abandonamos la suposición de que no hay costos de negociación durante el curso del proceso o que este costo es insignificante, el efecto solo será reducir el espacio de acuerdo. Es relativamente sencillo darse cuenta de ello porque, como se ha visto anteriormente, sin los costos de negociación, el excedente cooperativo es la suma de los costos de litigar y del valor de cambio de la demanda. La reinserción del costo de negociación solo consumiría parte de ese valor y, por lo tanto, reduciría el excedente cooperativo.

Volvamos al ejemplo de la Figura 4-13, pero ahora un eventual acuerdo costará $10.000 para cada parte en pericia contable, tiempo, estrés, etcétera. Como el valor de la acción para Antonio era de $40.000 y para Roberta era de $90.000, para que un acuerdo costoso sea racional, es necesario compensar estos costos adicionales. Consiguientemente, para que Antonio acepte negociar, debe recibir al menos $50.000 (= 40.000 + 10.000), mientras que Roberta acepta pagar solo $80.000 (= 90.000 – 10.000). El nuevo diagrama del espacio de acuerdo es el siguiente:

Espacio de acuerdo con costos de negociación

Figura 4-15

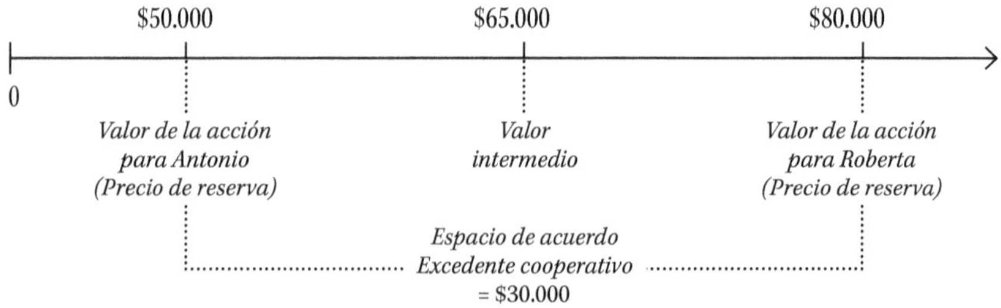

Como puede verse, la simple inserción de los costos de negociación restringió el espacio de acuerdo de $40.000 a $90.000 a $50.000 a $80.000 y, al hacerlo, redujo el excedente cooperativo de $50.000 a $30.000. El trato es todavía posible, pero el espacio de acuerdo es ahora mucho más pequeño. Sin embargo, es poco probable que los costos de negociación superen de alguna manera los costos de litigar, porque, por ejemplo, si se necesitan expertos para negociar, también se necesitarán para resolver la sentencia, por lo que, aunque probablemente haya costos de negociación, como siempre (o casi siempre) serán inferiores al costo de litigar, podemos mantener el supuesto simplificador de la negociación sin costo en el curso del proceso. Por regla general, no serán los costos de negociación los que impedirán que un proceso termine en acuerdo, aunque siempre valga la pena reducirlos.

Dicho esto, los modelos elaborados sobre la base de expectativas divergentes, sea sobre la probabilidad de éxito o la cuantía de la condena, se denominan modelos de optimismo mutuo, ya que en ellos el litigio solo se produce porque las partes son optimistas sobre las posibilidades de éxito y no solo por la presencia de riesgo. Sin embargo, es importante advertir que esto no significa necesariamente que ambas partes sean optimistas acerca de sus propias posibilidades, solo que no están de acuerdo entre sí en cuanto a sus posibilidades (brecha de expectativas) y que al menos una de ellas es demasiado optimista. Sin embargo, en lugar de la disputa surgida del optimismo, puede ser que surja como el resultado de informaciones asimétricas. Esto es lo que exploramos a continuación.

4.3.2 El modelo de asimetría de información

Los modelos de optimismo trabajan con diferencias en las creencias y expectativas, mientras que los modelos de asimetría de información trabajan con información imperfecta. La distinción es sutil, pero pertinente, porque si las creencias de una parte no se ven alteradas por la simple creencia de su *ex adverso*, esas creencias pueden ser alteradas como resultado del acceso a información privada que antes solo tenía la otra parte. En otras palabras, las opiniones de las partes pueden no ser suficientes para alterar la opinión de sus oponentes, pero ambas partes están constantemente actualizando sus creencias a medida que dispongan de nueva información (*actualización bayesiana*).

Supongamos que el ejemplo inicial de la sección anterior fuera un caso de responsabilidad subjetiva (por lo que se requeriría la demostración de la culpabilidad), pero Roberta tiene información privada de que en realidad su empresa ha adoptado el nivel de precaución adecuado y, por lo tanto, difícilmente será considerará negligente (culpada). Sin embargo, Antonio no pudo observar el nivel de precaución de Roberta cuando sufrió el accidente. En este caso, existe una asimetría de información entre las partes que afecta a la formación de sus respectivas expectativas en cuanto a la probabilidad de éxito de una eventual acción. Se trata de una diferencia de información, no solo de expectativas, porque si Antonio tuviera acceso a la información privada de Roberta de manera creíble, actualizaría sus expectativas y ajustaría su probabilidad subjetiva, haciéndola converger con la de Roberta.

La distinción entre divergencia de expectativas basada en mera opinión y divergencia de expectativas basada en asimetría de información es pertinente, porque las normas procesales imponen a las partes oportunidades y obligaciones de revelarse mutuamente información y documentos en diferentes momentos del proceso, lo que reduce gradualmente la asimetría de información entre los litigantes y entre las partes y el juez, haciendo que la brecha de expectativas se reduzca a lo largo del proceso y que se reduzca la divergencia de creencias sobre el valor esperado de la acción. Si este proceso tiene éxito y hay una convergencia de creencias, puede surgir un acuerdo, incluso después de que se presente la demanda[313].

En este sentido, los modelos de información asimétrica pueden ser más sensibles a las variaciones de información a medida que el proceso sigue su curso. Así, por ejemplo, si en la fase de autocomposición el demandante tal vez no desea revelar plenamente sus argumentos al demandado, por razones estratégicas, en el momento de proponer la acción, está obligado a revelar los hechos y los fundamentos jurídicos que entiende subvencionar su demanda[314], así como debe informar exactamente de qué se trata su demanda y las pruebas que pretende presentar. Si hay algún documento preexistente que justifique la petición, también tendrá esta que acompañar la petición inicial[315]. Si el demandante no cumple todos estos requisitos y, por lo tanto, la petición inicial no cumple todos estos requisitos, el juez determinará que sea enmendada[316]. Y si el demandante no lo hace, el juez rechazará la petición inicial y cerrará el proceso.

Estas normas procesales están claramente dirigidas a reducir cualquier asimetría de información entre el demandado y el autor –permitiendo una actualización bayesiana–, y a estabilizar la controversia[317], pero también están dirigidas a reducir la asimetría de información entre las partes y el juez, que es el que tendrá que decidir el caso y, por lo tanto, necesita saber qué y por qué se demanda. Con la estabilización del litigio y el acceso a la información privada, el demandado

313. Por otro lado, los costos hundidos pueden hacer que el acuerdo no sea interesante, como veremos en la Sección 5.1.2.

314. Art. 319. La petición inicial indicará: [...]
III – el hecho y los fundamentos jurídicos del pedido;
IV – el pedido con sus especificaciones;
V – el valor de la causa;
VI – las pruebas con las que el demandante pretende demostrar la verdad de los hechos alegados; [...].

315. Art. 320. La petición inicial será instruida con los documentos indispensables para la proposición de la acción.

316. Art. 321. El juez, al verificar que la petición inicial no cumple los requisitos de los arts. 319 y 320 o que presenta defectos e irregularidades capaces de dificultar el juzgamiento de mérito, ordenará que el demandante, en el plazo de 15 (quince) días, la enmiende o complete, debiendo indicar con precisión lo que debe ser corregido o completado.
Párrafo único. Si el demandante no cumpliese la diligencia, el juez rechazará la petición inicial.

317. La estabilización de la controversia significa que, con la perfección de la relación tripartita, el autor ya no puede cambiar su petición y el demandado solo está obligado a defenderse del pedido original. Cualquier juicio más allá de la petición inicial es ilícito, ya que es *ultra petita*.

podrá analizar con mayor seguridad las alegaciones formuladas y los documentos reunidos por el autor y actualizar sus creencias sobre la viabilidad de la acción propuesta. De la petición inicial, podemos concluir: (i) o bien el demandante poseía información privada y ahora está obligado a revelarla; o (ii) el demandante no poseía información privada para revelar y eso, en sí mismo, constituye una información nueva. De una u otra forma, el demandado actualizará sus creencias a la luz de la nueva información y evaluará la conveniencia y oportunidad de proponer un acuerdo, *i.e.*, realizará un análisis costo-beneficio para decidir si impugna la acción o si se somete a la pretensión.

La misma reducción de asimetría de información puede asumirse en relación con la contestación, ya que, también según la ley procesal, corresponde al demandado alegar en la contestación todo el asunto de defensa, exponiendo las razones de hecho y de derecho con las que impugna la demanda del autor y especificando las pruebas que pretende aportar[318]. Al hacerlo, el demandado también reduce la posible asimetría de información que existía entre él y el autor.

Supongamos que, después de examinar la petición inicial, el demandado decidió contestar y, por lo tanto, no proponer un acuerdo[319]. Podemos concluir: (i) o bien el demandado tenía información privada y ahora está obligado a revelarla; o (ii) el demandado no tenía nada que revelar, y la ausencia de nueva información constituye en sí misma una nueva información para el autor. De una u otra forma, después de la contestación, el autor también actualizará sus creencias y realizará un nuevo análisis costo-beneficio para decidir cómo actuar[320].

Considerando solo el primer grado de jurisdicción, podemos ilustrar la reducción gradual de la brecha de expectativas entre las partes, como resultado de la marcha procesal en la forma de la Figura 4-16 siguiente. Evidentemente, se supone una sentencia perfecta, es decir, sin contradicción, omisión u oscuridad, hipótesis en la que la brecha de expectativas no tendería a cero y sería el caso de la oposición de embargos de declaración[321]. En este contexto, la brecha de expectativas evoluciona de la siguiente manera en el proceso:

318. Art. 336. Corresponde al demandado alegar, en la contestación, toda la materia de defensa, exponiendo las razones de hecho y de derecho con las que impugna el pedido del demandante y especificando las pruebas que pretende producir.

319. Obviamente, el demandado puede hacer ambas cosas, proponer un acuerdo e impugnar, pero para simplificar, retenemos solo una opción.

320. Obsérvese que, con la estabilización de la controversia, es decir, después de la contestación del demandado, por regla general, el demandante ya no puede retirarse de la acción, sino que debe responder a la contestación o proponer un acuerdo (que puede incluir la retirada de la acción), pero, como se trata de una propuesta de acuerdo, depende de la concordancia del demandado.

321. Art. 1022. Proceden embargos de declaración contra cualquier decisión judicial para:
I – esclarecer alguna oscuridad o eliminar una contradicción;

REDUCCIÓN DE LA ASIMETRÍA POR EL PROCESO
Figura 4-16

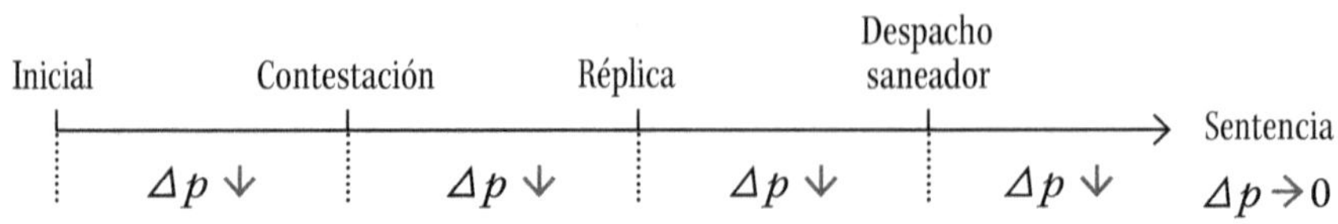

Sentido de la revelación de información entre las partes
↑ *información pública* ↓ *información privada*

Sin embargo, a veces, la información puesta a disposición en la fase inicial no es suficiente para agotar la controversia y, por lo tanto, para que las partes tengan certeza de los hechos alegados, es necesario llevar a cabo una instrucción procesal adicional, como la audiencia de testigos, la realización de peritajes, etcétera. La persistencia de la asimetría de información en la fase inicial, puede afectar sustancialmente a la estructura de incentivos de las partes y, por tanto, a su comportamiento. Exploremos esta idea.

El modelo clásico de litigio basado en la asimetría de información fue propuesto inicialmente por Lucian Bebchuck[322] y, a partir de ese momento, la literatura del análisis económico del proceso se orientó prácticamente en su totalidad al uso de la teoría de juegos y las diversas formas que el proceso de negociación podía adoptar. La gran mayoría de los modelos son excesivamente técnicos, pero sin una contribución definitiva a la comprensión del proceso que sea comparable a la dificultad de utilizarlos. Dado que el objetivo de este libro es presentar el análisis económico del proceso de una manera que los juristas de todas las tendencias puedan apreciar y utilizar, usaremos una ilustración para demostrar las principales ideas de este enfoque, sin entrar en los detalles del modelo.

Supongamos el caso del abogado de una importante operadora de planes de salud que, tras recibir la citación, es llamado por la empresa para decidir si ese

---

II – suplir la omisión de algún punto o cuestión sobre el cual debía pronunciarse el juez, de oficio o a requerimiento de parte;

III – corregir algún error material.

Párrafo único. Se considera omisión en la decisión que:

I – deje de manifestarse sobre alguna tesis sentada en el juzgamiento de casos repetitivos o en el incidente de asunción de competencia aplicable al caso bajo juzgamiento; [...]

322. Cf. Bebchuck (1984). El modelo de Bebchuck asume que la amenaza de litigio del autor era creíble, es decir, que el valor esperado del litigio era positivo. Nalebuff abandonó esa suposición para investigar el problema de las amenazas creíbles. Cf. Nalebuff (1987).

caso concreto debe ser litigado o si la operadora debe proponer un acuerdo[323]. Hay dos tipos de autores en los casos de negativa indebida de cobertura: autores con casos fuertes y autores con casos débiles. Los casos fuertes son aquellos en que la cobertura era debida y tienen 80% de posibilidad de éxito ($p_f = 0{,}8$). Los casos débiles son aquellos en que la cobertura solicitada no era debida y tienen solo 20% de posibilidad de éxito ($p_d = 0{,}2$). Supongamos que la indemnización prevista es de \$100.000 ($B = 100.000$) y que el costo de litigar es de \$10.000 para cada parte ($C_A = C_R = 10.000$). En primer lugar, supongamos que tanto la operadora como el autor saben desde el principio si el caso es fuerte o débil (información perfecta). Este ejemplo puede representarse de la siguiente manera:

VALOR ESPERADO EN EL MODELO DE ASIMETRÍA DE INFORMACIÓN

Figura 4-17

		Valor esperado del autor	Valor esperado del demandado
Tipo de litigante	Caso fuerte	$p_f . B - C = 70.000$	$p_f . B + C = 90.000$
	Caso débil	$p_d . B - C = 10.000$	$p_d . B + C = 30.000$

La Figura 4-17 muestra el valor de la acción tanto para los dos tipos de autores, como para la operadora de salud, por tipo de litigante. En ambos casos, como en el modelo de optimismo mutuo, un acuerdo es posible porque hay un excedente cooperativo a ser compartido. Obsérvese que el excedente cooperativo en ambos casos es de \$20.000, correspondiente al costo de litigar, variando solamente el intervalo de negociación. Para los casos más fuertes, el espacio de acuerdo es de \$70.000 a \$90.000, mientras que para los casos más débiles es de \$10.000 a \$30.000.

En este ejemplo, la celebración de un acuerdo es simple y directa, porque no hay asimetría de información, *i.e.*, tanto la operadora de planes de salud como el asegurado pueden identificar qué casos son fuertes y cuáles son débiles. Las cosas se complican más si la operadora no puede identificar el tipo de litigante al decidir si ofrecer o no un acuerdo y, por lo tanto, cuando la asimetría de información es insertada.

Supongamos ahora que, a partir de la petición inicial y del histórico del asegurado, la operadora no puede saber si el caso es fuerte o débil, más solo que la cobertura fue negada. Para saber si la negativa de cobertura es correcta, en la práctica, necesita de la instrucción procesal y un posible peritaje. Sin embargo, por

323. Nuestro ejemplo supone que una operadora de plan de salud solo debe garantizar a sus asegurados los servicios y medicamentos previstos en la ley y en el contrato, de conformidad con el derecho fundamental a la legalidad. Obviamente, si la operadora tuviera que ofrecer cualquier tipo de atención a sus asegurados, independientemente del contrato o de la ley, entonces cualquier acción por negativa de cobertura contra ella sería fuerte.

su experiencia, el abogado de la operadora sabe que una parte de los casos es fuerte y otra es débil. Ahora supongamos que, debido al plazo corto y al tiempo que se tarda en aprobar internamente cualquier acuerdo, la operadora puede hacer una única oferta de acuerdo dentro del plazo de contestación que el asegurado debe tomar o dejar. Si fuera el abogado de la operadora, ¿cómo reaccionaría ante este escenario? ¿Aceptaría una propuesta de acuerdo? Si es sí, ¿de cuánto? ¿Por qué lo haría? Dedique un tiempo a pensar en estas preguntas antes de seguir adelante.

En ese escenario, en que el demandado enfrenta un tipo desconocido de autor, la operadora tiene dos estrategias posibles: puede agrupar a todos los autores en un gran grupo y hacer una propuesta uniforme que todos acepten, la llamada ***estrategia de agrupación*** (*pooling strategy*), o puede adoptar una propuesta que segregue a los autores por tipos, la llamada ***estrategia de separación*** (*separating strategy*).

Considerando que el valor de reserva de los litigantes con casos fuertes en promedio es de $70.000 y el valor de reserva de los litigantes con casos débiles en promedio es de $10.000, la operadora del plan de salud podría nivelarlos y ofrecer $70.000 a todos los que presenten contra ella una demanda por cobertura negativa. En esta hipótesis, todos los litigantes se agruparían en una sola categoría, de ahí el nombre de la estrategia, *agrupación*, y todas las propuestas serían aceptadas (dado que son iguales o superiores al precio de reserva de todos los autores). Se tendría la certeza de que todas las ofertas serían aceptadas y se evitarían todos los litigios, pero el costo sería siempre de $70.000 por demanda, independientemente del tipo de asegurado con que trata la operadora. En otras palabras, la operadora estaría comprando la certeza del acuerdo con $60.000 por cada litigante con caso débil. No sabe cuántos son y, por lo tanto, cuánto le costará.

Una segunda estrategia posible sería adoptar como regla una propuesta que solo acepten los litigantes con casos débiles. Por lo tanto, la operadora adoptaría como regla de conducta siempre ofrecer $10.000 como acuerdo para todos los litigantes. En este caso, todos los litigantes con casos débiles aceptarían la propuesta, ya que la cantidad ofrecida sería igual a su precio de reserva, pero todos los litigantes con casos fuertes la rechazarían y seguirían litigando, ya que la oferta es muy inferior a su precio de reserva. Como cada tipo de litigante reaccionará de manera diferente a la misma oferta, esta estrategia separa a los litigantes por tipo, de ahí su nombre, *separación*.

Además, como la estrategia de separación genera litigios, su costo para la operadora dependerá de la proporción de la población de litigantes con casos fuertes que continuarán la acción. Pero, ¿cuál de las dos sería la mejor estrategia para la operadora?

No es posible responder teóricamente a esta pregunta, ya que el retorno esperado de cada una de ellas depende de la distribución de los casos fuertes y débiles en la población del caso. Pero si tenemos los datos o una estimación razonable, podemos hacerlo. Supongamos, por ejemplo, que los tipos de casos están distribuidos equitativamente, *i.e.*, que para cualquier caso individual hay un 50% de probabilidad de que sea fuerte y un 50% de probabilidad de que sea débil. En este escenario, el costo promedio por proceso de la estrategia de agrupación será de $70.000, *i.e.*, será de $70 millones por bloque de 1.000 procesos.

En la estrategia de separación, como todos los litigantes débiles aceptarán la propuesta de $10.000, solo quedarán los litigantes fuertes que continuarán el litigio hasta el final. El costo medio previsto de la estrategia de separación será de $50.000 (= 0,5 • 10.000 + 0,5 • 90.000), es decir, 50 millones por bloque de 1.000 casos. Por lo tanto, en este escenario, la estrategia de separación es más barata para la operadora del plan de salud que la estrategia de agrupación, aunque genera más litigios. Consecuentemente, es la elección racional que la operadora adoptará. Como puede verse, desde el punto de vista privado, los litigios no siempre son un desperdicio de recursos. A veces, el litigio es la estrategia más eficiente[324].

Curiosamente, y esto es muy interesante, mientras que en la estrategia de agrupación ningún caso va a juicio (todos terminan en un acuerdo), en la estrategia de separación muchos casos van a juicio y, contra-intuitivamente, solo los casos fuertes van a juicio[325]. Así, la operadora del plan de salud perderá la mayoría de los casos en que litiga (80%) y, aun así, esta estrategia será más ventajosa, ya que separa a los litigantes. En este sentido, cuando alguien observa a ciertos grandes litigantes que siempre pierden en el Poder Judicial, pero que siguen litigando, puede ser que este escenario sea el resultado de un comportamiento estratégico del demandado para separar los distintos tipos de autores; por lo tanto, un reflejo de su comportamiento racional y estratégico, no necesariamente un caso de litigio de mala fe. Si la conducta es socialmente deseable es otra discusión, pero si puede ser racional y eficiente desde el punto de vista privado, como se demostró anteriormente, sí puede serlo. Esta es apenas un otro caso en que el uso de la teoría de juegos puede ayudarnos a comprender adecuadamente la realidad.

Sin embargo, es importante recordar que la superioridad de una u otra estrategia no está en la estrategia en sí misma, sino en el escenario construido. Por lo tanto, si cambiamos algún parámetro, la estrategia de agrupación puede llegar a ser más interesante que la estrategia de segregación. Por ejemplo, supon-

324. Sospecho que casi todos los principales litigantes del sector privado, como las compañías aéreas, los bancos y las empresas de telecomunicaciones, tienen un modelo de costos de litigio y adoptan la estrategia que maximiza su retorno. Luego, actúan estratégicamente. Los que no tienen esa estrategia pueden estar perdiendo decenas de millones cada año.

325. Nótese que, en este escenario, los casos que van a juicio no son los difíciles, como predijeron Priest y Klein (1984), sino solo los fáciles (es decir, los casos fuertes). Sobre este debate, véase la Sección 6.6.

gamos que p_f = 80% e p_d = 20%. La estrategia de separación cuesta ahora $74.000 (=0,2 • 10.000 + 0,8 • 90.000) por proceso, *i.e.*, costará 74 millones por cada bloque de 1.000 procesos. Mientras que la estrategia de agrupación costará $70.000 (= 0,2 • 70.000 + 0,8 • 70.000) por proceso, *i.e.*, costará 70 millones por cada bloque de 1.000 procesos. En este escenario, la operadora estaría en mejor situación si agrupase a todos los litigantes y llegase a un acuerdo en todos los casos, pagando el precio de reserva de los casos fuertes, aunque en algunos casos débiles pagaría más de lo necesario[326].

Por lo tanto, es evidente que existe un *trade-off* entre la estrategia de agrupación y la estrategia de separación. El primero ahorra costos de litigar al precio de un aumento de los costos de acuerdo (se paga demasiado para los litigantes débiles), mientras que el segundo ahorra costos con acuerdos al no pagar en exceso a los litigantes débiles, al precio de litigar en exceso con los litigantes fuertes, aumentando el costo de litigar. Consecuentemente, se espera que el agente varíe en su estrategia, ya que su percepción de la distribución de tipos de litigantes varía con el tiempo. A medida que aumente la población de casos débiles, también se espera que aumente el número de litigios, ya que el demandado estratégico comenzará a migrar para la estrategia de separación. A medida que disminuya la población de casos débiles, también se espera que disminuya el número de acciones, ya que el demandado estratégico comenzará a migrar para la estrategia de agrupación. Este es un resultado muy interesante, ya que son los casos débiles los que determinan la estrategia del demandado.

La literatura es vasta en otros modelos que discuten variaciones de este caso, como el cambio de quien hace la oferta al titular de la información privada, la introducción de la posibilidad de una fase de negociación o, incluso, cuando ambas partes tienen información privada (asimetría recíproca)[327]. Sin embargo, las conclusiones a que se ha llegado en estos estudios no alteran sustancialmente las principales conclusiones examinadas anteriormente y son en gran medida compatibles con el modelo de optimismo mutuo.

El principal mérito de esta literatura es demostrar los beneficios que la negociación puede tener a partir de la revelación de información de una parte a otra y, en particular, del comportamiento de la otra parte. Su principal limitación, además del alto nivel de complejidad matemática, es que asume reglas de negociación que

326. ¿Puede el lector ver cómo la lógica de la estrategia de agregación si parece con un seguro?

327. Para el lector verdaderamente interesado, le sugiero que consulte el volumen V de la *Encyclopedia of Law and Economics*, disponible en línea. Cf. Bouckaert y De Geest (2000). Si está disponible en su biblioteca, vaya directamente al volumen 8, *Procedural Law and Economics*, de la segunda edición de la enciclopedia. Cf. Sanchirico (2012) y en particular el Capítulo 15, *Settlement*, de Andrew F. Daugherty y Jennifer F. Reinganum.

no necesariamente se aplican en el mundo real, como la hipótesis de hacer una sola oferta.

Como nota final de este capítulo, es importante señalar que lo que hemos hecho hasta ahora es una aplicación del Análisis Económico del Derecho positivo, *i.e.*, hemos investigado cómo es la conducta de los agentes y no cómo debería ser, según algunos criterios normativos. En este sentido, el modelo teórico de juegos discutido anteriormente nos ayuda a entender ciertos comportamientos de los litigantes en masa que, considerados individualmente, pueden no tener sentido a primera vista, pero que resultan ser totalmente racionales cuando se consideran en conjunto. Además, como en este capítulo estamos investigando el mundo del ser (positivo) y no el mundo del deber-ser (normativo), no estamos discutiendo si tal conducta es buena o mala para la sociedad. Solo estamos tratando de entender el mundo como es.

Para el lector interesado en el debate iuseconómico acerca de la "adecuación social" de un litigante proponer una acción o no, recomiendo los artículos de Steven Shavell, que fue el primero en demostrar que los costos sociales de un litigio pueden ser diferentes de los costos privados y, por lo tanto, que puede haber exceso o falta de litigios[328], dependiendo del caso. Por otra parte, en el Capítulo 6, investigaremos las consecuencias sociales de este exceso de litigios y cómo el uso excesivo del Poder Judicial puede destruir su capacidad de adjudicar adecuadamente, debido a la congestión endémica, la llamada tragedia del Poder Judicial[329], y también que esta tragedia puede ser un resultado directo de la propia naturaleza económica del derecho y de los tribunales[330]. Pero antes de eso, ahora que hemos dominado los modelos básicos, exploremos algunos temas avanzados de análisis económico del proceso que ampliarán aún más la lista de posibles aplicaciones de la Teoría Positiva del Proceso.

328. Cf. Shavell (1982).

329. Cf. Gico Jr. (2012; 2014).

330. Cf. Gico Jr. (2019; 2020).

5

Temas avanzados en la Teoría Positiva del Proceso

En el capítulo anterior, presentamos y discutimos los fundamentos del análisis económico del proceso y los modelos básicos a partir de los cuales pudimos comprender y discutir los fenómenos procesales que la teoría tradicional del proceso, por lo general, no aborda, como la decisión de proponer una acción, de contestarla o de celebrar a un acuerdo. Ahora, equipados con estas herramientas, podemos ampliar el análisis a algunos temas más avanzados que aún no han sido explorados, pero que son igualmente importantes para comprender el fenómeno del proceso.

En particular, hablaremos de cuatro temas específicos: (i) la insuficiencia del espacio de acuerdo para la efectiva celebración de un acuerdo; (ii) la función del doble grado de jurisdicción y su impacto en la estructura de incentivos de los litigantes; (iii) el impacto del problema agente-principal entre cliente y abogado y, por último, (iv) una presentación de los principales sesgos identificados en el análisis económico conductual y que pueden ser relevantes en una discusión procesal.

5.1 La insuficiencia del espacio de acuerdo

Al final del capítulo anterior, utilizamos la teoría de juegos para tratar de comprender el impacto de la presencia de asimetría de información en el comportamiento del demandado al decidir si hace una propuesta de acuerdo o impugna la acción después de haber sido debidamente citado. Ahora bien, utilizaremos la misma teoría, pero un modelo diferente, para estudiar el escenario en el que, incluso ante la existencia de un excedente cooperativo y, por lo tanto, la racionalidad de llegar a un acuerdo, las partes pueden no ser capaces de llegar a un acuerdo, para luego, cooperar.

En primer lugar, exploraremos esta posibilidad como resultado del comportamiento estratégico de las partes (Sección 5.1.1); luego, exploraremos cómo este comportamiento puede ser el resultado de la racionalidad prospectiva que surge de los efectos de los costos hundidos en la estructura de incentivos de los agentes (Sección 5.1.2).

5.1.1 Exceso de negociación y el dilema del prisionero

Al pensar en la cuestión de la negociación excesiva, me respaldan décadas de experiencia como mediador en negociaciones importantes, como litigante ante los tribunales brasileños y como árbitro en arbitrajes comerciales. En este sentido, mi experiencia demuestra que es de esperar que, en casos con carga emocional, como el divorcio o la disolución de empresas familiares (la versión comercial del divorcio civil), las partes se comporten de manera contraria a sus propios intereses a largo plazo. Según el contexto, en algunas circunstancias, castigar o perjudicar al que está al otro lado de la mesa puede ser más útil para la persona que resolver el problema.

Por otra parte, en situaciones no tan cargadas emocionalmente, se esperaría una postura más objetiva, más centrada en los resultados, especialmente cuando las partes están acompañadas por un abogado. El acuerdo debería ser fácil de alcanzar. Todas las controversias en que haya un excedente cooperativo deberían terminar en un acuerdo, con las partes –debidamente guiadas por sus abogados– dividiendo el excedente y evitando los costos del litigio. Sin embargo, no siempre es así, incluso cuando hay un excedente para ser dividido. ¿Por qué?

Una posible explicación es el exceso de negociación o lo que los americanos suelen llamar *hard bargaining*. Como en casi todas las relaciones con un experto, en general, el cliente no puede medir eficazmente la calidad del servicio del abogado, excepto por las señales externas fácilmente perceptibles[331]. En el caso de una negociación, un abogado que se comporta con dureza e inflexiblemente puede ser visto –por su cliente– como un abogado que defiende sus intereses con firmeza, mientras que el abogado más flexible que considera ambos lados de la mesa puede ser percibido como un abogado débil, que se rinde fácilmente. Sin saber cómo percibirá el cliente la calidad de su actuación, un abogado puede simplemente adoptar la postura más agresiva por precaución y, como veremos, esto dificultará la negociación e incluso puede llevar a un punto muerto[332].

A modo de ejemplo, el autor de este libro tuvo la feliz oportunidad de presenciar la negociación de una disolución corporativa en la que el abogado del otro lado era un antiguo maestro suyo (sí, algunos siguen vivos). Incluso, antes de que la negociación comenzara, el profesor se puso en contacto conmigo para reforzar que cualquier palabra eventualmente más dura que se dijera durante las negociaciones, no sería un ataque personal, sino solo el resultado de una militancia feroz. Lo que intentaba decir era que, aunque era un caballero y muy educado, lo que de hecho es, durante las negociaciones, podía actuar, por así decirlo, con más dureza.

331. ¿Se ha preguntado alguna vez por qué muchos abogados gastan demasiado en trajes, relojes y coches caros u oficinas suntuosas? La próxima vez, pregúntese si no están señalando al cliente los exitosos profesionales que son. Tan exitosos que pueden asignar recursos en lujos superfluos; consiguientemente, "deben" ser buenos abogados. Este comportamiento se asemeja a la cola frondosa del pavo real que, en lugar de ayudar a su supervivencia, la dificulta. Sin embargo, es una señal para la hembra de que su portador es tan joven y fuerte que puede mantener una cola frondosa y, aun así, sobrevivir. En la biología evolutiva, este tipo de estrategia se llama señalización. En economía, la *teoría de la señalización* estudia los mecanismos utilizados por algunos agentes para señalar (honesta o deshonestamente) información a la otra parte y así resolver los problemas de asimetría de información. Como ejemplo, para una aplicación de la teoría de la señalización al comportamiento de los consumidores, cf. Boulding y Kirmani (1993).

332. La literatura de negociación condena el uso de la estrategia de posicionamiento como un peligro para el éxito de las negociaciones, pero la literatura conductual sugiere que el sesgo de anclaje puede facilitar un acuerdo, como se discute en la Sección 5.4, más adelante. Cf. Korobkin y Guthrie (1994).

En la tesis, el papel de un abogado negociador es llegar a un resultado que sea beneficioso para ambas partes porque, como se ve en la Sección 4.1.2 sobre la teoría de la negociación, esta es la única manera en que se puede concluir un acuerdo voluntario. Por lo tanto, la función de un negociador es convertir un **juego pierde-gana** (juego competitivo)[333], en que lo que una parte gana es lo que la otra pierde, en un **juego gana-gana**, en que todos ganan, y así llegar a un acuerdo. Cualquier manual de negociación o formas alternativas de resolución de disputas dirá eso. Pero si es tan obvio, insisto, ¿por qué partes racionales y sus abogados a menudo no cierran un acuerdo todas las veces que hay un excedente cooperativo para compartir? Una respuesta puede ser el problema del comportamiento estratégico.

Volviendo a la idea de excedente cooperativo, supongamos que Antonio tiene un coche que valora en $10 mil, y Roberta valora el mismo coche en $20 mil. El excedente cooperativo es la diferencia de los valores de reserva, por lo que hay un excedente de $10 mil, que se generará con el intercambio. ¿Pero cómo se distribuirá este valor entre las partes? Si Antonio dice a Roberta que solo venderá el coche por $19 mil, y ella cree, entonces el trato se cerrará a ese precio y ella tendrá solo $1 mil del excedente, pero comprar el coche que valora en $20 mil por $19 mil es preferible a no comprar el coche. Por otro lado, podría reaccionar diciendo que no comprará el coche por más de $12 mil, y se aplicaría la misma lógica. ¿Cómo se puede resolver esta situación?

Si estuviésemos en un contexto de mercado competitivo, tanto Antonio como Roberta tendrían otras opciones para comprar y vender el coche, y ninguno de los dos podría obligar al otro a aceptar su precio. Luego, la amenaza de retirarse de la mesa de negociaciones, de ninguno de ellos, es creíble. Si una parte no ofrece un precio razonable, tanto Antonio como Roberta podrían buscar a otro socio en el mercado para hacer el intercambio. La competencia entre consumidores y la competencia entre oferentes hace que el precio del intercambio, en un mercado competitivo, sea en promedio el precio de mercado. En este sentido, es de esperar que cerrarían el trato a un precio cercano al precio de mercado, que es más cercano al precio en el que otras personas están cerrando tratos similares, por ejemplo, $15 mil.

Si la negociación de un acuerdo judicial tuviera lugar en un mercado competitivo, no habría ningún problema de comportamiento estratégico y siempre se llegaría a un acuerdo, porque si el demandante no quería aceptar la propuesta del demandado, podía negociar con otra persona. Y si el demandado no aceptase la propuesta del

333. Desde el punto de vista teórico de juegos, un juego no cooperativo es aquel en que las partes no pueden estar obligadas por un contrato, mientras que un juego cooperativo es aquel en que pueden contratar. El concepto es ligeramente diferente de lo que se está diciendo aquí. Para una discusión de la imprecisión terminológica de la teoría de juegos y la confusión que esto crea en los juristas, ver Gico Jr. (2007, pp. 233 y ss.).

demandante, podía negociar con otra persona. Sin embargo, obviamente no es así como funciona en una acción judicial, ya que la obligación jurídica solo vincula a la persona del obligado[334], en general al demandado, y no puede ser exigida a otra persona. Consiguientemente, en el contexto de la negociación de un acuerdo judicial, normalmente el demandante solo puede negociar con el demandado y el demandado solo puede negociar con el demandante, por lo que decimos que se encuentran en una situación de **monopolio bilateral**[335].

En ese sentido, en el contexto de un monopolio bilateral, en el que una parte solo puede negociar con la otra, a pesar de haber un excedente cooperativo que puede compartirse y, por lo tanto, las partes tienen un interés convergente en llegar a un acuerdo, también tienen un interés divergente en cuanto a la cantidad del excedente cooperativo que quedará para cada una. Y es posible que este interés divergente lleve a un punto muerto y haga imposible llegar a un acuerdo judicial.

Volviendo a nuestro ejemplo, el abogado de una parte que perciba o espere que el abogado de la parte contraria adopte una postura de negociación más dura, estratégicamente, puede adoptar en respuesta la misma estrategia de negociación dura, con el justo temor de que su cliente obtenga una parte muy pequeña del excedente cooperativo; y lo que es peor, que su cliente lo perciba como un abogado malo y débil. En la literatura de negociación, este escenario se suele presentar como un **dilema del prisionero**.

Como ya se ha dicho[336], “los juegos cuya estrategia dominante conduce a un resultado menor que si hubiera cooperación suelen llamarse el dilema del prisionero. Concebido inicialmente solo como un juego matemático por los científicos Merril Flood y Melvin Desher, en su versión adaptada por Albert W. Tucker en una carta a este último, el dilema del prisionero es el siguiente: dos hombres, acusados conjuntamente de infringir la ley, son mantenidos separados por la policía. A cada uno se le dice que: (i) si uno confiesa y el otro no, el primero será recompensado y el segundo multado; y (ii) si ambos confiesan, cada uno será multado. Al mismo tiempo, ambos tienen buenas razones para creer que (iii) si ninguno de los dos confiesa, ambos saldrán ilesos. Obviamente, ambos estarían mejor si pudieran acordar no confesar; sin embargo, si no hay forma de comunicarse, e incluso si la hubiera, si

334. Aquí no tenemos en cuenta los casos en que otros agentes pueden ser responsables de las obligaciones de terceros, como la fianza, la garantía, etcétera, y los casos de cesión de derechos, pero en estos casos también serían deudores.

335. Para el lector más sofisticado en el derecho de la competencia, en rigor, si de un lado existe un monopolio (único oferente), del otro obviamente solo puede haber un monopsonio (único comprador), pero la literatura utiliza la expresión –ligeramente imprecisa– monopolio bilateral.

336. Cf. Gico Jr. (2007, p. 256).

hay una seria sospecha de que el otro haría trampas, la mayor probabilidad es que confiesen, ya que esta estrategia es la mejor independientemente de lo que el otro decida hacer".

Apliquemos ese razonamiento al contexto de la negociación de un acuerdo judicial. Retomemos la versión más simple de nuestro ejemplo de un accidente que involucra a Antonio, quien sufrió una pérdida de $100.000 ($B$), supuestamente causada por la compañía de Roberta. Supongamos que $p_A = p_R = 50\%$, luego, tanto Antonio como Roberta atribuyen las mismas probabilidades al éxito de la acción. Para simplificar, asumamos también que $C_A = C_R = 10.000$ y que los costos de negociación son insignificantes ($N_A = N_R \approx 0$). El valor de la acción para Antonio será de $40 mil (= 100.000 • 0,5 – 10.000) y para Roberta, de $60 mil (= 100.000 • 0,5 – 10.000). Por lo tanto, el excedente cooperativo creado por un acuerdo judicial sería de $20 mil. La cuestión es ¿cómo se distribuirá este excedente?

ESPACIO DE ACUERDO EN EL JUEGO DE ACUERDO
Figura 5-1

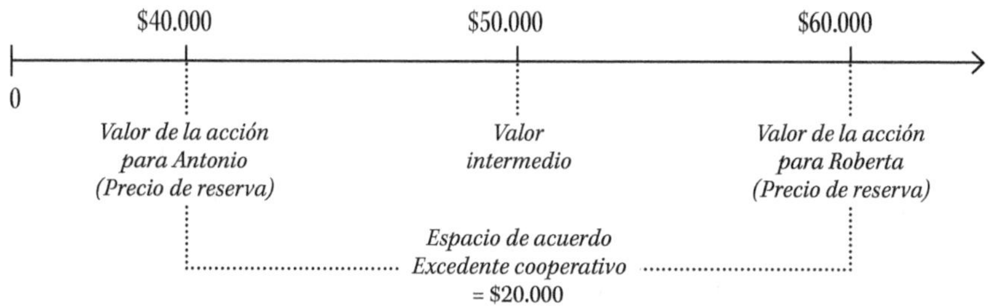

Los abogados de Antonio y Roberta se reúnen y, debidamente instruidos por sus clientes, deben adoptar una de las estrategias de negociación: negociar duro o de forma conciliadora. El objetivo de la negociación dura es aportar a su cliente el mayor valor posible dentro de los límites del acuerdo, mientras que la negociación conciliatoria sería adoptar una postura más equilibrada, más cercana a una división equitativa de las ganancias del acuerdo.

Supongamos que, si ambos adoptan una estrategia conciliadora, dividen el excedente cooperativo en partes iguales. Si uno adopta una postura más dura y el otro una postura más conciliadora, negociar duramente lleva 75% del excedente, y capitular lleva solo 25%. Si ambos negocian duro, las negociaciones terminan en un punto muerto que solo se supera en 60% de las veces, con ambas partes capitulando y recibiendo una parte igual del excedente. En este escenario, las alternativas son las siguientes:

ESTRUCTURA DEL JUEGO DE ACUERDO

Figura 5-2

Estrategia de Antonio	Estrategia de Roberta	Probabilidad de acuerdo	Distribución	Excedente cooperativo
Conciliador	Conciliadora	100%	50%, 50%	10.000, 10.000
Agresivo	Conciliadora	100%	75%, 25%	15.000, 5.000
Conciliador	Agresiva	100%	25%, 75%	5.000, 15.000
Agresivo	Agresiva	60%	50%, 50%	6.000, 6.000

Si el resultado de la negociación es el par de estrategia C-C, entonces el acuerdo se cerrará en $50 mil y cada parte obtiene $10 mil, la mitad del excedente. Si Antonio es agresivo y Roberta es conciliadora, *i.e.*, el par de estrategia es A-C, entonces el trato se cerrará en $55 mil, con Antonio obteniendo $15 mil del excedente cooperativo (75%) y Roberta obteniendo solo $5 mil (25%). Si Antonio es conciliador y Roberta es agresiva, *i.e.*, el par de estrategia es C-A, el trato se cerrará en $45 mil, con Antonio teniendo solo $5 mil del excedente cooperativo (25%) y Roberta teniendo $15 mil (75%). Y, si ambos deciden ser agresivos, superarán el punto muerto en 60% de las veces, dividiendo el excedente en partes iguales cuando haya acuerdo y, en 40% de las veces, se cerrarán las negociaciones, continuando el litigio.

Si ambas partes adoptan una postura agresiva (estrategia A-A), para Antonio, esto significa que los *payoffs* asociados al juego serán: 60% de probabilidad de un acuerdo mitad a mitad, con un retorno de $30.000 (= 0,6 • 50.000) y 40% de probabilidad de ir a juicio, con un retorno de $16.000 (= 0,4 • 40.000), porque el valor de la acción para Antonio es de solo $40.000. Por lo tanto, el retorno esperado del resultado A-A para Antonio será de $46.000 (= 30.000 + 16.000), lo que significa una ganancia de $6.000 del excedente cooperativo. Para Roberta, los *payoffs* asociados al juego serán: 60% de probabilidad de un acuerdo mitad a mitad, con un retorno de $30.000 (= 0,6 • 50.000) y 40% de probabilidad de ir a juzgamiento, con un retorno de $24.0000 (= 0,4 • 40.000), ya que el valor de la acción para Roberta es de $60.000. Luego, el retorno esperado del resultado A-A para Roberta será un costo de $54.000 (= 30.000 + 24.000), es decir, también una ganancia de $6.000 del excedente cooperativo. Como tanto Antonio como Roberta solo obtienen $6.000 cada uno del excedente cooperativo, esto significa que la estrategia agresiva de buscar una mayor distribución para ellos mismos ha destruido $8.000 en valor. Este es el costo de la no cooperación.

Ahora que tenemos los resultados de todos los pares de estrategia para todos los jugadores, podemos reorganizar los *payoffs* en una matriz que nos permitirá ver el juego de forma más simple y clara:

EL DILEMA DEL ACUERDO
Figura 5-3

		Roberta	
		Agressiva	Conciliadora
Antonio	Agressivo	$46.000 / -$54.000	$55.000 / -$55.000
	Conciliador	$45.000 / -$45.000	$50.000 / -$50.000

La forma de resolver el juego (maximizar el retorno) es, por lo tanto, verificar la existencia o no de una estrategia dominante, *i.e.*, identificar un conjunto de decisiones que garanticen el mejor retorno al jugador, independientemente de la estrategia a adoptar por el otro jugador[337]; sin embargo, no todos los juegos tienen una. En nuestro ejemplo no solo hay una estrategia dominante, sino que es fácil de notar, ahora que se ha montado la matriz de *payoffs*: ambos negociadores, actuando racionalmente, adoptarán la estrategia de negociación agresiva. Veamos la perspectiva de cada jugador en el dilema del acuerdo, para ver por qué sucede esto.

Empecemos con el autor. Sin saber cuál será la estrategia adoptada por Roberta, Antonio siempre estará mejor si adoptara la estrategia de negociación agresiva, porque si Roberta viene conciliadora, su expectativa de regreso será de $55 mil, un resultado mejor que los $50 mil que esperaría, si también llegara a la negociación en forma conciliadora. Por otro lado, si Roberta entra agresivamente, Antonio también estará mejor si ha adoptado la estrategia agresiva, ya que el retorno esperado de $46 mil de la estrategia A-A es mayor que los $45 mil que esperaría si adoptase la estrategia conciliadora, *i.e.*, del par C-A. Así, para Antonio, la estrategia agresiva domina la estrategia conciliadora en todas las hipótesis. El mismo razonamiento se aplica a Roberta. Por esto, incluso actuando racionalmente, ambos adoptarán la estrategia agresiva.

Vea que, en todas las combinaciones, excepto en el par A-A, la suma total del juego es cero, y el excedente cooperativo de $20 mil se divide completamente. En caso de que ambos adopten la estrategia agresiva, la suma total del juego será de -$8 mil (= 46.000 – 54.000). En otras palabras, se destruirán $8 mil del excedente

337. Tenga en cuenta que, si existe tal opción, esta estrategia constituirá un **equilibrio no cooperativo de Nash**. Como ya he dicho (2007, p. 233): "Un equilibrio tiene las calificaciones propuestas por John F. Nash cuando, considerando las estrategias de todos los demás jugadores (*ceteris paribus*), ningún jugador puede obtener un retorno superior cambiando unilateralmente su conducta, *i.e.*, eligiendo una estrategia diferente. El equilibrio no cooperativo de Nash aplicado al caso es un conjunto de mejores respuestas simultáneas y, como resultado, se caracteriza por la ausencia de incentivos para que cualquier empresa altere unilateralmente su curso de acción, porque ya estará maximizando sus ganancias. [E]l concepto no se ocupa de examinar el mecanismo por el cual se logra el equilibrio".

cooperativo. Como puede verse, el exceso de negociación entre las partes puede impedir la celebración de acuerdos –incluso cuando hay un excedente cooperativo que distribuir–, aunque las partes se comporten de manera racional. Esa es la naturaleza de este juego estratégico y del dilema del prisionero.

Si el ejemplo le parece artificial, puedo usar un caso concreto de la oficina para ilustrarlo. El autor abogó por un gran grupo empresarial, con ingresos superiores a 1.000 millones al año, pero se vio envuelto en una disputa corporativa que duró más de veinticinco años[338]. Después de décadas de litigio, aunque sea una sociedad anónima, el STJ decidió finalmente que el socio minoritario insatisfecho tenía derecho a retirarse y a recibir el valor establecido en el informe pericial, corregido monetariamente, desde que fuesen actualizados los valores de los bienes inmuebles.

Por otra parte, como el socio saliente aún no había salido de la sociedad y había recibido dividendos todos esos años, no se le debía ningún interés. Supongamos, a título ilustrativo, que el valor que el socio saliente debía recibir era de aproximadamente 20 millones, si las propiedades se actualizaban. Y unos 18 millones, si no lo fueran. Sin embargo, para determinar correctamente este valor sería necesario que, después de veinticinco años de litigio, el caso volviera a la primera instancia para un nuevo peritaje, con posibilidades de una nueva impugnación, y que el litigio volviera a elevarse al STJ, lo que sin duda se prolongaría durante otros diez o quince años. Recuerde: no hay interés. Claramente hay espacio de acuerdo.

Si ambas partes se sentaran a la mesa de negociaciones con una postura conciliadora, sería posible alcanzar algún valor entre 18 y 20 millones o incluso algo menos de 18 millones, lo que beneficiaría a todos, ya que el socio que se retirara estaría recibiendo el valor inmediatamente, en lugar de esperar tantos años, sin intereses. La dificultad de esta negociación fue utilizar el modelo anterior para mostrar al cliente deudor que hacer un trato ahora sería más ventajoso que posponer el pago hasta la nueva liquidación, cuando la empresa sería vulnerable al pago total y desordenado. El segundo paso fue convencer a la otra parte de que valdría la pena hacer un descuento en los $20 millones, porque recibir $18 millones hoy es más ventajoso que $20 millones en diez años (valor temporal del dinero).

En cualquier caso, a veces, sea por personalidad, por historia o por la relación con el cliente, los abogados adoptan una postura agresiva en la negociación, y esta postura puede llevar a un punto muerto. Esa postura no es irracional; al contrario, puede ser la conducta estratégicamente más racional. Sin embargo, si convierte el juego del acuerdo en un dilema del prisionero, los abogados tendrán que mostrar

338. El caso duró tanto tiempo que el autor de este libro participó en él cuando todavía era un recién graduado y volvió al caso décadas más tarde, para llevar a cabo su conclusión.

una capacidad extra para romper el punto muerto causado por las estrategias dominantes para llegar a un acuerdo. Como puede verse, dependiendo de la estructura de incentivos de los agentes, puede ser que incluso en presencia de un excedente cooperativo, no se llegue a un acuerdo.

Además, si el problema del comportamiento estratégico en la negociación de un acuerdo no bastara para generar un bloqueo, tal vez la reducción de la asimetría de información en el curso del proceso no bastaría para disuadir a un autor de abandonar su acción de baja probabilidad por el efecto prospectivo de los costos. Exploremos esta idea.

5.1.2 El problema de los costos perdidos

En el Informe sobre la Justicia en Cifras de 2019 se afirma que el número de acuerdos aprobados en Brasil, en segundo grado, fue solo del 6% en 2018, frente al 16,7% en el primer grado en fase de conocimiento (excluida la etapa de ejecución)[339]. ¿Cómo se explica esto? Después de toda la instrucción procesal y de la sentencia del juez, tanto la asimetría de información entre los litigantes, como la asimetría de información entre las partes y el juez, ya se habrían reducido sustancialmente, si no eliminadas prácticamente, ya que todos sabrán qué regla jurídica regirá la solución del caso y qué hechos fueron probados y cuáles no. Con la reducción sustancial de la brecha de expectativas entre las partes, se esperaría que hubiera un mayor número de acuerdos. Sin embargo, como muestran los datos, este no es el caso.

Una posible explicación puede ser el efecto de los costos perdidos en la estructura de incentivos de los agentes. Como se examinó en la Sección 4.2, los costos hundidos son los gastos que no se pueden recuperar en una fecha posterior; por lo tanto, esos gastos no afectan a las decisiones posteriores que los agentes adopten después de incurrir en ellos. Una vez incurridos, son irrelevantes para las decisiones futuras[340]. En este sentido, imagina un caso en el que Antonio, tras recibir la contestación de Roberta, descubre que su acción no era tan fuerte. Después de la fase de saneamiento, el despacho saneador informa que la regla jurídica a ser aplicada por el magistrado es aún más desfavorable de lo que suponía y, tras el examen pericial, su caso, que era fácil, se volvió muy difícil. ¿Por qué Antonio no abandonaría el caso en ese momento o no haría un trato con Roberta por un valor muy bajo para cerrar el asunto?

Supongamos el siguiente escenario. Un paciente necesita desesperadamente una angioplastia y la implantación de dos *stents*. Al menos eso es lo que dice el

339. Cf. CNJ (2019, p. 142).

340. Algo así: "aguas pasadas no mueven molinos", o "no hay que ponerse a llorar sobre la leche derramada".

informe de su cardiólogo. En posesión de este informe médico, Antonio va a un hospital y activa la operadora de su plan de salud para que autorice la cirugía; pero, después de analizar el historial médico y los exámenes complementarios, los médicos de la operadora llegan a la conclusión de que no es pertinente una angioplastia, ni la implantación de *stents*, negando la cobertura. Antonio confía en su médico y está seguro de que la operadora se niega a liberar la cirugía solo por razones de contención de costos. Confiado, él propone una acción contra la operadora con un éxito estimado del 80% ($p_A = 0{,}8$). El costo estimado de la operación y de los *stents* es de \$200 mil ($B = 200.000$). Dada la urgencia y la complejidad del caso, consiguió un abogado de confianza que lo representó por \$20.000 en efectivo para negociar un acuerdo, más \$20.000 para proponer la demanda, si fuera necesario, y otros \$10.000 si hay pericia ($C_A = 50.000$). Así, al principio del proceso, el valor de la acción para Antonio será de \$110 mil (= 200.000 • 0,8 – 50.000). Como su demanda es claramente una acción de valor esperado positivo (VEP), Antonio propondrá la demanda.

En un primer momento, el abogado de Antonio notifica a la operadora e intenta convencerla de que autorice la operación, pero la negociación fracasa. Antonio recibe una copia del informe técnico del personal clínico de la operadora, que demuestra que la cirugía no es necesaria ni recomendada. Ante esta evidencia, Antonio comienza a pensar que la acción ya no será tan fácil y ajusta su expectativa a 60% de probabilidad de éxito ($p_A = 0{,}6$). Sin embargo, ya ha incurrido en el costo perdido de \$20 mil, y la proposición de la demanda y la pericia, en este momento, solo cuesta \$30 mil. Por lo tanto, el valor de la acción para Antonio sigue siendo positivo y es de \$90 mil (= 200.000 • 0,6 – 30.000). Como su acción sigue siendo una demanda de VEP, autorizará al abogado pasar a la siguiente etapa e invierte los \$20.000 adicionales.

A medida que el proceso avanza, Antonio descubre gradualmente que su caso es aún más débil de lo que imaginaba. En la contestación, la operadora presenta el informe técnico de su personal clínico, al que tuvo acceso, y ahora es la opinión técnica de su médico frente a la opinión técnica del médico de la operadora. Además, aunque Antonio invocó el Código de Protección al Consumidor y pidió la inversión de la carga de la prueba para la operadora, en el orden de saneamiento, el juez considera que la cuestión solo puede resolverse mediante una pericia médica, lo que hace que Antonio incurra en los últimos \$10.000 de gastos ($p_A = 0{,}2$; $C_A = 10.000$; $V_A = 30.000$). Ahora ya ha incurrido en todos los costos de litigar y ninguna decisión posterior se verá afectada por los costos hundidos ya incurridos.

El informe pericial es desfavorable a Antonio, que empieza a creer que su caso es débil, porque su médico se había basado en un criterio ya superado por el Consenso / Directrices de la cardiología. En este momento, después de actualizar sus creencias con la nueva información (actualización bayesiana), Antonio cree que sus posibilidades de éxito son solo del 10%. En este escenario, ¿sería racional continuar con el litigio? Después de haber incurrido en todos los costos, incluso con la drástica disminución de la probabilidad de éxito, el valor de la acción para Antonio en este momento sigue siendo de $20 mil (= 200.000 • 0,1 – 0). Dado que su pretensión sigue siendo una acción de VEP, es racional que siga litigando, aunque no tenga casi ninguna posibilidad de éxito. Esta evolución de las creencias de Antonio y el efecto compensatorio de los costos perdidos pueden organizarse de la siguiente manera:

COSTO HUNDIDO Y ACTUALIZACIÓN BAYESIANA
Figura 5-4

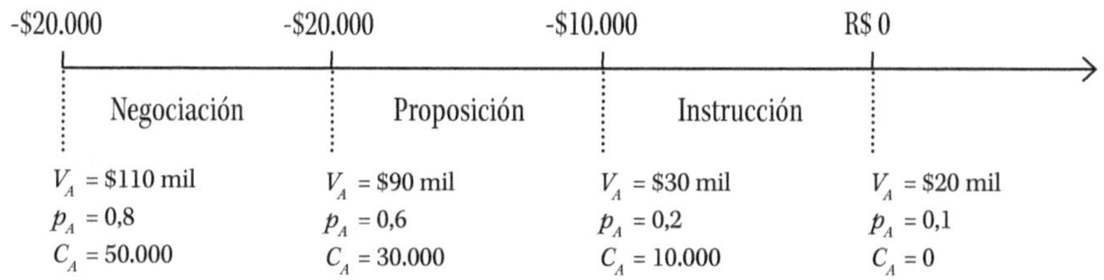

Como puede verse, después de haber incurrido ya en todos los costos de litigar, mientras que el valor esperado de la acción es positivo, será racional que Antonio siga litigando, aunque reciba menos de lo que pagó, en este caso $20 mil, porque los honorarios de los abogados y peritos ya han sido pagados y no pueden ser recuperados; por lo tanto, son costos hundidos. Además, nótese que, si Antonio tuviera la misma información que obtuvo después de la instrucción, en el momento de la negociación, no habría propuesto la acción, ya que habría sabido que su valor esperado era negativo en $30 mil (= 200.000 • 0,1 – 50.000). Sin embargo, como en el momento de la adquisición de esta información ya se han incurrido en los costos de litigar (que son irrecuperables)[341], esos costos no afectan la decisión de seguir litigando, ya que ahora cualquier valor positivo de la demanda sería una ganancia para Antonio.

Solo a modo de ejemplo, según el Informe sobre la Justicia en Cifras de 2019 del CNJ[342], "cuanto más alta sea la instancia, mayor será el índice de recurso, tanto

341. Obsérvese que, incluso si los honorarios de los expertos se reembolsaran a Antonio en caso de victoria, los honorarios del abogado no lo serían, y los honorarios de derrota serían para el abogado del ganador y no para la parte contraria. Por lo tanto, desde el punto de vista de la asignación de costos, las normas procesales brasileñas, en cierta medida, se acercan a lo que la literatura iuseconómica llama de regla estadounidense.

342. Cf. CNJ (2019, p. 101).

externo como interno". La existencia de este comportamiento anómalo no pasó desapercibida para Fux y Bodart[343], que identificaron que, de 2010 a 2019, 96,82% de los recursos ante el STF en materia civil no fueron atendidos, *i.e.*, la tasa de éxito en el Supremo Tribunal es solo del 3,18% y, aun así, más de 350 mil recursos fueron distribuidos al tribunal en el mismo período.

Además de la posible asimetría de información –la tasa de éxito en el STF no está fácilmente disponible para las partes y los abogados–, una posible explicación del aumento de la tasa de recurso, a medida que aumenta en la jerarquía del Poder Judicial, es el efecto de los costos hundidos. Dado que gran parte de los costos de litigar ya se han producido en los tribunales inferiores, el costo del próximo recurso (su costo marginal) solo se aproxima a las costas procesales y a la preparación de una simple petición y, por lo tanto, incluso para los casos con una baja probabilidad de éxito, puede ser racional intentarlo.

En este sentido, dependiendo de la estructura de costos de una acción judicial y del ritmo al que se reduzca la asimetría de información entre las partes, estas pueden decidir continuar el litigio, incluso cuando no propondrían inicialmente tales acciones si hubiesen tenido información perfecta *ex ante*. La adquisición gradual de información y el gasto con costos perdidos generan efectos opuestos en la estructura de incentivos del agente, y el resultado de la interacción de estas dos fuerzas determinará la conducta del agente. Este fenómeno de los costos hundidos puede explicar, en parte, por qué un litigante insiste a menudo en el litigio, incluso cuando descubre –más tarde– que sus posibilidades de éxito son pequeñas. Después de todo, la conducta de las partes dependerá de cuál de los efectos predominará en el caso concreto.

5.2 El doble grado de jurisdicción: el modelo iuseconómico del ataque a la decisión judicial

La posibilidad de atacar una decisión judicial, apelando a un tribunal superior, suele denominarse doble grado de jurisdicción. El derecho a un doble grado de jurisdicción no emana de la Constitución brasileña[344]. En otras palabras, no hay ninguna disposición en la Constitución Federal que establezca que contra cualquier decisión judicial debe existir la posibilidad de un recurso[345]. Precisamente porque

343. Cf. Fux y Bodart (2019, p. 154).

344. En el mismo sentido, cf. Fux y Bodart (2019, p. 151).

345. Obsérvese que en cuanto al argumento de quienes invocan el Pacto de San José de Costa Rica para dar estatus constitucional al doble grado de jurisdicción, mi respuesta, en consonancia con la jurisprudencia del STF, es que el Pacto no ha alterado –ni podría hacerlo– la Constitución Federal.

no existe una disposición constitucional, no es infrecuente que la jurisprudencia y la doctrina invoquen el debido proceso legal previsto en el art. 5º, inc. LV como base para exigirlo. Sin embargo, como se ha examinado en la Sección 3.3, si el debido proceso es el proceso legal, por definición, el doble grado solo será debido si es que hay una ley que lo determine. Por lo tanto, salvo en los casos de recurso previstos en la propia Constitución, bastaría con un cambio en el derecho procesal para impedir la posibilidad de recurso. En resumen, el derecho de recurrir no es ni una consecuencia lógica ni una imposición de un sistema adjudicatorio, sino solo una elección del legislador, que puede o no existir.

No obstante, la gran mayoría de los sistemas jurídicos prevé la posibilidad de algún tipo de ataque a la sentencia. Sin embargo, debido al uso excesivo del Poder Judicial, algunos países, como Italia[346] e Inglaterra[347], han impuesto algunos límites a la posibilidad de apelación y, en consecuencia, limitan el doble grado de jurisdicción. Brasil sigue manteniendo el derecho irrestricto a apelar, incluso en el los tribunales de pequeñas causas (tribunales especiales)[348], pero no se puede decir lo mismo del acceso a las instancias extraordinarias. Por ejemplo, se ha restringido el acceso al STF con la imposición del requisito de que el recurso extraordinario tenga repercusiones generales[349].

En cualquier caso, el hecho es que, hoy en día, el sistema jurídico de prácticamente todos los países de América Latina y España prevé expresamente la posibilidad de atacar la sentencia por la parte perdedora, *i.e.*, el derecho autoriza la presentación de una apelación[350] contra una sentencia, y esta posibilidad altera la estructura de incentivos de los litigantes. Así, pues, desde el punto de vista de la Teoría Positiva del Proceso, la cuestión no es si el texto constitucional prevé o no el doble grado de jurisdicción, sino cómo esta posibilidad afecta a la estructura de incentivos de las partes.

346. La restricción se incluyó en el art. 348-bis del Código de Proceso Civil italiano, para bloquear las apelaciones cuando no hay una probabilidad razonable de ser aceptadas ("*una ragionevole probabilità di essere accolta*"). Sobre el significado de esta restricción y la dificultad de su aplicación, por ejemplo, véase Balena (2013).

347. De conformidad con el punto (1) del art. 54 del *Access to Justice Act* de 1999, de acuerdo con las normas de cada tribunal, el derecho de apelación solo puede ejercerse después de que se haya concedido la autorización. Esta restricción no se aplica a los casos penales del punto (2).

348. El apelante que pierda el proceso en los tribunales especiales será condenado a pagar las costas procesales y los honorarios del abogado en razón de la derrota (honorarios de derrota), en los términos del art. 55 de la Ley N.º 9.099, del 26 de septiembre de 1995.

349. Art. 1.035. El Supremo Tribunal Federal, mediante decisión irrecurrible, no conocerá el recurso extraordinario cuando la cuestión constitucional alegada en este no tenga repercusión general, en los términos de este artículo.

§1°. Para efectos de la repercusión general, será considerada la existencia o no de cuestiones relevantes desde el punto de vista económico, político, social o jurídico que sobrepasen los intereses subjetivos del proceso.

350. Art. 724. Contra la sentencia procede apelación.

5.2.1 La decisión de recurrir

Hasta ahora, nuestros modelos solo han tenido en cuenta la decisión de llegar a un acuerdo (autocomposición) versus la decisión de litigar (heterocomposición) y no hemos discutido la posibilidad de que la sentencia sea revisada por un tribunal superior y el impacto de esta posibilidad en los agentes. Precisamente, por ello, en la Figura 4-16 de la Sección 4.3.2, mostramos la brecha de expectativas que se fue reduciendo gradualmente a medida que el proceso avanzaba, hasta el punto de la sentencia en que la brecha de expectativas tendía a cero ($\Delta p \to 0$). En el momento de dictación de la sentencia, no solo las partes conocerían todos los hechos relevantes para la decisión, sino también cuáles de ellos fueron probados y cuáles no, así como la regla jurídica aplicable al caso concreto y el resultado final del juicio. Si el servicio público adjudicatorio se cerrara allí, ya no habría ninguna diferencia de expectativas entre las partes y nos encontraríamos con una certeza, ya que se conocería el resultado de la acción. ¿Qué cambia con la posibilidad de una apelación?[351].

Para entender cómo se comportarán las partes, debemos ahora ponernos en su posición después de que se haya dictado la sentencia. Al final del proceso, tenemos tres posibles resultados: la acción fue juzgada procedente, parcialmente procedente o improcedente. Si lo pedido fue juzgado procedente, el autor tiene reconocido el derecho a usar la fuerza del Estado para coaccionar al demandado. Si se rechazaba la pretensión, se reconoció al demandado el derecho a no ser coaccionado a someterse a la pretensión del demandante. Y si fue parcialmente procedente, es reconocido al demandante parte del derecho a coaccionar y al demandado es reconocido parte del derecho a no ser coaccionado. Como en estos casos la situación del autor y del demandado es simétrica, *i.e.*, no importa quién haya presentado originalmente la demanda, ahora solo hay un vencedor y un vencido, y ya no utilizaremos más la terminología de autor y demandado.

Dicho esto, el vencido –sea quien fuere originalmente (demandante o demandado)– sabe que ha perdido la acción y tiene una opción ante él: apelar o no apelar, lo que, en gran medida, equivale casi a la proposición de una nueva acción, esta vez ante el tribunal superior, dado que la apelación devuelve tanto la cuestión de hecho como la de derecho al tribunal[352]. En este sentido, el supuesto de racionalidad sigue siendo igualmente válido para la decisión de apelar o no, *i.e.*, el

351. Este tema ha sido discutido antes, en Gico Jr. y Arake (2019) y aquí lo ampliamos.

352. En los E.U.A., la apelación devuelve ambos temas para consideración, pero los criterios de revisión son diferentes para cada uno. Las cuestiones de derecho se examinan ampliamente, sin deferencia al juez de primera instancia (*de nuevo review*), mientras que las cuestiones de hecho se examinan solo cuando ha habido un error evidente (*clearly erroneous*), lo que significa un amplio grado de deferencia al juicio en primera instancia. Aunque esta distinción no existe en la legislación brasileña, la experiencia práctica, como abogado, dice que el comportamiento de los tribunales brasileños se acerca a esta distinción, dado que rara vez realizan nuevas investigaciones en segundo grado. Creo que lo mismo ocurre en la mayoría de las jurisdicciones latinoamericanas.

vencido apelará contra la sentencia cuando el beneficio esperado de la apelación sea mayor que el costo esperado de la derrota ($B > C$). En esa línea, ahora tenemos que averiguar cuándo el recurso vale la pena al vencido.

Sea p_S la probabilidad subjetiva del vencido sobre el éxito del recurso; B_S el valor del bien de la vida[353] y C_S los costos de recurrir, el retorno esperado del recurso al vencido es dado por $p_S \cdot B_S$, de los cuales deben ser retirados los costos de recurrir, *i.e.*, C_S. Así, el **valor del recurso** para el vencido (derrotado) y, por lo tanto, su precio de reserva es $V_S = p_S \cdot B_S - C_S$. Si tiene éxito en su recurso, el vencido dejará de pagar o recibirá B_S, pero incurrirá en el costo perdido del recurso C_S. Volviendo a la lógica de la condición de proposición (cf. Inecuación 4.2-1), el valor esperado de un recurso para el vencido viene dado por $p_S \cdot B_S$ (procedencia) + $(1 - p_S) \cdot 0$ (improcedencia), menos los costos del recurso C_S. Dado que, en caso de improcedencia, el valor esperado del recurso será cero[354], *i.e.*, el vencido permanecerá en el statu quo *ante*, la **condición recursal** se pueda resumir de la siguiente manera:

Inecuación 5.2-*1*

$$p_S \cdot B_S - C_S > 0$$

Como puede verse, un vencido racional interpondrá el recurso cuando su retorno neto sea positivo, *i.e.*, cuando el beneficio esperado ($p_S \cdot B_S$) sea mayor que el costo esperado (C_S) para recurrir. La condición recursal puede reorganizarse para hacer explícito el impacto de la variable más importante en las discusiones de recurso, la probabilidad de éxito del mismo:

Inecuación 5.*2-2*

$$p_S \cdot B_S - C_S > 0$$

$$p_S > \frac{C_S}{B_S}$$

De nuevo, a primera vista, la formulación anterior puede parecer demasiado compleja o incluso demasiado simple, según el gusto del lector, para ayudarnos a comprender el comportamiento del vencido. Pero considerando que para entonces el lector se ha acostumbrado a analizar modelos, veremos que presentado de esa manera, la condición recursal nos revela importantes conclusiones sobre el comportamiento de los potenciales recurrentes.

353. En breve explicaré por qué el valor del recurso no es igual al valor de la condena.

354. Obsérvese que lo que es cero en caso de improcedencia es el valor del recurso, no el valor de la acción, porque la parte vencida tendrá que pagar el monto total de la condena, por lo que no habrá ganado nada con el recurso. Sin embargo, este ya era su statu quo, así que no habrá ganado nada con el recurso, *ergo*, su valor es cero.

a) Bien de la vida. En primer lugar, como en la decisión de proponer la acción, cuanto mayor es el valor de la condena para el vencido, *i.e.*, cuanto mayor es el valor de B_S, más probable es que un recurso sea interpuesto, porque más fácil será satisfacer la condición recursal. Como, en el modelo, el denominador B_S divide el numerador C_S, cuanto más grande sea el B_S, *ceteris paribus*, más fácil será que se cumpla la condición, *i.e.*, que $p_S > C_S/B_S$. En ese sentido, en la medida de que el valor de la condena B_S crece, menos relevantes se vuelven los costos totales de un recurso (C_S). En otras palabras, si el valor de la condena es demasiado grande, los costos adicionales con un abogado o el tiempo que tardará el proceso se mitigarán en vista de la pérdida que el vencido espera evitar. Así, pues, la probabilidad de un recurso es una función creciente en B_S: quanto mayor sea la condena, mayor será la probabilidad de un recurso.

b) Costos de litigar. En segundo lugar, la intuición también nos dice que cuanto más barato sea recurrir, los vencidos apelarán más, y eso es precisamente lo que el modelo señala. Así, cuanto más bajo sea el costo de recurrir (C_S), más pequeño será el numerador de la fracción C_S/B_S y más fácilmente se satisfará la condición recursal, *i.e.*, que $p_S > C_S/B_S$. Y cuanto más grande es C_S, más alto será el numerador y más difícil será que se satisfaga la condición recursal. En otras palabras, cuanto más bajo sea el costo de recurrir, más fácilmente se cumplirá la condición recursal y, por lo tanto, más probable será que se interponga un recurso.

En este sentido, en la misma medida en que la justicia gratuita facilita el acceso a la justicia a los más necesitados, también los alentará a recurrir más, ya que no soportarán las costas procesales y/o los honorarios de derrota si son vencidos. Lo mismo ocurre con los beneficiarios de la asistencia de un defensor público, ya que no tendrán que sufragar gastos jurídicos adicionales para presentar el recurso y, por lo tanto, cumplirán más fácilmente la condición recursal. Obsérvese que el impacto de la asistencia del defensor público en la estructura de incentivos del vencido es idéntico al caso en que el abogado ya ha cobrado la totalidad de los honorarios, ya que, como estos costos son perdidos, para el recurrente racional, simplemente no hay ningún costo adicional en recurrir con abogado, como si estuviese representado por la oficina del defensor público.

c) Honorarios de derrota. En tercer lugar, y esta es una cuestión interesante, si en el momento de proponer la acción y, por tanto, *ex ante*, la posibilidad de tener que pagar honorarios de derrota sobre la condena disuade a ambas partes de litigar y favorece la autocomposición[355], los mismos honorarios, *ex post*, fomentan la interposición de un recurso por parte del vencido. La decisión de recurrir o no se toma después de la condena, por lo tanto, después de la imposición de los

355. ¿Puede ver por qué la posibilidad de los honorarios de derrota afecta a ambas partes y no solo al autor?

honorarios de derrota. Así, desde el punto de vista del recurrente racional, el efecto de los honorarios de derrota es aumentar el tamaño de la pérdida esperada por la no interposición del recurso, *i.e.*, de B_S. Consecuentemente, la posibilidad de una condena en honorarios de derrota reduce el valor de la acción y genera incentivos para la autocomposición *ex ante*, pero cuando esta falla, aumenta el valor del recurso y, por tanto, genera incentivos a que se recurra *ex post*.

Es interesante observar que, en Brasil, en todos los casos, de conformidad con el §2° del artículo 85 del CPC[356], el vencido debe ser condenado no solo a pagar la condena al vencedor, sino también a pagar honorarios de derrota al abogado del vencedor de 10% a 20% sobre el valor de la condena o de la causa. Sin embargo, como este valor no va a la parte vencedora sino a su abogado, esta disposición aumenta la diferencia entre el valor del recurso para el vencido y para el vencedor. Así, pues, considerando solo el efecto de los honorarios de derrota, aunque el vencedor recibe solo el importe de la condena (B_V), el vencido pagará B_S, que es de 10% a 20% mayor que B_V. Por lo tanto, como resultado de esta regla procesal, podemos afirmar que $B_S > B_V$. Y esta diferencia fomentará el litigio en la fase recursal, ya que aumentará la divergencia de expectativas.

d) Probabilidad de reversión. En cuarto lugar, como demuestra la Inecuación 5.2-2, el modelo describe y predice claramente que, *ceteris paribus*, cuanto mayor es la probabilidad de que la sentencia judicial sea revertida, luego, cuanto mayor sea p_S, más fácilmente se satisfará la condición recursal. Y cuanto más respeto el tribunal tenga por la sentencia, luego, menor sea p_S, menor será la probabilidad de recurso del recurrente racional. Es la existencia de la posibilidad de reversión de la sentencia atacada lo que hace que la interposición de un recurso sea racional. Si una decisión judicial nunca fue revertida, *i.e.*, si $p_S = 0$, entonces la condición recursal nunca se cumpliría, *i.e.*, p_S nunca sería mayor que C_S / B_S, incluso si $C_S = 0$ e si $B_S \rightarrow \infty$. Obsérvese que, en ese caso, el valor de la condena no importa y una parte solo recurriría si le pagaran por hacerlo ($C_S < 0$).

Si el modelo demuestra claramente que, si la posibilidad de reversión es nula, no sería racional apelar, ¿qué pasaría si el éxito en la reversión fuera una certeza? Consideremos la hipótesis de que el tribunal nunca respetase la decisión de primera instancia, *i.e.*, si el tribunal concediera todos los recursos. Puede parecer un caso extremo, pero ya he impartido algunos cursos de formación para magistrados recién nombrados y otros cursos para la judicatura con públicos mixtos de magistrados y asesores. En uno de esos cursos con un público mixto, expliqué la doble función del

356. Art. 85. La sentencia condenará al vencido a pagar los honorarios al abogado del vencedor. [...]
§2°. Los honorarios serán fijados entre el mínimo de diez y el máximo de veinte por ciento sobre el valor de la condena, del provecho económico obtenido o, no siendo posible cuantificarlo, sobre el valor actualizado de la causa [...].

doble grado de jurisdicción y dije que, en ausencia de una diferencia jurisprudencial o de un error claro, no era socialmente deseable que un tribunal revierta una decisión judicial y, por lo tanto, no era socialmente deseable que se concediera la apelación. En ese momento, un asesor de un juez de segunda instancia[357], que parecía ser una persona de muy buen corazón, se puso de pie para expresar su desacuerdo, porque –a su juicio– si la parte apelaba, era porque estaba frustrada con la decisión atacada y, consecuentemente, para darle alguna satisfacción, alguna tranquilidad, siempre concedía parcialmente la apelación, aunque fuera para aumentar un poco la indemnización o reducir un poco la multa. Para no negarla toda. En este escenario, utilizando la condición recursal, ¿cuál sería el impacto en la estructura de incentivos del vencido si todos los tribunales adoptaran esta "amable" actitud del asesor?

Bueno, si el tribunal nunca respetara la decisión judicial y, por lo tanto, siempre prospera a la apelación, entonces, por definición, la probabilidad de éxito del recurso sería de 100%, $p_S = 1$ y sería racional que el vencido apelase siempre; solo no recurriría si el costo del recurso fuera mayor que el valor de la propia condena:

$$1 > \frac{C_S}{B_S}$$

$$B_S > C_S$$

Dado que los costos de recurrir son muy bajos y el monto de la condena incluirá el valor de los honorarios de derrota de 10% a 20% sobre el monto de la condena, es razonable esperar que solo en casos excepcionales no se cumpla la condición recursal. De modo que, si todos se comportasen como el "amable" asesor de juez, prácticamente todas las decisiones judiciales serían recurridas y los tribunales –que tienen un número de cámaras o secciones inferior al número de jueces (recuerde la estructura piramidal)– estarían completamente abarrotados de recursos. Sería un completo desastre.

En general, la cantidad de recursos que recibe el tribunal es una función de su **tasa de reversibilidad**[358]. La tasa de reversibilidad puede calcularse tanto para

357. Si el lector se sorprende de que estemos discutiendo la decisión de un asesor y no la de un juez, es porque no ha interactuado lo suficiente con el Poder Judicial. ¿Cómo cree que es posible que un ser humano pueda juzgar cinco mil casos en solo un año? Supongamos que cada caso tiene una extensión media de cien páginas y que se tarda un minuto en leer tres páginas, eso significa que solo para leer los casos necesitaríamos 347,22 días laborables de ocho horas ininterrumpidas de lectura (más de un año), sin contar el tiempo para reflexionar y tomar una decisión o realizar alguna diligencia. Dado el estado actual de sobreutilización del Poder Judicial, lamentablemente, ya no son los magistrados los que deciden nuestros casos. Bien, le dije el secreto...

358. En otra ocasión, Gico Jr. y Arake ya han definido la tasa de reversibilidad como "la relación entre el número de decisiones judiciales revertidas y el número total de decisiones recurridas de una instancia o un órgano

los casos en general como para los tipos de casos específicos y, en el límite, si se calcula para un solo caso se confundirá con la probabilidad de éxito del recurso, *i.e.*, con p_S. Antes de la controversia, la brecha de expectativas era consecuencia de la inseguridad jurídica y de la asimetría de información[359] entre las partes. Sin embargo, después de la fase de instrucción y juzgamiento, las partes no solo produjeron todas las pruebas que necesitaban, sino que ya no pueden producir nuevas pruebas (preclusión)[360] en la fase recursal, por lo que cabe esperar que no haya una asimetría sustancial de información entre ellas en esa etapa[361]. Los hechos en los que se basa la disputa tienden a ser estables. Por lo tanto, se espera que cualquier divergencia de expectativas sobre la viabilidad del recurso provenga principalmente de sus percepciones subjetivas sobre la exactitud de la decisión judicial recurrida, *i.e.*, de la presencia o ausencia de errores en la decisión judicial impugnada.

En este sentido, desde el punto de vista social, considerando que es extremadamente costoso mantener grupos de jueces (tribunales) revisando el trabajo de los jueces individuales, ninguno de los dos escenarios extremos discutidos anteriormente tiene sentido, *i.e.*, no es eficiente rechazar ni aceptar todos los recursos. La pregunta, entonces, es ¿qué casos deben y qué casos no deben ser revertidos? Además, si es la tasa de reversibilidad la que genera el incentivo para recurrir y el mantenimiento de una segunda instancia judicial es costoso para la sociedad, entonces debe haber alguna explicación racional para justificar la existencia de los tribunales, *i.e.*, del doble grado de jurisdicción. Esto es lo que discutimos en la sección siguiente.

5.2.2 La doble función del doble grado de jurisdicción

Las sociedades, en general, adoptan el doble grado de jurisdicción por dos razones: la necesidad de uniformidad de las reglas jurídicas y la corrección de errores. Estas dos funciones del doble grado de jurisdicción explican por qué invertimos tantos recursos sociales en la costosa mantención de grupos de jueces (*i.e.*, tribunales) para revisar el trabajo de otros jueces individuales, en lugar de asignar a estos mismos jueces

judicial determinado. Con ella pretendemos descubrir la proporción (*ratio*) entre las decisiones recurridas que se reforman y las que no son reformadas". Gico Jr. y Arake (2019, p. 13).

359. Cf. Gico Jr. (2014, p. 184).

360. Art. 507. Está prohibido a la parte discutir en el curso del proceso las cuestiones ya decididas respecto de las cuales operó preclusión.

361. Solo por curiosidad, como en Francia las partes pueden presentar nuevas pruebas en la segunda instancia, muchos litigantes ven la primera instancia como un mero calentamiento, incluso sin presentar todos sus argumentos y pruebas, lo que es claramente antiproductivo. Cf. Fisher-Achoura (2004). Y ni siquiera la amplia reforma de 2019, llevada a cabo en 2020, parece haber cambiado el panorama, una vez que el artículo 563 del CPC francés sigue diciendo: "Para justificar en apelación las pretensiones que se han presentado al primer juez, las partes pueden invocar nuevos fundamentos, presentar nuevas peticiones o proponer nuevas pruebas".

para que decidan más casos y así proporcionar más servicio público adjudicatorio a los usuarios, el objetivo final del Poder Judicial. En este caso, es evidente que existe un *trade-off* entre la uniformidad de las reglas y la precisión procesal versus la celeridad procesal y la adjudicación, prevaleciendo la opción por la primera.

Normalmente, el Poder Judicial está organizado de manera piramidal por una razón muy simple: las decisiones deben ser canalizadas hasta que haya una sola decisión uniforme para todos los casos similares. La sociedad necesita y desea vivir bajo el manto de la seguridad jurídica, de una norma única que se aplique a todos los casos similares, *i.e.*, bajo la protección del Estado de Derecho (art. 1°/CF):

EJEMPLO DE ESTRUCTURA JERÁRQUICA DEL PODER JUDICIAL
Figura 5-5

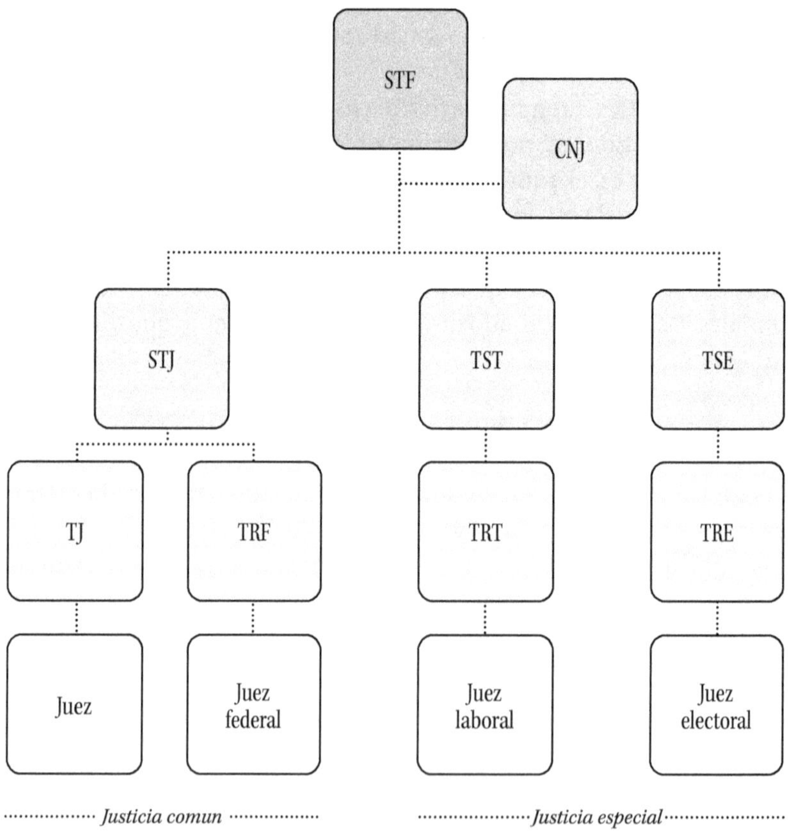

Fuente: Gico Jr. (2013, p. 277).

De lo contrario, no habría necesidad de un Poder Judicial jerárquico. Podríamos tener solo jueces de primera instancia que decidieran según su interpretación particular del derecho o su sentido idiosincrásico de justicia (equidad). Además, sin la uniformidad de las reglas jurídicas, el valor predictivo del derecho sería nulo[362], *i.e.*, las partes no sabrían cómo comportarse *ex ante*, porque el comportamiento de los jueces *ex post* sería tan aleatorio como la distribución de los casos propuestos. El mismo caso podría decidirse de una manera completamente diferente, dependiendo de a qué juez se le distribuyera el proceso, *i.e.*, en este *Poder Judicial aleatorio*, el resultado dependería del hombre o mujer sorteado y no del derecho de la parte. Viviríamos en la antítesis del Estado de Derecho.

Como ya he dicho[363], "asumiendo la unidad de posicionamiento dentro del Tribunal de Justicia, del STJ y del STF (alineación horizontal), el sistema parece estructurado para converger a uniformidad de las reglas jurídicas (alineación vertical), ya que todas las decisiones de las etapas precedentes están sujetas a revisión por el STJ y/o el STF. Sin embargo, es importante preguntarse si la mera posibilidad de que se reviertan las decisiones contrarias en los tribunales superiores es suficiente para unificar la jurisprudencia en los tribunales inferiores [...]". En este sentido, podemos modelar el comportamiento de los jueces como si todos fueran miembros del mismo equipo, con el mismo objetivo (teoría de equipos)[364] o como si tuvieran diferentes objetivos y cada uno tratara de afirmar sus propias preferencias (problema agente-principal)[365].

Cuando consideramos a los jueces como un equipo, el desafío es comunicar con precisión las decisiones tomadas y coordinar las acciones de todos para que el equipo actúe como un solo cuerpo. Cuando los consideramos como agentes con intereses propios, no necesariamente convergentes, el reto de las instancias superiores (principales) es vigilar lo que hacen los jueces de las instancias inferiores (agentes) para asegurarse de que los casos se decidan en conformidad con la regla jurídica adoptada por el tribunal. De una u otra forma, sea porque los jueces tratan de cooperar entre sí o porque tienen preferencias diferentes y no están de acuerdo en la forma en que debe aplicarse el derecho, es necesario coordinar las acciones de las diversas instancias judiciales y el primer desafío, en este contexto, es la uniformización de las reglas jurídicas.

5.2.2.1 Uniformización de las reglas jurídicas

Empecemos por asumir un juez perfecto que nunca se equivoque. Si no hubiera posibilidad de que una decisión judicial fuera errónea, ¿algún vencido recurriría?

362. Este debate continuará en la Sección 6.3 infra. Cf., todavía, Gico Jr. (2019; 2020).

363. Cf. Gico Jr. (2013, p. 278).

364. Cf. Gico Jr. (2012; 2013).

365. Cf. Gico Jr. (2012; 2015).

 ¿Sería racional recurrir en alguna circunstancia? La respuesta es sí; incluso en el mundo del juez perfecto, todavía habría lugar para el doble grado de jurisdicción, porque estos jueces perfectos podrían interpretar –*bona fide*– la misma ley de diferentes maneras, cuando hubiese dudas en el texto legal[366]. Si recordarnos la existencia de pluralidad de interpretaciones jurídicas posibles en algunos casos (hermenéutica de las opciones), debemos concluir que, incluso en presencia de un juez perfecto, libre de errores, sería racional apelar una sentencia en caso de divergencia jurisprudencial.

Como se ha visto en la Sección 3.1.5, la actividad jurisdiccional tradicional se limita a tres hipótesis: la subsunción directa, la hermenéutica de las opciones y la integración, que pueden organizarse en el diagrama hermenéutico, que reproducimos una vez más a continuación por mera conveniencia:

DIAGRAMA HERMENÉUTICO
Figura 3-4

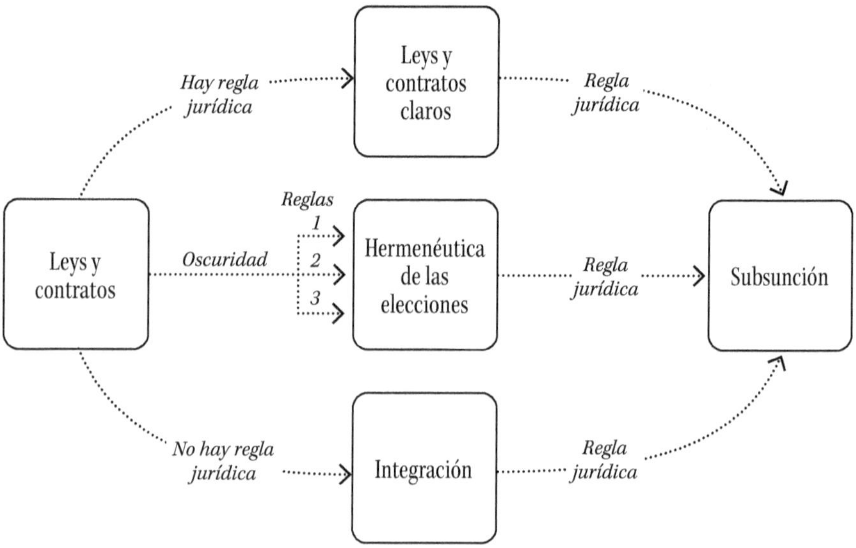

Fuente: Gico Jr. (2018, p. 80).

Como nos muestra el diagrama hermenéutico, incluso en la hipótesis muy fuerte de un Poder Judicial perfecto, libre de errores, el hecho es que los jueces todavía tendrían que, en su vida cotidiana, resolver los casos en que hay una laguna jurídica, a través de la integración, además de los casos en que hay duda u oscuridad

366. Obsérvese que algunos, como Fux y Bodart, consideran que la divergencia interpretativa es un error que debe ser corregido por el sistema, o al menos que la divergencia dificulte la identificación de un posible error. Cf. Fux y Bodart (2019, p. 153).

de la ley, para mantener el lenguaje del CPC, a través de la hermenéutica de las elecciones. Recuerde que nuestra suposición es que el Poder Judicial es perfecto, no el ordenamiento jurídico.

Así, pues, teniendo en cuenta que cada país tiene muchos jueces, es razonable esperar que diferentes jueces, con diferentes posiciones y antecedentes, establezcan diferentes reglas jurídicas, como resultado de sus actividades de integración y de hermenéutica de las opciones. En consecuencia, al menos parte de los casos iguales o similares se decidirán de manera diferente y, por lo tanto, la sociedad vivirá bajo reglas jurídicas variables, que cambian aleatoriamente de juzgado en juzgado, y esta inseguridad jurídica generará un aumento de litigios que, a su vez, puede dar lugar a un uso excesivo del Poder Judicial, en los términos del ya mencionado ciclo de litigios:

EL CICLO DEL LITIGIO
Figura 3-6

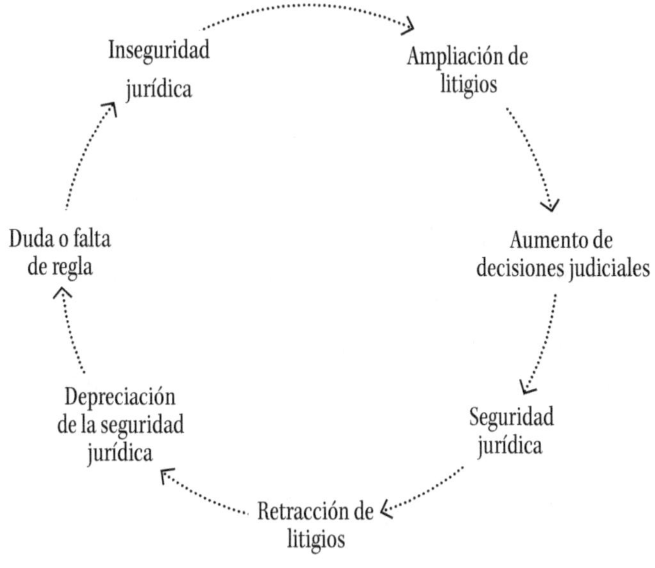

Fuente: Adaptado de Gico Jr. (2013, p. 458).

Si existiera un mecanismo para uniformar las reglas jurídicas en vigor, la inseguridad jurídica derivada de la laguna jurídica o de la oscuridad de la ley generará una expansión de los litigios a medida que se amplíe la brecha de expectativas de las partes. El aumento de litigios, a su vez, generará un incremento de decisiones judiciales que, cuando sean debidamente uniformadas por el mecanismo de uniformización, generarán seguridad jurídica, reduciendo la brecha de expectativas y llevando al Poder Judicial a realizar únicamente la actividad de subsunción (ahora de la regla jurídica integrada o elegida). La ganancia de previsibilidad resultante de la estabilización de la jurisprudencia (*jurisprudence constante* o precedente) dará lugar a una retracción del litigio. El ciclo del litigio funcionará normalmente hasta que un choque externo desequilibre el ordenamiento jurídico y lo vuelva a poner en el ciclo del litigio[367].

Por otra parte, sin un mecanismo de estandarización de la jurisprudencia, *i.e.*, de una segunda instancia para uniformar las reglas jurídicas, al menos dentro del respectivo tribunal, el ciclo del litigio no funcionaría correctamente donde la divergencia jurisprudencial se mantenga. Como las partes no tendrían forma de saber *ex ante* qué regla jurídica se aplicaría a su caso concreto, la brecha de expectativas se mantendría y, en los términos de la condición de litigio (Inecuación 4.2-4), la brecha de expectativas es una de las explicaciones del fracaso de la autocomposición. En este sentido, por más que el Poder Judicial produzca decisiones judiciales, como ellas no serían uniformes, al menos en esta área del derecho, no habrá generación de seguridad jurídica, y la ausencia de previsibilidad llevaría a un uso excesivo del Poder Judicial. Y, en el límite, llevaría a su destrucción como mecanismo de solución de controversias[368].

Además, por lo general, un país tiene más de un tribunal, cada uno con su propia jurisdicción territorial. Así, pues, aunque todos los magistrados en un determinado tribunal estuvieran de acuerdo con la jurisprudencia adoptada, en sí misma una hipótesis muy fuerte, es probable que algún tribunal adoptara una interpretación diferente de otro, generando una diversidad de derecho aplicable dentro del mismo país, *i.e.*, el derecho aplicable en una región sería diferente del derecho aplicable en otra región, para el mismo tipo de caso. Por eso, en Brasil, una de las principales competencias del STJ es estandarizar las interpretaciones

367. Es interesante notar que la uniformidad jurisprudencial es tan importante para el correcto funcionamiento del ordenamiento jurídico que, a pesar de ser un país de tradición romano-germánica, Brasil adoptó en 2015 la figura del precedente e impuso a todos los jueces la obligación legal de seguirlos, en el término de los art. 489 y 926/CPC:

Art. 489. Son elementos esenciales de la sentencia: [...]

II – los fundamentos, en los que el juez analizará las cuestiones de hecho y de derecho;

III – la parte dispositiva, en la que el juez resolverá las cuestiones principales que las partes le hayan sometido.

§1°. No se considera fundamentada ninguna decisión judicial, sea esta interlocutoria o sentencia, que: [...]

V – se limite a invocar un precedente o enunciado de súmula, sin identificar sus fundamentos determinantes ni demostrar que el caso bajo juzgamiento se ajusta a aquellos fundamentos;

VI – deje de seguir algún enunciado de súmula, jurisprudencia o precedente invocado por la parte, sin demostrar la existencia de distinción en el caso en juzgamiento o la superación del entendimiento. [...]

Art. 926. Los tribunales deben uniformar su jurisprudencia y mantenerla estable, íntegra y coherente. [...]

§2°. Al elaborar enunciados de súmula, los tribunales deben atenerse a las circunstancias fácticas de los precedentes que motivaron su creación.

368. Volveremos a la discusión sobre el uso excesivo del servicio público adjudicatorio y el impacto de esto en la sociedad, la tragedia del Poder Judicial, en el Capítulo 6.

adoptadas por los tribunales inferiores[369], de modo que una única interpretación de la ley federal prevalezca en todo el territorio nacional.

Dicho esto, exploremos el impacto de cualquier divergencia de posición entre dos juzgados de un mismo tribunal. Supongamos que el vencido tiene un caso juzgado contra sí en el 1° Juzgado Civil por la aplicación de una determinada regla jurídica, pero después de algunas investigaciones, su abogado se entera de que el 2° Juzgado Civil ya ha juzgado varios casos similares, aplicando una interpretación diferente de la ley que, si se aplica a su caso, le haría ganar la acción. Supongamos también que, al investigar las decisiones de segundo grado, su abogado identifica que es la primera vez que alguien ha adoptado esta interpretación divergente de la ley, *i.e.*, que el tribunal nunca se ha manifestado sobre cuál de las dos interpretaciones debe prevalecer. En este escenario, asumiendo que ambas interpretaciones son razonables a la luz de la literalidad de la ley (hermenéutica de las elecciones), podemos asumir que una eventual apelación tendrá alrededor de 50% de probabilidad de ser concedida, *i.e.*, $p_S = 0{,}5$, porque ambas interpretaciones son razonables. Al aplicar este valor en la condición recursal, tendremos que:

$$0{,}5 > \frac{C_S}{B_S}$$

$$B_S > 2\,C_S$$

Luego, en este escenario, es suficiente que el valor de la condena (B_S) sea más del doble de los costos del recurso (C_S) para que sea racional recurrir. Dado que las costas procesales de apelación son generalmente bajas y los abogados no siempre cobran honorarios adicionales por instancia, es muy probable que en casi todos los casos en que hay una divergencia de jurisprudencia, la parte vencida recurra. Con el recurso, el tribunal podrá, a bajo costo, decidir cuál de las interpretaciones adoptadas debe prevalecer dentro de la jurisdicción del tribunal. Al hacerlo, al menos dentro de esa jurisdicción, el derecho se habrá uniformado. Tras esta estandarización, en casos futuros similares, las partes ya sabrán cómo es probable que se comporte el tribunal y, por lo tanto, sus expectativas sobre las probabilidades de éxito de la acción en casos similares convergerán aún más, reduciendo la brecha de expectativas y aumentando las posibilidades de autocomposición.

369. La Constitución Federal establece que:

Art. 105 Corresponde al Superior Tribunal de Justicia: [...]

III - juzgar, en recurso especial, los casos resueltos, en única o última instancia, por los Tribunales Regionales Federales o por los Tribunales de los Estados, del Distrito Federal y de los Territorios, cuando la decisión recurrida: [...]

c) da una interpretación a la ley federal que difiere de la que le da otro tribunal.

Desde el punto de vista del ciclo del litigio, con el aumento de la seguridad jurídica, debería disminuir el número de casos en que se discute la misma regla, que es solo el resultado macro (agregado) del micro (individual) cambio en el incentivo de las partes. Como se indica en la Sección 1.3, este es un ejemplo visible de cómo podemos utilizar la estructura de incentivos del individuo para comprender el comportamiento social (individualismo metodológico). El mismo razonamiento puede aplicarse a la divergencia entre un juzgado y el tribunal, entre las secciones del tribunal y el Plenario o entre los tribunales inferiores y el STJ o el STF. La lógica sigue siendo la misma. Sin embargo, la perfección del juez es una suposición muy fuerte, que si se relaja nos llevará a la segunda función del doble grado de jurisdicción, a saber, la corrección de errores.

5.2.2.2 Corrección de errores

Es socialmente deseable que las decisiones judiciales se tomen de la manera más correcta posible[370]. Sin embargo, no todas las inversiones para reducir el error judicial son socialmente deseables. Como se examinó en la Sección 2.3, debido a la asimetría de información entre las partes y el juez, las inversiones en el proceso y en los procedimientos de investigación pueden considerarse un mecanismo de determinación de la realidad, de modo que el juez, al reducir esta asimetría de información, resuelva adecuadamente el conflicto de acuerdo con el derecho. Cuanta más información tenga el juez, más perfecta será su decisión, siendo que la perfección, aquí, se refiere al grado de adhesión de la decisión judicial a las reglas jurídicas vigentes. Sin tener en cuenta el problema principal-agente, un juez con información perfecta es un juez que puede decidir perfectamente. Sin embargo, como ya se ha dicho, asegurar que el juez adquiera esa información impone costos tanto a las partes como al propio tribunal.

Por otra parte, aunque el juez adquiera una información perfecta y, por lo tanto, tenga pleno dominio de los hechos y del derecho, puede ser que, debido a sus preferencias subjetivas, no esté de acuerdo con el resultado x', por lo tanto, se niega a aplicar al caso en cuestión la debida regla jurídica x. En esta hipótesis, aunque el juez sea un agente del Estado, adoptará un comportamiento oportunista y se desviará del derecho para imponer a las partes y, por tanto, a la sociedad, su visión personal del mundo en detrimento del derecho[371]. El juez actuará de manera oportunista y *contra legem*[372].

370. Véase la nota 219 *supra*. Es posible que alguien quiera discutir lo que significa que la decisión sea correcta, si es para seguir la ley, la jurisprudencia o algún otro criterio abstracto e idiosincrásico de justicia, como el principio preferido del interlocutor. Sin embargo, una vez establecido el criterio de corrección, todos querrán que la litis se decida de acuerdo con ese criterio.

371. Sobre el derecho fundamental a la legalidad, cf. Sección 3.2, y sobre la ineficiencia del activismo, cf. Sección 3.1.

372. Obsérvese que, para mí, la divergencia de entendimiento debida a falta de claridad de la ley o de la jurisprudencia dominante no es un error en sí mismo, sino un ruido en el sistema que debe ser aclarado por

Tanto para mitigar el riesgo de un error adjudicatorio por información incompleta como por comportamiento oportunista del juez es que, en lugar de contratar a un solo juez y estar nosotros satisfechos con su juicio, también contratamos a un tribunal para revisar ese juicio. La justificación parcial de la existencia del doble grado de jurisdicción es la preocupación social por el error en la prestación del servicio público adjudicatorio. No obstante, tanto esta garantía adicional, como todas las demás garantías y procedimientos de protección, generan una estructura judicial compleja, que no está exenta de cargas.

La gestión de este complejo sistema judicial genera costos administrativos. Cuantas más garantías, procedimientos y procesos de revisión haya, menos probable será que se produzca un error de adjudicación. Por otra parte, cuantas más garantías y procedimientos, *i.e.*, cuanto más complejo sea el sistema judicial para la protección de los litigantes, mayores serán los costos de administración del propio sistema.

En este sentido, como se discutió en la Sección 2.3, el costo social del proceso está compuesto por dos variables con comportamientos opuestos: los costos de error $c(e)$ y los costos de administración C_A. Cuantas más inversiones se hagan en el proceso, menores serán los costos de errores de adjudicación ($\downarrow c(e)$). Sin embargo, cuanto más se invierta en el proceso, más complejo y lento será el sistema y, por lo tanto, mayor será el costo de administración ($\uparrow C_A$), y viceversa. En resumen, la inversión en el proceso disminuye el costo de error y aumenta el costo de administración, y la disminución del costo de administración aumenta el costo de error. Si entendemos que la función social del derecho procesal es proteger las partes de los errores en la adjudicación (protección) y organizar la actividad adjudicataria (administración), entonces podemos entender el proceso como un intento de minimizar el costo social del proceso y no solo uno de sus componentes.

La sociedad podría alcanzar el objetivo de reducir el costo social del proceso de varias maneras. La más obvia es invertir más en jueces de calidad, en proceso, en investigación, etcétera. Como dicen Fux y Bodart[373], "el legislador podía adoptar solo un grado de jurisdicción, compuesto de costosos y exhaustivos actos de postulación, instrucción y cognición, y obtener un cierto nivel de reducción de errores judiciales". Otra forma de reducir el costo social del proceso es invertir en una segunda instancia que revise las decisiones y, en caso de error, las revierta.

Sin embargo, no se deduce lógicamente de la existencia de una segunda instancia que los casos de que se ocupe sean necesariamente elegidos por los

el ciclo del litigio, mientras que la decisión judicial que viola la ley o la jurisprudencia dominante constituye un error judicial, que puede ser o no intencional.

373. Cf. Fux y Bodart (2019, p. 152).

vencidos, *i.e.*, la existencia de una segunda instancia no requiere que los vencidos tengan o deban tener el derecho a recurrir. Los casos para revisión podrían ser elegidos por el propio juzgador, de la misma manera que el STF elige los casos constitucionales que desea juzgar por la repercusión general o el Tribunal de Cuentas de la Unión (TCU), que puede hacer una toma de cuenta. Otra posibilidad sería seleccionar al azar casos para su revisión, como en una auditoría. Por último, todos los casos podrían ser revisados indiscriminadamente, a título de remisión necesaria, como previsto en el CPC[374]. Como se ve, hay más de un enfoque posible en la búsqueda de la reducción del costo social del proceso, y –en general– los sistemas jurídicos eligen el derecho del vencido a apelar.

Spitzer y Talley[375] propusieron un modelo teórico de los juegos muy interesante para demostrar cómo los tribunales eligen estratégicamente los casos que revisarán, dependiendo de la preocupación por la imprecisión de los hechos o la divergencia ideológica de los juzgadores con los tribunales inferiores. Su modelo es extremadamente interesante para el análisis del comportamiento estratégico de las cortes especiales, como el STJ y el STF, que efectivamente eligen qué casos revisarán: el STF, por disposición legal expresa y exigencia de la presencia de repercusión general en el recurso extraordinario; y el STJ, por aplicación estratégica de la Súmula 7[376] y otros filtros procesales a los recursos especiales. Este enfoque está en línea con el enfoque agente-principal y el comportamiento oportunista del juez.

Ya Daughety y Reinganum[377] presentan un modelo de comunicación y ruido entre las instancias, en el que los implicados utilizan los recursos y la reversibilidad para tratar de descubrir las preferencias de las instancias superiores, en un esfuerzo de coordinación. En otra ocasión, utilicé[378] un enfoque similar para modelar el Poder Judicial brasileño como un equipo y evaluar la posibilidad de formación de jurisprudencia estable y superar el problema del anarquismo judicial. Sin embargo,

374. Art. 496. Está sujeta al doble grado de jurisdicción, no produciendo efecto sino hasta después de confirmada por el tribunal, la sentencia:

I – expedida contra la Unión, los Estados, el Distrito Federal, los Municipios y sus respectivas autarquías y fundaciones de derecho público;

II – que declare fundadas, en todo o en parte, la oposición a la ejecución fiscal.

§1°. En los casos previstos en este artículo, si la apelación no es interpuesta en el plazo legal, el juez ordenará la remisión necesaria de los autos al tribunal, y, si no lo hiciere, el presidente del respectivo tribunal los requerirá.

§2°. En cualquiera de los casos referidos en el §1°, el tribunal juzgará la remisión necesaria.

375. Cf. Spitzer y Talley (2000).

376. Súmula 7 - La pretensión de simple reexamen de pruebas no da lugar a un recurso especial. Recordar que, supuestamente, el recurso especial es previsto para uniformar las reglas jurídicas y no como un tercer juzgamiento.

377. Cf. Daughety y Reinganum (2000).

378. Cf. Gico Jr. (2013).

estos modelos son más sofisticados y específicos de lo que necesitamos para este libro, por lo que aquí exploraremos el doble grado de jurisdicción como mecanismo de corrección de errores, debido a la existencia de una asimetría de información entre las partes, similar a la propuesta original de Shavell[379].

Para ello combinaremos dos ideas ya discutidas anteriormente: la estrategia de agrupar y separar en un modelo de asimetría de información (cf. Sección 4.3.2) y la condición recursal (cf. Sección 5.2.1). En primer lugar, supongamos que existe una asimetría de información entre los litigantes y el tribunal, de tal manera que, antes de la apreciación del recurso (*ex ante*), las partes saben si la decisión judicial atacada contiene o no un error (información privada), pero el tribunal no lo sabe. Además, introduciremos un ruido en la información de tal manera que, mismo con información privada, las partes no estén absolutamente seguras del resultado del recurso; o que el propio tribunal cometa un error en algunos recursos y no revierta una decisión errónea (**error de tipo I**), o revierta una decisión correcta (**error de tipo II**)[380]. Suponga que en este escenario tenemos dos tipos de apelaciones: las fuertes, con un 80% de probabilidad de éxito ($p_f = 0{,}80$), y las débiles, con solo un 20% de probabilidad de éxito ($p_d = 0{,}20$). Suponga que la condena fue de $100.000 ($B = 100.000$) y que el costo del recurso es de $10.000 para cada parte ($C_S = C_V = 10.000$). Este ejemplo puede representarse de la siguiente manera:

VALOR ESPERADO DEL RECURSO CON BAJO COSTO

Figura 5-6

		Valor esperado para el vencido
Tipo de recurso	Caso fuerte	$p_f \cdot B - C = 70.000$
	Caso débil	$p_d \cdot B - C = 10.000$

Para el tribunal, analizar todos los casos juzgados es muy costoso. Así es que prefiere que solo se apelen los casos fuertes, pero no tiene forma de saber *ex ante* cuáles serían estos casos. Sin embargo, el tribunal tiene la facultad de fijar sus propias costas procesales y así afectar C_S. Según la condición recursal, el vencido recurrirá solo si el valor del recurso es positivo. Por lo tanto, es posible crear un equilibrio de separación en el que los vencidos débiles no recurren, pero los vencidos fuertes sí. Usando la condición recursal en el ejemplo anterior, tenemos:

379. Cf. Shavell (1995).

380. En estadística, se considera un error de tipo I o rechazo de una hipótesis verdadera y un error de tipo II cuando no se rechaza una hipótesis falsa. En el derecho procesal, se puede decir que el tribunal comete un error de tipo I cuando no da razón a un recurso que debería dar (rechazó un recurso procedente) y comete un error tipo de II cuando da razón a un recurso que no debería dar (no rechazó un recurso improcedente).

$$p_S > \frac{C_S}{B_S}$$

$$p_S > \frac{10.000}{100.000}$$

$$p_S > \frac{1}{10}$$

La condición recursal nos informa que, en este escenario, el vencido recurrirá si su probabilidad de éxito es de al menos 10%, es decir, 0,1. Como la probabilidad de éxito del vencido débil es de 20% y la del vencido fuerte es de 80%, esto significa que ambos recurrirán, y el tribunal tendrá que revisar todos los recursos, perdiendo el tiempo revisando los casos débiles y cometiendo errores en 20% de ellos. En otras palabras, tendríamos un equilibrio de agregación. Ahora bien, si el costo del recurso se elevara a $30.000, la situación cambiaría y tendríamos un equilibrio de separación, ya que ahora el valor del recurso es positivo solo para los vencidos fuertes:

VALOR ESPERADO DEL RECURSO CON ALTO COSTO
Figura 5-7

		Valor esperado para el vencido
Tipo de recurso	Caso fuerte	$p_f . B - C = 50.000$
	Caso débil	$p_d . B - C = -10.000$

Con el aumento del costo del recurso, ha sido posible crear un equilibrio de separación en el que los recursos se hacen solo en casos fuertes y el tribunal concentra su atención limitada en los casos que realmente la requieren. Obviamente, además del costo del recurso, otra variable que el tribunal podría cambiar es la probabilidad de éxito de los vencidos. Suponga que el tribunal ha mejorado sus procedimientos internos de análisis de casos, de modo que su precisión ha aumentado sustancialmente y ahora la probabilidad de éxito de un caso fuerte es de 90% ($p_f = 0,90$) y la probabilidad de éxito de los casos débiles es solo de 10% ($p_d = 0,10$). En este caso, será posible crear un equilibrio de separación, incluso con bajos costos de recursos:

VALOR ESPERADO DEL RECURSO CON MÁS PRECISIÓN
Figura 5-8

		Alto costo	Bajo costo
Tipo de recurso	Caso fuerte	$p_f . B - C = 60.000$	$p_f . B - C = 80.000$
	Caso débil	$p_d . B - C = -20.000$	$p_d . B - C = 0$

Como se puede ver, un tribunal que desee asignar sus recursos de manera eficiente en la fase recursal (disculpe el juego de palabras) puede crear un equilibrio de separación de los vencidos, sea aumentando las costas procesales, sea invirtiendo en precisión judicial. Obsérvese que, como aquí la estrategia de aumentar los costos del proceso significa un aumento de su valor absoluto, y no de una parte proporcional, los casos de menor valor, aunque fuertes, no serían recurridos. Por otra parte, la inversión en precisión judicial tiende a ser más costosa para el tribunal, pero crea el equilibrio de la separación sin discriminar los casos de menor valor. Como siempre, en el mundo de los recursos escasos, hay un *trade-off*. En cualquier caso, estas son las dos variables de que dispone el tribunal para regular el flujo de casos y las que puede utilizar para generar un equilibrio de separación de la manera más justa y eficiente.

5.2.3 Tasa de reversibilidad y tasa de recurribilidad

Como ya he dicho en otra ocasión[381], el control y la publicación de las tasas de reversibilidad y de recurribilidad[382] de cada juzgado y de cada juez, considerado individualmente, pueden reducir sustancialmente la asimetría de información entre las partes y entre el tribunal y el juez, reduciendo el número de recursos débiles y aumentando el de recursos fuertes. Así, por ejemplo, si una parte está considerando la posibilidad de presentar un recurso y sabe de antemano que la tasa de reversibilidad de un juez y/o juzgado en particular es baja, el potencial demandante tomará naturalmente esa información en consideración al hacer su elección.

Teniendo en cuenta que las partes son racionales, el resultado esperado de una mayor transparencia (más información) sobre la baja tasa de reversibilidad es una disminución de la tasa de recurribilidad, lo que aumenta el tiempo disponible para que el tribunal juzgue casos más difíciles o que lo haga más rápido, *i.e.*, una asignación más eficiente de sus recursos escasos. Además, cuanto más completa y amplia sea la información, más probable es que las partes eviten entablar nuevas

381. Cf. Gico Jr. y Arake (2019, pp. 13 y ss.).

382. La **tasa de recurribilidad** es la relación entre el número de recursos interpuestos atacando decisiones judiciales, dividido por el número total de decisiones dictadas por una instancia, o un órgano juzgador determinado.

 acciones para debatir cuestiones sobre las que el tribunal ya ha se manifestado claramente. La disminución de los litigios en primer grado también debería permitir al juez asignar más tiempo a los casos más difíciles y, por lo tanto, aumentar la calidad de sus decisiones y reducir el tiempo de adjudicación. Ambos efectos tienden a generar un círculo virtuoso de disminución de los litigios, seguido de un aumento de la calidad de las decisiones judiciales.

Por otro lado, si la parte sabe que la tasa de reversibilidad de un determinado juez y/o juzgado es alta, esto significaría una mayor probabilidad de éxito del recurso, aumentando –en un primer momento– la tasa de recurribilidad. Sin embargo, teniendo en cuenta que los magistrados son racionales, el resultado esperado es que, con una mayor transparencia (más información) sobre la alta tasa de reversibilidad de sus decisiones, el magistrado percibirá que existe una divergencia constante entre su posición y la del tribunal, y así podrá ajustar su conducta.

De esta manera, la reducción de la asimetría de información entre el tribunal y el magistrado permitirá a este último desarrollar su actividad jurisdiccional con mayor seguridad y efectividad y –en un segundo momento– la tasa de reversibilidad disminuirá naturalmente. Recordando que, como se trata de un análisis dinámico, con la disminución de la tasa de reversibilidad, también debería disminuir gradualmente la tasa de recurribilidad, liberando tiempo y recursos de ambas instancias para que puedan desempeñar mejor sus funciones jurisdiccionales. Un nuevo ciclo virtuoso comienza.

Así, pues, tanto la tasa de recurribilidad como la tasa de reversibilidad son variables dinámicas e interrelacionadas, por lo que es más útil y eficiente construir y publicar ambas de forma continua, ya que se espera que el comportamiento de estas tasas varíe a lo largo del tiempo, según el comportamiento de todos los agentes implicados. El acceso a esta información pertinente, que hoy en día se oculta tanto a las partes como a los propios jueces, es un instrumento de gestión judicial eficaz y debería contribuir considerablemente a la celeridad y al acceso a la justicia.

Para demostrar cómo, desde un punto de vista analítico, es importante que se evalúen y publiquen ambas tasas, suponga ahora que, una vez revelada esta información oculta, se descubre que un determinado tribunal tiene una alta tasa de recurribilidad agregada. En un enfoque inicial, esta tasa puede explicarse de dos maneras: (*i*) los jueces de primera instancia se equivocan mucho, en la vista de la corte, o (*ii*) los costos de recurrir son muy bajos para las partes. Para resolver esta ambigüedad analítica, podemos utilizar la ahora revelada tasa de reversibilidad agregada de ese tribunal.

Una vez evaluada la tasa de reversibilidad del tribunal, si es alta, también hay dos posibles conclusiones: (*i*) los jueces están, de hecho, errando mucho en la vista de la corte; o (*ii*) la jurisprudencia del tribunal no es clara. Si realizamos un simple análisis combinatorio de todos los posibles resultados tanto para la tasa de recurribilidad como para la tasa de reversibilidad, veremos que, en la práctica, hay cuatro escenarios posibles, cada uno con sus implicaciones específicas para el comportamiento de los litigantes: (alta, alta), (alta, baja), (baja, alta) y (baja, baja).

Para facilitar la comprensión de cada eventual resultado y una posible comparación entre los tribunales y/o entre los juzgados, podemos combinar estos resultados en un espacio bidimensional y construir un gráfico de desempeño judicial:

MAPA DE DESEMPEÑO JUDICIAL

Figura 5-9

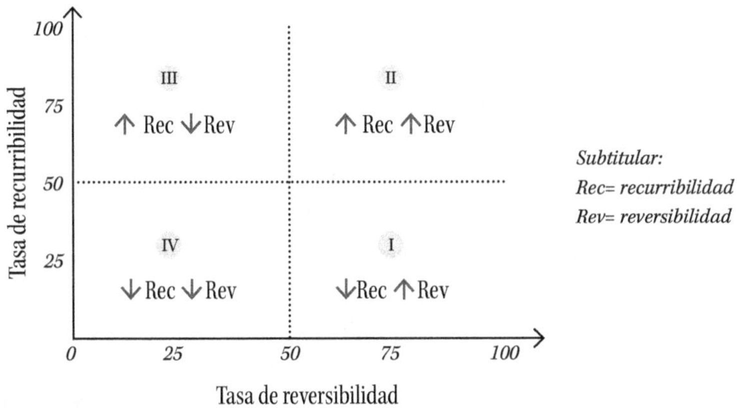

Fuente: Gico Jr. y Arake (2019, p. 15).

Recordando lo dicho en los párrafos anteriores, se espera que el vencido recurra a dos hipótesis: (*i*) si cree que la probabilidad de revertir la decisión es suficientemente alta como para compensar los costos del recurso; o (*ii*) si los costos del recurso son suficientemente bajos como para compensar el riesgo de no revertirse. Dicho esto, los escenarios que encajan con el punto (*i*) son los cuadrantes de la derecha del gráfico, ya que describen una alta tasa de reversibilidad, luego, una alta probabilidad de reformar la decisión. Comencemos la discusión por estos cuadrantes.

El Cuadrante I de la Figura 5-9 (baja, alta) denota la situación teórica ideal, *i.e.*, una baja tasa de recurribilidad con una alta tasa de reversibilidad. Significa que los vencidos son relativamente capaces de identificar cuándo hubo un error en una decisión judicial y, por lo tanto, recurren poco y de manera preponderante en esos casos (baja tasa de recurribilidad). Por otra parte, dado que los recursos se realizan predominantemente en casos con una alta probabilidad de reversibilidad, existe una alta tasa de reversibilidad.

El Cuadrante II de la Figura 5-9 (alta, alta) denota una situación indeseable: altas tasas de recurribilidad y de reversibilidad. Consiguientemente, hay muchas decisiones recurridas y un número considerable de estos recursos son procedentes. Este escenario significa que, en opinión del tribunal, los jueces están cometiendo muchos errores (son muy revertidos). Sin embargo, en este caso, la jurisprudencia del tribunal puede no ser suficientemente clara, luego, los magistrados no saben cómo decidir –o saben cómo decidir, pero simplemente no quieren decidir de esa manera–, lo que denota una cierta rebelión institucional.

Ante tal escenario, el Poder Judicial podría realizar una investigación cualitativa para identificar por qué las tasas son de esta manera (alta, alta). Si el resultado identificado es una falta de coherencia en la jurisprudencia, corresponde al Pleno del tribunal uniformar las cuestiones y comunicar claramente a los magistrados de primer grado la posición del tribunal (que, obviamente, también debería ser seguida por los jueces de segundo grado derrotados), resolviendo el problema. Si el resultado es una insurgencia de la primera instancia, mecanismos para uniformar la jurisprudencia deben ser aplicados[383]. De una u otra forma, el Poder Judicial podrá gestionar mejor la prestación de su servicio público adjudicatorio.

A su vez, el único escenario que encaja en el punto (*ii*) es el Cuadrante III de la Figura 5-9 (alta, baja), ya que describe un alto índice de recurribilidad, pero un bajo índice de reversibilidad. De este modo, las partes recurren, incluso ante una pequeña probabilidad de éxito, como hemos identificado anteriormente en el debate sobre los costos hundidos y el exceso de recursos al STF (véase la Sección 5.1.2). Este escenario indica, por lo tanto, que, aunque los jueces cometan pocos errores y el tribunal mantenga una parcela sustancial de las sentencias expedidas, las partes siguen recurriendo en exceso, lo que puede indicar la necesidad de revisar los incentivos para que las partes recurran. En otras palabras, sería conveniente considerar el aumento de los costos de recurrir, sean como costas procesales sea como honorarios de derrota.

En este sentido, la modificación del Código de Proceso Civil brasileño, que permitió establecer honorario de derrota de 10% en primera instancia y aumentarlo a 20% en nueva derrota en segunda instancia, parece ser un mecanismo interesante, capaz de invertir este panorama o al menos mitigarlo. Otra forma no exclusiva de reducir los incentivos para el recurso aventurero es aumentar las costas procesales de los recursos. La eliminación del límite máximo de las costas puede ser especialmente interesante, incluso para reducir la subvención pública al litigante. Como puede verse, el conocimiento de las tasas de recurribilidad y de reversibilidad puede

383. Para un debate sobre cómo crear incentivos para que los magistrados sigan la jurisprudencia de los tribunales, véase Gico Jr. (2014).

utilizarse para informar la aplicación de la política judicial y, por lo tanto, construir mejor la estructura de incentivos de los agentes.

Por último, el Cuadrante IV de la Figura 5-9 (baja, baja) describe un escenario de baja tasa de recurribilidad y baja tasa de reversibilidad. Este escenario también parece indicar una situación socialmente deseable, ya que las partes, por regla general, se ajustan a las decisiones judiciales, debido a que la probabilidad de que el tribunal las revierta es baja, y esta situación es conocida, lo que se confirma por la baja tasa de recurribilidad. En ese caso, la adhesión de los magistrados a la orientación jurisprudencial es alta, lo que se confirma por el bajo índice de reversibilidad. En otras palabras, este escenario indica que los jueces de primer grado, en opinión del tribunal, cometen pocos errores y que son pocos los que intentan cambiar la jurisprudencia consolidada, sin éxito. Se trata de un cuadro de estabilidad judicial, típico de las jurisdicciones maduras en las que hay estabilidad y conocimiento de las reglas jurídicas vigentes.

No obstante, teniendo en cuenta el impresionante número de casos en el Poder Judicial brasileño, se debe tener especial cuidado con una actuación judicial que encaje en el Cuadrante IV, ya que este escenario puede indicar no la maduración del propio sistema judicial, sino la presencia de la nefasta jurisprudencia defensiva, en la que enterrados por el exceso de trabajo, los tribunales abandonan por completo cualquier compromiso con la correcta aplicación de la ley y comienzan a centrarse única y exclusivamente en la reducción cuantitativa de los casos, en la práctica, negándose a prestar el servicio público adjudicatorio.

Un ejemplo de ello fue la decisión del STJ en la Reclamación N.º 36.476/SP (2018/0233708-8), según la cual, a pesar de la literalidad del art. 988 del CPC[384], ya no cabe más reclamación contra una decisión judicial de un tribunal inferior para hacer valer las propias decisiones del STJ. En otras palabras, el STJ (principal) dirá qué regla jurídica deben aplicar los tribunales (agentes), pero ya no controlará directamente si están siguiendo su orden. Una excelente oportunidad para el comportamiento oportunista de los tribunales inferiores.

Otra hipótesis plausible es el corporativismo judicial, en el que, para no herir las susceptibilidades de sus colegas, un magistrado se niega a revisar la decisión del otro. Aunque es plausible, la experiencia parece indicar que el fenómeno del "respeto

---

384. Art. 988. Procede reclamación por la parte interesada o por el Ministerio Público para:

I – preservar la competencia del tribunal;

II – garantizar la autoridad de las decisiones del tribunal; [...]

IV – garantizar la observancia de sentencia colegiada expedida en el juzgamiento del incidente de resolución de demandas repetitivas o del incidente de asunción de competencia.

§1°. La reclamación puede ser propuesta ante cualquier tribunal, y su juzgamiento corresponde al órgano jurisdiccional, cuya competencia se busca preservar o cuya autoridad se pretenda garantizar. [...]

 a la posición del colega" es más común entre los jueces de los tribunales superiores (corporativismo horizontal) que entre las instancias (corporativismo vertical), lo que explicaría la dificultad de los Plenos para uniformar la jurisprudencia dentro del propio tribunal ante la divergencia entre las secciones que lo componen. No es raro, incluso después de la estandarización, que las secciones oportunistas continúen desobedeciendo al Pleno, confiando en que no habrá consecuencias. Además, hay casos en los que una sección adopta deliberadamente motivos o lenguaje oscuro para ocultar su desacuerdo con el Pleno, solo para que la decisión no sea revertida. Como se puede ver, no solo las partes litigantes adoptan un comportamiento estratégico.

En cualquier caso, la importancia de medir y publicar la tasa de reversibilidad y de recurribilidad de las decisiones judiciales por juzgado, por oficina y por magistrado individual, ha quedado plenamente demostrada. La reducción resultante de la asimetría de información, además de ser claramente un gran avance en términos de transparencia y publicidad, reduciría la brecha de expectativas entre las partes y aumentaría la eficiencia del ciclo del litigio, generando una mayor seguridad jurídica y ahorrando recursos al Poder Judicial, para que pueda concentrarse en el juzgamiento de los casos difíciles.

Como nota final, en esta sección y en las anteriores, vimos que el juez racional no necesariamente permanece impasible ante el litigio, solo juzgando los casos que le presentan las partes mecánicamente. El juez racional, como parte en la relación procesal tripartita, puede actuar y actúa estratégicamente, teniendo en cuenta no solo la posible reacción de las partes litigantes, sino también la eventual reacción de sus pares y de la organización a la que pertenece, que es el Poder Judicial. En resumen, el juez actúa estratégicamente. Pero no es el único. Ahora investigaremos a los abogados, los que representan a sus clientes, y cómo su estructura de incentivos puede afectar las decisiones del proceso.

5.3 El papel del abogado: el problema principal-agente cliente-abogado

Hasta ahora nos hemos referido al autor y al demandado en la fase de conocimiento, y al vencido o al ganador en la fase de apelación; y cuando mencionamos la presencia de un abogado, fue solo para reforzar su papel en la reducción de la asimetría de información del cliente y en la estimación de las posibilidades de éxito. Sin embargo, al igual que las partes y el juez, el abogado es un agente independiente que puede o no tener sus intereses alineados con los de su cliente. Al igual que todos los demás agentes del juego procesal, dado que el abogado también es un agente racional, basará su conducta en la racionalidad y, consecuentemente, de acuerdo con su estructura de incentivos[385] en un análisis costo-beneficio. Dado que la estructura de incentivos del abogado se ve sustancialmente afectada por su forma de contratación, exploraré aquí cómo algunas formas de contratación pueden alterar los incentivos de los abogados, en particular, en tres decisiones cruciales en el curso del proceso: (i) de proponer una acción; (ii) de hacer un acuerdo; y (iii) sobre cuánto invertir en un determinado caso, su grado de celo[386].

En primer lugar, supongamos que los abogados tienen más información sobre el derecho, sobre el comportamiento de los tribunales y sobre la probabilidad de éxito de la acción de los clientes (asimetría de información), mientras que los clientes tienen más información sobre los hechos. Además, existen tres formas tradicionales de contratación en el mercado de servicios jurídicos: (i) honorarios por hora; (ii) honorarios de éxito; y (iii) honorarios de *pro labore* (fijos).

El **contrato por horas** se basa en la famosa *timesheet* y suele preferirse para casos de asesoramiento, estructuración de transacciones corporativas o por grandes empresas y compañías internacionales. En ellas, el abogado contabiliza todas las horas trabajadas en un determinado período y factura al cliente las horas trabajadas, según una tabla horaria pre-acordada. En este tipo de contrato, la compensación del abogado es una función de las horas trabajadas, *i.e.*, trabaja más, gana más; trabaja menos, gana menos. Tenga en cuenta que, en este caso, el riesgo del caso es del cliente, porque si el caso es muy complejo y exige muchas horas de trabajo, el cliente pagará más, y si se resuelve más rápidamente, el cliente pagará menos.

El **contrato por éxito** o de triunfo suele celebrarse en casos contenciosos o de recuperación de créditos, muy comunes en el derecho laboral y tributario, y en él el abogado solo recibe un porcentaje del beneficio económico obtenido por el cliente, normalmente entre 10% y 50%, cuando y si el beneficio se obtiene realmente. El primer arreglo es un típico contrato de servicios, mientras que en el contrato por éxito hay un reparto de riesgos entre cliente y abogado. El cliente no paga nada por el servicio y el abogado corre con el costo del mismo[387], pero si el caso es exitoso, el abogado obtendrá una parte del beneficio económico. Si el cliente no tiene éxito, el abogado no recibe nada. Por lo tanto, se trata de un contrato de compartimiento de riesgos.

385. Tenga en cuenta que la ética integra (o no) las preferencias del abogado. Cuanto más ético sea, más valorará hacer lo correcto; cuento menos ético sea, menos lo valorará. Sin embargo, tanto en un caso como en otro, el abogado se comportará de acuerdo con su estructura de incentivos; lo que cambia en la discusión ética son solo sus preferencias. Véase el análisis de las preferencias y la utilidad en la Sección 1.3.

386. Para una revisión de la literatura, ver Rubinfeld y Scotchmer (1993).

387. A veces, los contratos prevén al menos el reembolso de gastos como viajes, copias, teléfono, etcétera, pero a menudo, incluso cuando se prevé el reembolso, no se cobra.

El **contrato de *pro labore*** o fijo suele celebrarse para casos contenciosos, que implican litigios, y puede o no estructurarse por etapas. Si en el contrato por horas el riesgo es enteramente del cliente y en el contrato por éxito el abogado y el cliente comparten el riesgo, en el contrato de *pro labore* el abogado debe estimar el número de horas para trabajar en el caso y establecer el precio de sus servicios adecuadamente. Si el caso exige menos horas, el abogado gana; si el caso exige más horas de trabajo, el cliente gana. En este sentido, el contrato de *pro labore* puede entenderse como un término medio entre el contrato por horas y el contrato por éxito, ya que el riesgo del caso se asigna al cliente en proporción a los honorarios prefijados, pero lo riesgo excedente es del abogado.

Este tipo de contrato es interesante, porque obliga al abogado a revelar información creíble sobre la cantidad de trabajo que se espera y limita la exposición del cliente al riesgo del proceso. Por otra parte, a medida que el riesgo pasa a ser del abogado, en contratos como este, el profesional reacio al riesgo puede insertar en el precio un margen de error y, por lo tanto, cobrar una cantidad adicional para cubrir posibles sorpresas. Esta cantidad adicional es el premio por asumir el riesgo y por la certeza del precio para el cliente.

También es posible pensar en otros arreglos, como en el caso de abogacía mensual, en que el cliente paga un valor mensual fijo y el abogado se encarga de ocuparse de todos los asuntos incluidos en el contrato que puedan aparecer, por el valor fijo, o un contrato por horas con un límite (*timesheet* con *cap*), pero para fines de la discusión centraremos nuestra atención en los tres tipos indicados inicialmente. Además, como se trata de un libro de proceso civil, centraremos nuestra atención en las estructuras de incentivo creadas por cada forma de compensación en la decisión de litigar, de acordar o de invertir en la conducción de la demanda, ignorando los casos de abogacía consultiva. Dicho esto, empecemos por evaluar cómo la forma de contratación afecta a la decisión de presentar una demanda.

5.3.1 Condición de proposición

En la parte final de la Sección 4.2.2, cuando hablamos de la judicialización como una decisión con riesgo, vimos que la condición de proposición de una acción es dada por $p_A \cdot B - C_A > 0$, donde p_A es la probabilidad de éxito del autor, B es el valor del bien de la vida en litigio y C_A son los costos del proceso. Por lo tanto, un autor racional propondrá la acción cuando el beneficio de la misma ($p_A \cdot B$) es mayor que su costo (C_A). En este sentido, un pleito tendrá un valor esperado positivo (acción de VEP) cuando se cumpla la condición de proposición y tendrá un valor esperado negativo (acción de VEN) cuando no se cumpla. Por regla general, el autor racional y neutral al riesgo solo propondrá una acción de VEP y no una acción de VEN.

Si para el autor la decisión de litigar es una función del retorno esperado de la acción, lo mismo ocurre con el abogado, pero sus incentivos pueden verse afectados por la forma de contratación. Un abogado contratado por hora tendrá incentivos para proponer una acción, sea ella de VEP o de VEN, porque se le pagará por hora y, por lo tanto, obtendrá beneficios por proponer la acción de todos modos. Si el abogado trabaja por un valor fijo, también puede tener incentivos para proponer incluso una demanda de VEN, ya que recibirá independientemente del resultado. Por otra parte, si el abogado trabaja en el suceso, *i.e.*, por éxito, este efecto queda anulado, ya que el abogado solo recibirá si el caso es exitoso y, por lo tanto, no tendrá incentivos para proponer acciones de VEN.

Por eso, decimos que el contrato por éxito tiene tres ventajas desde el punto de vista de la alineación de incentivos. En primer lugar, el demandante que no puede permitirse pagar los costos del proceso puede tener acceso al servicio jurídico mediante este arreglo alternativo. En segundo lugar, como ya se ha mencionado, este arreglo permite compartir el riesgo entre el abogado y el cliente. En tercer lugar, el contrato por éxito puede ser visto como una solución parcial al problema de agencia entre el cliente y el abogado, que surge del desajuste de incentivos asociados con el contrato por hora. En este contexto, la estructura de compensación del abogado puede ser importante para inducirlo a aceptar solo los casos de VEP y a adoptar el nivel de celo apropiado (cantidad óptima de horas de trabajo) en la conducción del proceso[388]. Sin embargo, este tipo de arreglo no está exento de problemas.

Teniendo en cuenta el número de pleitos temerarios en la justicia laboral, en los que el contrato por éxito es más común, se podría argumentar que el hecho de que el autor no asuma inicialmente los costos del proceso[389] podría llevarlo a proponer demandas insustanciales o de retorno esperado negativo (acciones de VEN). Sin embargo, si esto es cierto, cuando el autor goza del beneficio de la justicia gratuita y/o de la asistencia judiciaria gratuita de la oficina del defensor público[390], no ocurre necesariamente lo mismo con los contratos por éxito, ya que el abogado racional no tiene ningún interés en representar casos de VEN, porque esto significaría que su retorno esperado también sería negativo. Por lo tanto, el papel de filtro del propio abogado evitaría que se propongan acciones de VEN, incluso si el autor así lo desea. Como dicen: el abogado es el primer juez del caso.

388. Tenga en cuenta que este efecto corrector del contrato por éxito puede ser parcialmente compensado por el hecho de tener el cliente normalmente una sola causa y el abogado tener varias y, por lo tanto, trata sus casos como un portafolio, en que algunos casos son más viables que otros, pero solo se descubren *a posteriori*. Sobre este tema, cf. Shepherd y Cloud (1999).

389. No tenemos en cuenta aquí otros costos con el proceso, como el costo del tiempo y las costas procesales.

390. Cf. Gico Jr. y Arake (2014).

Obsérvese que una acción que tiene una baja probabilidad de éxito, pero con costos procesales muy bajos, no será de VEN, solo tendrá un bajo VEP, pero aun así el retorno será positivo y, por lo tanto, será racional proponerla. Además, dado el sobreproteccionismo de la justicia laboral, en realidad, la proposición de varias acciones de bajo VEP o simplemente de VEN puede constituir una estrategia de portafolio, en que la mayoría de las tentativas fracasa, pero las que tienen éxito compensan con creces los costos de todo el portafolio. Se espera que la inserción de honorarios de derrota en la justicia laboral brasileña en 2017 elimine o mitigue esta estrategia de portafolio. En los países en que la justicia laboral es gratuita para el trabajador, la estrategia de portafolio puede seguir siendo racional.

En realidad, desde el punto de vista del cliente, el problema de los contratos por éxito no es el exceso de demandas propuestas, sino que algunas acciones de VEP, de más bajo retorno, serán rechazadas por los abogados. Para entender por qué, basta retomar la condición de proposición desde la perspectiva del potencial autor y del abogado, para ver cómo el contrato por éxito cambia los incentivos de cada uno. Para el autor potencial, la condición tradicional es $p_A \cdot B - C_A > 0$, pero, con el arreglo de abogacía por éxito, se elimina el costo del proceso para el autor ($C_A = 0$) y el valor de B se reduce en proporción de los honorarios de éxito. Así, si el acuerdo era que el autor potencial pagaría 1/3 de honorarios de éxito, entonces su condición de proposición sería $2/3 \cdot p_A \cdot B > 0$. En este caso, solo sería racional que el autor no proponga una demanda si no atribuyera ningún valor al bien de la vida ($B = 0$) o si no había ninguna posibilidad de éxito ($p_A = 0$). De lo contrario, el autor potencial siempre querrá proponer la acción en el esquema de contratación por éxito, porque –para el cliente– siempre será una acción de VEP[391].

El mismo razonamiento no se aplica al abogado, para quien la condición de proposición es dada por $1/3 p_A \cdot B - C_A > 0$, porque él soportará todos los costos de proposición de la acción (C_A)[392]. Como hay causas en que se satisface la condición de proposición ($p_A \cdot B - C_A > 0$), pero que no es racional para el abogado asumir ($1/3\ p_A \cdot B - C_A < 0$), no todas las acciones de VEP se propondrán bajo el esquema por éxito. El origen de tal divergencia es el retorno negativo previsto para el abogado, ya que este soportará integralmente los costos del litigio (C_A), pero recibirá solo una fracción del beneficio ($1/3B$). Consiguientemente, en el esquema de contratación exclusivamente por éxito, algunas acciones de VEP no se propondrían.

391. Recuerde que aquí estamos asumiendo que los costos del proceso, aparte de los honorarios, son insignificantes. Piense en el caso de la justicia gratuita, por ejemplo.

392. Tenga en cuenta que aquí estamos considerando que el servicio y el tiempo del abogado son los costos relevantes del proceso, siendo las costas procesales insignificantes y excluyendo los honorarios de derrota.

Por otro lado, como en el régimen de contratación por éxito, el cliente no asume una parte sustancial de los costos de litigar (C_A), los clientes en general tendrán incentivos para proponer más acciones de las que se esperaría si asumieran los costos. Recuerde que, como es el cliente quien tiene el dominio de los hechos y no el abogado (asimetría de información), su estructura de incentivos será en el sentido de omitir o sesgar los hechos al presentar el caso al abogado, en un intento de convencerlo de aceptar la representación. Por lo tanto, es de esperar que se propongan algunas acciones insustanciales o de VEN en el régimen de contratación por éxito, pero no muchas, dado que el abogado racional, consciente de estos hechos, tomará medidas para corroborar lo que el cliente ha expuesto. Además, los honorarios de derrota mitigan un poco el impulso del cliente para presentar las acciones de VEN, ya que es el abogado de la otra parte quien recibe los honorarios.

Por lo tanto, podemos concluir que, en términos generales, en comparación con el modelo básico de litigio, hay incentivos excesivos para presentar acciones bajo el régimen de honorarios por hora o de precio fijo, y no hay incentivos suficientes para litigar bajo el régimen de honorarios de éxito. Una posible alternativa sería un sistema mixto en donde el posible demandante pague una parte de la remuneración fija y otra parte en el éxito. Así, el abogado no correría todo el riesgo del caso, y las acciones de VEP que no se presentaran de otra forma se llevarían a cabo; la dificultad es identificar y negociar este punto de equilibrio.

5.3.2 Condición de acuerdo

Aunque la decisión de concertar o no un acuerdo es siempre una decisión de la parte, ya que el abogado es solo el representante del cliente, el hecho es que el abogado está en una posición privilegiada para guiar a su cliente a cerrar un trato o seguir adelante con el litigio. En este contexto, la estructura de remuneración del abogado puede afectar de nuevo a la alineación o desalineación de intereses en la relación abogado-cliente[393].

En la Sección 4.2.3 se examina la condición de litigio y el valor de reserva del autor, que debe ser superado o igualado por la oferta de conciliación para que la transacción sea racional, mientras que en la Sección 4.3.1 se examina lo contrario, *i.e.*, la condición de acuerdo, considerando tanto al autor como al demandado. Uniendo lo que hemos aprendido en ambas secciones, tenemos que sea A la oferta de acuerdo del demandado al autor durante las negociaciones, si $A \geq p_A \cdot B - C_A$, es decir, si el valor ofrecido en acuerdo es mayor o igual que el valor esperado de la acción, entonces el autor racional aceptará la propuesta y se resolverá la controversia. Por

393. Cf. Miller (1987) y Donohue III (1991).

otro lado, suponiendo que las partes se pongan de acuerdo sobre el valor del bien de la vida B, tenemos que la condición de acuerdo es dada por $C_A + C_R > (p_A - p_R)B$.

¿Y cómo la forma de contratación podría afectar al valor de reserva y a la condición de acuerdo? En primer lugar, si un abogado se contrata solo por horas, esto significa que tendrá incentivos para recusar una propuesta de acuerdo, incluso cuando $A \geq p_A \cdot B - C_A$, porque cuanto más tiempo dure el proceso, mayor será su ganancia[394]. Una posible estrategia de mitigación es incluir también en la remuneración una parcela sobre el éxito en caso de conclusión de un acuerdo. Así, pues, los honorarios de éxito podrían mitigar o cubrir el costo de oportunidad del abogado y alinear los incentivos.

En el caso de un abogado contratado por contrato mensual o por precio fijo, la situación se invierte completamente. Dado que el abogado mensual o por precio fijo ya no gana más si el caso va a juzgamiento, pero incurre en los costos de llevarlo hasta allá, su incentivo será promover un acuerdo, ya que esto reducirá sus costos. Por otra parte, dado que el pago del abogado por precio fijo o mensual ya se ha efectuado y es irrecuperable (véase Sección 5.1.2), para el autor en la práctica, tales gastos ya no afectan su decisión de cerrar un acuerdo, lo que puede dar lugar a un incentivo para litigar en demasía, rechazando buenos acuerdos, en una lógica similar a los casos de contratación por éxito.

En una contratación por éxito, el autor tiene incentivos para llevar a juzgamiento más casos de los que debería (litigar), y el abogado tiene más incentivos para aceptar acuerdos de los que debería. Veamos por qué. Comencemos analizando el asunto desde el punto de vista del autor. Si la negociación se lleva a cabo bajo un régimen de contratación por éxito, entonces el demandante solo recibirá una fracción de A y no asumirá los costos del proceso ($C_A = 0$). Manteniendo nuestro ejemplo anterior, suponga que las partes han negociado el pago por suceso en el porcentaje de 1/3. Por lo tanto, la condición de acuerdo para el autor se convierte en $2/3A \geq p_A \cdot 2/3B - 0$, que es equivalente a $A \geq p_A \cdot B$. Esto se debe a que el demandado ofrecerá el acuerdo completo A, pero –en la práctica– el autor recibirá solo $2/3A$ si concluye el acuerdo. Por otra parte, también debe ajustarse el valor de la acción, ya que, en el régimen de éxito, el autor no asume el costo de la acción ($C_A = 0$) y, en caso de éxito, recibirá solo $2/3B$, que es el valor de la condena menos los honorarios de éxito.

Recordemos que, como se ha visto en la Sección 4.3.1, para que haya un acuerdo, el valor de reserva del demandado debe ser mayor que el valor de reserva

394. Bajo la razonable suposición de que es mejor seguir trabajando en un caso en curso que tratar de conseguir otro cliente. Si el abogado tiene exceso de demanda y cerrar un acuerdo significa simplemente cambiar un caso, pero no una reducción del número de horas cobradas, entonces los incentivos del cliente y del abogado estarán alineados, ya que el abogado será indiferente al número de horas por caso, ya que el total de horas trabajadas no cambia.

del autor, precisamente para que haya un excedente cooperativo a distribuir y, por lo tanto, la condición de acuerdo suele darse por la expresión $C_A + C_R > p_A B_A - p_R B_R$. Suponiendo $B_A = B_R = B$, *i.e.*, que las partes se pongan de acuerdo sobre el valor del bien de la vida, y $C_A = 0$, es decir, que el autor haya externalizado los costos de litigar al abogado, entonces tendremos la siguiente condición de acuerdo para el autor en el régimen de éxito:

Inecuación 5.3-1

$$C_R > (p_A - p_R) B$$

Como puede verse, como la contratación por éxito altera tanto el valor del acuerdo como el valor esperado de la acción para el autor, en la práctica, su único efecto es excluir los costos de la acción de la Inecuación 4.3-1, la condición de acuerdo. Para que quede más claro: si recordamos la fórmula para calcular el excedente cooperativo previsto en la Ecuación 4.3-2, $(C_A + C_R) + (p_R - p_A)B$, tenemos que el régimen de contratación por éxito reduce el excedente cooperativo precisamente en C_A, que es el costo en que el autor no tendrá de incurrir si continúa litigando y, por lo tanto, que ya no constituye una ganancia del acuerdo a compartir. Consiguientemente, el autor en el régimen de contratación por éxito está más inclinado a litigar que el autor en un régimen de precio fijo o por hora, cuando $C_A > 0$. Esta conclusión es compatible con el hecho de que, en un régimen por éxito, el autor gasta menos y su decisión de ir a juzgamiento no tiene costo alguno, o le cuesta menos.

La situación es completamente diferente desde la perspectiva del abogado, que asumirá totalmente los costos de litigar[395]. Para el abogado, la condición de acuerdo en nuestro ejemplo es $1/3\,A \geq p_A \cdot 1/3\,B - C_A$. Así, los honorarios de éxito resultante del acuerdo ($1/3\,A$) deben exceder el costo esperado de la acción para él ($p_A \cdot 1/3\,B - C_A$) que, a diferencia del autor, incluirá la totalidad de los costos de litigar (C_A). Si multiplicamos por tres los lados de la condición de acuerdo del abogado, tendremos que $A \geq p_A \cdot B - 3C_A$, es decir, para el abogado por éxito, el valor del acuerdo ofrecido debe ser mayor o igual al valor esperado de la acción menos tres veces los costos de litigar.

Aplicando el mismo razonamiento que hemos utilizado anteriormente para el autor, solo que ahora en relación al abogado, tendremos que, para que haya un

395. Es importante señalar que Polinsky y Rubinfeld combinaron el análisis de la condición de acuerdo con el nivel de celo en la instrucción para proponer que, como el abogado puede invertir menos tiempo en la fase de instrucción, en realidad, él puede tener incentivos insuficientes para hacer un acuerdo. Cf. Polinsky y Rubinfeld (2002).

 acuerdo, el valor de reserva del demandado ($p_R \cdot B + C_R$) debe ser mayor que el valor de reserva del abogado ($p_A \cdot B - 3C_A$). Por lo tanto, la condición de acuerdo será $p_R \cdot B + C_R > p_A \cdot B - 3C_A$. Como en el ejemplo anterior, simplificando para $C_A = C_R = C$, la condición de acuerdo para el abogado bajo el régimen por éxito será $p_R \cdot B + C > p_A \cdot B - 3C$, que puede ser reescrito así:

Inecuación 5.3-2

$$4C > (p_A - p_R) B$$

Dado que el abogado recibe solo 1/3 del beneficio, pero soporta 100% de los costos del proceso, el peso de los costos en su estructura de incentivos es igualmente desproporcionado, y el abogado estaría dispuesto a cerrar el acuerdo por un monto sustancialmente inferior al que el autor estaría dispuesto a aceptar. Así, pues, si el abogado tiene control y es responsable de la decisión de realizar la transacción –quizá en virtud de una cláusula contractual, quizá en virtud de su poder de persuasión como resultado de la asimetría de información–, es probable que el acuerdo se realice, pero a un valor inferior al del modelo básico. Pero si el autor tiene control, hay más posibilidades de que el caso vaya a juzgamiento e instrucción, aunque el acuerdo propuesto sea mayor que el costo de la acción.

Es interesante observar que, según el Informe sobre la Justicia en Cifras del CNJ de 2019[396], en la justicia laboral, donde la forma de contratación por éxito es más común, la tasa de acuerdo en la fase de conocimiento es de 39%, mientras que en la justicia ordinaria la tasa en la misma fase es solo de 14%, *i.e.*, casi tres veces más acuerdos se realizan en la justicia laboral que en la justicia ordinaria[397]. Tal vez la explicación de tan amplia divergencia sea precisamente la forma de contratación que prevalece en cada justicia especializada y la estructura de incentivos resultante. Este es precisamente el resultado que prevé la Teoría Positiva del Proceso, pero sería muy interesante que se llevara a cabo una investigación empírica para testar específicamente esta predicción de la teoría. Hasta ahora, lo que sabemos es que, al menos en los Estados Unidos, hay algunas evidencias de que estas conclusiones son ciertas[398], como también reconocen Fux y Bodart[399].

396. Cf. CNJ (2019, p. 143).

397. En el sistema de justicia federal brasileño, en el que los abogados de la Hacienda y los abogados de la Unión tienen una capacidad muy limitada para proponer y aceptar acuerdos, la tasa de acuerdo es solo de 9%.

398. Cf. Thomason (1991).

399. Cf. Fux y Bodart (2019, p. 74).

Así, pues, podemos concluir que, en términos generales, en comparación con el modelo básico de litigio, hay incentivos excesivos para que el abogado rechace acuerdos buenos en el régimen de pagos por hora, pero hay incentivos excesivos para que acepte acuerdos no tan buenos cuando se le paga a un precio fijo o con éxito. Desde el punto de vista del autor, el sistema de remuneración por éxito (externaliza el costo), por precio fijo o mensual (costo hundido), genera un incentivo para el exceso de litigio, ya que buenos acuerdos serán rechazados. Una vez más, una posible alternativa es un sistema mixto en el que el potencial autor paga parte de la remuneración fija, por etapas del proceso, de modo que hay un costo para litigar, y otra parte de la remuneración sea condicionada al éxito. De esta manera, el abogado no corre todo el riesgo de la demanda, y los incentivos pueden estar más alineados para ambos lados.

5.3.3 Nivel de celo procesal

Un último análisis interesante es la interacción de la estructura de incentivos del abogado y el nivel de celo que emplea en el curso del proceso, *i.e.*, cuánto invierte el abogado en el proceso durante la instrucción. Suponga que, por cualquier motivo, no se llegó a un acuerdo en un caso determinado y, por lo tanto, pasó a la fase de instrucción. En este caso, ¿cómo la estructura de incentivos del abogado afectaría el nivel de celo que emplearía en la conducción del proceso?[400].

Al principio, considerando los casos por hora, es relativamente sencillo darse cuenta de que el abogado tendrá incentivos para invertir demasiado en el proceso, porque ganará más cuanto más trabajase. Desde el punto de vista del autor, lo ideal sería que la cantidad trabajada fuera la cantidad óptima de horas, pero no tiene forma saber esa cantidad, debido a la asimetría de información. Como el autor no puede controlar esta información y es el abogado quien elige el número de horas trabajadas, la tendencia es invertir demasiado en el proceso bajo este régimen[401]. Precisamente por esta razón, las grandes empresas y las empresas extranjeras, que suelen emplear contratos por horas, tienen abogados internos para revisar los informes de horas y eliminar los excesos de los abogados contratados. Siempre es un momento difícil, dado que es casi imposible diferenciar el control por exceso de

400. Si el lector piensa que el abogado siempre debe ocuparse de sus causas por igual y que la forma de contratación *no debe afectar* a su grado de celo, comprenda que está haciendo un juicio de valor (deber-ser) y no una descripción de la realidad. Es un razonamiento similar al de decir que la gente *debe comportarse* bien, independientemente de la amenaza de la ley. Revise la discusión sobre la guillotina de Hume en la Sección 1.1.

401. En la oficina tenemos un chiste interno que dice que, para el cliente por hora, si pasamos una semana escribiendo una petición, lo estamos estafando. Para el cliente fijo o por partido, le salvamos la vida y, para el cliente por el éxito, no hacemos más que la obligación. Algunos clientes más sofisticados pueden apreciar la broma, otros no.

 horas de la reducción para adecuarse al presupuesto de la empresa, especialmente cuando la bonificación del director jurídico está ligada no al resultado de las demandas, sino a la reducción de los gastos con abogados.

A su vez, en los contratos por éxito, aunque el abogado no tiene ningún incentivo para trabajar en exceso en el proceso, invertirá menos de la cantidad óptima de horas, ya que –como se ha visto en la sección anterior– el abogado asume totalmente los costos del proceso, pero solo disfruta de una parte de los beneficios resultantes. En este sentido, los contratos por éxito conducen a un nivel de celo subóptimo en la conducción de la demanda.

Utilicemos un ejemplo para ilustrar la diferencia del efecto de la contratación por hora y por éxito en la estructura de incentivos de los agentes en cuanto al nivel de celo. Supongamos que un caso no terminó en un acuerdo y, por lo tanto, ahora va a la instrucción. Para simplificar, supongamos que los costos de proponer una acción se limitan a los honorarios del abogado, *i.e.*, que los demás costos son insignificantes, y que el abogado está bajo un régimen de contratación por horas. Considerando que la tarifa horaria del abogado es de \$100 en los casos de litigio civil, y el monto de la condena prevista es de \$60 mil (*B*), hay dos posibles niveles de celo: bajo y alto.

En un bajo nivel de celo, el abogado invierte 50 horas de trabajo en el proceso a un costo de \$5 mil (C_b), lo que genera una probabilidad de éxito del 60% (p_b) y da un retorno esperado para el autor de \$31 mil (= 60.000 • 0,6 – 5.000). En un alto nivel de celo, el abogado invierte 120 horas de trabajo en el proceso a un costo de \$12 mil (C_a), lo que genera una probabilidad de éxito del 80% (p_a) y da un retorno esperado al autor de \$36 mil (= 60.000 • 0,8 – 12.000). Consecuentemente, desde el punto de vista del autor, invertir más en el proceso (alto nivel de celo) sería racional. Por otro lado, desde el punto de vista del abogado, como gana por hora, invertir más en el proceso (más horas trabajadas) también es racional. El ejemplo puede resumirse de la siguiente manera:

INCENTIVOS ALINEADOS BAJO EL RÉGIMEN HORARIO

Figura 5-10

		B	*p*	*C*	*p . B – C*
Autor	Bajo	60.000	0,6	5.000	31.000
	Alto	60.000	0,8	12.000	36.000

		\$/Hora	Horario	Beneficio
Abogado	Bajo	100	50	5.000
	Alto	100	120	12.000

En el ejemplo anterior, cambiemos solo el régimen de contratación que será por éxito, habiendo combinado las partes de los honorarios en 25% de la condena. Consiguientemente, el autor no asumirá los honorarios del abogado de *pro labore*, luego, $C_a = C_b = 0$, pero una parte del beneficio económico va al abogado y, por lo tanto, su beneficio será solo de $45.000 (= 0,75 • 60.000). Así, el valor esperado de la acción para el autor, con bajo nivel de celo, será de $27.000 (= 0,60 • 45.000 – 0) y con alto nivel de celo será de $36.000 (= 0,80 • 45.000 – 0). *Ergo*, en el régimen de contratación por éxito, sigue siendo racional para el autor la inversión en celo en el proceso.

Para el abogado, los incentivos han cambiado e invertir tanto en el proceso ya no tiene sentido. Si antes la remuneración del abogado era una certeza y se ganaba por hora, ahora, en el esquema de éxito, su beneficio será también un resultado con riesgo. Así, como para el autor, aunque el importe de la condena es de $60.000, la parte que le corresponde al abogado es solo una fracción de ese valor, para ser más exactos, 25%, por lo que el retorno esperado de los honorarios es de $15.000 (= 0,25 • 60.000). Además, el costo de las horas trabajadas fue asignado al propio abogado. Así, si decide adoptar el bajo nivel de celo, el abogado gastará 50 horas de trabajo[402] en el proceso a un costo de $5 mil ($C_b$), para generar una probabilidad de éxito de 60% (p_b) y, por lo tanto, el retorno esperado de la acción para el abogado será de $4 mil (= 15.000 • 0,6 – 5.000). Si adoptara el alto nivel de celo, pasará 120 horas de trabajo a un costo de $12 mil ($C_a$), para generar una probabilidad de éxito de 80% (p_a) y obtener un retorno esperado de $0 (= 15.000 • 0,8 – 12.000). Por lo tanto, no ganará nada invirtiendo más; al contrario, perderá. Esta situación puede resumirse de la siguiente manera:

INCENTIVOS DESALINEADOS BAJO EL RÉGIMEN POR ÉXITO

Figura 5-11

		0,75 *de B*	*p*	*C*	$p.0,75B - C$
Autor	Bajo	45.000	0,6	0	27.000
	Alto	45.000	0,8	0	36.000

		0,25 *de B*	*p*	*C*	$p.0,25B - C$
Abogado	Bajo	15.000	0,6	5.000	4.000
	Alto	15.000	0,8	12.000	0

402. Si el lector no ha entendido por qué la inversión en el proceso genera un costo para el abogado, solo recuerde el concepto de costo de oportunidad. Cada hora que el abogado trabaje en el proceso será una hora en que podría estar trabajando en otro caso por hora o realizando cualquier otra actividad. Por lo tanto, es un costo económico.

Como puede verse, según el contexto, puede ser que el régimen por horas alinee los incentivos del autor y del abogado, y que el régimen por éxito desalinee esos incentivos. Pero hay situaciones en que el desalinear es aún mayor, como en el caso de los contratos fijos. Los contratos fijos generan incentivos para una inversión aún más baja en el nivel de celo que los contratos por éxito, ya que, si en el contrato por éxito el abogado recibe al menos parte del beneficio económico y, por lo tanto, tiene algún incentivo para invertir, aunque sea de manera subóptima, en los contratos fijos el abogado no tiene ningún incentivo para invertir en el proceso, ya que no sacará nada más de él[403]. En el contrato fijo, el proceso es simplemente un costo para el abogado. Precisamente por ello, como en la Sección 5.3.2, los contratos fijos fomentan la conclusión de un acuerdo por el abogado y el litigio por el demandante.

El juego procesal es mucho más sofisticado y complejo de lo que parece a primera vista, y la estructura de incentivos de todos los agentes implicados importa para la plena comprensión del fenómeno. Espero que el debate ilustrativo anterior sobre las diferentes estructuras de incentivos para los autores y los abogados demuestre no solo las dificultades de alinear los intereses en cualquier contexto de relación de agencia, sino también cómo un modelo simple puede generar resultados contraintuitivos que revelan aspectos interesantes de la realidad. El análisis anterior no fue en absoluto exhaustivo, pero sirve para mostrar al lector cómo incluso la cuestión de la contratación de un abogado puede ser objeto de un análisis económico del proceso y, lo que es más importante, que tanto en la relación juez-Estado como en la relación abogado-cliente tenemos un problema de agencia. Dicho esto, para cerrar este capítulo de temas avanzados, presentaremos algunas contribuciones del Análisis Económico Conductual del Derecho y cómo pueden sofisticar las discusiones previas.

5.4 Análisis económico conductual del proceso

Como se ha visto en el Capítulo 4, el AED nos ayuda a construir una teoría positiva sobre el proceso civil, en contraposición a un enfoque meramente normativo y dogmático (deber-ser), tradicional en el derecho. En este sentido, así como el propio derecho se basa en la racionalidad de los agentes, como se ve en la Sección 1.3, el AED construye sus principales bloques analíticos a partir de la Teoría de la Elección Racional (TER). La TER, a su vez, se basa en algunas suposiciones simplificadoras sobre el comportamiento humano que son capaces de generar modelos simples y comprensibles, pero con un alto grado de poder predictivo y explicativo.

403. Obviamente, aquí estamos asumiendo que el abogado es indiferente al resultado para el cliente (preferencias), que no hay costos de reputación y que el cliente no puede controlar al abogado. En resumen, asumimos que la presión competitiva no cambiará el escenario.

Como hemos visto en la Sección 1.4, la conveniencia de utilizar un modelo no se deriva necesariamente del realismo de sus supuestos, sino más bien de la exactitud de sus predicciones y de su poder explicativo. Por lo tanto, como el resto de la ciencia, la economía, en general, y el AED, en particular, adoptan supuestos simplificados sobre el comportamiento humano, lo que no necesariamente invalida el análisis resultante de dichos modelos y supuestos[404]. Los debates desarrollados en los Capítulos 2 y 3 así como los diversos modelos e *insights* discutidos en los Capítulos 4 y este son una demostración de cómo este sencillo enfoque puede aportarnos una comprensión mucho más amplia y profunda del derecho procesal y del fenómeno social llamado proceso, complementando y ampliando el alcance de la Teoría General del Proceso, mucho más allá de su etapa actual.

Pero ahora que el lector se siente cómodo (o debería decir, ¿debería?) con el enfoque económico del derecho, podemos refinar aún más nuestro análisis, introduciendo también las ideas del Análisis Económico Conductual del Derecho (AEC)[405]. De hecho, ya lo hemos hecho cuando discutimos sutilmente el optimismo y el pesimismo de las partes en el proceso de decisión, pero ahora haremos una presentación más explícita. La economía conductual es la subárea de la economía que emplea experimentos de laboratorio y naturales[406], para estudiar empíricamente la forma en que los individuos responden a diversos tipos de incentivos y cómo se forman sus preferencias. Mientras que el análisis económico tradicional toma las preferencias del individuo como dadas y utiliza las elecciones de cada agente como un *proxy* de estas preferencias (preferencias reveladas), la economía conductual une la psicología aplicada y la neurociencia para tratar de entender cómo se forman estas preferencias[407].

404. Cf. Friedman (1953, pp. 3-43).

405. El campo de la AEC ha crecido tanto que sería imposible presentar un cuadro completo aquí, incluso porque nuestro interés en este libro es el proceso civil. Por lo tanto, remitimos al lector interesado a Jolls, Sunstein y Thaler (1998), Korobin y Ulen (2000), Sunstein (2000) y Zamir y Techman (2014; 2018).

406. Se realiza un **experimento de laboratorio** en condiciones controladas, determinadas por el investigador para eliminar o mitigar los efectos de variables distintas de la variable independiente, aquella cuyos efectos desease investigar. Por lo tanto, es un estudio controlado. Un **experimento natural** es un estudio empírico de una situación en el mundo natural que no está controlada por el investigador, pero que, por otras razones, ha expuesto a los individuos o grupos estudiados a condiciones y controles similares a los de un experimento de laboratorio y, de esta manera, permite analizar el fenómeno incluso cuando un estudio de laboratorio sería inviable desde el punto de vista de los hechos o de la ética.

407. Aunque la economía conductual es relativamente moderna, el uso de la psicología para entender el Poder Judicial y cómo se toman las decisiones de los tribunales no lo es, como muestra la fascinante obra de Jerome Frank (1949).

Muchos de estos experimentos refuerzan el poder de predicción de la TER[408], pero algunos de ellos indican que, a veces, dependiendo del contexto, el comportamiento encontrado puede desviarse sustancialmente de lo predicho por la Teoría de la Elección Racional y, por lo tanto, que para tales casos un modelo basado en la TER podría no ser el más adecuado para representar la realidad; o que el modelo debería ser ajustado para tener en cuenta estas anomalías de comportamiento. En este sentido, por el momento, la economía conductual complementa y amplía el enfoque económico tradicional.

La economía conductual suele considerarse como el estudio de casos excepcionales en los que el comportamiento humano se desvía empíricamente de las predicciones de la TER (anomalías conductuales) y, por lo tanto, como el estudio del error humano[409] en contraposición al comportamiento considerado racional. Sin embargo, hay intentos de incorporar estas llamadas anomalías conductuales en la teoría y, consecuentemente, en el modelo de comportamiento general, de modo que estos comportamientos ya no se consideran desviaciones en sí mismos, sino que son parte integrante de un modelo general[410].

Sin embargo, el hecho es que, hasta ahora, la economía conductual no ha presentado una teoría completa y exhaustiva para reemplazar la TER, sino solo una lista de desviaciones del comportamiento llamadas heurísticas y sesgos o limitaciones cognitivas, que se manifiestan principalmente cuando el agente está decidiendo bajo incertidumbre[411]. Si los avances científicos serán suficientes para sofisticar la TER y hacerla aún más precisa o nos llevarán a un completo cambio de paradigma, solo el futuro lo dirá.

La **heurística** es un método o técnica que la gente utiliza para resolver satisfactoriamente un problema, pero no de manera perfecta u óptima; por así decirlo, utilizan una regla de oro (a ojo de buen cubero)[412] para la toma de

408. Por ejemplo, véase Oliveira-Castro, Foxall y Schrezenmaier (2006). De hecho, la investigación muestra que incluso los animales obedecen la ley de la demanda; por ejemplo, cf. Noë, van Hoff y Hammerstein (2001).

409. Esta visión es compartida tanto por los psicólogos cognitivos, como se puede ver en la colección organizada por Khaneman, Slovic y Tversky (1982), como por los economistas del comportamiento como Richard Thaler (1980) y (1991).

410. Cf. Rachlin (1995).

411. Tanto es así que, en general, los trabajos sobre AEC suelen discutir cómo los resultados empíricos obtenidos en un experimento dado encajan o se desvían de los modelos tradicionales de AED, pero raramente –si es que lo hacen– ofrecen algo en sustitución. A lo sumo, los estudios sugieren alguna estrategia de cómo podemos usar los *insights* para mitigar las mencionadas heurísticas y sesgos. Por ejemplo, ver a Sunstein (2000). Esta conclusión no es diferente en Brasil, como se puede ver en las obras de Costa (2016), Goulart (2019), Navarro (2019) y Abreu (2020).

412. La heurística puede aplicarse a tres etapas del proceso de toma de decisiones: (i) *búsqueda* (la cantidad de información que se buscará o procesará para la elección); (ii) *limitación de la búsqueda* (qué alternativas se considerarán); y (iii) *decisión* (cuál de las alternativas se elegirá). Como tantas otras cosas maravillosas, la idea de heurística para la resolución de problemas se inspiró en su uso en las matemáticas, cf. Polya (2015 [1957]).

decisiones. En la economía conductual, la heurística es un atajo mental o un algoritmo simplificador (procesos cognitivos) que los humanos y otros animales utilizan para tomar decisiones en condiciones de incertidumbre o ante cuestiones complejas, según qué parte de la información se ignora o se utiliza una referencia para hacer la elección más rápida y fácil, luego, factible o satisfactoria.

En palabras de Simon[413], quien introdujo el concepto de heurística y racionalidad limitada en la psicología cognitiva: "La resolución de problemas por reconocimiento, por búsqueda heurística, y por reconocimiento y extrapolación de patrones son ejemplos de adaptaciones racionales a entornos de tareas complejas que tienen en cuenta las limitaciones computacionales–de la racionalidad limitada. No se trata de técnicas de optimización, sino de métodos para llegar a soluciones satisfactorias con cantidades modestas de computación". En resumen, la idea que subyace al concepto de heurística es la reducción de esfuerzos en el proceso de toma de decisiones en un contexto complejo.

Sin embargo, como nos enseñan Tversky y Kahneman[414], la "gente confía en un número limitado de principios heurísticos, que reducen la complejidad de estimar probabilidades y predecir valores para simples operaciones de juicio. En general, esas heurísticas son bastante útiles, pero, a veces, conducen a errores graves y sistemáticos". Precisamente porque estas decisiones se toman de forma imperfecta (meramente satisfactoria), la heurística puede conducir a un comportamiento marcado por **sesgos cognitivos**, *i.e.*, desviaciones sistemáticas y predecibles de la TER en el patrón de toma de decisiones.

Como dije[415], la "mala noticia es que estos investigadores y los seguidores de sus investigaciones han demostrado que el comportamiento humano difiere del modelo económico tradicional en diversas circunstancias. Sin embargo, la buena noticia es que esta divergencia es sistemática, es decir, no es aleatoria. Como esta divergencia sigue unos patrones estandarizados, el comportamiento humano sigue siendo previsible; basta que adaptemos los modelos para incorporar determinadas limitaciones cognitivas". En este sentido, presentaré algunos sesgos cognitivos ya identificados por la literatura a modo de ejemplo, y que pueden ser relevantes a la hora de discutir la toma de decisiones de las partes en el contexto de un proceso[416], pero sin ninguna pretensión de sistematicidad o

413. Cf. Simon (1990, p. 11). Sobre sus estudios iniciales acerca de la racionalidad limitada, cf. Simon (1997 [1945]; 1955; 1979).

414. Cf. Tversky y Kahneman (1974, p. 1.124).

415. Cf. Gico Jr. (2019, p. 64).

416. En Brasil, por ejemplo, tenemos un experimento empírico específico para el proceso que es el Proyecto Endulza, en el que se sirvió jugo de uva a los participantes del procedimiento de conciliación en tribunales especiales en Anápolis - GO, para estudiar cómo la tasa de glucosa afectaría la tasa de conciliación. Cf. Tomás

agotamiento del tema. Siguiendo el ya tradicional artículo de Tversky y Kahneman para la revista *Science*[417], comencemos con la heurística de la representatividad.

a) **Representatividad**: en la vida en general, y en el juicio de un caso, casi siempre, es común enfrentarse a preguntas del siguiente tipo: cuál es la probabilidad de que el objeto A pertenezca a la categoría B (p. ej., cuál es la probabilidad de que este acusado pertenezca al grupo de criminales); cuál es la probabilidad de que el evento A se origine en el proceso B (p. ej., cuál es la probabilidad de que la enfermedad específica de un trabajador surja de su actividad laboral); y cuál es la probabilidad de que el proceso B genere el evento A (p. ej., cuál es la probabilidad de que el uso de cigarrillos electrónicos cause cáncer). Para responder a estas preguntas, la gente suele utilizar heurísticos representativos, en los que las probabilidades se estiman en función del grado en que A es representativo de B, *i.e.*, el grado en que A se parece a B.

La heurística representativa es la tendencia del individuo, al decidir una probabilidad o bajo incertidumbre, de estimar la probabilidad de ocurrencia de un evento, o de una muestra, por el grado de similitud del objeto estimado con las características esenciales de un arquetipo preexistente, disponible en su mente. Este arquetipo es lo que entendemos como el conjunto más relevante o típico de elementos de un evento u objeto dado[418].

Así, cuando A es muy representativo de B, el agente considera que la probabilidad de que A se origine en B es muy alta. Por otra parte, cuando A no se parece a B, la probabilidad de que A se origine en B se considera baja. Por ejemplo, supongamos que alguien describe a su vecino, José, como muy tímido y distante, siempre muy servicial, pero no muy interesado en otras personas o en el mundo real. Le gusta todo organizado y necesita orden y estructura. ¿Cómo evaluaría la probabilidad de que José tenga una cierta profesión, como agricultor, vendedor, piloto de avión, bibliotecario o físico? ¿Cómo ordenaría las profesiones que son más probables para José? Piensa en eso antes de seguir adelante y escribe tu respuesta.

Ahora que está listo, dependiendo de la heurística de representatividad, la gente tiende a estimar la probabilidad de que José sea un bibliotecario por el grado en que es representativo o similar al estereotipo de bibliotecario. Sin embargo, la profesión de bibliotecario es mucho más rara que la de vendedor o incluso la de

(2019). Si los resultados se reproducen con éxito, puede ser que hayamos aprendido una forma más eficaz de aumentar la tasa de conciliación que la audiencia obligatoria, prevista en el CPC. Para un intento más general de integrar la economía conductual y el derecho a través de una intervención inteligente (empujón o *nudge*), véase Thaler y Sunstein (2009).

417. Cf. Tversky y Kahneman (1974, p. 1.124).

418. Cf. Kahneman y Tversky (1972).

granjero. Pero mucha gente encontrará que –a partir de la descripción– se parece más a un bibliotecario que a un vendedor, *i.e.*, que la descripción se ajusta más a su arquetipo de bibliotecario que al de un vendedor. Al hacerlo, las personas pueden cometer errores de estimación, porque la similitud o la representatividad de algo no se ve afectada por varios factores relevantes que afectan a las probabilidades.

Un ejemplo jurídico puede hacer esta tendencia aún más clara[419]. Suponga que ante un jurado en el que al inculpado se le acusa de asesinato, un fiscal dice que ya ha cometido otros delitos menores, como el robo y la posesión de drogas, lo cual es cierto. Sin embargo, este hecho (robo) no tiene ninguna relación lógica con la acusación de asesinato y, por lo tanto, no debe afectar al juzgamiento del jurado; pero como la gente piensa que los delincuentes suelen ser reincidentes o que quienes cometen un delito menos grave pueden cometer un delito más grave (arquetipo), esto puede influir en la opinión del jurado sobre la probabilidad de que el acusado sea culpable en ese caso concreto. En este sentido, la probabilidad del hecho (autor del homicidio) se estima por similitud, por la representatividad del arquetipo (parece un criminal) y no por factores realmente relevantes a la probabilidad de ocurrencia (estaba presente, tenía los medios y el motivo).

Esta es una de las razones por las que todas las solicitudes de audiencia de testigos deberían ir acompañadas de una lista de los respectivos hechos controvertidos sobre los que atestiguarán dichos testigos. Si no testifican sobre hechos controvertidos, los llamados testigos de carácter (también llamados testigos de abono, testigos de antecedente o beatificación), deben hacer que se deniegue la solicitud de audiencia, porque el carácter de una persona en otro contexto (p. ej., ser un buen padre, ir a la iglesia, tener hijos, ser un maestro de AED), no determina ni implica necesariamente ninguna correlación con la probabilidad de que haya cometido o no un determinado acto ilícito.

b) **Disponibilidad:** el sesgo de disponibilidad es la tendencia de la persona a asignar probabilidades más altas a acontecimientos que son muy llamativos (destacados) o memorables, pero estadísticamente insignificantes[420]. El sesgo de disponibilidad es un atajo mental por el que la evaluación de un tema, concepto, método o decisión específicos se ve influida por la facilidad con que el evaluador puede recordar ejemplos de ello.

Obviamente, debido a la forma en que funciona nuestra memoria, los hechos más recientes son más fáciles de recordar que los más remotos. Por lo tanto, cuantos más ejemplos, más memorable es el evento y, en consecuencia, más probable,

419. Para un experimento con los jueces sobre el sesgo de la representatividad, véase Guthrie, Rachlinski y Wistrich (2001, pp. 805 y ss.).

420. Cf. Kahneman y Tversky (1973).

aunque no lo sea. Si algo puede ser recordado, entonces debe ser importante o al menos más importante que las alternativas no recordadas. Esta heurística predispone las opiniones hacia la nueva información y, por ende, las últimas noticias.

La heurística de disponibilidad es una estrategia útil para estimar la frecuencia o probabilidad de un evento o un vínculo causal[421] porque, por regla general, si algo es más fácil de recordar es porque, normalmente, el evento es más común, por lo que ocurre con mayor frecuencia o pertenece a las clases más grandes de eventos. Cuanto mayor sea el número de eventos, mayor será la probabilidad de que ocurra. Sin embargo, la facilidad de recordar, luego, la disponibilidad, se ven afectadas por factores distintos de la frecuencia del evento y su probabilidad.

Por ejemplo, después de una semana de escuchar informes de que un senador de la República ha sido arrestado por corrupción, la gente tiende a pensar que la probabilidad de que otros senadores sean corruptos también es alta, solo porque un incidente memorable estaba fácilmente disponible en la mente. En el mismo sentido, sería la razón por la que el comportamiento de los funcionarios (o estudiantes) mejora cerca de los períodos de evaluación, porque saben intuitivamente que las personas, incluido el evaluador, tienden a centrarse demasiado en los acontecimientos recientes y muy poco en los acontecimientos remotos, que son difíciles de recordar[422]. Por lo tanto, ser muy bueno en torno a la evaluación puede mitigar un gran período de desempeño mediocre, pero distante.

Otro ejemplo interesante es la opinión, no tan rara entre los juristas, de que las personas violan repetidamente los contratos, dado el enorme número de casos en el Poder Judicial que envuelven disputas contractuales. Dado que tanto el juez como el abogado pasan una parte sustancial de su tiempo en el foro, donde se ocupan de las controversias, es natural que se vean expuestos de manera preponderante a los casos en que ha habido una controversia contractual. Después de todo, la gente no suele ir al foro si no hay litigios. Sin embargo, precisamente por ello, quienes se envuelven habitualmente en litigios pueden acreditar que la disputa es un hecho muy frecuente en el universo de las interacciones sociales, cuando en realidad el número de casos en los que no hay disputa o en los que las partes resuelven sus problemas de forma espontánea (autocomposición) es mucho mayor. Pero como esos casos no aparecen en el foro, las controversias están más disponibles que los acuerdos y la cooperación, luego, parecen más frecuentes (mayor probabilidad) de lo que realmente son.

421. Recuerde la diferencia entre la probabilidad subjetiva y la probabilidad frecuentista. Véase la nota 257 *supra*.

422. Consejo: utilice un criterio objetivo para evaluar a los estudiantes como la presencia, la entrega de trabajos y siga anotando las buenas acciones; así, al final, evalúe a la persona por sus notas y no por su memoria –parcial y limitada–.

Como se ha demostrado, el ser humano ha desarrollado esta heurística de disponibilidad, que es un procedimiento para estimar el número de una clase, la probabilidad de un evento o la frecuencia de ocurrencias conjuntas debido a la facilidad con la que podemos recuperar, construir o asociar mentalmente tales eventos y, a veces, esta heurística puede llevarnos a errores sistemáticos[423]. No obstante, no se debe cometer el error común de concluir que, si hay errores sistemáticos en un contexto determinado, toda decisión será errónea. No hay evidencias que apoyen esa conclusión. Por lo tanto, no hay bases científicas para la revisión o la interferencia en las decisiones políticas colectivas (leyes), ni en las decisiones privadas (contratos), simplemente porque existen sesgos y heurísticas. Las intervenciones apropiadas requieren más que el simple desacuerdo personal e idiosincrásico del juez: requieren estudios empíricos que las corroboren. La simple afirmación de que la racionalidad humana es limitada, obviamente, no es suficiente[424].

c) **Anclaje o ajuste:** en muchos contextos, las personas hacen estimaciones a partir de un valor inicial, que se ajusta posteriormente para generar un valor final. Este valor inicial, o punto de partida, puede ser el resultado de la formulación del problema o el resultado de un cálculo inicial, una estimación previa. El problema es que, a menudo, los ajustes realizados a partir de este punto de partida no son suficientes para ajustar las expectativas a la nueva información, por lo que el punto de partida afecta sustancialmente la estimación final. Consecuentemente, diferentes puntos de partida generarán diferentes estimaciones, sesgadas hacia el punto de partida. Es esta proximidad de la estimación final al punto de partida lo que se llama anclaje.

El efecto de anclaje es un sesgo cognitivo que describe la tendencia humana a depender excesivamente de la información inicial ("anclaje") para la estimación de la probabilidad de un evento y a hacer ajustes a esas probabilidades a partir de ese anclaje[425]. El problema surge cuando el ajuste no se realiza suficientemente y, por lo tanto, este sesgo puede interpretarse como un problema de ajuste insuficiente de las expectativas a la nueva información[426].

Por ejemplo, en un experimento[427] se preguntó a los participantes cuántos países africanos pertenecen a las Naciones Unidas. Pero antes de que pudieran

423. Cf. Kahneman y Tversky (1974, p. 1.128).

424. Después de todo, ¿cómo podemos garantizar que no es el juez quien sufre de algún sesgo o heurística? Como dirían los romanos, *¿quis custodiet ipsos custodes*?

425. Cf. Sheriff, Taub y Hovland (1958).

426. Cf. Korobkin y Guthrie (1994).

427. Cf. Kahneman y Tversky (1974, p. 1.128).

responder, una rueda de ruleta giraba con un número de 0 a 100 delante de ellos. Después del resultado de la ruleta, se les preguntó si el número sorteado era mayor o menor que el número de países africanos en las Naciones Unidas y luego estimaron este número a partir del número sorteado, ajustándolo. El problema es que las estimaciones medias se vieron afectadas por el número extraído, *i.e.*, el número aleatorio inicial afectó sustancialmente a las estimaciones posteriores. Los que recibieron cifras más altas, hicieron estimaciones más altas, y los que recibieron cifras más bajas, hicieron estimaciones más bajas, aunque el número extraído no tiene una conexión lógica con el número de países africanos que integran las Naciones Unidas.

Imaginen el impacto de la heurística de anclaje en la dinámica de los acuerdos en un contexto de litigio. En el contexto de la negociación de acuerdos, la estimación que el abogado pasa a la parte al principio del proceso puede crear un ancla, a partir de la cual la parte medirá cualquier propuesta posterior. Así, pues, si el abogado del autor o del demandado fue demasiado optimista en su estimación del caso, ya sea por su propio sesgo optimista o por el problema agente-principal para ser contratado, la tendencia es que esta información inicial ancle las expectativas de las partes en la evaluación de las propuestas posteriores.

Este anclaje puede dar lugar tanto a un exceso de negociación (cf. Sección 5.1.1) como a un aumento de la brecha de expectativas (cf. Sección 4.3.1). Sin embargo, si esto es cierto en la fase postulatoria del proceso (de los escritos), la información proporcionada por el juez en el despacho saneador puede anclar de nuevo las expectativas de las partes, obligando a una actualización de las creencias[428], siempre que la orden sea suficientemente clara.

Por otra parte, quienes han tenido la oportunidad de participar en las audiencias de conciliación en la justicia laboral pueden haber notado la técnica que emplean muchos jueces laborales cuando empiezan a indicar los puntos débiles y fuertes de cada parte y, obviamente, subrayando los puntos débiles de cada parte para cada una de ellas. De esta manera, el juez laboral no solo reduce la asimetría de información al señalar en qué dirección es probable que vaya su decisión, sino que también –psicológicamente– induce a las partes a llevar a cabo una actualización más adecuada de sus creencias, lo que puede reducir el optimismo y, por tanto, aumentar el espacio de acuerdo, lo que se traduce en una mayor tasa de acuerdo. Obsérvese que, en este caso, la idea de la mediación debe modificarse[429] o alejarse a una idea de reducción de la asimetría de información y de actualización forzosa

428. Cf. Gico Jr. y Arake (2018).

429. La mediación, entendida aquí como una técnica de resolución de conflictos en la que el mediador no decide ni toma partido, solo trata de mediar entre las partes para llegar a un acuerdo.

de creencias, de modo que las partes puedan decidir adecuadamente si hay o no espacio de acuerdo.

d) **Exceso de confianza:** según este sesgo, las personas tienden a sobreestimar la probabilidad de que se produzca un acontecimiento con ellas, si este acontecimiento es positivo, y a subestimar la probabilidad de que se produzca un acontecimiento con ellas, si este acontecimiento es negativo. Así, incluso después de ser informados de que la probabilidad de un divorcio en Brasil es de 50%, los estudiantes casados en un aula siguen estimando la probabilidad de que sus propios matrimonios terminen solo en 0-10%. Entienden y aceptan la probabilidad global, pero creen que son excepciones a la regla. Este sesgo puede hacer que un litigante vencido insista en una apelación, incluso después de haber sido advertido por el abogado de su baja probabilidad de éxito, porque su caso es especial (al menos para él).

Además, en consonancia con lo que hemos examinado en la Sección 5.3, acerca de la asimetría de información y de la señalización en el contexto del problema agente-principal entre abogado y cliente, el abogado tendrá pocos incentivos para insistir con el cliente que su acción tiene una baja probabilidad de éxito y que debe considerar la posibilidad de llegar a un acuerdo. En lugar de recibir esta información como una actualización bayesiana de un experto, el cliente puede interpretar esta información como una señal de que el abogado ya no quiere trabajar en el caso, o que ya no "cree" en la causa. A continuación, un ejemplo real de este fenómeno para ilustrar.

Hace algunos años, un abogado fue contratado por un gran grupo empresarial para defenderlo de una acusación de práctica de cartel ante el Consejo Administrativo de Defensa Económica (CADE), el órgano antitrust brasileño. Después de meses de estudiar el caso, esbozó e implementó la estrategia de defensa, revisada y aprobada por el cliente y su director jurídico. Sin embargo, después de años de litigio, con la emisión de opiniones contrarias a los intereses del cliente por parte de todos los organismos opinantes (algo cercano al despacho saneador en los litigios civiles), ha llegado el momento de reevaluar la estrategia y las opciones disponibles. Sobre la base de las pruebas en el proceso y de la jurisprudencia consolidada del CADE, se trazó un árbol de decisiones y se estimó la probabilidad de cada resultado previsto, así como sus respectivos *payoffs*. La conclusión era obvia: la mejor estrategia era intentar llegar a un acuerdo. A pesar de los argumentos técnicos presentados en apoyo de esa orientación, la primera reacción del cliente fue concluir que el abogado ya no creía en la causa y que, por lo tanto, debía cambiar. Aunque no se cambió al abogado, el cliente se negó a intentar llegar a un acuerdo y, finalmente, fue condenado a diez veces más de lo que se podía lograr en el acuerdo. Todo lo que estaba previsto en el informe de revisión de la estrategia ocurrió, pero el cliente no quiso creerlo, porque con él sería diferente. No lo fue.

Como se puede ver, el exceso de confianza es lo que permite a la gente, en general, arriesgarse y emprender actividades de riesgo. Sin embargo, este mismo exceso de confianza, que nos llevaría a emprender, puede hacer que juzguemos mal la probabilidad de que ocurran hechos perjudiciales con nosotros; y esto, en el contexto de la relación abogado-cliente, impediría que el cliente siga la orientación técnica de su abogado. El exceso de confianza, combinado con la asimetría de información, puede fomentar el litigio a expensas del acuerdo. La volatilidad judicial no ayuda en este contexto.

e) **Confirmación:** el sesgo de confirmación es el proceso cognitivo o perceptivo que se distorsiona para mantener o aumentar la autoestima de una persona o la tendencia que tienen las personas a recordar, confirmar o buscar información que reafirme sus propias creencias o hipótesis iniciales. En este contexto, la gente tiende a recordar solo lo que la favorece o su punto de vista, y a olvidar o despreciar todo lo que la desfavorece. Cuanto mayor sea la carga emocional o la creencia enraizada en la hipótesis, más fuerte será la tendencia a la autoconfirmación.

Algunas personas, por ejemplo, tienden a atribuir el éxito de un proyecto a sus propias capacidades y esfuerzos, pero el fracaso se atribuye a factores externos o al resto del equipo. En la misma línea, los candidatos a maestría o doctorado preparan disertaciones y tesis en las que todos los que están a favor de su hipótesis son brillantes y respetados, pero los que están en contra de sus ideas son menos cultos, ignorantes, tendenciosos o parciales[430]. La tendencia a la autoconfirmación hace que el individuo rechace cualquier retroalimentación (*feedback*) negativa sobre algo y, consecuentemente, perpetúa las ilusiones y los errores, siempre y cuando proteja su autoestima o sus creencias profundamente arraigadas.

A lo largo de este capítulo, hemos examinado la importancia de actualizar las creencias y la forma en que esto puede afectar a la brecha de expectativas entre las partes y, consiguientemente, afectar a la decisión de celebrar un acuerdo o no. La tendencia a la autoconfirmación puede afectar a esta actualización de las creencias en la medida en que cada parte puede considerar únicamente los nuevos elementos del proceso que refuerzan su argumento y hacen caso omiso o dan un peso indebido a la información que debilita su caso. Hay algunas evidencias empíricas de que esto puede ocurrir[431]. Obsérvese que no se trata de una asimetría de información, sino de una interpretación sesgada de la información disponible y, por lo tanto, es poco lo que se puede hacer *ex ante.*

430. El autor no olvida una tesis de maestría en la que todos los que defendían la misma opinión del candidato eran calificados de persona ilustre o de maestro, y todos los que se oponían a su hipótesis eran llamados solo por su nombre o eran calificados de abogados, aunque también fueran maestros.

431. Cf. Loeweinstein *et alli* (1993; 1995) y Hipel y Höppner (2019).

Sin embargo, cuanto más clara y específica sea la jurisprudencia y los precedentes, cuanto más claro sea el derecho, menos probable será que el sesgo de la autoconfirmación sea pertinente. En un caso concreto, cuanto más claro y preciso sea el despacho saneador, más limitado será el espacio para las interpretaciones de autoconfirmación, mitigando así el efecto del sesgo de autoconfirmación.

Es importante señalar que este sesgo es relevante no solo para los trabajos de la doctrina jurídica y para las partes en litigio, sino también para el juez que, habiendo firmado una convicción inicial, puede prescindir por completo de cualquier elemento fáctico o jurídico que se oponga o dificulte su creencia en el momento de decidir, de la condena. Es muy probable que un juez ideológico o que se haya formado una opinión sobre ciertas categorías de litigantes (por ejemplo, los consumidores, los trabajadores o las empresas) decida sesgadamente los casos que involucren a este tipo de litigantes, incluso en situaciones que otros jueces menos sesgados creen que es evidente.

Esta es una de las razones de por qué es tan pernicioso para los magistrados no expresarse sobre todos los argumentos presentados por las partes. La obligación de enfrentarse a argumentos contrarios a sus creencias podría debilitar el sesgo de autoafirmación e imponer un juicio más justo y equilibrado al magistrado. Esto es lo que ordena expresamente el inc. IV del §1º del art. 489 del CPC, cuando dice: "§1º No se considera fundamentada ninguna decisión judicial, sea esta interlocutoria o sentencia, que: [...] IV - no enfrente todos los argumentos deducidos en el proceso que sean aptos, en teoría, para negar la conclusión adoptada por el juzgador".

Desde el punto de vista cognitivo, podríamos interpretar este dispositivo como una estrategia legislativa para evitar que el juez sea víctima del sesgo de autoconfirmación y se vea obligado a no despreciar los hechos y argumentos contrarios a su posición inicial. Así, ya no se sostiene la antigua interpretación jurisprudencial del STJ de que los jueces no están obligados a responder a todas las preguntas y tesis deducidas en el tribunal; basta con que expongan los motivos en que se basa la decisión. Tal entendimiento no es ni compatible con la ley ni socialmente deseable a la luz del análisis conductual del proceso de toma de decisiones. Por otra parte, la imposición de objetivos de productividad y la sobrecarga de trabajo crean una estructura de incentivos para que el juez ignore el comando legal y sacrifique la precisión en nombre de la productividad, como se ha discutido en la Sección 3.3. Una vez más, siempre hay un *trade-off*.

f) **Prejuicio de retrospectiva:** el sesgo retrospectivo es la tendencia común de las personas a percibir acontecimientos que ya ocurrirán (*ex post*) como teniendo una mayor probabilidad de ocurrencia de la que tendrían antes de su ocurrencia (*ex ante*)[432]. Precisamente por ello, la gente a menudo cree (obviamente después de

432. Cf. Fischhoff (1975).

 que se haya producido el evento) que tendría predicho o sabría con un alto grado de confianza cuál sería el resultado esperado, incluso antes de que se produjera. El sesgo retrospectivo o *hindsight bias* puede distorsionar nuestros recuerdos sobre lo que sabíamos o creíamos antes de que ocurriera el evento y puede generar un exceso de confianza en nuestra capacidad para predecir similares eventos futuros.

El sesgo retrospectivo es especialmente problemático para los jueces[433], que necesitan determinar el grado de diligencia de una persona antes de que se produzca el daño, pero después de que este tuvo lugar porque, con la certeza del hecho, puede creer que, *ex ante*, una persona podría o debería haber predicho el resultado perjudicial que se produjo y tomado más precauciones cuando, en realidad, *ex ante*, la probabilidad de que se produjera dicho evento era pequeña y, por lo tanto, el nivel de precaución tenido era adecuado (no negligente). Esta tendencia puede sesgar las decisiones judiciales contra los demandados, aunque estos hayan tenido el grado de precaución adecuado.

g) **Encuadre:** el sesgo de encuadre es la tendencia de las personas a elegir entre opciones, dependiendo de cómo se presente cada una de ellas, *i.e.*, el encuadre (*framing*). Así, pues, si la misma opción se muestra con una connotación positiva es más probable que se elija a que si se presenta con una connotación negativa[434]. En este sentido, la elección de un agente en condiciones de incertidumbre depende no solo de la utilidad esperada de cada alternativa, sino también de la percepción de la dirección que cada opción parece tener cuando se compara con un referencial. Cuando la opción se percibe como una ganancia en relación con el referencial adoptado, el comportamiento del individuo es averso al riesgo (prefiere una alternativa cierta a una alternativa arriesgada que tenga el mismo valor esperado); cuando la opción se percibe como una pérdida, el comportamiento del individuo es propenso al riesgo (prefiere una alternativa arriesgada que tenga el mismo valor esperado a una alternativa cierta). Un ejemplo puede ayudar a comprender esta tendencia.

Suponga que usted es un gerente público del Ministerio de Salud y necesita decidir qué tratamiento será ofrecido por el Sistema Único de Salud (SUS) para el tratamiento de una enfermedad mortal y rara que afecta a 600 personas[435]. Los costos de adquisición y administración del tratamiento son equivalentes. La elección entre los dos programas de tratamiento se puede resumir de la siguiente manera:

433. Cf. Guthrie, Rachlinski y Wistrich (2001, pp. 799 y ss.).

434. Cf. Khaneman y Tversky (1981).

435. El ejemplo original es con una enfermedad asiática que afectó a los Estados Unidos. Cf. Khaneman y Tversky (1981, p. 453).

DECISIÓN DE POLÍTICA SANITARIA – ESCENARIO 1

Figura 5-12

Si se adopta el **tratamiento A**, se salvarán 200 personas.	Si se adopta el **tratamiento B**, hay una probabilidad de 1/3 de que las 600 personas se salven, y una probabilidad de 2/3 de que ninguna se salve.

En ese contexto, ¿cómo decidirías tú? ¿Qué política pública elegirías? ¿Qué política aumentaría más el bienestar social? Piensa un poco en esta pregunta antes de pasar a otro ejemplo.

Cambiemos las condiciones del problema ahora y veamos cómo el cambio de circunstancias afectaría o no a su elección. Suponga el mismo dilema mencionado anteriormente. Hay una enfermedad rara que ha infectado a 600 personas y hay dos programas de tratamiento disponibles, con costos de adquisición y administración equivalentes, el tratamiento C y D; pero ahora las alternativas son las siguientes:

DECISIÓN DE POLÍTICA SANITARIA – ESCENARIO 2

Figura 5-13

Si se adopta el **tratamiento C**, 400 personas morirán.	Si se adopta el **tratamiento D**, hay una probabilidad de 1/3 de que nadie muera, y una probabilidad de 2/3 de que mueran 600 personas.

Ahora, ante esta situación, ¿cómo elegirías tú? ¿Qué política pública debe elegirse? ¿Cuál sería la opción que aumentaría el bienestar social? Compare su respuesta a este dilema con el dilema anterior y reflexione.

En el primer dilema, un estudio empírico demostró que la mayoría de las personas se comportaba de manera aversa al riesgo, *i.e.,* el prospecto de salvar 200 vidas con seguridad, luego, el tratamiento A se consideraba más atractivo (72%) que el prospecto de uno de cada tres de salvar 600 vidas, por lo que elegir el tratamiento B (28%). Obsérvese que el tratamiento B tiene el mismo retorno esperado (1/3 • 600 + 2/3 • 0 = 200) que el tratamiento A (200). Por otra parte, en el segundo escenario, los resultados se han invertido, ya que solo el 22% de las personas escoge el tratamiento C, donde seguro morirán 400 personas, y el 78% de las personas prefiere la perspectiva de que una de cada tres salve 600 vidas, pero que dos de cada tres mueran todas. Obsérvese que el tratamiento C también tiene el mismo retorno esperado de 200 vidas salvadas que el tratamiento D (1/3 • 600 + 2/3 • 0 = 200) y, en cualquier caso, que los tratamientos A y B. Por lo tanto, desde el punto de vista de la utilidad esperada, no hay una diferencia real entre ninguno de los cuatro tratamientos, pero la forma en que se presenta cada escenario afecta a la elección de las personas.

En el escenario 2, el comportamiento de las personas es propenso al riesgo, porque la muerte segura de 400 personas es menos aceptable (o menos preferible) que la probabilidad de 66,66% de que mueran las 600 personas, *i.e.*, las personas prefieren la apuesta para evitar una pérdida percibida. En el escenario 1, cuando la elección se percibe como una ganancia, la mayoría de la gente prefiere salvar a 200 personas con seguridad en lugar de correr el riesgo de perder a las 600, por lo que su comportamiento es averso al riesgo. Obviamente, los problemas en los escenarios 1 y 2 son idénticos, solo cambian la forma, el encuadramiento de la cuestión y no su contenido, pero esto es suficiente para cambiar sustancialmente la percepción de una parte de la gente, luego, su comportamiento.

Podemos imaginar que la forma en que las partes perciben un acuerdo o el contenido de un despacho saneador, o la forma en que la información les es transmitida por el abogado, puede afectar a su reacción y a los siguientes pasos. Así, pues, si al recibir una propuesta del demandado, el abogado la presenta de una manera que parece ventajosa en relación a la demanda original, como una ganancia, el autor puede comportarse de manera adversa al riesgo y aceptar el valor propuesto, cierto, pero menor. Si la propuesta se presenta de manera que parezca una pérdida, el demandante puede comportarse de manera aversa al riesgo y decidir continuar el litigio, rechazando un acuerdo con el mismo retorno esperado. Todo depende de la forma en que se presente el asunto y la percepción que se derive de ella.

Pero este tipo de divergencia de comportamiento también puede afectar a la forma en que las partes se comportan en las acciones en que cobran algo frente a las acciones en que son cobradas. Así, pues, en las acciones penales, fiscales o de carga en los que se acusa o castiga a la parte, esta puede entender este resultado como una pérdida y comportarse de manera propensa al riesgo. En los casos en que la parte está cobrando algo, puede comportarse como si estuviera ganando algo y, consiguientemente, actuar de manera aversa al riesgo. Este tipo de percepción puede explicar, por ejemplo, la reticencia de algunos clientes a aceptar contratos de honorarios con una cláusula de éxito en los casos en que se les cobra, pero no se resisten en los casos en que cobran. El hecho de ser demandado se percibe como una pérdida; el hecho de demandar se percibe como una ganancia.

Finalmente, para cerrar esta sección y este capítulo, llamamos la atención sobre el hecho de que, aunque la economía conductual es extremadamente interesante y capaz de cambiar la forma en que modelamos el comportamiento humano, por ahora no es la suficientemente coherente ni sistemática como para proporcionarnos una teoría sobre el comportamiento humano que sustituya a la TER. En la práctica, no tenemos forma de saber *ex ante* si un cierto sesgo estará presente o no, si el efecto de uno combinará o anulará el del otro. Aún no existe una teoría para esto, necesitamos experimentos controlados e investigaciones empíricas específicas, pero –como regla– los contextos son demasiado variables para que podamos hacer un experimento para cada situación posible. Los diversos ejemplos y situaciones examinados anteriormente son posibilidades, no afirmaciones de que esas cosas ocurren en la práctica o de que ocurrirán en un caso concreto.

Por lo tanto, por el momento, entiendo que es importante ser consciente de la existencia de heurísticas y sesgos, y tenerlos en cuenta en nuestro análisis. Sin embargo, la TER sigue siendo la base más fructífera para nuestro análisis teórico. Cualquier divergencia de la TER requiere, más bien, un experimento empírico para demostrar que, en ese caso particular, este o aquel sesgo se manifiesta y cuán relevante es. No es posible, en teoría, hacerlo. Sin una base empírica, las afirmaciones conductuales pueden ser tan aleatorias como la mera conjetura o el sentido común.

Dicho esto, una vez presentadas las contribuciones del Análisis Económico Conductual del Derecho, para cerrar este libro no podíamos dejar de presentar las recientes contribuciones del AED sobre nuestra comprensión de la naturaleza económica del derecho y de los tribunales y el impacto de estas conclusiones en una de las cuestiones más importantes para la comunidad de procesalistas: el acceso al Poder Judicial. Hasta ahora nos hemos centrado en el estudio del proceso, de la Teoría General del Proceso (TGP) y de los beneficios derivados de su integración con el Análisis Económico del Derecho. Ahora, como conclusión, comenzaremos nuestra investigación no del proceso en sí mismo, sino del derecho en sí mismo y del Poder Judicial como organización y el impacto de estos hallazgos en el proceso.

6

La naturaleza económica del derecho, de los tribunales y la tragedia del Poder Judicial

El Poder Judicial es una tecnología institucional desarrollada a lo largo de miles de años de experimentación humana con un único propósito: resolver controversias aplicando las reglas jurídicas[436]. Como se examinó en el Capítulo 2, un sistema judicial que funcione bien es esencial para el desarrollo de cualquier nación. Desde una perspectiva pública, la existencia de un mecanismo imparcial de solución de controversias permite a los grupos políticos llegar a soluciones de compromiso *ex ante* (*i.e.*, leyes) que, en caso de que sean violadas, serán debidamente impuestas *ex post* por ese mecanismo externo (coacción)[437]. 229

Desde el punto de vista privado, el Poder Judicial no solo protege los derechos de los ciudadanos contra posibles violaciones por parte del propio gobierno (frenos y contrapesos) y de otros, sino que también permite que los individuos cooperen entre sí para alcanzar sus objetivos mediante la generación de compromisos creíbles (*i.e.*, contratos). Sin embargo, la función institucional del Poder Judicial exige que toda violación del derecho se corrija oportunamente. En este contexto, la congestión de los tribunales es un problema socioeconómico que reduce la eficacia del Poder Judicial como mecanismo de promoción de la cooperación y del desarrollo y, a largo plazo, el valor de la coordinación del propio derecho.

Así como la importancia de un sistema adjudicatorio para la construcción y mantenimiento de sociedades complejas es antigua, la idea de que la demora en la prestación jurisdiccional es equivalente a su negativa también es milenaria. Siglos antes de la Era Común, la literatura judía en el *Pirkei Avot*, que forma parte de la *Mishná*, en el Capítulo 5, Párrafo 8, ya decía: "La espada vino al mundo por la demora de la justicia, por la perversión de la justicia y por los que enseñan la Torá en desacuerdo con las leyes aceptadas". En el siglo XIII, la parte final de la Cláusula 40 de la Carta Magna decía: "A nadie venderemos, a nadie negaremos o retrasaremos el derecho o la justicia". Y, como se ve en la Sección 3.4, la Constitución brasileña establece en su art. 5º, inc. LXXVIII, que toda persona tiene el derecho fundamental a la duración razonable del proceso.

Sin embargo, en casi todo el mundo, es común decir que el Poder Judicial está en crisis. En muchos países, el Poder Judicial se considera lento, ineficiente y caro. Se han aplicado varias reformas para tratar de acelerar los tribunales y muchas otras están en curso, pero los resultados hasta ahora no han sido satisfactorios y es razonable decir que el número de casos y la congestión de los tribunales está aumentando en muchas jurisdicciones[438].

436. Para un análisis de otras posibles funciones del Poder Judicial, véase Shapiro (1981).

437. Revise la discusión siguiendo la Figura 3-1: La función social del Poder Judicial.

438. "El Poder Judicial terminó el año 2018 con 78,7 millones de casos en curso, esperando alguna solución definitiva". Cf. CNJ (2019, p. 79).

Se ofrecieron muchas razones para explicar la congestión de los tribunales: falta de recursos, procedimientos complejos, incentivos de los abogados, incentivos de los jueces, mala gestión, cultura del litigio, baja calidad de las leyes, número excesivo de leyes, baja inversión en seguridad jurídica, entre otras. Se han hecho esfuerzos para tratar de identificar la pertinencia de cada una de estas posibles explicaciones y luego resolverlas. Sin embargo, no suele explorarse la idea de que la naturaleza misma del derecho y del sistema público adjudicatorio pueda contribuir al problema de la congestión. En este capítulo exploraremos precisamente esa idea.

6.1 Teoría económica de los bienes y servicios

Dado que los abogados y los economistas suelen utilizar las mismas palabras con diferentes significados, es útil tener cierta uniformidad conceptual. Durante mucho tiempo, el debate básico sobre los bienes públicos frente a los privados, en la economía, ha sido un esfuerzo por distinguir entre el tipo de bienes que deben proporcionar los mercados y los que debe proporcionar el Estado. Si algo se clasificó como un bien privado, debe ser proporcionado por el mercado; si era un bien público, por el Estado. Esta distinción se basaba única y exclusivamente en el atributo de "rivalidad" del bien, tal como fue identificado originalmente por Samuelson[439]. Sin embargo, nuestra comprensión evolucionó para abarcar más que el atributo de rivalidad y también para incluir un segundo atributo llamado "excludibilidad", como explicaron Buchanan[440] y Ostrom y Ostrom[441].

En ese enfoque moderno, la **excludibilidad del acceso** se refiere a la posibilidad de que el poseedor de un bien o el proveedor de un servicio excluya, a bajo costo, a otras personas del disfrute del bien o servicio prestado. Una computadora es un bien exclusivo, porque su dueño puede impedir que otros la usen a bajo costo. Por otra parte, la seguridad nacional es un bien no exclusivo porque, una vez proporcionado en un territorio determinado, no es factible impedir a bajo costo que otras personas dentro del mismo territorio también la disfruten. Se acepta ampliamente que la posibilidad de exclusión es un requisito para el suministro de cualquier bien o servicio por parte del mercado, ya que es la excludibilidad que permite al proveedor impedir que el consumidor potencial tenga acceso al bien o servicio sin contraprestación. Como se ha visto en el la Sección 4.1.2, es la excludibilidad que impone a una parte la necesidad de presentar algo de interés para la otra parte; en otras palabras, es la característica de exclusividad que permite la existencia de intercambios voluntarios y la aparición de un mercado.

439. Cf. Samuelson (1954).

440. Cf. Buchanan (1965).

441. Cf. Ostrom y Ostrom (1999 [1977]).

Por otra parte, la **rivalidad** se produce cuando el consumo de un bien o servicio 231
por una persona impide sustancialmente que el mismo bien o servicio sea consumido por otra persona, *i.e.*, el consumo por un agente disminuye significativamente la utilidad del mismo bien para otros. Una manzana y un vaso de agua son bienes rivales, ya que su consumo por parte de un individuo impide que otros los disfruten. Cuando un bien no es susceptible de ser consumido simultáneamente por más de una persona, se considera rival. Cuando puede ser disfrutado por una persona sin reducir sustancialmente su utilidad para otra, se considera no rival. La seguridad nacional y los pronósticos meteorológicos son ejemplos de bienes no rivales, porque el consumo de esos servicios por una persona no impide que otras disfruten de los mismos beneficios, que siguen estando disponibles para su uso y disfrute por otros en cantidad y calidad sustancialmente iguales.

Aunque solemos hablar de estas dos características en términos binarios para facilitar la discusión, de hecho, varían significativamente de un extremo a otro, según el bien y su contexto. En cualquier caso, la excludibilidad y la rivalidad son dos características independientes que pueden combinarse para crear cuatro tipos diferentes de bienes: (i) los **bienes públicos** son no rivales y no exclusivos; (ii) los **bienes privados** se oponen a los públicos, porque son rivales y exclusivos; (iii) los **recursos comunes** (*common pool resources* o CPR) comparten la no excludibilidad de los bienes públicos, pero su consumo por parte de alguien disminuye sustancialmente la utilidad del bien para otros usuarios, lo que los convierte en rivales en uso al igual que los bienes privados; y (iv) los **bienes club** o de peaje son exclusivos como los bienes privados, pero no rivales como los bienes públicos. En aras de la claridad, podemos resumir esta clasificación de la siguiente manera:

TIPOS ECONÓMICOS DE BIENES

Figura 6-1

		Rivalidad en el consumo	
		Baja	Alta
Excludibilidad de acceso	Difícil	**Bienes públicos** Saneamiento básico Defensa nacional	**Recursos comunes** Peces en el océano Agua de una cuenca fluvial
	Fácil	**Bienes club** Escuelas Video *streaming*	**Bienes privados** Zapatos Computadoras

En vista de la difícil excludibilidad, la exclusión a bajo costo no es una opción en un escenario de recursos comunes, y un número considerable de usuarios tendrá acceso irrestricto al bien si son ofrecidos al mercado. Sin embargo, a diferencia de los bienes públicos, los recursos comunes son rivales; consecuentemente, el uso por parte de cualquier usuario impedirá que otra persona disfrute del mismo bien o servicio en su totalidad. Esto significa que un gran número de usuarios tendrá acceso sin restricciones al recurso en sí, pero el disfrute por parte de cada usuario puede impedir que los otros disfruten de los mismos recursos.

En este escenario, la competencia entre los usuarios puede crear una especie de "*carrera hacia abajo*" (*race to the bottom*), en la que cada usuario tiene el incentivo de explotar el recurso lo más rápidamente posible, debido al temor justificado de que otros también lo sobreexploten y que no haya suficiente para ellos en el futuro. Debido a esta estructura de incentivos, incluso los agentes que actúan racionalmente, el recurso será sobreexplotado y, finalmente, destruido o su utilidad se verá sustancialmente reducida para todos. Este problema de acción colectiva se conoce como la **tragedia de los comunes**[442].

En general, la tragedia de los comunes se produce cuando es difícil o costoso excluir a los posibles usuarios de un recurso (baja excludibilidad) que produce un flujo finito de beneficios (rivalidad). En este escenario, los agentes racionales pueden sobreexplotar el recurso en lugar de retenerlo. En este sentido, la tragedia de los comunes puede modelarse como un dilema del prisionero no-cooperativo[443], en el que cada jugador recibe un mayor retorno si deserta en lugar de cooperar, aunque la cooperación resulta en un resultado positivo para ambos jugadores. Como el otro jugador tiene una matriz de *payoff* simétrica –su estrategia dominante también implica la no cooperación–, cuando ambos jugadores juegan sus estrategias dominantes, convergen en un tercer resultado, que es peor para ambos en comparación con las estrategias de cooperación. Si generalizamos el juego a *n* gente, tenemos un modelo general para la tragedia. En este juego no-cooperativo con información perfecta, la estrategia dominante también implica la deserción, que llevará a la sobreexplotación y a la destrucción total del recurso. De ahí la tragedia[444].

Ahora que se han igualado los términos y conceptos, podemos explicar cómo la aplicación de la Teoría Económica de los Bienes y los temas discutidos anteriormente pueden iluminar nuestra búsqueda de la naturaleza económica del derecho y de los tribunales y, por lo tanto, ayudar a comprender los fenómenos jurídicos procesales de acceso y congestión.

442. Cf. Hardin (1968) y Gico Jr. (2012; 2014).

443. Cf. Sección 5.1.1.

444. En una tragedia griega, ninguno de los actores quiere el resultado trágico, pero parece inexorable, dada la conducta y la racionalidad de los actores.

6.2 La naturaleza económica del derecho

La cuestión de qué es el derecho, o más bien la definición de derecho, es un tema recurrente en la filosofía jurídica que ha estimulado y fomentado diversos tipos de respuesta[445]. No es mi propósito abordar la cuestión desde una perspectiva filosófica, sino más bien utilizar la Teoría Económica de los Bienes, discutida anteriormente, para comprender mejor la naturaleza económica de lo que normalmente llamamos derecho y sistemas de adjudicación, con el fin de avanzar hacia una Teoría Positiva del Derecho y, más específicamente para este libro, una Teoría Positiva del Proceso.

Como se dijo en otra ocasión[446], el derecho puede, de hecho, comportarse como un bien público o como un bien club. En su concepción más simple, el derecho no es más que información sobre cómo probablemente se comportarán los sistemas adjudicatorios cuando se cruzan con una controversia (coacción – *enforcement*), así como información sobre cómo probablemente las personas se comporten en general (cumplimiento – *compliance*). Así como la luz puede comportarse como una partícula o como una onda (la dualidad onda-partícula), el derecho también puede comportarse como un bien club cuando estamos discutiendo la coacción, o puede comportarse como un bien público cuando estamos tratando con el cumplimiento espontáneo. Esta es la **dualidad del derecho.**

En la perspectiva más tradicional, del derecho como coacción, y en el mismo sentido que hemos tratado en el Capítulo 2, cuando alguien se dirige a un abogado y le consulta sobre su derecho, esa persona está preguntando en realidad cómo se comportarán los tribunales si surge una determinada controversia, cómo espera el Estado que se comporte él o su organización o, de lo contrario, cómo puede el Estado emplear su poderoso aparato para hacer que se comporte, haciendo así valer el derecho (coacción). Por esta razón, se puede decir que la primera naturaleza del derecho es informar en qué dirección irá la coerción, y la utilidad que proporciona el derecho es precisamente el conocimiento de esa dirección (así como la forma de canalizarla o evitarla).

Desde esta perspectiva, es fácil ver que, cuando los iuseconomistas dicen que el derecho es un bien público, normalmente asumen que el derecho es un

445. Véase, por ejemplo, Austin (1995 (1832)), Holmes Jr. (1897), Kelsen (2005 (1967)), Hart (2012 [1961]), Dworkin (1977), MacCormick (1978), Alexy (2011 [2005]), Raz (1997 [1980]) y Schauer (2015). En cualquier caso, es razonable decir que la investigación sobre la naturaleza del derecho ha sido esencialmente una investigación sobre las tres preguntas propuestas por Hart (2012 [1961]) – cuales sean: i) ¿En qué se diferencia el derecho de las órdenes basadas en amenaza y cómo se relaciona con ellas? ii) ¿En qué se diferencian las obligaciones jurídicas de las obligaciones morales y cómo se relacionan con ellas? y iii) ¿Qué son las reglas y en qué medida el derecho es una cuestión de reglas? No tengo intención aquí de responder a ninguna de estas preguntas.

446. Cf. Gico Jr. (2019, pp. 20 y ss.; 2020).

bien público de la misma manera que cualquier información es un bien público. El hecho de que alguien sepa cómo se comportarán los tribunales y utilice esos conocimientos para llevar a cabo sus actividades cotidianas no impide que usted posea los mismos conocimientos y conduzca sus intereses en consecuencia. Sin embargo, este tipo de análisis se limita a discutir la no rivalidad del derecho, dejando de lado su naturaleza completa. Cuando decimos que el consumo del derecho por una persona no excluye su consumo por un tercero, solo estamos diciendo que este conocimiento puede ser consumido por ambos. No decimos nada sobre su excludibilidad y lo derecho, como coacción, es de hecho altamente excluyente[447].

Los teóricos del derecho se ocupan constantemente de la cuestión de la jurisdicción, refiriéndose a la facultad general del Estado de ejercer su autoridad sobre todas las personas y cosas que se encuentran en su territorio; o el poder de un tribunal de decidir un caso o emitir una orden judicial válida[448]. La palabra clave aquí es *poder*. El simple hecho de que la aplicación de las reglas jurídicas requiera jurisdicción significa que, a veces, un Estado o un tribunal es jurídicamente impotente para hacer cumplir sus normas. En ese caso, aunque las partes pueden saber qué regla jurídica se aplicaría teóricamente *de jure*, la falta de jurisdicción significa que la regla en cuestión no se aplicará; por lo tanto, el derecho es inaplicable *de facto*.

Considere un laudo arbitral internacional que se ejecute en otro país que, a su vez, no reconozca parte del derecho material utilizado como fundamento para resolver la controversia. De hecho, aunque ambas partes en el arbitraje conozcan la regla aplicable a su caso, su aplicación es efectivamente denegada. Esta situación hipotética es solo un ejemplo de cómo el derecho puede ser excluido del consumo por un individuo y es, por lo tanto, excluyente. Otro ejemplo histórico puede hacer el punto aún más claro.

Originalmente, cuando Roma era solo una ciudad-Estado, los romanos llamaban al derecho aplicado a ellos mismos *ius civilis* (derecho civil), y ese derecho se aplicaba exclusivamente a los ciudadanos de Roma. Así, pues, aunque la mayoría de los residentes del territorio romano conocía el *ius civilis* (conocía la regla), los que no eran romanos quedaban efectivamente excluidos de su aplicación y protección (no podían disfrutar de la regla). Pronto, estas personas fueron excluidas del consumo del *ius civilis* (lo saben, pero no pueden usarlo). Con el crecimiento del Imperio romano, los romanos introdujeron gradualmente reglas jurídicas aplicables también a aquellos que no eran ciudadanos romanos. Tales reglas se conocieron como *ius gentium*: el conjunto de instituciones y principios jurídicos comunes a

447. Cf. Gico Jr. (2019, pp. 21 y ss.).

448. Véanse los debates en la Sección 1.1 y el Capítulo 2.

todos los súbditos romanos, independientemente de sus orígenes[449]. En este sentido, aunque tanto el *ius civilis* como el *ius gentium* no son rivales en naturaleza y, por lo tanto, pueden ser considerados bienes públicos por los autores tradicionales, el primero fue de hecho excluido del consumo por los no romanos, mientras que el segundo fue consumido libremente. Así, pues, el derecho puede excluirse del consumo y, por lo tanto, es excluyente, aunque no rival.

Aunque todos estamos de acuerdo en que el derecho es no rival, al igual que la información en general, está bastante claro que el derecho como coacción es altamente excluyente; *ergo*, el derecho no es un bien público por naturaleza, sino un bien club. Uno podría preguntarse: ¿cuáles son las implicaciones de reconocer que el derecho es un bien club, si eso significa decir que no sea rival de ninguna manera? La respuesta más sencilla es que, como la coacción es excluyente, nuestro análisis en la sección anterior demuestra que el derecho podría ser proporcionado por los mercados, porque el sistema adjudicatorio podría negar el acceso a todos los clientes que se nieguen a pagar los costos de la prestación del servicio. Como resultado de la excludibilidad del derecho como coacción, puede haber un mercado para el derecho, incluso en ausencia de un Estado[450].

Ahora bien, cuando digo que la utilidad del derecho es la información sobre cómo se comportarán los órganos del Estado (coacción), es importante separar dos aspectos de esa declaración, uno es para el consumidor de esa información (lo jurisdiccionado) y el otro para el empleador de esa información (el adjudicador). Por una parte, los jurisdiccionados saben cómo comportarse y pueden predecir el comportamiento de otros jurisdiccionados simplemente teniendo el conocimiento del derecho (reglas aplicables). Este conocimiento permitirá a los jurisdiccionados tomar decisiones y coordinar su comportamiento. Por otra parte, los jueces sabrán cómo resolver una controversia simplemente conociendo el derecho (reglas aplicables) y aplicando esas reglas a los hechos que se les presentan (subsunción). En ambos casos, el derecho consiste en información sobre la regla que tiene más probabilidades de aplicarse en un caso determinado[451].

Este sistema crea una espiral de retroalimentación, por la que cuanto más se aplique una regla jurídica al mismo conjunto de casos, mayor será el valor de esa

449. Cf. Martins (1906, pp. 114 y ss.), Moncada (1924, pp. 32 y ss.), Riggsby (2010, pp. 215 y ss.) y Mousourakis (2015, pp. 27 y ss.).

450. Uno de los mejores ejemplos del derecho sin Estado es la *lex mercatoria*, el cuerpo de derecho comercial construido y empleado por los comerciantes en la Europa medieval, que fue adjudicado por los tribunales comerciales a lo largo de las principales rutas comerciales. Para una discusión sobre la producción descentralizada del derecho, cf. Cooter (1994).

451. El sistema jurídico no tiene por qué ser perfecto, puede ser probabilístico, pero será tan eficaz cuanto más previsible. En ese sentido, cf. Gico Jr. (2013).

 regla jurídica para la sociedad, y más se ajustará el comportamiento espontáneo o impuesto a la conducta esperada (retorno positivo). Se trata de la economía de escala en el lado de la demanda del Estado de Derecho, o su efecto de red[452]. Cuantas más personas sepan qué regla es aplicable a un caso determinado, y cuanto más puedan mantener una expectativa racional de que estas serán las reglas aplicadas en caso de controversia, más personas tenderán a seguir esas reglas de forma espontánea (conformidad), por lo que el derecho será más útil e importante[453].

El enfoque del derecho como conocimiento de la forma en que se comportará el sistema adjudicatorio cuando se enfrente a una controversia explica su valor en contextos sociales en los que la coacción desempeña un papel importante. Sin embargo, esta explicación no revela por qué observamos tanta adhesión a las reglas jurídicas, incluso en contextos en los que la coacción es poco probable. Para comprender este fenómeno social, es necesario reconocer que el derecho también tiene un segundo propósito, como punto focal de cómo las personas probablemente se comportarán y, al hacerlo, induce el comportamiento colectivo en la dirección de ciertas conductas que generarán equilibrios autosustentables, creando *conformidad sin coacción*.

En esta segunda perspectiva menos tradicional del derecho[454], me refiero al hecho de que las personas, a veces, siguen las reglas jurídicas, incluso en ausencia de una amenaza creíble de coerción (en la improbabilidad de *enforcement*). Los científicos sociales se han esforzado por explicar por qué sucede esto, y algunos sostienen que cuando los individuos se dan cuenta de que el orden jurídico es legítimo, naturalmente seguirán las reglas, o su comportamiento se verá limitado por las creencias sociales[455]. Algunos autores más modernos tratan de explicar el mismo fenómeno empleando la teoría de juegos para demostrar cómo el comportamiento social puede emerger naturalmente de la interacción humana, y la propia existencia

452. Obsérvese que en el Estado de Derecho el juez será un consumidor del derecho tanto como las partes en un litigio, mientras que los tribunales serán, a la vez, consumidores y proveedores (integración, hermenéutica de las opciones y precedentes). En el sistema de la *common law*, la función legislativa de los tribunales es evidente, mientras que en el sistema romano-germánico está algo mitigada, pero sigue existiendo. Cf. Gico Jr. (2018).

453. Cf. la discusión sobre el ciclo de litigio en las Secciones 3.5 y 5.2.2.

454. Cf. Gico Jr. (2019, pp. 24 y ss.).

455. Max Weber (1999 [1920]) trató de explicar cómo la legitimidad puede conducir al conformidad en la medida en que los agentes perciben la regla (del costumbre o jurídica) "como lo correcto por hacer", mientras que Durkheim (1982 [1895]) trató de explicar cómo la comunidad podía crear creencias y cómo dichas creencias estructurarían y limitarían el comportamiento.

del derecho puede proporcionar puntos focales[456], que atraerán el comportamiento colectivo y generarán equilibrios de comportamiento[457].

Según este enfoque más reciente, es razonable decir que la segunda naturaleza del derecho (dualidad del derecho) es la información sobre la forma en que las personas se comportan normalmente, y dado que es probable que la mayoría de las personas se comporten de esta manera, en última instancia no se gana nada comportándose de manera diferente. De este modo, la conformidad se convierte en un equilibrio autosustentable, sin necesidad de recurrir a la coerción (*compliance* sin *enforcement*). En este caso, la utilidad del derecho sería proporcionar el conocimiento de esta dirección social (y cómo comportarse en consecuencia)[458].

Es importante señalar que el equilibrio de Nash[459] se define como un estado estable de un sistema que implica la interacción de diferentes agentes en el que ningún participante puede aumentar su retorno (*payoff*) mediante un cambio unilateral de comportamiento –si las estrategias de los demás permanecen inalteradas–. En otras palabras, un estado social se considera un equilibrio de Nash cuando ningún individuo aumentaría su beneficio cambiando, de forma aislada, su propio comportamiento, a menos que otra persona también cambie su comportamiento, y el estado social (equilibrio) se vuelve estable precisamente porque no hay ganancia individual en el cambio unilateral de comportamiento. Se puede observar cómo el efecto de red del derecho es aún más relevante cuando se trata del derecho como conformidad –porque cuanto mayor sea el número de personas que se comportan de una determinada manera, mayor será la probabilidad de que otros ajusten su comportamiento de acuerdo–. Por lo tanto, el papel del comportamiento saliente como punto focal es más fuerte y aquel equilibrio particular es más probable de ser logrado.

Sin embargo, si el derecho como coacción es claramente un bien club (no rival y excluyente), no se puede decir lo mismo del derecho como conformidad. El derecho como conformidad tampoco es rival, porque el conocimiento de un individuo de la forma en que la mayoría de las personas se comporta en una sociedad determinada

---

456. En el lenguaje de la teoría de juegos, un **punto focal** o punto de Schelling es un equilibrio saliente en un juego de equilibrios múltiples, que atrae a los jugadores precisamente porque es saliente, lo que significa que este punto focal se convierte en un equilibrio más común que los otros equilibrios como solución práctica del juego, aunque no sea una estrategia dominante. En este sentido, cf. Schelling (1981 [1960]).

457. Empleando la teoría de juegos, Grief (2006) demostró que, en lugar de asumir que los individuos siguen ciertos comportamientos sociales, estos pueden generarse endógenamente siempre y cuando se limiten a comportamientos que sean equilibrios autosustentables. En un sentido similar, McAdams (2017) explica cómo el derecho puede producir un comportamiento coordinado, incluso en ausencia de una amenaza creíble de coacción, simplemente presentando un punto focal destacado que atraiga el comportamiento.

458. Cf. Gico Jr. (2019, p. 24).

459. Véase la nota 337 *supra*.

no impide que otro individuo posea el mismo conocimiento y también disfrute de los beneficios resultantes de ese conocimiento. Sin embargo, dado que el derecho como conformidad no requiere coacción, es pura información y, una vez disponible, no puede ser sacada del dominio público, tenemos que su naturaleza es no excluyente. Por consiguiente, podemos concluir que *el derecho como conformidad es un bien público por naturaleza*, porque es no rival y no excluyente.

Es curioso observar que el derecho sería un bien público solo cuando no hay necesidad de coacción (el derecho como conformidad), pero la literatura, en general, considera el derecho como un bien público precisamente en el contexto adjudicatorio; por lo tanto, cuando el derecho es, de hecho, un bien club. Esta sutileza desapercibida es una de las razones por las que los fenómenos de congestión judicial provenientes de las políticas de libre acceso y su interrelación permanecieron ocultos a los pensadores, en general, durante tanto tiempo.

En cualquier caso, considerando que en este libro estamos realmente interesados en la relación entre el derecho y los tribunales –y el derecho como conformidad no requiere coacción, *i.e.*, el derecho como conformidad no requiere un sistema adjudicatorio para funcionar (aunque esto es discutible)–, discutiremos en adelante las implicaciones de la naturaleza económica del derecho como coacción. Al analizar la naturaleza económica de los sistemas adjudicatorios y su relación con el derecho como coacción, revelaremos aspectos interesantes de los sistemas jurídicos, en general.

6.3 La complementariedad del derecho y de los tribunales

En la sección anterior, se demostró que el derecho como coacción es no rival, aunque es exclusivo en el consumo a bajo costo (excludibilidad) y, por lo tanto, el derecho es un bien club. Ahora podemos explicar cómo esta percepción revela algo muy importante acerca de la relación entre el derecho y los sistemas públicos adjudicatorios, *i.e.*, que *el derecho y los tribunales son bienes complementarios*. Un bien se considera complementario cuando su consumo requiere el consumo de otro bien. De ello se desprende que, cuando aumenta el consumo de un bien complementario, también aumenta el consumo de su complemento. Así, pues, si el derecho y los sistemas adjudicatorios son bienes complementarios, entonces cuanto más se consume el derecho, más se utiliza el sistema adjudicatorio y cuanto más se utiliza el sistema, más se consume el derecho. Exploremos esa idea.

Cuando me refiero al derecho como coacción, debe quedar claro que me refiero al derecho como el conjunto de reglas aplicadas[460] (aunque potencialmente) por un

460. En este caso, el debate sobre si los principios forman parte del sistema jurídico como norma o no es irrelevante, ya que se convertirán en reglas si se aplican, como se demostró en Gico Jr. (2018) o serán incapaces de guiar el comportamiento, resultando en una anarquía judicial, como se discute en Gico Jr. (2015).

sistema adjudicatorio para resolver las controversias dentro de una determinada jurisdicción y, en consecuencia, para configurar el comportamiento colectivo. En este sentido, la utilidad informativa del derecho radica precisamente en indicar cómo se comportará el sistema adjudicatorio si se lleva a su presencia una determinada controversia. 239

De hecho, esta función de información solo puede utilizarse si existe un mecanismo de coacción eficaz y si este mecanismo es capaz de imponer su decisión. En otras palabras, el derecho solo es útil en este sentido si existe un sistema adjudicatorio eficaz que lo respalde, del mismo modo que una medicación intravenosa solo es útil cuando va acompañada de una jeringa u otro mecanismo de inyección. Desde el punto de vista económico, estas afirmaciones equivalen a decir que el derecho y los sistemas adjudicatorios son complementarios. De hecho, el derecho como coerción y los sistemas de adjudicación son complementos perfectos, lo que significa que deben consumirse conjuntamente para ser considerados útiles[461].

Por un lado, un sistema adjudicatorio que no sigue ninguna regla (Poder Judicial sin derecho) no sería diferente de un sistema estocástico ergódico[462]. Independientemente del caso presentado, habría una probabilidad aleatoria de éxito para el demandante y, en cualquier disputa, la posibilidad de prevalecer sería independiente del estado inicial del sistema.

En este escenario, no sería necesario un juez ni ningún otro mecanismo de decisión alternativo que no sea una computadora con una semilla aleatoria para resolver la controversia. El servicio de resolución de controversias se prestaría casi instantáneamente, pero el resultado sería un completo desperdicio social, ya que los agentes serían incapaces de coordinar el comportamiento *ex ante* (no hay forma de saber qué regla se aplicará) y el resultado sería inútil para coordinar el comportamiento *ex post* (la forma en que se decidió este caso es irrelevante para los casos futuros). En otras palabras, el objetivo de tener un sistema jurídico es coordinar el comportamiento, estableciendo una expectativa racional del comportamiento de los demás, incluyendo del Estado[463]. Pero si el mecanismo de resolución de controversias es aleatorio, se niega esta función básica del derecho, y se puede afirmar que no hay ningún derecho en absoluto, y que el Poder Judicial es inútil. Por eso he afirmado que el Poder Judicial es una tecnología institucional

461. Cf. Gico Jr. (2019, p. 26).

462. Por ejemplo, incluso en el sistema jurídico de Busoga, en Uganda, que supuestamente no tiene una teoría de precedentes, cuando se discuten los casos y se litiga, los miembros de la comunidad esperan que los casos similares se traten de manera similar, luego, que incluso el derecho consuetudinario de Busoga mantenga cierto grado de coherencia interna. Cf. Fallers (1969, p. 19).

463. Cf. Capítulo 2.

desarrollada a lo largo de miles de años de experimentación humana con un único objetivo: resolver las disputas imponiendo **las reglas**. Si no se aplican las reglas, se niega este propósito del derecho y de los tribunales[464].

Por otra parte, un sistema jurídico sin mecanismo de coerción (derecho sin Poder Judicial) sería ineficaz para coordinar el comportamiento cuando las personas no están de acuerdo con el derecho o la conformidad no es un equilibrio autosustentable. En primer lugar, si dos agentes *ex ante* acuerdan que su línea de acción es la mejor opción para sus propios intereses, no habrá necesidad de que el derecho establezca la conducta a seguir por ellos. No hay ninguna disputa. El comportamiento acordado es una estrategia dominante y, por lo tanto, resultará en cooperación. Esto también es cierto si los agentes ya están en un equilibrio de Nash, aunque, *ex post*, pueden estar en desacuerdo en que esta sea la mejor opción para uno de ellos. Como ningún agente puede mejorar su retorno cambiando unilateralmente su propio comportamiento, el equilibrio es autosustentable y no es necesaria ninguna coacción adicional.

El derecho es útil cuando hay más de una conducta interesante posible antes o después de la interacción para al menos una de las partes. Si el derecho impide que una parte adopte *ex post* un comportamiento divergente, la otra parte puede confiar *ex ante* en que el acuerdo seguirá su curso y se hará posible la cooperación. Sin embargo, para ello, el derecho debe ser capaz de impedir ese comportamiento divergente de manera coercitiva; por lo tanto, la coerción –aunque sea potencial– es necesaria. Se puede argumentar que cuanto más a menudo se interioricen estas reglas de conducta, menos coacción se requerirá; pero a menos que se pueda construir una sociedad de seres humanos perfectos, será necesario algún nivel de coacción, aunque sea leve.

En segundo lugar, desde el punto de vista social, el derecho también es relevante cuando –aunque las partes implicadas están de acuerdo entre sí sobre el comportamiento en cuestión– su cooperación tiene efectos negativos sobre terceros (externalidades). En tal situación, suponiendo que los costos de transacción sean elevados, es de interés público que el derecho sea capaz de prevenir, limitar o exigir una compensación adecuada por ese comportamiento. Dado que los agentes implicados pueden no estar dispuestos a adoptar un comportamiento que converja con el interés social, una vez más, será necesaria la coerción.

En tercer lugar, a veces las personas pueden estar en desacuerdo entre sí sobre lo que se ha acordado realmente, sobre qué regla jurídica se aplica o incluso sobre si existe una regla jurídica para el caso. En esos casos, se necesita un mecanismo de solución de controversias –que normalmente es la otra función del sistema

464. Cf. Gico Jr. (2019, p. 26).

adjudicatorio– para resolver ambigüedades y llenar lagunas. No obstante, aunque normalmente consideramos que estas funciones de reducir la ambigüedad y llenar las lagunas que se asignan a los tribunales en la mayoría (si no todos) los sistemas jurídicos, estas funciones no son realmente una función necesaria de los sistemas adjudicatorios. 241

Por ejemplo, en 1603, las Ordenanzas Filipinas de Portugal permitieron que los tribunales portugueses resolvieran las ambigüedades jurídicas y llenaran las lagunas utilizando muchas técnicas, incluida la aplicación subsidiaria del *Corpus Iuris Civilis* o el derecho canónico[465]. Sin embargo, debido a la excesiva "libertad" de interpretación, la Ley de la Buena Razón de 1769 eliminó la mayoría de estas funciones de los tribunales y las asignó de nuevo a la Corona portuguesa[466]. Otro ejemplo similar es la Constitución Imperial Brasileña de 1824, que separó la función de investigación de hechos para el jurado popular, la función de adjudicación de leyes a los tribunales y restringió las funciones de elaboración de reglas e interpretación jurídica para la Asamblea General[467]. En cualquier caso, aunque se atribuya a los tribunales la función de colmar las lagunas, se requerirá cierto grado de coacción (ejercicio de la fuerza) para hacer efectivas esas reglas creadas por los magistrados, e incluso si la tarea de resolver las ambigüedades se atribuye a los tribunales, la coacción seguirá siendo necesaria para hacer cumplir la interpretación elegida. En este sentido, la hermenéutica de las elecciones también requiere coerción.

En resumen, cualquiera que sea la estrategia que adopten los tribunales para resolver una controversia (mera adjudicación, hermenéutica de las opciones o integración), es un hecho que el resultado probablemente se tornará un derecho y la aplicación coercitiva será necesaria si no se produce un cumplimiento espontáneo. En cualquier caso, el derecho será útil para los agentes sociales solo si se dispone de un mecanismo de adjudicación viable (coacción), por lo que el derecho y los tribunales son bienes complementarios.

6.4 La naturaleza económica de los tribunales

Una vez que se haya establecido que el derecho en cuanto coerción es un bien club y su excludibilidad está profundamente relacionada con su complementariedad con la jurisdicción y los tribunales, la investigación sobre la naturaleza económica del sistema adjudicatorio debe ayudarnos a comprender algunos aspectos de la dinámica del sistema jurídico, lo que llevará a la sorprendente conclusión de que,

465. Cf. Gico Jr. (2018, p. 60).

466. Cf. Gico Jr. (2018, p. 61).

467. Cf. Gico Jr. (2018, p. 62).

en lugar de hacer posible el acceso a los derechos, las políticas de acceso irrestricto a la justicia pueden dar lugar a su denegación.

Tal cual el derecho como coacción, *cualquier sistema adjudicatorio es excluyente por naturaleza*. Considere un tribunal de arbitraje y el requisito de que, antes de iniciar el procedimiento arbitral, el demandante o ambas partes paguen las costas procesales y/o los honorarios del árbitro. Si no se paga, no se iniciará el arbitraje. Por lo tanto, hasta que los usuarios paguen por el servicio, el proveedor del servicio adjudicatorio no proporcionará el servicio deseado.

Lo mismo puede decirse de los tribunales públicos. En muchas jurisdicciones, debe haber un pago de las costas iniciales por cada acción propuesta; de lo contrario, el proceso no comenzará. Las costas iniciales pueden cubrir, en su totalidad o no, los costos de la prestación del servicio, pero en ambos casos, sin el pago de los valores requeridos, no se prestará el servicio adjudicatorio. No se trata aquí de discutir si las costas procesales existen realmente en el caso concreto, o si el servicio está subvencionado o no, sino dejar claro que esa tasa podría aplicarse fácilmente para regular el acceso al servicio, *ergo*, servicios adjudicatorios son excluyentes a costos muy bajos.

Para aclarar aún más este punto, la exclusión del servicio adjudicatorio no tiene por qué producirse en forma de costas procesales, ni necesariamente a un precio expresado en moneda. El acceso a los servicios puede racionarse mediante otros mecanismos, como cuotas o análisis costo-beneficio. Por ejemplo, desde la EC N.º 45 de 2004, el Supremo Tribunal Federal solo conocerá de los casos constitucionales mediante un recurso extraordinario si el tribunal considera que la cuestión en debate tiene repercusión general[468].

Incluso si un caso implica realmente una violación constitucional, si el asunto está restricto a las partes, el STF puede negarse a conocer del recurso extraordinario. Puede observarse que el requisito legal de repercusión general es, de hecho, una investigación sobre la presencia o no de externalidades positivas asociadas a la cuestión constitucional en debate en la acción. Si el juzgamiento de la cuestión genera una externalidad positiva, *i.e.*, es útil para otras personas, reales o potenciales, además de las partes, entonces se pueden asignar los recursos escasos del STF para resolverla. De no ser así, no se conocerá el recurso extraordinario y, a todos los efectos, se denegará a los litigantes el acceso a los servicios adjudicatorios del Supremo Tribunal. En este caso, el servicio adjudicatorio se raciona sin el uso de un

468. Art. 1.035. El Supremo Tribunal Federal, mediante decisión irrecurrible, no conocerá el recurso extraordinario cuando la cuestión constitucional alegada en este no tenga repercusión general, en los términos de este artículo. §1°. Para efectos de la repercusión general, será considerada la existencia o no de cuestiones relevantes desde el punto de vista económico, político, social o jurídico, que sobrepasen los intereses subjetivos del proceso.

mecanismo de precios, pero con el uso de un análisis implícito de costo-beneficio, 243
llamado "repercusión general".

El mismo tipo de facultad discrecional para denegar acceso al servicio adjudicatorio se otorgó a la Suprema Corte de los Estados Unidos en virtud del *Judiciary Act* de 1925 y el *Supreme Court Case Selections Act* de 1988. En virtud de esas leyes, a la mayoría de los posibles consumidores del derecho constitucional se niega el acceso a los servicios adjudicatorios de la Suprema Corte de los Estados Unidos y, por lo tanto, no tienen derecho a esos servicios. Tal cual el caso de la repercusión general en Brasil, la parte que desee que el Supremo Tribunal revise una decisión de un tribunal federal o de los estados deberá presentar un *writ of certiorari*, y el tribunal tendrá la facultad discrecional de decidir si concede o no el *certiorari*. En la gran mayoría de los casos, se niega el *certiorari*. Una vez más, el acceso al servicio adjudicatorio se raciona a bajo costo, sin el uso de un mecanismo de precios. En cualquier caso, esos ejemplos demuestran que el acceso a los tribunales puede ser excluido a bajo costo y, consecuentemente, es excluyente.

Como los servicios adjudicatorios son excluyentes, la pregunta siguiente es si serían o no rivales. Al discutir el derecho, observamos que, como el derecho es información, no es rival. El conocimiento del derecho por una persona no impide a otra disfrutar de los mismos beneficios y llevar a cabo sus negocios de acuerdo con él. Lo mismo puede decirse de los magistrados. El hecho de que un magistrado aplique una ley o un precedente a un caso no impide que otro magistrado aplique la misma regla jurídica a otro caso. En efecto, en ambos casos, la aplicación del derecho por un agente solo refuerza la utilidad del derecho para los demás (efecto de red). El caso de los sistemas adjudicatorios es diferente, ya que son rivales por naturaleza, aunque la discusión es algo más sutil.

Si entendemos que el Poder Judicial tiene alta rivalidad, entonces debemos concluir que es un bien privado (rivalidad + excludibilidad). Si entendemos que no es rival, entonces, de forma similar al derecho como coacción, será un bien club (sin rivalidad + excludibilidad). Estrictamente hablando, el Poder Judicial puede ser ambos, dependiendo del contexto. Considere la posibilidad de que un solo magistrado sea llamado para resolver una sola disputa. Dependiendo de la complejidad del caso, el magistrado podría analizar otro caso al mismo tiempo sin reducir sustancialmente el tiempo de análisis del primero. Recuerde que un proceso es una serie de procedimientos, no todos ellos ejecutados simultánea o exclusivamente por el magistrado; por lo tanto, existen varias oportunidades para que el magistrado realice otros actos paralelos mientras espera que las otras partes realicen sus respectivos actos. En este escenario, al menos inicialmente, los servicios adjudicatorios no serían rivales, luego, el Poder Judicial sería un bien club, así como el derecho.

En cambio, si el análisis simultáneo de dos o más casos da lugar a una complejidad excesiva o si el número de casos es superior a la capacidad instalada, los servicios adjudicatorios se convierten en rivales en uso, y el Poder Judicial comienza a comportarse de manera similar a un bien privado. En este sentido, es razonable decir que, al principio, el Poder Judicial es un bien club si la capacidad instalada es mayor que la demanda percibida y, a medida que la demanda aumenta, comienza a comportarse más como un bien privado, convirtiéndose en rival y propenso a congestión, a menos que su uso sea racionado de alguna manera. En otras palabras, el Poder Judicial es un bien altamente congestionable.

El Poder Judicial como un bien privado
Figura 6-2

Excludibilidad de acceso	Rivalidad en el consumo: Baja	Rivalidad en el consumo: Alta
Difícil	**Bienes públicos**	**Recursos comunes**
Fácil	**Bienes club** ------------->	**Bienes privados**

En este punto, debe quedar claro que, incluso en una etapa anterior, cuando la oferta es mayor que la demanda percibida, el Poder Judicial es un bien club, nunca un bien público. Sin embargo, cuando el desajuste entre la oferta y la demanda comience a generar rivalidad, el Poder Judicial comenzará gradualmente a comportarse como un bien privado, ya que cada nuevo caso presentado se sumará al stock de casos en curso y retrasará la prestación del servicio público adjudicatorio en promedio. En adelante, cada proceso adicional que se proponga disminuirá la utilidad del sistema judicial para todos los demás usuarios reales o potenciales.

En este sentido, como expliqué[469], aunque el consumo no es totalmente rival, cada caso adicional impone inicialmente una externalidad negativa a todos los demás usuarios del sistema. Si no se instala ningún otro mecanismo de racionamiento, esta externalidad negativa se materializará en forma de filas, lo que, combinado con el menor tiempo disponible para que los magistrados examinen cada caso, dará lugar a una creciente degradación de la cantidad y de la calidad de los servicios prestados. Este efecto de reducción de utilidad significa que el Poder

469. Cf. Gico Jr. (2019, p. 30).

Judicial comenzará a comportarse como un servicio rival. El hecho de que el Poder Judicial esté congestionado en tantos lugares del mundo solo corrobora la idea de que los tribunales son, en realidad, un recurso rival. 245

6.5 La tragedia del Poder Judicial

Una vez que se ha demostrado que los tribunales se comportan como un bien privado mientras que el derecho es un bien club, es relativamente fácil comprender que el acceso sin restricciones a los servicios adjudicatorios dará lugar a la formación natural de filas para racionar la prestación del servicio. Cualquier uso adicional del servicio adjudicatorio por un agente impedirá o disminuirá sustancialmente la utilidad del servicio para otros usuarios, del mismo modo que la inclusión de un coche adicional disminuye la utilidad de las carreteras congestionadas para otros conductores.

Dado que los tribunales son bienes privados, la solución más sencilla al problema de la congestión sería excluir a algunos usuarios del servicio. Esto ya se hace, por ejemplo, a través de instrumentos procesales como la repercusión general o el *writ of certiorari*. Alternativamente, se podría dejar funcionar al libre mercado, y el mecanismo de precios regularía la demanda, tal como se hace con los tribunales arbitrales. La competencia entre los usuarios aumentaría los precios de los servicios adjudicatorios, y el consiguiente aumento de precio racionaría naturalmente los recursos escasos, excluyendo a los usuarios que atribuyeran menos valor al servicio. Así, se lograría un equilibrio entre la oferta y la demanda, y no habría congestión. Como resultado, se presentarían menos acciones y los litigantes que atribuyeran menos valor a sus demandas, según su disposición a pagar, no tendrían sus casos juzgados o el tiempo de espera sería más largo[470].

Naturalmente, dado que el mercado solo capta las preferencias de quienes son capaces y están dispuestos a expresar sus preferencias mediante el pago (preferencias reveladas), el mecanismo de precios resolvería el problema de la congestión a expensas del eslabón más vulnerable de la sociedad, *i.e.*, los pobres, que quedarían excluidos del uso y disfrute del servicio, aunque subjetivamente lo valoren más que su costo. Además, dado que el derecho y los tribunales son bienes complementarios, la exclusión de algunos usuarios del acceso a los servicios

470. Por ejemplo, la Cámara de Comercio Internacional (CCI) tiene una Calculadora de Costos y Arbitraje en su sitio, donde se puede estimar cuánto costará un arbitraje a través de un sistema de adjudicación privado, y se puede optar por pagar más si se desea tener más árbitros (menos probabilidad de error) o si se desea una decisión más rápida (procedimiento expreso). Disponible en: https://www.international-arbitration-attorney.com/pt/icc-arbitration-cost-calculator/

adjudicatorios implica necesariamente que también quedarán excluidos del disfrute de los beneficios del propio derecho. En otras palabras, al excluir a algunos ciudadanos del acceso a los tribunales, también estaríamos excluyéndolos del acceso a sus derechos, lo cual es inaceptable.

En este sentido, desde el punto de vista económico, los servicios públicos adjudicatorios pueden considerarse **bienes meritorios**, *i.e.*, que son tan importantes para el desarrollo humano que todo individuo debería tener acceso a ellos sobre la base de algún criterio de necesidad y no de capacidad o disposición a pagar.

La idea de que el Poder Judicial es un bien meritorio es prácticamente un consenso, ya que la mayoría de los países ha decidido que el acceso a los servicios públicos adjudicatorios es un derecho fundamental y, por lo tanto, debe garantizarse su libre acceso a todos en igualdad de condiciones. Según las Naciones Unidas[471]: "El acceso a la justicia es un principio básico del Estado de Derecho. Sin acceso a la justicia, las personas no pueden hacer oír su voz, ejercer sus derechos, hacer frente a la discriminación o hacer que rindan cuentas los encargados de la adopción de decisiones. La Declaración de la Reunión de Alto Nivel sobre el Estado de Derecho hizo hincapié en el derecho a la igualdad de acceso a la justicia para todos, incluidos los miembros de grupos vulnerables, y reafirmó el compromiso de los Estados Miembros de adoptar todas las medidas necesarias para prestar servicios justos, transparentes, eficaces, no discriminatorios y responsables que promovieran el acceso a la justicia para todos, entre ellos la asistencia jurídica (párrs. 14 y 15). Las actividades de las Naciones Unidas en apoyo de las iniciativas de los Estados Miembros para asegurar el acceso a la justicia son un componente básico de la labor en la esfera del Estado de Derecho".

De hecho, la idea del libre acceso a la justicia existe desde hace tiempo. El siglo XX ha sido testigo de una creciente preocupación por la cuestión del acceso a la justicia. La primera ola se ocupó de la asistencia jurídica a los pobres y comenzó en Occidente en el decenio de 1920 en Alemania y el Reino Unido[472]. La segunda ola se ocupó de la representación de intereses difusos y de los esfuerzos por abordar el problema de la representación de grupos y colectividades distintos de los pobres, que comenzó a finales del decenio de 1960 en los Estados Unidos[473]. La tercera ola fue más allá de la promoción, centrándose no solo en la asistencia jurídica y la defensa de intereses difusos, sino también en todo tipo de barreras institucionales para un

471. Cf. ONU (p. n/d).

472. Cf. Cappelletti y Garth (1988, pp. 197 y ss.).

473. Cf. Cappelletti y Garth (1988, pp. 209 y ss.). Para un debate anterior sobre el no racionamiento del acceso a la justicia, véase Hazard Jr. (1965).

acceso más eficaz a la justicia[474]. Estas olas de reformas, destinadas a aumentar el acceso a la justicia, siguen apareciendo de vez en cuando[475].

En el decenio de 1970, Mauro Cappelletti dirigió un proyecto de investigación financiado por la Fundación Ford y el Consejo Nacional de Investigaciones de Italia (CNR), denominado "Proyecto de acceso a la justicia de Florencia"[476]. Según Cappelletti y Garth: "el derecho al acceso efectivo se reconoce cada vez más como de importancia primordial entre los nuevos derechos individuales y sociales, **ya que la titularidad de los derechos no tiene sentido sin mecanismos para su reivindicación efectiva**. El acceso efectivo a la justicia puede considerarse, por tanto, como el requisito más básico –el 'derecho humano' más básico– de un sistema jurídico moderno e igualitario que busca garantizar, y no solo proclamar, los derechos de todos"[477]. Como puede verse, en otras palabras, Cappelletti ha reconocido que el derecho y los servicios públicos adjudicatorios son bienes complementarios perfectos, como se propone en la Sección 6.3 supra. Solo he utilizado la teoría económica para demostrar los fundamentos de mi conclusión en el mismo sentido.

Ninguna persona razonable negaría que el acceso a la justicia es un requisito fundamental tanto para el desarrollo humano como para la aplicación del Estado de Derecho. Sin embargo, como ya he dicho[478], lo que este tipo de enfoque no entiende es que, si la política pública subvenciona el acceso a los servicios adjudicatorios y/o crea un derecho de acceso irrestricto al Poder Judicial, que es un bien privado por naturaleza, en la práctica esta política pública cambiará la naturaleza económica de los tribunales, lo que dificultará jurídicamente su exclusión de los usuarios. Sin embargo, como el atributo de rivalidad del Poder Judicial es ineludible, si este se transforma en un sistema de libre acceso (no excluyente), el resultado será la transformación del Poder Judicial en un recurso común.

474. Cf. Cappelletti y Garth (1988, pp. 222 y ss.).

475. Para un informe relativamente más reciente y completo sobre el acceso a la justicia, véase Parker (1999).

476. Cf. Cappelletti y Garth (1988).

477. Cf. Cappelletti e Garth (1988, pp. 184-185).

478. Gico Jr. (2019, p. 32).

El Poder Judicial como recurso común

Figura 6-3

Excludibilidad de acceso	Rivalidad en el consumo: Baja	Rivalidad en el consumo: Alta
Difícil	**Bienes públicos**	**Recursos comunes** ↑
Fácil	**Bienes club**	**Bienes privados**

Como resultado de las políticas de libre acceso sin restricciones, el Poder Judicial se convierte en un recurso común, vulnerable a la sobreexplotación y propenso a la congestión. Cuantos más gobiernos de todo el mundo apliquen políticas para alentar a la gente a utilizar el Poder Judicial, más congestionados estarán los tribunales[479], tal como cualquier otro recurso común que se explote en exceso.

La congestión judicial resultante aumenta considerablemente tanto la cantidad de tiempo necesaria para resolver una controversia como la probabilidad de que los resultados sean deficientes o simplemente incorrectos, ya que los magistrados se ven abrumados por el creciente número de casos y, al mismo tiempo, deben responder cada vez más rápidamente. En el caótico mundo de la sobreexplotación del sistema judicial, no es descabellado esperar que los magistrados concentren el mayor esfuerzo posible en la resolución de las controversias para reducir la acumulación de casos en su oficina e invertir lo menos posible en seguridad jurídica[480], ya que esta es una externalidad positiva que solo reduce marginalmente la acumulación de casos para cualquier tribunal en particular.

En resumen, una vez que se apliquen políticas de acceso irrestricto a la justicia, es trivial reconocer que el Poder Judicial se convertirá en un bien no

479. Considerando, por supuesto, que los escasos recursos impiden la expansión ilimitada del Poder Judicial, especialmente en los países menos ricos. Esta línea de razonamiento es aplicable cuando la oferta de servicios adjudicatorios es menor que la demanda total percibida, lo que trasforma los tribunales en bienes rivales. Si una sociedad es capaz y decide invertir recursos suficientes para que la oferta sea siempre mayor que la demanda de servicios adjudicatorios, entonces el Poder Judicial no se convertirá en rival y no habrá congestión, aunque siempre habrá una congestión de equilibrio dado un cierto nivel de servicios prestados, como se examina en la Sección 6.6.

480. Suponiendo que, en general, hay costos relacionados al descubrimiento y a la aplicación del derecho, así como con la adquisición y el procesamiento de cualquier tipo de información, de lo contrario esto puede no ocurrir. Sobre el costo de coordinación de los jueces dentro del Poder Judicial cuando los jueces tienen un objetivo común (*i.e.*, la misma función utilidad), cf. Gico Jr. (2013). Para un análisis de los costos de coordinación cuando pueden tener diferentes objetivos (*i.e.*, diferentes funciones utilidad), véase Gico Jr. (2015).

excluyente y que más usuarios accederán al sistema. Sin embargo, como los sistemas adjudicatorios son rivales por naturaleza, el resultado previsto será la sobreexplotación del sistema, lo que dará lugar a una degradación sustancial de los servicios prestados. Todos queremos que todo el mundo tenga acceso a los servicios adjudicatorios, porque la capacidad de reivindicar sus derechos es un requisito esencial para poder ejercerlos. Sin embargo, una vez que se conceda acceso irrestricto a los tribunales, el propio sistema se verá sobrecargado de casos y, aunque se garantizará el acceso al sistema, el servicio judicial no se prestará de manera oportuna, o se prestará con una calidad muy inferior. Este resultado es exactamente la **tragedia del Poder Judicial**[481].

Cuantas más personas utilicen el Poder Judicial, más congestionado estará y menos útil será para los usuarios en general, ya que su capacidad para prestar servicios públicos adjudicatorios se verá afectada. El problema es centrarse en el acceso al sistema (Poder Judicial), cuando lo que se debería hacer es centrarse en la capacidad de utilizar y disfrutar de sus frutos (derechos), que son –en gran medida– lo que la gente realmente quiere.

Al centrarse únicamente en la conciencia de los derechos y fomentar el uso irrestricto del Poder Judicial sin reconocer que está sobrecargado de casos, la política pública de libre acceso está acelerando y fomentando la sobreexplotación del sistema judicial, que ya es disfuncional en muchas jurisdicciones. Al reconocer la naturaleza de recurso común del Poder Judicial, podemos comprender mejor lo que sucede en los tribunales de todo el mundo, donde las políticas de acceso irrestricto aumentan *pari passu* con la congestión de los tribunales.

Tal vez no sea por casualidad que algunos pensadores hayan identificado un crecimiento sin precedentes en el volumen de casos, lo que dio lugar a una congestión en los tribunales durante el decenio de 1960, el mismo período en que se produjo la mayor oleada de políticas de libre acceso a la justicia. Posner[482] demostró que, si bien el número de casos ha aumentado constantemente en los tribunales federales de los Estados Unidos, ese crecimiento fue modesto y se acomodó fácilmente al sistema de tres niveles creado en 1891 hasta el decenio de 1960, cuando el número de casos se disparó. El Grupo de Trabajo sobre la Administración de Justicia[483] llegó

481. La demostración de cómo el Poder Judicial se comporta como un recurso común y, por lo tanto, que es vulnerable al problema de tragedia de los comunes se llevó a cabo en Gico Jr. (2012; 2014). La demostración de que este resultado es una consecuencia de la naturaleza misma del derecho y de los tribunales y de su relación complementaria fue explorada y ampliada en Gico Jr. (2019; 2020).

482. Cf. Posner (1999, pp. 53 y ss.).

483. Cf. NCJRS (1967).

 a las mismas conclusiones, y Landes reforzó[484] el argumento, afirmando que "se reconoce ampliamente que los tribunales están sobrecargados con un volumen de casos mayor del que pueden manejar eficientemente".

Se puede notar la ironía y la clara contradicción entre la defensa incondicional de Cappelletti y otros[485] del libre acceso a la justicia, mientras que al mismo tiempo argumenta que la congestión de un tribunal es, en realidad, una justicia inaccesible[486]. Tal cual los defensores modernos del acceso irrestricto a la justicia, Cappelletti simplemente no pudo ver que estos dos objetivos son claramente contradictorios. Los objetivos de mayor acceso y mayor celeridad son en gran medida incompatibles. Si el número de casos excede sustancialmente la capacidad de análisis y procesamiento del Poder Judicial, cada caso adicional tardará cada vez más tiempo en resolverse, y el análisis de estos casos será cada vez más superficial, ya que los magistrados no tendrán tiempo suficiente para examinar los casos con detenimiento. Esta condición disminuye la calidad de las decisiones y, en el límite, debilita la razón para tener un Poder Judicial.

Además, otra cuestión que parece escapar a la percepción de algunos científicos sociales es que, si bien la producción de reglas jurídicas por los tribunales crea una externalidad positiva y un efecto de red positivo, el Poder Judicial es un recurso rival y su sobreexplotación crea congestión, lo que a su vez es una externalidad negativa. En otras palabras, podemos considerar que los precedentes producidos por los tribunales –como subproducto de sus actividades de solución de controversias– son una externalidad positiva, porque otros pueden disfrutar de los beneficios del precedente creado sin haber contribuido al costo de producirlo[487]. Sin embargo, la simple proposición de una acción retrasará la prestación de servicios adjudicatorios en promedio para todos los demás usuarios, lo que dará lugar a una **externalidad negativa compensatoria.**

484. Cf. Landes (1971, p. 74). En el mismo sentido, Clemenz y Gugler (2000, p. 215) identificaron sobre Austria que "[e]l número anual de casos de litigios civiles llevados a los tribunales austríacos aumentó de 544.000 en 1960 a 951.000 en 1995. Al mismo tiempo, la población se mantuvo casi constante. Se pueden observar tendencias similares en otros países también".

485. Para una defensa moderna del acceso irrestricto a la justicia, cf. Beier (1990).

486. "El efecto de este retraso, especialmente dadas las tasas de inflación imperantes, puede ser devastador; aumenta los costos de las partes y ejerce una gran presión sobre los económicamente débiles para que abandonen sus demandas o se conformen con mucho menos de lo que les corresponde. Como reconoce explícitamente el Convenio Europeo para la Protección de los Derechos Humanos y de las Libertades Fundamentales en el párrafo 1 del artículo 6, la justicia que no está disponible en un 'plazo razonable' es, para muchas personas, una justicia inaccesible". Cf. Cappelletti e Garth (1988, p. 190).

487. En aras de simplificación, aquí estamos ignorando el hecho de que el Poder Judicial se financia, en la práctica, con recursos públicos procedentes de los impuestos pagados por todos los miembros de la sociedad y no solo de las costas procesales pagadas por los litigantes. Por lo tanto, todos los contribuyentes pagan por la producción de precedentes.

Dado que la mayoría de los casos no produce un precedente (aunque todos los casos presentados contribuyen a la congestión de los tribunales), creo que la externalidad negativa resultante de la congestión de los tribunales compensa con creces cualquier valor resultante de la externalidad positiva de eventualmente producir un precedente. Esta conclusión hace que los argumentos económicos para proporcionar subsidios para el litigio a fin de aumentar la producción de precedentes sean irrelevantes. 251

La tragedia del Poder Judicial nos lleva a un intrigante enigma: las personas deben poder reclamar sus derechos sin barreras sustanciales, pero el acceso irrestricto al sistema público adjudicatorio para cada persona socava el acceso a la justicia para todos los demás. Debe ser posible crear algunos mecanismos de gobernanza que impidan la sobreexplotación del Poder Judicial, aunque el reconocimiento del carácter económico de los tribunales lleva a la conclusión de que también puede ser necesaria alguna forma de racionamiento. Esto requiere un pensamiento estratégico sobre cómo estructurar mejor los tribunales y el sistema judicial en el futuro, en una visión que no implique pasiones o discusiones ideológicas. En cualquier caso, la comprensión de la conexión entre el fenómeno ubicuo de la congestión judicial en el mundo y la naturaleza económica del derecho y los tribunales pueden ser un elemento importante para resolver este enigma o, al menos, para mitigarlo.

Ya se ha estudiado debidamente la importancia de la seguridad jurídica para reducir la brecha de expectativas (Sección 4.2) y para el buen funcionamiento del ciclo de litigios (Sección 3.5), que reducen el nivel de litigios. En mi opinión, la seguridad jurídica es la principal estrategia para mitigar la tragedia del Poder Judicial y el uso excesivo del sistema judicial. Sin embargo, como conclusión de este capítulo y de este libro en general, me gustaría explorar una cuestión final que también surge de la tragedia, el problema de selección adversa de litigantes.

6.6 El problema de selección adversa: el otro lado de la tragedia del Poder Judicial

El retraso en la prestación del servicio público adjudicatorio es solo el aspecto más evidente de la tragedia del Poder Judicial. Hay otro aspecto, que puede ser aún más grave y pernicioso, desde el punto de vista de la justicia social, así como de la función del Poder Judicial como garante de las negociaciones políticas (leyes) y privadas (contratos): el problema de la **selección adversa** resultante de la lentitud judicial.

En los capítulos anteriores, hemos hablado repetidamente de la importancia del Poder Judicial y de hacer valer la voluntad popular plasmada en las leyes y de las partes en los contratos. Sin embargo, no incluimos el elemento tiempo en los modelos. Una vez introducido el elemento tiempo en el análisis, como demostraremos, cuanto mayor sea la lentitud judicial, menor será el valor actual del derecho para el autor y menor el valor actual de la obligación para el demandado. En este sentido, la disminución del valor del derecho debido a la congestión judicial desalentará a los posibles demandantes de utilizar el sistema adjudicatorio o les impedirá disfrutar de sus derechos de manera efectiva, al tiempo que alentará a algunos sujetos de obligaciones a utilizar el sistema y litigar solo para beneficiarse del aplazamiento de sus obligaciones.

Como se explica en la Sección 4.2, según la teoría de la negociación, para que haya un excedente cooperativo y para que sea posible un intercambio voluntario, el valor de la acción para el demandado debe ser mayor que el valor de la acción para el demandante, y deben acordar algún valor A entre el valor de reserva de ambos, $V_R \geq A \geq V_A$. Es importante recordar que el valor de reserva del autor y del demandado son los siguientes:

Ecuación 4.2-2

$$V_A = p_A . B - C_A + N_A$$

Ecuación 4.2-3

$$V_R = p_R . B + C_R - N_R$$

Dicho esto, tendremos un acuerdo cuando el mínimo que el autor esté dispuesto a aceptar, V_A, es menor o igual al máximo que el demandado está dispuesto a pagar V_R, *i.e.*, cuando $V_A \leq V_R$, luego, hay un excedente cooperativo para ser distribuido. *A contrario sensu*, no se llegará a un acuerdo y se propondrá una demanda cuando la condición de litigio, *i.e.*, $V_A > V_R$, es atendida. Como ya se ha demostrado, si sustituimos el precio de reserva del autor (Ecuación 4.2-2) y el precio de reserva del demandado (Ecuación 4.2-3), en la condición de litigio, tendremos que:

Inecuación 6.6-1

$$V_A > V_R$$

$$p_A . B - C_A + N_A > p_R . B + C_R - N_R$$

$$(p_A - p_R) . B > (C_A + C_R) - (N_A + N_R)$$

En este sentido, además de la *brecha de expectativas* ($p_A - p_R$), relacionada a la seguridad jurídica y a la previsibilidad del Poder Judicial; de los *costos de litigar*

($C_A + C_R$), relacionados a las políticas de subvención al litigio y del libre acceso; y de los costos de negociación ($N_A + N_R$), inherente a cualquier proceso de negociación, tenemos el valor del bien de la vida B como uno de los factores que afectará a la satisfacción de la condición de litigio y, por lo tanto, si será racional o no litigar.

Sin embargo, este modelo no tiene en cuenta el hecho de que el intervalo de tiempo entre el comienzo y el final de una demanda podría reducir por sí solo el valor actual de una posible acción y, por lo tanto, el retorno esperado del litigio. En otras palabras, las partes no son indiferentes a las demoras jurídicas en el momento de decidir si proponen o no una demanda o si cierran un acuerdo. Cuanto más tiempo se tarda en juzgar un caso, menos valor actual tiene para los que reclaman sus derechos. El efecto devastador del retraso judicial fue percibido por Posner[488], Cappelletti y Garth[489], y más tarde fue desarrollado por Priest[490], cuyo modelo iuseconómico seguiremos aquí.

Para tener en cuenta el valor del bien de la vida en el tiempo, podemos modificar el modelo discutido anteriormente para incluir una tasa de descuento para B, haciendo que el valor actual de la acción dependa de la magnitud del retraso procesal y del valor del bien de la vida en el tiempo[491], lo que puede ser representado por una tasa de interés o de descuento. Adaptando, entonces, la Inecuación 6.6-1, tenemos:

Inecuación 6.6-2

$$(p_A - p_R) \cdot \frac{B}{(1 + r)^t} > (C_A + C_R) - (N_A + N_R)$$

donde r es la tasa de descuento del período del demandante y t es el número de períodos entre la presentación de la demanda y su sentencia. El lapso entre la violación del derecho o el daño y la presentación de la demanda se ignora en aras de la simplicidad.

La Inecuación 6.6-2 muestra que el **período de resolución**, *i.e.*, el tiempo necesario para que el sistema judicial resuelva una controversia, es capaz por sí mismo de reducir el valor actual de un pleito y, al hacerlo, también influye en la probabilidad de que surja una controversia. Obsérvese que cuanto más alta sea la tasa de descuento del demandante (r), *i.e.*, la ansiedad o su impaciencia, menos será el valor presente del bien de la vida que él recibirá solo en el futuro. Y cuanto

488. Cf. Posner (2007, p. 448).

489. Cf. Cappelletti y Garth (1988, p. 190).

490. Cf. Priest (1989, p. 533).

491. Cualquier libro de matemáticas financieras te enseñará a calcular el valor temporal del dinero y lo que significa el pago de intereses. Yo uso el mismo enfoque aquí.

mayor sea el valor de t, es decir, cuanto más tiempo se demore el Poder Judicial en resolver la disputa, menor será el valor actual del bien de la vida. Entonces, tanto la impaciencia del autor como la demora del Poder Judicial disminuyen el valor del bien de la vida y, por consiguiente, el valor del derecho del que el autor debe gozar después de la prestación del servicio judicial.

En este sentido, *ceteris paribus*, existe una relación inversa entre el período de resolución y la probabilidad de litigio. La congestión judicial –o retraso judicial– aumenta la probabilidad de acuerdo desde el punto de vista del demandante, mientras que la celeridad judicial aumenta la probabilidad de litigio. Esta relación inversa no intuitiva sugiere la existencia de una interrelación dinámica entre la tardanza y la tasa de litigios.

Cuanto más rápido sea el Poder Judicial (menor t), mayor será el valor actual de un posible litigio y, por lo tanto, mayor será la probabilidad de que se proponga una acción. Pero cuantas más acciones se presenten, mayor será la carga sobre el Poder Judicial, que deberá ser más lento (mayor t) –lo que reducirá el valor actual de las acciones y reducirá la demanda futura de servicios adjudicatorios–. Así, pues, se espera que cambios en la lentitud judicial generen efectos compensatorios en el volumen de casos iniciados y viceversa. Esta relación sugiere que, dada la capacidad de adjudicación instalada, debe haber un nivel de equilibrio entre los litigios y la lentitud en cada jurisdicción, una **congestión de equilibrio**.

Del mismo modo que la inseguridad jurídica da lugar a litigios, lo que a su vez provoca un aumento de demandas y la producción de jurisprudencia que, si se estandarizan adecuadamente, restablecen la seguridad jurídica, lo que da lugar a una retracción del litigio (ciclo del litigio), el nivel de litigio debe fluctuar por encima o por debajo del nivel de congestión de equilibrio a medida que cambia la lentitud. La disminución de la demora (celeridad procesal) hace que los litigantes marginales comiencen a litigar, porque el valor actual del bien de la vida $\frac{B}{(1+r)^t}$ aumenta, devolviendo la congestión al nivel de equilibrio. Por otra parte, si el Poder Judicial se vuelve demasiado lento, el valor actual de los pleitos disminuye y los litigantes marginales llegan a un acuerdo o dejan de litigar, lo que reduce la congestión judicial de vuelta al nivel de equilibrio.

La incorporación del elemento tiempo en la condición de litigio ilustra de manera sencilla cómo la lentitud judicial reduce la utilidad social del Poder Judicial. Cualquier grupo que se interese por la expansión de los derechos y su efectividad debe tener uno de sus peores enemigos en la lentitud judicial. No importa si un grupo determinado es titular o no de un derecho, si el Poder Judicial es excesivamente lento (t es muy grande), el valor actual de ese derecho tiende a cero, *i.e.*, lo que es similar a la situación en la que el mismo grupo no tuviese el derecho. Cuanto más tiempo se tarde en obtener la prestación jurisdiccional, menor será el valor actual del derecho. En el límite, un Poder Judicial arbitrariamente lento destruye el proprio derecho demandado. 255

Esta interrelación entre la congestión judicial y el volumen de litigios puede explicar, por ejemplo, el misterio de los tribunales especiales (tribunales de causas menores) del Brasil y su rápida sobrecarga. Los tribunales especiales se crearon para aliviar el lento Poder Judicial. La doctrina tradicional, centrada únicamente en la reducción de los costos de acceso y de los procedimientos, puede ser ejemplificada por Figueira Jr. y Lopes[492], cuando afirman que "La crisis jurídica y jurisdiccional que hemos experimentando en los últimos tiempos, en la búsqueda de resultados diversificados que se materialicen en la eficacia y eficiencia del proceso civil a través de la solución rápida y eficiente de los conflictos intersubjetivos, colectivos o difusos de los jurisdiccionados. [E]l nuevo sistema da lugar a la liberación de lo que convencionalmente se denomina litigios contenidos, porque ha ampliado no solo la vía de acceso a los tribunales, sino también el flujo mucho más fluido de las demandas presentadas, debido al procedimiento sumario anclado en un procedimiento más ágil, que cumple básicamente los criterios de oralidad, sencillez, informalidad, economía procesal y rapidez".

Sin embargo, la experiencia demuestra que la reducción de los costos de administración del proceso, con la simplificación de los procedimientos en el tribunal especial, no ha compensado en lo más mínimo la corriente adicional resultante de la creación de una nueva "ruta de acceso" a costo cero y, al menos inicialmente, más rápida que los servicios tradicionales de adjudicación pública. En otras palabras, como la teoría presentada aquí predice claramente, la reducción de los costos de litigar, combinada con el acortamiento del período de resolución, dio lugar a un aumento sustancial de los litigios en los tribunales especiales.

Los tribunales especiales son gratuitos (sin costas judiciales), no hay necesidad de abogados (hasta un determinado valor), no hay honorarios de abogados en caso de derrota y su procedimiento se simplifica, todo ello con el fin de aumentar el acceso y reducir la carga del Poder Judicial. Además de aliviar el Poder Judicial, el objetivo claro era satisfacer una demanda reprimida por servicios públicos adjudicatorios. Sin embargo, los estudios del Consejo Federal de Justicia y del Centro de Estudios Judiciales[493] y de la Secretaría de Reforma Judicial del Ministerio de Justicia[494] ya señalan la congestión de los tribunales especiales de la misma manera que la justicia

492. Cf. Figueira Jr. y Lopes (1997, pp. 31 y 35).

493. Cf. CJF (2003).

494. Cf. MJ (2005).

 común. El problema persiste desde hace años, como reconoce el CNJ[495]: "Creados en 1995 para resolver rápidamente las demandas de los tribunales, los Tribunales Especiales Civiles –mantenidos por los Tribunales de Justicia estatales– sufren la misma enfermedad que durante mucho tiempo ha molestado al Poder Judicial, la acumulación de casos no resueltos y el consiguiente aumento de la tasa de congestión".

Ahora bien, un servicio público cuyo precio de utilización se establece *a priori* como cero y estructurado para ser más rápido que su competidor –la justicia común– atrajo obviamente a un gran número de litigantes marginales, que aumentaron gradualmente la tasa de congestión de los tribunales, hasta alcanzar el nuevo punto de equilibrio entre lentitud y litigio. Así como la creación de una carretera secundaria descongestiona inicialmente la carretera principal, la reducción del costo de la conducción lleva a los conductores marginales a utilizar cada vez más la nueva carretera hasta que ambas carreteras se vuelven a congestionar.

La proposición de que toda jurisdicción enfrenta un equilibrio de congestión no significa que sea imposible cambiar ese equilibrio, sino solo que la evaluación del impacto de cualquier reforma que aborde el problema de la congestión judicial debe tener en cuenta también el efecto compensatorio que se deriva de los mismos cambios implementados, en un aumento de los litigios debido a la nueva celeridad procesal alcanzada. Siempre hay un efecto compensatorio.

Además, el efecto de cualquier reforma individual dependerá, en gran medida, del contexto institucional de la jurisdicción en que se lleve a cabo. El resultado final dependerá del grado de dispersión del resultado del juzgamiento de B; de la divergencia de estimaciones de éxito $(p_A - p_R)$; de la tasa de descuento r del tiempo para el juzgamiento t; así como de los costos de litigar $(C_A + C_R)$ y de los costos de hacer un acuerdo $(N_A + N_R)$. La Inecuación 6.6-2 ilustra cómo se pueden estimar los efectos de cada una de estas dimensiones relevantes de la condición de litigio.

Por ejemplo, ¿cuál es el impacto de la contratación de más jueces en el número de disputas? Con todas las demás características constantes, el aumento del número de magistrados reduce el tiempo de decisión de cada caso, t. Sin embargo, la reducción de t significa que el retorno esperado del litigio aumenta, porque el valor actual del litigio $\frac{B}{(1+r)^t}$ aumenta. Esto significa que, en un primer momento, el volumen de decisiones aumentará e incluso puede disminuir el número de casos en stock, pero un efecto compensatorio en los nuevos casos tiende a disminuir estas ganancias, hasta que se alcanza nuevamente una congestión de equilibrio, como ocurrió con los tribunales especiales brasileños. Por otra parte, este efecto puede

495. Cf. Euzebius (2012).

ser completamente diferente en una jurisdicción determinada si, por ejemplo, la tasa de interés *r* cambia de un año a otro. La magnitud de la interacción de cada una de estas dimensiones depende de las características de cada jurisdicción y es, en última instancia, una cuestión empírica.

Los resultados encontrados por Bielen, Peeters, Marneffe y Vereeck, al estudiar treinta y seis países europeos en el período de 2006 a 2012, corroboran la hipótesis de un equilibrio de congestión para los países altamente litigiosos con una independencia judicial de moderada a alta[496]. En el caso de esos países, los resultados proporcionan evidencias convincentes de una relación inversa entre las tasas de litigio y los retrasos de los tribunales. Esto sugiere que una reducción de la congestión de los tribunales induce a otros agentes (litigantes marginales) a acceder al servicio público adjudicatorio. En consecuencia, es probable que el aumento de la oferta de servicios judiciales sea parcialmente ineficaz para reducir las demoras de los tribunales, ya que se creará una demanda compensatoria adicional. Por consiguiente, los niveles de stock de procesos deben volver al nivel de equilibrio.

Sin embargo, lo más interesante es que estos autores no encontraron evidencias de una relación inversa entre las tasas de litigio y el número de casos en los tribunales de países ligeramente litigiosos. Utilizando la teoría presentada en este capítulo, una posible explicación del resultado discrepante es que, en los países con pocos litigios, el Poder Judicial sigue comportándose como un bien club y no como un recurso común, y estos países tienen probablemente un alto nivel de seguridad jurídica y un ciclo de litigios que funciona correctamente, lo que induce un mayor nivel de cumplimiento espontáneo (sin coacción). Dado que la amenaza de la aplicación del derecho es muy creíble (ya que el Poder Judicial no está congestionado y existe seguridad jurídica), el nivel de cooperación espontánea es más alto; por lo tanto, el uso del sistema judicial es menor. En cierta medida, esos países parecen haber mantenido la oferta de servicios adjudicatorios a un nivel más alto que la cantidad demandada.

En ese sentido, como he argumentado anteriormente, toda política destinada a combatir la tragedia del Poder Judicial debe tener en cuenta el contexto específico del país objeto. Es poco probable que funcione la contratación de más jueces en los tribunales de países altamente litigiosos, ya que es probable que se instale el efecto compensatorio y se reanude el equilibrio de congestión, como ocurrió con los tribunales especiales en Brasil. Reforzando esta conclusión, Bielen, Peeters, Marneffe y Vereeck están de acuerdo en que "se necesita un enfoque político

496. Cf. Bielen, Peeters, Marneffe y Vereeck (2018).

personalizado para tratar el problema de las demoras de los tribunales basado en el grado de litigio y el nivel de independencia judicial de un país"[497].

La Inecuación 6.6-2 muestra cómo las recientes políticas públicas destinadas única y exclusivamente a aumentar el acceso al Poder Judicial, *i.e.*, las reformas cuyo objetivo declarado es solo reducir el costo de litigar ($C_A + C_R$), sin ningún cambio en las demás variables de la condición de litigio, aumenta el número de disputas. Sin embargo, en un Poder Judicial ya sobrecargado, si, por un lado, el aumento de número de acciones constituye un ejercicio legítimo de la ciudadanía, por otro lado, contribuye a la lentitud judicial, luego, aumenta el tiempo necesario para resolver cualquier controversia (t), lo que a su vez reduce el valor actual de la acción para el titular del derecho. En otras palabras, el incentivo aislado al litigio, reduciendo los costos de litigar (acceso al Poder Judicial), *ceteris paribus*, induce a la lentitud judicial que, a su vez, reduce la utilidad real de los derechos. Además, un grupo marginal de posibles usuarios del Poder Judicial dejará de utilizarlo para hacer valer sus derechos, porque no les compensará.

Estos titulares legítimos de intereses jurídicamente protegidos no podrán, en la práctica, ejercer sus derechos, lo cual es el resultado opuesto que se pretendía en principio de la política de acceso al Poder Judicial. Una vez más, tenemos la tragedia del Poder Judicial, en la que el libre acceso a lo principal (*resource system*), fomentado por las subvenciones públicas, conduce a un uso excesivo que, a su vez, conduce a la exclusión de los usuarios por la rivalidad, y que no debiera ser excluido.

Así, pues, la sobreutilización del Poder Judicial puede tener un aspecto aún más pernicioso que la simple distancia excesiva entre el pedido y la recepción; la lentitud puede constituir un mecanismo de selección adversa en el que los titulares de derechos legítimos son apartados del Poder Judicial, mientras que los agentes que no tienen derechos son atraídos precisamente por la lentitud judicial para aplazar el cumplimiento de las obligaciones. En una especie de Ley de Gresham[498], los buenos litigantes son excluidos del mercado de litigios y los malos litigantes son atraídos por él. Las políticas públicas de acceso indiscriminado al Poder Judicial, cuando se consideran de forma aislada, excluyen a los usuarios marginales debido a su lentitud y, en definitiva, reducen la utilidad del Poder Judicial debido a su uso excesivo, un resultado trágico.

497. Cf. Bielen, Peeters, Marneffe y Vereeck (2018, p. 20).

498. La Ley de Gresham es un principio económico según el cual la sobrevaloración artificial de una moneda y la devaluación artificial de otra, por parte del gobierno, hace que la moneda sobrevalorada invada el mercado, mientras que la moneda infravalorada tiene su circulación drásticamente reducida, siendo acaparada. Normalmente se usa la expresión "dinero malo expulsa al dinero bueno".

Para mitigar el problema del retraso judicial, las acciones judiciales deben ser remuneradas con intereses. La aplicación de intereses de demora[499] apropiados puede reducir los efectos excluyentes, provenientes del retraso judicial, y puede incluirse en nuestro modelo. En este sentido, solo hay que cambiar la Inecuación 6.6-2 para pagar los intereses legales sobre el monto de una eventual condena (r_j), pero no necesariamente a la tasa del mercado (r_m):

Inecuación 6.6-3

$$(p_A - p_R) \cdot \frac{B}{(1 + r_m - r_j)^t} > (C_A + C_R) - (N_A + N_R)$$

En esta hipótesis, la lentitud judicial sigue reduciendo la probabilidad de litigio, pero en menor medida, suponiendo que la tasa de interés legal (r_j) es inferior a la tasa de interés de mercado (r_m), *i.e.*, $r_j < r_m$. Ya si $r_j = r_m$, entonces, el valor del litigio se corregirá a tasa de mercado (suponiendo que esta sea el costo de oportunidad de la parte), lo que significa que no habrá ningún costo asociado al retraso judicial, lo que ya no es más pertinente para determinar la probabilidad de un litigio. Por otro lado, si $r_j > r_m$, cuanto más tiempo se demore el Poder Judicial, mayor será la probabilidad de litigio, ya que el litigio se ha convertido en una inversión interesante para el autor.

En este sentido, como sugerencia política procesal, el interés legal debe ser lo más cercano posible a las tasas de mercado para evitar el problema de selección adversa que resulta de la exclusión de los titulares legítimos de derechos y la atracción de aquellos que solo desean aplazar la ejecución de sus obligaciones, debido a la lentitud judicial[500]. No hace falta decir que cuanto más rápido vayan los tribunales, menos importante será la tasa del interés legal.

---

499. El interés de demora es una tasa porcentual sobre el retraso en el cumplimiento de una obligación en un período determinado. Está previsto en el Código Civil brasileño: "Art. 389. Si no se cumple la obligación, el deudor es responsable de las pérdidas y los daños, más los intereses y la actualización monetaria según las tasas oficiales establecidas regularmente, y los honorarios de los abogados" y "Art. 406. Cuando no se acuerden intereses de demora, o cuando estos no tengan una tasa estipulada, o cuando se determinen por ley, se fijarán de acuerdo con el tipo vigente para el pago atrasado de los impuestos adeudados al Tesoro Nacional". Esta discusión considera solo una parte del proceso, pero Acciarri, Castellano y Barbero (2007) discuten el impacto de la tasa de interés judicial en el comportamiento de ambos simultáneamente, incluso cuando existen diferentes costos de oportunidad. Esta discusión se amplió en Acciarri y Garoupa (2013) para demostrar que, en algunos casos, no existe una tasa de interés capaz de eliminar para ambos el incentivo para prolongar el litigio.

500. Por razones misteriosas, el tipo de interés aplicado por el Poder Judicial brasileño es simple, mientras que en el resto de la economía se aplica el interés compuesto. ¿Cómo cree que esto afecta al comportamiento

Sin embargo, para demostrar que la aplicación del interés es insuficiente para resolver el problema de selección adversa, recordamos el caso de los abogados del Instituto Nacional de Seguridad Social (INSS) que, en los procedimientos judiciales, obtienen acuerdos, garantizando un descuento de hasta 30% sobre los beneficios sociales a los que el asegurado tiene derecho, para no tener que esperar todos los trámites procesales y esperar muchos años para recibir lo que le corresponde. Y, por si fuera poco, incluso aquellos que esperan hasta el final del proceso deben enfrentarse a la fila de los *precatórios*[501], una de las mayores vergüenzas nacionales y una práctica odiosa sin ninguna justificación jurídica o moral, que retrasa aún más el acceso de las personas a sus derechos.

A modo de ejemplo, el Gobierno del Distrito Federal compra *precatórios* de su titularidad, es decir, título de su deuda, con descuentos de hasta el 40% sobre el valor nominal y hay una fila de personas para venderlos. Esta es la magnitud de la selección adversa resultante de la tragedia del Poder Judicial y una demostración de cómo las personas pueden tener acceso al sistema judicial, pero ser excluidas de su derecho de todos modos, si el sistema está sobrecargado.

De lo anterior se desprende que la mejor estrategia para aumentar el número de acuerdos extrajudiciales y reducir el uso del Poder Judicial, sin excluir a los usuarios por el costo de la utilización del sistema, *i.e.*, garantizando el libre acceso, es invertir en la seguridad jurídica y la consiguiente convergencia de p_A y p_R, *i.e.*, reducir la brecha de expectativas. Esa inversión es aún más pertinente cuando se ha tomado la decisión política de eliminar o al menos reducir sustancialmente los costos privados de litigar ($C_A + C_R$), como se hizo en gran parte del mundo. La adopción de tasas de interés legales compatibles con las tasas de interés de mercado mitiga e incluso puede eliminar el problema de la selección adversa debido a la lentitud judicial, pero –en un mundo en el que se desea el libre acceso al Poder Judicial– la inversión en seguridad jurídica parece ser la única medida sin efectos secundarios indeseables.

de los litigantes? ¿Y el problema de selección adversa? ¿Cree que esta política de intereses anima a los litigantes a usar el Poder Judicial?

501. Cf. nota 36.

A modo de conclusión

Habiendo presentado cómo el Análisis Económico del Derecho puede integrarse en la Teoría General del Proceso y cómo esta –desde sus categorías y conceptos tradicionales– puede ayudarnos a comprender y estructurar los incentivos de los agentes en el juego procesal, es conveniente hacer algunos comentarios a modo de conclusión. En primer lugar, debo llamar la atención sobre la flexibilidad del enfoque propuesto. En este punto, debe quedar claro que los modelos y discusiones presentados, en gran medida, pueden utilizarse para explicar y comprender con poca o ninguna adaptación tanto el derecho procesal actual (*lege lata*) como cualquier posible modificación que pueda insertarse en el sistema (*lege ferenda*), como reglas procesales de cualquier otro sistema jurídico. Los análisis que hacen referencia al derecho positivo son solo ejemplos y no elementos de la teoría misma. Por lo tanto, pueden ser fácilmente adaptados y alterados en caso de cualquier cambio legislativo. El enfoque propuesto puede y debe utilizarse también en la evaluación de las reglas actuales y en la elaboración de reglas futuras. Después de todo, el AED procesal puede utilizarse tanto para el diagnóstico como para el pronóstico.

El objetivo de esta obra, que se centra en la teoría general y no en el análisis de tal o cual regla jurídica, es precisamente demostrar que el enfoque no es específico ni se limita a un marco jurídico concreto. Por ejemplo, en el Capítulo 4 demostramos cómo se comportan los agentes en un contexto en el que el ataque a la sentencia no es posible, mientras que en el Capítulo 5, los efectos resultantes de la inserción de la posibilidad de revisión (doble grado de jurisdicción) en la estructura de incentivos de los agentes. Este marco teórico se utilizó en el contexto de las sentencias y las apelaciones, pero podría haberse utilizado para analizar la dinámica interna de un tribunal en el contexto de las decisiones de una sección que no puede ser atacada internamente frente a las decisiones que sí pueden serlo, y que son revisadas por el propio tribunal en pleno.

En este sentido, para que la Teoría Positiva del Proceso se presente de manera completa y se demuestre plenamente su amplitud y utilidad, tal vez debamos tener algunos capítulos más que apliquen la metodología presentada al derecho positivo, *i.e.*, al Código del Proceso Civil, desde la fase de conocimiento hasta las instancias extraordinarias. Sin embargo, para hacerlo correctamente, sería necesario prácticamente duplicar el tamaño de la obra, que ya es lo suficientemente grande y densa para una primera presentación. Además, algunas reglas procesuales podrían ser excesivamente locales y, por lo tanto, de poco interés para una audiencia internacional. Por esta razón, preferí dejar esta parte de la odisea procesal iuseconomista para un segundo momento. La intención no era ofrecer un enfoque exhaustivo sobre el tema, sino presentar la forma en que el AED procesal puede utilizarse de manera integrada con el enfoque jurídico tradicional.

En segundo lugar, también debe quedar claro que el AED procesal se aplica a cualquier sistema adjudicatorio, ya sea que se inserte en una tradición romano-germánica o en una tradición de derecho consuetudinario, *i.e.*, el método iuseconómico presentado tiene la generalidad y universalidad necesarias para la construcción de una teoría general del proceso. Siempre es importante subrayar que el AED es un método y no una doctrina. El hecho de que gran parte de la literatura se centre en el sistema procesal estadounidense, tiene más que ver con el origen y la formación de la mayoría de los iuseconomistas que con cualquier elemento intrínseco del enfoque iuseconómico. En ningún momento de la exposición fue necesario hacer referencia o adaptar los institutos procesales extranjeros, como la *discovery*, el *trial* o el *summay judgement*. Cuando se mencionan tales institutos, como el *writ of certiorari* discutido en el Capítulo 6, fue más para demostrar cómo la razón de racionar el acceso al servicio público adjudicatorio se aplica igualmente allí y aquí, que para llevar a cabo cualquier tipo de importación o trasplante de un instituto jurídico. Por otra parte, esta afirmación nos lleva a otra cuestión importante, que es el tercer punto digno de mención, a saber, la utilidad del AED para el ejercicio del derecho comparado.

El estudio del derecho comparado es interesante en sí mismo y por sí mismo, como lo es el estudio de una gran obra literaria o una majestuosa sinfonía. Para un amante del derecho, el acceso a un sistema jurídico extranjero es una oportunidad para sumergirse en una cultura e historia diferentes de la propia. Además, el estudio del derecho comparado puede permitir que el investigador tenga una mayor comprensión de su propio sistema, al verse obligado a pensar de forma diferente sobre un problema similar. Por último, y esta es la utilidad más evidente para quienes están acostumbrados a la labor académica, el estudio del derecho comparado permite la importación de tecnologías jurídicas extranjeras –aunque con adaptaciones– para resolver problemas locales. Ya sea por una razón u otra, el derecho comparado, cuando se realiza correctamente, puede ser un ejercicio muy fructífero.

Dado que el AED es un método de análisis, su enfoque en la racionalidad y en las estructuras de incentivos de los agentes permite al investigador comprender la lógica y las implicaciones de la regla jurídica analizada, facilitando la identificación de similitudes y diferencias en las estructuras de incentivos creadas en uno u otro sistema y, por tanto, las probables consecuencias de cada norma. En este sentido, el AED, en general, y el AED procesal, en particular, pueden funcionar como una verdadera piedra de Rosetta para ayudar a la interpretación y comprensión de la lógica y del funcionamiento de diversas estructuras jurídicas y, por tanto, a su comparación rentable. Una vez dominado el método de análisis iuseconómico, su aplicación a la legislación pasada, presente y futura o incluso a los sistemas extranjeros, es solo una cuestión de interés y práctica.

El cuarto punto que no podía dejar de mencionar es la cuestión del uso de las matemáticas en el derecho. No es raro encontrar juristas que se sienten incómodos con su uso para la construcción de modelos y teorías en las ciencias sociales. En parte, creo que esta resistencia está asociada a la cultura y a la falta de tradición en su uso. Consciente de esta resistencia, he elegido usar las matemáticas en modelos con gran moderación. Y cuando se usó, su nivel de sofisticación no excedió el álgebra de la escuela secundaria. Por otra parte, para los investigadores que continuarán el viaje, es necesario hacer una autocrítica a la literatura iuseconómica que, a menudo, emplea un nivel de sofisticación matemática en sus modelos que los hace ininteligibles, incluso para algunos economistas capacitados. A menudo, el aumento de la complejidad analítica no va acompañado de un aumento proporcional de la precisión o la claridad del modelo, por lo que el *trade-off* no vale la pena. En este sentido, tal sofisticación no solo es innecesaria, sino indeseable. Aun así, sigue siendo una cuestión abierta si se yo ha logrado el equilibrio correcto.

Con estas notas finales cierro la presentación de lo que normalmente se llama una aplicación positiva del Análisis Económico del Derecho o simplemente AED positivo. La discusión en este trabajo se centró en gran medida en una teoría sobre el mundo como es y no como debería ser. Con la Teoría Positiva del Proceso es posible comprender y realizar un análisis detallado de cada regla procesal, así como evaluar su conveniencia y oportunidad, pero ya estaríamos en el ámbito del AED normativo, donde la eficiencia sería la métrica que nos ayudaría a evaluar las reglas jurídicas planteadas o escogidas. Este es el universo que se abre a quien domina el conjunto de herramientas presentado.

En cualquier caso, el autor espera que, como se ha prometido, este libro haya proporcionado al lector una comprensión diferente y más amplia del fenómeno procesal, además de convencerle de la utilidad teórica y práctica del instrumento del Análisis Económico del Derecho y su complementariedad con la Teoría General del Proceso. Aunque el lector no esté de acuerdo con todas las posiciones aquí presentadas, o no haya terminado por convencerse, se espera que al menos este debate haya sido interesante y haya generado una reflexión fructífera. Pero eso, solo el futuro lo dirá.

Postfacio

No es demasiado usual encontrar un postfacio en un libro escrito originalmente en español. Es frecuente, en cambio, verlos en libros en escritos en inglés (*postface*) o en francés (*postface*). El epílogo podría considerarse un equivalente. Sin embargo, aquello que se llama epílogo suele emplearse para sintetizar los contenidos del libro que le antecede, más que para reflexionar sobre su texto.

La intención de estos párrafos no es, precisamente, sintetizar o reseñar sistemáticamente lo que ya dice el libro, sino comentarlo, como se comenta una película al salir del cine, o una conferencia en la cena posterior, con alguien de nuestro afecto.

No es un trabajo sencillo intentar escribir un libro de Análisis Económico del Derecho para una comunidad de lectores de habla hispana. No lo es siquiera a esta altura de los tiempos -en este horrendo año 2020- cuando ya otras iniciativas (traducciones, obras originales) se intentaron y varias fracasaron.

Las razones de las circunstanciales derrotas y de la invariable dificultad son varias. Todas las iniciativas deben enfrentarse a tres cuestiones de lenguaje. Por un lado, al problema acostumbrado de trasvasar al español, el inglés, natural o técnico, del que provienen los textos fuente. Por otro, deben explicar, en un discurso comprensible para la audiencia, categorías jurídicas que no tienen un equivalente exacto en el ámbito del derecho latinoamericano o ibérico. No se trata ya de encontrar una palabra que equivalga a otra, sino de describir algunas instituciones que lisa y llanamente no existen en el mundo de destino o que presentan peculiaridades crucialmente diversas. Y por otro más, deben abordar el problema de las matemáticas. Se requiere intentar que el razonamiento contenido en expresiones formales sea comprensible para un público que es muy ajeno a ese lenguaje y al que, muy posiblemente, le disguste.

El profesor Ivo T. Gico Junior ha superado con arte todas esas barreras. Su libro logra una narrativa -un *storytelling*- que hace amable para los lectores de formación tradicional introducirse, con naturalidad, en aguas nuevas. Su estrategia es la más adecuada para lograrlo: aprendemos cuando nos explican a partir de cosas que ya sabemos. Como en la tradición del atuendo en las bodas, no todo puede ser nuevo en una instancia de explicación y aprendizaje. Cuando se trata de problemas vinculados al derecho, las personas de formación jurídica estándar aprenden cuando perciben que se están diciendo cosas nuevas y útiles de aquello que les interesa, del derecho que conocen. Por ese motivo, es necesario explicar las relaciones relevantes en el marco de las instituciones que los lectores comprenden y ejemplificar con casos y situaciones del medio en que trabajan. Así lo hace Gico Jr.: "[...] debe quedar claro que los modelos y discusiones presentados, en gran medida, pueden utilizarse para explicar y comprender con poca o ninguna adaptación tanto el derecho procesal actual (*lege lata*) como cualquier posible modificación que pueda insertarse en el sistema (*lege ferenda*), como reglas procesales de cualquier otro sistema jurídico. Los análisis que hacen referencia al derecho positivo son solo ejemplos y no elementos de la teoría misma [...]" Además de ser así, es muy correcto también, reiterarlo, para evitar confusiones.

Y dedicar, como lo hace, largas páginas iniciales a discutir qué cosa es y que no es, el Análisis Económico del Derecho también es necesario, dado que la educación jurídica de grado usualmente soslaya el tema. Previsiblemente, lo seguirá siendo para quienes escriban en español sobre el tema los próximos años: si bien son cada día más frecuentes los cursos de grado y posgrado en Latinoamérica sobre esa área, todavía es minoritaria la cantidad de estudiantes de Derecho que los reciben. Por ese motivo es preferible empezar desde los conocimientos básicos y desde allí particularizar en la materia que se decida abordar, como en este caso la Teoría del Proceso. Pero hay otra razón: el mismo contenido del AED es dinámico y lo son también sus herramientas. Lo que entendemos hoy acerca de sus contendidos y sus métodos, no coincide exactamente con lo que pensábamos hace varias décadas. Luego, revisar frecuentemente los fundamentos e instrumentos suele resultar muy saludable.

Quien llegó hasta aquí y leyó el libro con alguna atención no podrá dejar de haber obtenido provecho. Si este libro fue su primera aproximación, seguramente le habrá servido para incorporar ideas clave. Pero también para motivarle a poner atención en esta dimensión de cada problema jurídico que llame su atención. Si, además, se trató de una persona experta en la Teoría del Proceso, que conoce acabadamente su disciplina desde el punto de vista clásico, el beneficio será aún mayor. Es que el AED es más útil cuánto más se conozca de la rama o aspecto del Derecho que se intente analizar. La afirmación de Calabresi sobre que el Análisis Económico del Derecho es un camino de doble vía, se relaciona fuertemente con esta cuestión. Va de la Economía hacia el Derecho en cuanto aquella provee su instrumental usual para estudiar y predecir la conducta humana frente a las normas que lo integran. Y corre desde el Derecho, cuando brinda a la Economía un panorama preciso de las instituciones y sus detalles, de sus laberintos internos y poco visibles, que exceden aquellos grandes trazos que usualmente marcan los límites del conocimiento de los economistas. Y que suelen ser decisivos para los resultados. Saber mucho derecho distingue a un profesional del Análisis Económico del Derecho, de un economista convencional que intenta analizar un objeto es más complejo de lo que parece. Ivo Gico Jr. es un profesional del Análisis Económico del Derecho.

La dosis de matemática en su receta también es la precisa. Hay situaciones en que no podemos prescindir de la matemática. Por ejemplo, cuando debemos calcular cantidades complejas, porque así lo exige el Derecho, reemplazar el razonamiento matemático por un acto de autoridad implica simplemente incumplir con el sistema jurídico. Y no explicar, metódica y pautadamente, el razonamiento y las operaciones que llevaron al resultado, constituye una deficiencia de fundamentación. Las fórmulas, las ecuaciones y las inecuaciones sirven, como se ve en aquellos sectores de la obra en las que se emplean, para expresar del mejor modo posible el razonamiento que subyace. Como la generalidad de los instrumentos y recursos explicativos, tienen un rango dentro del cual son lo mejor que tenemos, lo mejor que logramos hasta ahora, para entendernos entre los seres humanos. Pecar de insuficiencia o de exceso respecto de los límites de ese rango, siempre conduce a explicaciones e instancias de comunicación inferiores al optimo, inferiores a lo mejor que podríamos hacer para entendernos.

Hasta aquí, simplemente, me referí a la obra como un texto explicativo. Pero hay dos aspectos quizás más interesantes. Por un lado, no se limita a ser un manual, sino que introduce tratamientos originales y refinados, de la cosecha del autor. Solo eso sería suficiente para motivar el interés de quienes, ya iniciados, conocen los fundamentos básicos de la materia. Y por otro, proyecta consecuencias operativas. Enseñanzas y puntos de reflexión sobre qué hacer en el objeto de estudio, es decir, con el proceso.

El énfasis en la palabra "tragedia", por ejemplo, es un hallazgo. Con sutil ironía se usa en dos sentidos diferentes. Uno, meramente técnico, cuando muestra que los rasgos de comunalidad, al igual que los efectos de selección adversa, son generales y comunes a los sistemas procesales. Y qué, sin embargo -aquí, el primer matiz irónico- no suelen ser vistos así por los principales juristas tradicionales que abordan el tema: "[...] Se puede notar la ironía y la clara contradicción entre la defensa incondicional de Cappelletti y otros del libre acceso a la justicia, mientras que al mismo tiempo argumenta que la congestión de un tribunal es, en realidad, una justicia inaccesible. Tal cual los defensores modernos del acceso irrestricto a la justicia, Cappelletti simplemente no pudo ver que estos dos objetivos son claramente contradictorios [...]".

Carecer de herramientas conceptuales que permitan advertir contradicciones entre los objetivos a los que aspiramos, es una tragedia bastante frecuente en Latinoamérica. Se advierte en la academia y se traslada a las aspiraciones políticas y las propuestas jurídicas que pueblan el debate público. Enfrentar los problemas a pura fuerza de voluntarismo, sin discernir correctamente las opciones factibles de las que no lo son, y pensar que siempre es posible conciliar objetivos plurales, solo porque todos son deseables, es una tragedia que conocemos demasiado bien. Al contrario, superar los problemas requiere refinamiento y realismo: "[...] requiere un pensamiento estratégico sobre cómo estructurar mejor los tribunales y el sistema judicial en el futuro, en una visión que no implique pasiones o discusiones ideológicas [...]".

Las pasiones y las ideologías son inevitables y hasta admirables cuando juegan sus mejores roles. No lo son, cuando constituyen obstáculos para encontrar los caminos para mejorar el bienestar de las personas. Intentarlo requiere variar, enriquecer y refinar nuestras perspectivas. Lograrlo es, en sí, una gran obra. Este libro de Ivo T. Gico Junior es, sin duda, una gran obra.

Hugo Acciarri

Director, Programa de Derecho, Economía y Comportamiento,

Universidad Nacional del Sur, Bahía Blanca.

Ex presidente, Asociación Latinoamericana e Ibérica
de Derecho y Economía (ALACDE).

Bibliografía

Abreu, J. Capistrano de. *Capítulos de História Colonial: 1500-1800*. Brasília: Conselho Editorial do Senado Federal, 1998.

Abreu, Rafael Sirangelo de. *Incentivos Processuais: economia comportamental e nudges no Processo Civil*. São Paulo: Thompson Reuters, 2020.

Acciarri, Hugo A. *Elementos de Análisis Económico del Derecho de Daños*. Berkeley: ALACDE-George Mason University, Law & Economics Center, 2009.

—, Andrea Castellano, y Andrea Barbero. "Delay in Lawsuits and Interest Rate." *10th Annual Conference of the Latin American and the Caribbean Law & Economics Association*, May 2007: 1-21.

—, y Nuno Garoupa. "On the Judicial Interest Rate: Towards a Law and Economic Theory." *Journal of European Tort Law* (De Gruyter) 4, nº 1 (Apr. 2013).

Acemoglu, Daron, y James A. Robinson. *Economic Origins of Dictatorships and Democracy*. New York, New York: Cambridge University, 2006.

Alexy, Robert. *Conceito e Validade do Direito*. Tradução: Gercélia Batista de Oliveira Mendes. São Paulo: wmfmartins fontes, 2011 [2005].

Almeida, Candido Mendes de. *Codigo Philippino ou Ordenações e Leis do Reino de Portugal Recopiladas por Mandado Del-Rey D. Philippe I*. 14ª. Edição: Typographia do Instituto Philomathico. Vol. 3. 5 vols. Rio de Janeiro, Rio de Janeiro, 1870.

Andrade, Manuel Correia de Oliveira. *As raízes do separatismo no Brasil*. São Paulo: Unesp, 1999.

Arake, Henrique Haruki. *O Princípio da Eficiência no Processo Civil*. Edição: Orientador: Prof. Dr. Ivo T. Gico Jr. Brasília: Centro Universitário de Brasília - UniCeuB, 2019.

Araújo, Fernando. *A Tragédia dos Baldios e dos Anti-Baldios: o problema económico do nível óptimo de apropriação*. Coimbra: Almedina, 2008.

Armor, David A., y Shelley E. Taylor. "Situated Optimism: specific outcome expectancies and self--regulation." *Advances in Experimental Social Psychology*, 1998: 309-379.

Arrow, Kenneth J. *Social Choice and Individual Values*. 2nd. New Haven: Yale University Press, 1963.

Assis, Araken de. *Processo Civil Brasileiro*. 2ª ed., rev. e at. Vol. I. São Paulo: Revista dos Tribunais, 2016.

Austin, John. *The province of jurisprudence determined*. Edição: Wilfrid E. Rumble. Cambridge: Cambridge University Press, 1995 (1832).

Ávila, Humberto. "Moralidade, Razoabilidade e Eficiência na Atividade Administrativa." *Revista Eletrônica de Direito do Estado - REDE* 4 (out./dez. 2005): 1-25.

Azevedo, Fernando de. *Canaviais e Engenhos na Vida Política do Brasil: ensaio sociológico sôbre o elemento político na civilização do açúcar*. 2ª. São Paulo: Melhoramentos, N/D.

Baird, Doulgas G., Robert H. Gertner, y Randal C. Picker. *Game Theory and the Law*. Harvard University Press, 1994.

Balena, Giampiero. "Le Novità Relative all' Appello nel D.L. n. 83/2012." *Il Giusto Processo Civile* 2, nº 13 (2013): 335-386.

Barroso, Luis Roberto. "A Razão sem Voto: a função representativa e majoritária das cortes constitucionais." *Revista de Esstudos Institucionais* 2 (2) (2016): 518-546.

—. "Contramajoritário, Representativo e Iluminista: Os papeis dos tribunais constitucionais." *Direito & Práxis* 9 (4) (2018): 2171-2228.

Bebchuck, Lucian Arye. "Litigation and Settlement Under Imperfect Information." *The RAND Journal of Economics* 15, nº 3 (Autumn 1984): 404-415.

Beier, Martin D. "Economics Awry: Using Access Fees for Caseload Diversion." *University of Pennsylvania Law Review*, Apr. de 1990: 1175-1207.

Benson, Bruce L. *The Enterprise of Law: justice without the state.* Oakland, California: The Independent Institute, 2011 [1990].

Bevilaqua, Clovis. *Theoria Geral do Direito Civil.* 2ª. Rio de Janeiro, RJ: Livraria Francisco Alves, 1929.

Bielen, Samantha, Ludo Peeters, Wim Marneffe, y Lode Vereeck. "Backlogs and Litigation Rates: Testing Congestion Equilibrium Across European Judiciaries." *International Review of Law & Economics*, September de 2018: 9-22.

Blaug, Mark. *The Methodology of Economics – or how economists explain.* 2nd. Vol. Cambridge Surveys of Economic Literature. Cambridge: Cambridge University, 1992.

Bodart, Bruno. *The Social Value of The Doctrine of Res Judicata: An Economic Analysis* (*Dissertação*). Massachusetts: Harvard Law School, LL.M. Program, 2018.

Bodnar, Z., y Márcio Ricardo Staffen. "A Ética Neoliberal e o Princípio Constitucional da Eficiência Administrativa: (im)possibilidade de flexibilização do direito fundamental ao meio ambiente." *Revista Eletrônica Investidura* XI (2010): 15-30.

Bone, Robert G. *Civil Procedure: the economics of civil procedure.* New York, NY: Foundation Press, 2003.

Bouckaert, Boudewijn, y Gerrit De Geest, . *Encyclopedia of Law and Economics.* Vols. V - The Economics of Crime and Litigation. Cheltenham: Edward Elgar, 2000.

Boulding, William, y Amna Kirmani. "A Consumer-Side Experimental Examination of Signaling Theory: Do Consumers Perceive Warranties as Signals of Quality?" *Journal of Consumer Research* 20 (1) (June 1993): 111-123.

Buchanan, James M. "An Economic Theory of Clubs." *Economica, New Series*, Feb. de 1965: 1-14.

—, y Gordon Tullock. *The calculus of consent: logical foundations of constitucional democracy.* Indianapolis: Liberty FUnd, 1999 [1962].

—. *The Limits of Liberty: Between Anarchy and Leviathan.* Vol. VII. Indianápolis: Liberty Fund, 2000[1975].

Bülow, Oskar von. *La teoria de las excepciones procesales y los presupuestos procesales.* Buenos Aires: EJEA, 1964.

Burger, J. M., y L. Burns. "The illusion of unique invulnerability and the use of effective contraception." *Personality and Social Psychology Bulletin*, 1988: 264-270.

Buzaid, Alfredo. *Estudos de Direito.* São Paulo, SP: Saraiva, 1972.

Calabresi, Guido. "An exchange about law and economics: a letter to Ronald Dworkin." *Hofstra Law Review*, 1980: 553-62.

—. *The Costs of Accidents: a legal and economic analysis.* New Haven: Yale University Press, 1970.

Calamandrei, Piero. *Direito Processual Civil.* Tradução: Luiz Abezia y Sandra Drina Fernandez Barbery. Vol. I. Campinas: Bookseller, 1999[1940].

Câmara dos Deputados. *Legislação Informatizada - EMENDA CONSTITUCIONAL Nº 45, DE 2004 - Exposição de Motivos.* 31 de dezembro de 2004. http://www2.camara.leg.br/legin/fed/emecon/2004/emendaconstitucio nal-45-8-dezembro-2004-535274-exposicaodemotivos-149264--pl.html.

Câmara, Alexandre Freitas. *O novo processo civil brasileiro.* 4ª. São Paulo: Atlas, 2018.

Camargo, José A. *Administração Pública: princípios constitucionais.* Belo Horizonte: Del Rey, 2014.

Campos, Eduardo Luiz Cavalcanti. *O Princípio da Eficiência no Processo Civil Brasileiro.* Rio de janeiro: Forense, 2018.

Capelletti, Mauro, y Bryant Garth. *Acesso à Justiça (Access to Justice: The Worldwide Movement to Make Rights Effective.* Tradução: Ellen Gracie Northfleet. Porto Alegre: Sérgio Antônio Fabris, 1988.

Carnelutti, Francesco. *Instituições do Processo Civil.* Tradução: Adrián Sotero de Witt Batista. Vol. I. III vols. São Paulo: Classic Book, 2000[1953].

Castelvecchi, Davide, y Alexandra Witze. "Einstein's gravitational waves found at last." *Nature News*, February 2016.

Chiovenda, Giuseppe. *Instituições de direito processual civil.* Tradução: Paolo Capitanio. Campinas: Bookseller, 2009[1933].

Cintra, Antônio Carlos de Araújo, Ada Pelegrini Grinover, y Cândido Rangel Dinamarco. *Teoria Geral do Processo.* 29. São Paulo: Malheiros, 2013.

CJF; Centro de Estudos Judiciários. *Diagnóstico da estrutura e funcionamento dos Juizados Especiais.* Edição: Secretaria de Pesquisa e Informação Jurídicas. Vol. 12. Brasília, DF: Conselho da Justiça Federal, 2003.

Clemenz, Gerhard, y Klaus Gugler. "Macroeconomic Development and Civil Litigation." *European Journal of Law and Economics*, 2000: 215-230.

CNJ, Conselho Nacional de Justiça. "Justiça em Números 2019." Secretaria Especial de Programas, PEsquisa e Gestão Estratégica, Conselho Nacional de Justiça, Brasília, 2019, 236.

Coase, Ronald H. "The Problem of Social Cost." *Journal of Law and Economics*, October de 1960: 1-44.

—. "The Nature of the Firm." *Economica (New Series)* (Wiley) 4 (16) (Nov. 1937): 386-405.

Coleman, J. "Efficiency, Utility and Wealth Maximization." *Hofstra Law Review*, 1980: 509-51.

Comte, Isidore Auguste Marie François Xavier. *Discurso sobre o Espírito Positivo.* Tradução: Antônio Geraldo da Silva. São Paulo, SP: Escala, N/D.

Cooter, Robert D. "Structural Adjudication and the New Law Merchant: a model of decentralized law." *International Review of Law and Economics*, 1994: 215-231.

—, y Daniel L. Rubinfeld. "Economic Analysis of Legal Disputes." *Journal of Economic Literature* XXVII (September 1989): 1.067-1.097.

—, Stephen Gary Marks, y Robert Mnookin. "Bargaining in the Shadow of the Law: A Testable Model of Strategic Behavior." *The Journal of Legal Studies* XI, nº 2 (June 1982): 225-251.

Costa, Eduardo José da Fonseca. *Levando a Imparcialidade a Sério: Levando a imparcialidade a sério: proposta de um modelo interseccional entre direito processual, economia e psicologia.* Tese de Doutorado em Direito Processual Civil. Edição: Nelson Nery Jr. São Paulo: PUC-SP, 2016.

Costa, Frederico Lustosa da. "Brasil: 200 anos de Estado; 200 anos de Administração Pública; 200 anos de reformas." *Revista de Administração Pública*, 2008: 829-874.

Courts, Administrative Office of the U.S. "U.S. District Courts-Civil Cases Terminetes, by Nature of Suit and Action Taken, During the 12-Month Period Endening September 30, 2018." Administrative Office of the U.S. Courts, 2018.

Coutinho, Jacinto Nelson de Miranda. "O Papel da Jurisdição Constitucional na Realização do Estado Social." *Revista de Estudos Criminais* n. 10 (2003).

Couture, Eduardo J. *Fundamentos do Direito Processual Civil.* Tradução: Henrique de Carvalho. Florianópolis: Conceito Editorial, 2008.

Cowen, Tyler. "Law as a Public Good: The Economics of Anarchy." *Economics & Philosophy*, Oct. de 1992: 249-267.

Dari-Mattiacci, Giuseppe, y Bruno Deffains. "Uncertainty of Law and the Legal Process." *Journal of Institutional and Theoretical Economics*, 24 de December de 2007: 627-656.

Daughety, Andrew, y Jennifer Reinganum. "Appealing Judgments." *Rand Journal of Economics*, 2000: 502–525.

De Scitovzsky, Tibor. "A Note on Welfare Propositions in Economics." *The Review of Economic Studies*, 1st de Nov. de 1941: 77-88.

Diamond, Jared. *Guns, Gems, and Steel: the fates of human societies.* New York, NY: W.W. Norton Company, 1999.

Dias, Jean Carlos. *Análise econcômica do processo civil brasileiro.* São Paulo: Método, 2009.

Didier Jr., Fredie. *Apontamentos para a Concretização do Princípio da Eficiência do Processo.* 2013. http://www.lex.com.br/doutrina_24598622_APONTAMENTOS_PARA_A_CONCRETIZACAO_DO_PRINCIPIO_DA_EFICIENCIA_DO_PROCESSO.aspx.

—. *Curso de Direito Processual Civil.* 19. Vol. I. V vols. Salvador: JusPODIVM, 2017.

Dixit, Avinash K. *Lawlessness and Economics: Alternative Modes of Governance.* 1ª. Princeton: Princeton University Press, 2007.

Donohue III, John J. "The Effects of Fee Shifting on the Settlement Rate: Theoretical Observations on Costs, Conflicts, and Contingency Fees." *Law and Contemporary Problems* 54, nº 3 (Summer 1991): 195-222.

Dunbar, Robin I. M. "Neocortex size as a constraint on group size in primates." *Journal of Human Evolution*, 1992: 469-493.

Durkheim, Emile. *As Regras do Método Sociológico.* 10ª. Tradução: Maria Isaura Pereira de Queiroz. São Paulo: Companhia Editora Nacional, 1982 [1895].

Dworkin, Ronald. "Why efficiency?" *Hofstra Law Review*, 1980(b): 563-6.

—. "Is wealth a Value?" *Journal of Legal Studies*, 1980(a): 191-226.

—. *Taking Rights Seriously.* 5th. Massachusetss: Harvard University Press, 1977.

—. *Uma questão de princípio.* Tradução: Luís Carlos Borges. São Paulo: Martins Fontes, 2001.

Edgeworth, Francis Y. *Mathematical Psychics: an essay on the application of mathematics to moral sciences.* London: C. Kegan Paul & Co., 1 Paternoster Squark, 1881.

Einstein, Albert. "Über Gravitationswellen." *Königlich Preußische Akademie der Wissenschaften* Sitzungsberichte (1918): 154-167.

Ellickson, Robert C. *Order without Law: How Neighbors Settle Disputes.* Cambridge: Harvard University Press, 1991.

Euzébio, Gilson Luiz. *DPJ traçará diagnóstico dos Juizados Especiais.* Edição: Agência CNJ de Notícias. 20 de 3 de 2012. http://www.cnj.jus.br/noticias/cnj/18646:dpj-tracara-diagnostico--dos-juizados-especiais.

Fallers, Lloyd A. *Law Without Precedent: legal ideias in action in the courts of colonial Busoga.* Chicago: The University of Chicago Press, 1969.

Fauvrelle, Thiago A., y Alessio Tony C. Almeida. "Determinants of Judicial Efficiency Change: Evidence from Brazil." *Review of Law & Economics* 14, nº 1 (2018).

Ferrara, Francesco. *Como Aplicar e Interpretar as Leis.* Tradução: Joaquim Campos de Miranda. Belo Horizonte, MG: Livraria Líder e Editora, 2005 [1921].

Figueira Junior, Joel Dias, y Mauricio Antonio Ribeiro Lopes. *Comentários à Lei dos Juizados Especiais Cíveis e Criminais.* 2ª ed. rev. São Paulo, SP: Revista dos Tribunais, 1997.

Fischhoff, Baruch. "Hindsight is not equal to foresight: The effect of outcome knowledge on judgment under uncertainty." *Journal of Experimental Psychology: Human Perception and Performance* 1, nº 3 (1975): 288-299.

Fisher-Achoura, Eva. "La conformité à la Constitution d'une réforme de l'appel civil." *Cahiers du Conseil Constitutionnel,* Juin de 2004: N/D.

Foster, Benjamin R. *Social Reform in Ancient Mesopotamia.* Vol. 354, cáp. 13 in *Social Justice in the Ancient World,* edição: K.D. Irani y Morris Silver, 165-177. Westport: Greenwood Press, 1995.

França, Rubens Limongi. *Hermenêutica Jurídica.* 2ª ed. rev. e ampl. São Paulo, SP: Saraiva, 1988.

Frank, Jerome. *Court on Trial.* Princeton: Princeton University Press, 1949.

Friedman, Alan E. "An Analysis of Settlement." *Stanford Law Review* 22, nº 1 (Nov. 1969): 67-100.

Friedman, David, Peter T. Leeson, y David Skarbek. *Legal Systems Very Different from Ours.* Independente, 2019.

—. "Private Creation and Enforcement of Law: a Historical Case." *The Journal of Legal Studies,* Mar. de 1979: 399-415.

Friedman, Milton. *Essays in Positive Economics.* Chicago: The University of Chicago Press, 1953.

Fux, Luiz, y Bruno Bodart. *Processo Civil & Análise Econômica.* Rio de Janeiro, RJ: Forense, 2019.

Gabardo, Emerson. *Princípio Constitucional da Eficiência Administrativa.* São Paulo: Dialética, 2002.

Gico Jr., Ivo Teixeira. *A Tragédia do Judiciário: subinvestimento em capital jurídico e sobreutilização do Judiciário.* Tese de Doutorado. Edição: Departamento de Economia. Tradução: Orientador: Bernardo Pinheiro Machado Mueller. Brasília, DF: Universidade de Brasília - UnB, 2012.

—. *Cartel - Teoria Unificada da Colusão.* São Paulo: Lex, 2007.

—. "Direito & Desenvolvimento: o papel do direito no desenvolvimento econômico." *Direito e Desenvolvimento,* Dec. de 2017: 110-127.

—. "Anarquismo Judicial e Teoria dos Times." *Economic Analysis of Law Review,* 2013: 269-294.

—. "The Tragedy of the Judiciary: an inquiry into the economic nature of law and courts." *German Law Journal,* May de 2020: 1-48.

—. "A Função Social do Judiciário." *Mimeo,* 2017: 1-32.

—. "A Tragédia do Judiciário." *RDA - Revista de Direito Administrativo,* set/dez de 2014: 163-198.

—. "Responsabilidade Civil Extracontratual." Em *Direito e Economia: diálogos,* edição: Armando Castelar Pinheiro, Antônio J. Maristrello Porto e Patrícia Regina Pinheiro Sampaio, 307-338. Rio de Janeiro: FGV, 2019.

—. "Metodología y epistemología del Análisis Económico del Derecho." *Revista Argentina de Teoría Jurídica (RATJ),* Diciembre de 2019, 1 ed.: 37-73.

—. "A Natureza Econômica do Direito e dos Tribunais." *Revista Brasileira de Políticas Públicas,* Dez. de 2019: 13-39.

—. "Anarquismo Judicial e Segurança Jurídica." *Revista Brasileira de Políticas Públicas,* 2015: 479-499.

—. "Hermenêutica das escolhas e a função legislativa do Judiciário." *Revista de Direito Empresarial,* maio/agosto de 2018: 55-83.

—. "O Capital Jurídico e o Ciclo da Litigância." *Revista Direito GV,* jul.-dez. de 2013: 50-62.

—. "Estado e Mercado." *Working Paper do UniCeuB,* 2018: 1-46.

—. "Juízo de Admissibilidade A Quo Para Que?" *Working Paper UniCeuB,* 2016: 1-23.

—. "Bem-estar Social e o Conceito de Eficiência." *Working Paper UniCeuB,* 2020: 1-41.

—. "Preço e Valor no Direito." *Working Paper UniCeuB,* 13 de Agosto de 2019: 1-23.

—, y Henrique H. Arake. "De Graça, até Injeção na Testa: análise juseconômica da gratuidade de Justiça." *Economic Analysis of Law Review,* 2014: 166-178.

—. "Despacho Saneador e Assimetria da Informação." *3* 9 (Set.-Dez. 2018): 191-207.

—. "Taxa de Recorribilidade, Taxa de Reversibildade e Eficiência Judicial." *Revista Eletrônica do Curso de Direito da UFSM,* jan./abr. de 2019: 1-23.

Gomes, Luiz Flávio. *A Dimensão da Magistratura no Estado Constitucional e Democrático de Direito: independência judicial, controle judiciário, legitimação da jurisdição, politização e responsabilidade do juiz.* São Paulo: Revista dos Tribunais, 1997.

Gonçalves Filho, João Gilberto. *O Princípio Constitucional da Eficiência no Processo Civil (Tese).* São Paulo: Faculdade de Direito da Universidade de São Paulo, 2010.

Goulart, Bianca Bez. *Análise Econômica do Litígio: entre acordos e ações judiciais.* Coleção Eduardo Espínola. Salvador: JusPUDIVM, 2019.

Gould, J. P. "The economics of legal conflicts." *The Journal of Legal Studies,* jun. de 1973: 279-300.

Greif, Avner. *Institutions and the Path to the Modern Economy: lessons from medieval trade*. Cambridge: Cambridge University Press, 2006.

Gulliver, Philip Hugh. *Social Control in an African Society: a study of the Arusha*. Boston University Press, 1963.

Guthrie, Chris, Jeffrey J. Rachlinski, y Andrew J. Wistrich. "Inside the Judicial Mind." *Cornell Law Review* 86, nº 4 (May 2001): 778-830.

Hardin, Garrett. "The Tragedy of the Commons." *Science*, 13 de Dez. de 1968: 1.243-1.248.

Harle, Vilho. *Ideas of Social Order in the Ancient World*. Vols. Contributions in Political Science, Number 383. Westport: Greenwood, 1998.

Hart, Herbert Lionel Adolphus. *The Concept of Law*. 3rd. Oxford: Oxford University Press, 2012 [1961].

Hazard, Jr, Geoffrey C. "Rationing Justice." *The Journal of Law & Economics*, Oct. de 1965: 1-10.

Hicks, John R. "The Foundations of Welfare Economics." *The Ecoomic Journal*, Dec. de 1939: 696-712.

Hippel, Svenja, y Sven Hoeppner. "Biased Judgments of Fairness in Bargaining: A Replication in the Laboratory." *International Review of Law and Economics* 58 (June 2019): 63-74.

Holmes Jr., Oliver Wendell. "The Path of the Law." *Harvard Law Review*, 25 de Mar. de 1897: 457-478.

Holtz, Shalom E. *Neo-Babylonian Court Procedure*. Leiden: Brill, 2009.

—. "The Career of a Neo-Babylonian Court Scribe." *Journal of Cuneiform Studies* (The University of Chicago Press) 60 (2008): 81-85.

Hume, David. *A Treatise of Human Nature*. Vol. III. Oxford, 1888 [1736].

Irani, K.D., y Morris Silver, . *Social justice in the ancient world*. Conference on Social Justice in the Ancient World . Westport: Greenwood Press, 1995.

Jehle, Geoffrey A., y Philip J. Reny. *Advanced Microeconomic Theory*. 3rd. Essex: FT Prentice Hall, 2011.

Johns, C. H. W. *Babylonian and Assyrian Laws, Contracts and Letters*. Edinburgh: T & T Clark, 1904.

Jolls, Christine, Cass R. Sunstein, y Richard Thaler. "A Behavioral Approach to Law and Economics." *Stanford Law Review* 50 (May 1998): 1471-1550.

Kahneman, Daniel, y Amos Tversky. "Prospect Theory: an Analysis of Decisions under Risk." *Econometrica*, Mar. de 1979: 263-292.

—, y Amos Tversky. "Subjective probability: A judgment of representativeness." *Cognitive Psychology* 3, nº 3 (July 1972): 430-454.

—, y Amos Tversky. "The framing of decisions and the psychology of choice." *Science* 211 (30 January 1981).

—, Paul Slovic, y Amon Tversky, . *Judgment under uncertainty: Heuristics and biases*. New York, NY: Cambridge University Press, 1982.

Kaldor, Nicholas. "Welfare Propositions of Economics and Interpersonal Comparisons of Utility." *The Economic Journal*, Sep. de 1939: 549-552.

Kelsen, Hans. *Pure Theory of Law*. Tradução: Max Knight. Clark, New Jersey: The Lawbook Exchange, Ltd., 2005 (1967).

Keynes, John Maynard. "Introduction." Em *Supply and Demand. With Introduction by J. M. Keynes*, por Hubert D. Henderson. New York: Harcourt, Brace, 1922.

Keynes, John Neville. *The Scope and Method of Political Economy*. London: Batoche Books, 1999 [1917].

Korobkin, Rusel, y Chris Guthrie. "Opening Offers and Out-of-Court Settlement: A Little Moderation May Not Go a Long Way." *The Ohio State Journal of Dispute Resolution* 10, nº 1 (1994): 1-22.

Korobkin, Russell B., y Thomas S. Ulen. "Law and Behavioral Science: Removing the Rationality Assumption from Law and Economics ." *California Law Review* 88 (4) (Jul. 2000): 1.051-1.144.

Kronman, Anthony T. "Wealth Maximization as Normative Principle." *Journal of Legal Studies*, 1980: 227-43.

Landes, William M. "An Economic Analysis of the Courts." *Journal of Law and Economics*, Abril de 1971: 61-107.

—, y Richard A. Posner. *The Economic Structure of Tort Law*. Cambridge: Harvard University Press, 1987.

Lanius, Danielle Cristina. *O Princípio da Eficiência na Administração Pública* (*Dissertação de Mestrado*). Brasília: Programa de Mestrado em Direito do Centro Universitário de Brasília, 2018.

Lawson, Tony. "The Nature of Heterodox Economics." *Cambridge Journal of Economics*, 2006: 483-505.

Loewenstein, George, Linda Babcock, Samuel Issacharoff, y Colin Camerer. "Biased Judgments of Fairness in Bargaining." *The American Economic Review* 85, nº 5 (Dec. 1995): 1.337-1.343.

—, Samuel Issacharoff, Colin Camerer, y Linda Babcock. "Self-Serving Assessments of Fairness and Pretrial Bargaining." *Journal of Legal Studies* 22, nº 1 (1993): 135-159.

Lunardi, Fabrício Castagna. *Curso de Direito Processual Civil*. Série IDP: Linha doutrina. São Paulo, SP: Saraiva Educação, 2019.

MacCormick, Neil. *Legal Reasoning and Legal Theory*. Oxford: Oxford University Press, 1978.

Mankiw, N. Gregory. *Princípios de Microeconomia*. 6. Tradução: Allan Vidigal Hastings, Elisete Paes e Lima e Ez2 Translate. São Paulo: Cengage Learning, 2013.

Marcellino Jr., Julio Cesar. *Princípio Constitucional da Eficiência Administrativa: (des)encontros entre economia e direito*. Florianópolis: Habitus, 2009.

Marinoni, Luiz Guilherme. *Teoria Geral do Processo*. 8. Vol. I. São Paulo: Revista dos Tribunais, 2014.

—, Sérgio Cruz Arenhart, y Daniel MItidiero. *Curso de Processo CIvil*. Vols. 1 - Teoria do Processo Civil. Barra Funda: Revista dos Tribunais, 2015.

Mariotti, Alexandre. *Princípio do Devido Processo Legal* (*Tese de Doutorado*). Porto Alegre: FD--UFRGS, 2008.

Marshall, Alfred. *Principles of Economics*. Edição: Palgrave Classics in Economics. London: Palgrave Macmillan, 2013 [1920].

Martins, Pedro. *Historia Geral do Direito Romano, Peninsular e Português*. Coimbra: Imprensa da Universidade, 1906.

Maximiliano, Carlos Pereira dos Santos. *Hermenêutica e aplicação do direito*. 20ª. Rio de Janeiro, RJ: Forense, 2011 [1924].

McAdams, Richard H. *The Expressive Powers of Law: theories and limits.* Cambridge, Massachusetts: Harvard University Press, 2017.

McKenna, Frank P., Robert A. Stanier, y Clive Lewis. "Factors underlying illusory self-assessment of driving skill in males and females." *Accident Analysis & Prevention,* Feb. de 1991: 45-52.

Miller, Geoffrey P. "Some Agency Problems in Settlement." *The Journal of Legal Studies* (The University of Chicago Press) 16, nº 1 (Jan. 1987): 189-215.

Moncada, Luís Cabral de. *Elementos de História do Direito Romano.* Vols. II - Parte Geral: teoria geral da relaçao jurídica. Coimbra: Coimbra Editora, 1924.

Montenegro Filho, Misael. *Curso de Direito Processual Civil: de acordo com o novo CPC.* 12ª ed. reform. e atual. São Paulo: Atlas, 2016.

Moreira, Helena Delgado Ramos Fialho. *Poder judiciário no Brasil: crise de eficiência.* Curitiba: Juruá, 2004.

Mousourakis, George. *Roman Law and the Origins of the Civil Law Tradition.* Auckland: Springer, 2015.

Nader, Laura, ed. *Law in Culture and Society.* Chicago: Aldine Publishing Company, 1969.

—, y Harry F. Todd Jr., . *The Disputing Process - Law in ten societies.* New York: Columbia University Press, 1978.

Nalebuf, Barry. "Credible Pretrial Negotiation." *The RAND Journal of Economics* 18, nº 2 (Summer 1987): 198-210.

NCJRS. *Task Force Report: The Courts.* Task Force on the Adminstration of Justice, Washington: The U.S. Pres. Comm'n on Law Enforcement and Admin. of Justice, 1967.

Nery Jr., Nelson. *Princípios do processo civil na Constituição Federal.* 10ª. São Paulo: Revista dos Tribunais, 2009.

Noë, Ronald, Jan A. R. A. M. van Hooff, y Peter Hammerstein, . *Economics in Nature: Social Dilemmas, Mate Choice and Biological Markets.* Cambridge: Cambridge University Press, 2001.

North, Douglas C., John Joseph Wallis, y Barry R. Weingast. *Violence and Social Orders: A conceptual framwork for interpreting recorded human history.* New York: Cambridge University Press, 2009.

—, y Robert Paul Thomas. *The Rise of the Western World: a new economic history.* Cambridge: Cambridge University Press, 2009 [1973].

—. *Institutions, institutional change and economic performance.* New York: Cambridge University Press, 1990.

Oliveira-Castro, Jorge M., Gordon R. Foxall, y Teresa C. Schrezenmaier. "Consumer Brand Choice: individual and group analyses of demand elasticity." *Journal of Experimental Analysis of Behavior* 85 (2) (March 2006): 147-166.

Olson, Mancur. *The Logic of Collective Action: public goods and the theory of groups.* Cambridge, Cambridge: Harvard University Press, 1971 [1965].

ONU, Organización de las Naciones Unidas. *La ONU y el Estado de Derecho.* s.d. https://www.un.org/ruleoflaw/es/ thematic-areas/access-to-justice-and-rule-of-law-institutions/access--to-justice/.

Ostrom, Vincent, y Elinor Ostrom. *Public Goods and Public Choices*. Vol. 2, em *Polycentricity and Local Public Economies: Readings from the Workshop in Political Theory and Policy Analysis*, edição: Michael Dean McGinnis, 75-103. University of Michigan Pres, 1999 [1977].

Pareto, Vilfredo. *Cours D'Économique Politique*. Edição: F. Rouge. Vol. Tome Premier. Lausanne: Université de Lausanne, 1896.

—. *Cours D'Economique Politique*. Vol. Tome Second. Lausanne: F. Rouge, 1897.

—. *Manuale di Economia Politica con una introduzione alla scienza sociale*. Vols. Piccola Biblioteca Scientifica - 13. Milano: Società Editrice Libraria, 1919.

Parisi, Francesco, y Vernam L. Smith. *The Law and Economics of Irrational Behavior*. Stanford, CA: Stanford University Press, 2005.

Parker, Christine. *Just Lawyers: Regulation and Access to Jusitce*. Oxford: Oxford University Press, 1999.

Pereira Junior, Jessé Torres. *Da Reforma Administrativa Constitucional*. Rio de Janeiro: Renovar, 1999.

Polinsky, A. Mitchell, y Daniel L. Rubinfeld. "A Note on Settlements under the Contingent Fee Method of Compensating Lawyers." *International Review of Law and Economics* 22, nº 2 (August 2002): 217-225.

Pólya, George. *How to Solve It: a new aspect of mathematical method*. 2nd. Princeton: Princeton University Press, 2015 [1957].

Ponte, Marcelo Dias. "Negócio Jurídico Processual e Flexibilização do Procedimento: as influências da autonomia privada no paradigma publicista do direito processual civil." *Revista Eletrônica de Direito Processual - REDP*, 2015: 305-334.

Porto, Antonio Maristrello, y Nuno Garoupa. *Curso de Análise Econômica do Direito*. São Paulo: Atlas, 2020.

Posner, Richard A. *Economic Analysis of Law*. 7th. New York, N.Y.: Aspen Publishers, 2007.

—. "Utilitarianism, Economics, and Legal Theory." *Journal of Legal Studies*, 1979: 103-140.

—. *The Economics of Justice*. Cambridge: Harvard University, 1983[1981].

—. *The Federal Courts: challenge and reform*. Cambridge, Massachusetts: Harvard University Press, 1999.

—. "An Economic Approach to Legal Procedure and Judicial Administration." *The Journal of Legal Studies*, Junho de 1973: 399-458.

—. *The Problems of Jurisprudence*. Cambridge: Harvard U/niversity, 1990.

Prado Junior, C. *História Econômica do Brasil*. São Paulo: Brasiliense, 2004 [1945].

Priest, George L. "Private Litigants and the Court Congestion Problem." *Boston University Law Review*, 1989: 527-559.

—, y B. Klein. "The selection of disputes for litigation." *The journal of legal studies*, 1984: 1-55.

Queiroz, Luiz Viana. "O Direito No Brasil Colônia." *Revista Eletrônica sobre a Reforma do Estado*, 2008: 1-16.

Rachlin, Howard. "Behavioral economics without anomalies." *Journal of the Experimental Analysis of Behavior* 64, nº 3 (November 1995): 397-404.

Rawls, John. "Some reasons for the maximin criterion." *American Economic Review*, May de 1974, Papers and Proceedings of the Eighty-sixth Annual Meeting of the American Economic Association ed.: 141-146.

—. *Uma teoria da justiça.* Tradução: Almiro Pisetta e Lenita M. R. Esteves. São Paulo, SP: Martins Forense, 1997 [1971].

Raz, Joseph. *The Concept of a Legal System: an introduction to the Theory of Legal System.* New York: Oxford University Press, 1997 [1980].

Rezende, Christiane Leles, y Decio Zylbersztajn. "Quebras Contratuais e Dispresão de Sentenças." *Revista Direito GV*, Jan-Jun de 2011: 155-176.

Riggsby, Andrew M. *Roman Law and the Legal World of the Romans.* 1st. New York, NY: Cambridge University Press, 2010.

Rizzo, M. "The mirage of efficiency." *Hofstra Law Review*, 1980: 641-58.

Robbins, Lionel. *An Essay on the Nature and Significance of Economic Science.* Tradução: Foreword by William J. Baumol. London: The Macmillan Press Limited, 1984.

Robinson, Joan. *The Economics of Imperfect Competition.* London: Macmillan, 1933.

Rosa, Alexandre de Moraes. "Franchising Judicial ou de como a Magistratura Perdeu a Dignidade por Seu Trabalho, Vivo?" *Anais do IX Simpósio de Direito Constitucional da ABDConst.* Curitiba: ABDConst., 2011.

Roth, Martha Tobi. *Law collections from Mesopotamia and Asia Minor.* 2ª. Edição: Piotr Michalowski. Vol. 6. Atlanta, Georgia: Society of Biblical Studies, 1997.

Rubinfeld, Daniel L., y Suzanne Scotchmer. "Contingent Fees for Attorneys: An Economic Analysis." *The RAND Journal of Economics* 24, nº 3 (Autumn 1993): 343-356.

Salgado, G. *Fiscais e Meirinhos: a administração no Brasil colonial.* 2ª. Rio de Janeiro: Nova Fronteira, 1985.

Samuelson, Paul A. "The Pure Theory of Public Expenditure." *The Review of Economics and Statistics*, Nov. de 1954: 387-389.

Sanchirico, Chris William, ed. *Procedural Law and Economics - Encyclopedia of Law and Economics.* 2nd. Vol. 8. Edward Elgar Pub, 2012.

Schauer, Frederick. *The Force of Law.* Cambridge, Massachusetts: Harvard University Press, 2015.

Schelling, Thomas C. *The Strategy of Conflict: with a new Preface by the Author.* Cambridge: Harvard University Press, 1981 [1960].

Schlebusch, Carina M., et al. "Genomic Variation in Seven Khoe-San Groups Reveals Adaptation and Complex African History." *Science* 338 (6105) (September 2012): 374-379.

Secretaria de Reforma do Judiciário. *Juizados Especiais Cíveis: estudo.* Brasília, DF: Ministério da Justiça, 2005.

Senado Federal. *Anteprojeto do Novo Código de Processo Civil.* Brasília: Subsecretaria de Edições Técnicas, 2010.

—. *Código de Processo Civil: anteprojeto.* Comissão de Juristas Responsável pela Elaboração de Anteprojeto de Código de Processo Civil, Congresso Nacional, Brasília: Senado Federal, 2010, 381.

Service, Elman R. *Primitive Social Organization: An Evolutionury Perspective.* Vols. Random House Studies in Anthropology, AS3. New York: Random House, 1962.

Shapiro, Martin. *Courts, a comparative and political analysis.* Chicago: The University of Chicago Press, 1981.

Shavell, Steven. *Economic Analysis of Accident Law.* Cambridge: Harvard University Press, 1987.

—. *Economic Analysis of Accident Law.* Cambridge: Harvard University Press, 1987.

—. "The Appeals Process as a Means of Error Correction." *The Journal of Legal Studies,* Jun. de 1995: 379-426.

—. "The Social versus the Private Incentive to Bring Suit in a Costly Legal System." *Journal of Legal Studies* 11 (2) (Jun. 1982): 333-339.

Shepherd, George B., y Morgan Cloud. "Time and Money: Discovery Leads to Hourly Billing." *University of Illinois Law Review* 1 (1999): 91-179.

Sherif, Musafer, David Taub, y Carl I. Hovland. "Assimilation and contrast effects of anchoring stimuli on judgments." *Journal of Experimental Psychology* 55, nº 2 (1958): 150-155.

Shoemaker, Pamela J., James William Tankard Jr., y Dominic L. Lasorsa. *How to Build Social Science Theories.* Thousand Oaks, CA: Sage Publication, 2004.

Silva, Ovídio A. Baptista da. *Curso de Processo Civil.* 3ª Rev. e Atu. Vol. I (Processo de Conhecimento. Porto Alegre: Sergio Antonio Fabris, 1996.

Simon, Herbert A. "Invariants of Human Behavior." *Annual Review of Psychology* 41 (Frebruary 1990): 1-20.

—. "A Behavioral Model of Rational Choice." *Quarterly Journal of Economics* 69, nº 1 (February 1955): 99-118.

—. *Administrative Behavior: a stydy of decision-making process in administrative organization.* 4th . New York: Free Press, 1997 [1945].

—. "Rational Decision Making in Business Organizations." *The American Economic Review* 69, nº 4 (September 1979): 493-513.

Smith, Adam. *A Riqueza das Nações.* 2ª Ed. Tradução: Alexandre Amaral Rodrigues e Eunice Ostrensky. Vol. 1. 2 vols. São Paulo: WMF Martins Fontes, 2013 [1776].

Sobrinho, Noeli Correia de Melo. *O Advogado e a Crise da Adminsitração da Justiça.* Rio de Janeiro, RJ: Ordem dos Advogados do Brasil, 1980.

Sousa, B. J. *O Pau-Brasil na História Nacional.* 2ª. São Paulo: Nacional, 1978.

Souza, Alexandro Ferreira de. "Silvestre Pinheiro Ferreira e o pensamento político luso-brasileiro do século XIX." *Estudos Filosóficos,* 2009: 12–20.

Spitzer, Matt, y Eric Talley. "Judicial Auditing." *The Journal of Legal Studies,* June de 2000: 649-683.

Sunstein, Cass, ed. *Behavioral Law and Economics.* New York, NY: USA, 2000.

Taruffo, Michelle. *Orality and writing as factors of efficiency in civil litigation.* València: Universitat de València, 2008.

Telles, José Homem Corrêa. *Commentario Critico à Lei da Boa Razão em data de 18 de agosto de 1769*. Lisboa: Typographia de Maria da Madre de Deus, 1865.

Thaler, Richard H. *Quasi rational economics*. New York: Russell Sage Foundation, 1991.

—. "Toward a Positive Theory of Choice." *Journal of Economic Behavior and Organization*, 1980: 39-60.

—, y Cass Sunstein. *Nudge: o Empurrão para a Escolha Certa*. São Paulo: Campus-Elsevier, 2009.

Theodoro Jr., Humberto. *Curso de Direito Processual Civil*. 52ª. Vol. III. Rio de Janeiro: Forense, 2019.

—. *Curso de Direito Processual Civil*. 59. Vol. I. III vols. Rio de Janeiro: Forense, 2018.

Thomason, Terry. "Are Attorneys Paid What They're worth? Contingent Fees and the Settlement Process." *The Journal of Legal Studies* 20, nº 1 (Jan. 1991): 187-223.

Tomás, Aline Vieira. "Projeto Adoce: acordos após ingestão de dextrose/glicose observados em conciliações judiciais e extrajudiciais." Departamento de Direito, UFGO, Anápolis, 2019.

Tversky, Amos, y Daniel Kahneman. "Availability: A Heuristic for Judging Frequency and Probability." *Cognitive Psychology* 5 (1973): 207-232.

—, y Daniel Kahneman. "Judgment under Uncertainty: Heuristics and Biases." *Science* 185 (4157), nº New Series (Sept. 1974): 1.124-1.131.

Weber, Max. *Economia e sociedade: fundamentos da sociologia compreensiva*. Tradução: Regis Barbosa e Karen Elsabe Barbosa. Vol. 2. 2 vols. Brasília, DF: Universidade de Brasília, 1999 [1920].

—. *Gesammelte Politische Schriften*. München: Drei Masken Verlag, 1921.

Wehling, A., y M. J. C. M. Wehling. *Formação do Brasil Colonial*. Rio de Janeiro: Nova Fronteira, 1994.

Williamson, Oliver Eaton. *Markets and Hierarchies: Analysis and Antitrust Implications – A study in the Economics of Internal Organization*. New York: Free Press, 1983 [1975].

—. *The Economic Institutions of Capitalism – firms, markets, relational contracting*. New York: Free Press, 1985.

—. *The Mechanisms of Governance*. USA: Oxford University Press, 1999.

Zamir, Eyal, y Doron Teichman. *Behavioral Law and Economics*. New York, NY: Oxford University Press, 2018.

—. *The Oxford Handbook of Behavioral Economics and the Law*. New York, NY: Oxford University Press, 2014.

www.ingramcontent.com/pod-product-compliance
Lightning Source LLC
LaVergne TN
LVHW082028051026
849532LV00011B/3303
* 9 7 8 6 5 0 0 1 1 6 1 7 5 *